TESI GREGORIANA
Serie Diritto Canonico

———————— 49 ————————

ALFREDO RAVA

IL REQUISITO DELLA RINNOVAZIONE DEL CONSENSO NELLA CONVALIDAZIONE SEMPLICE DEL MATRIMONIO (can. 1157§2)

Studio storico-giuridico

EDITRICE PONTIFICIA UNIVERSITÀ GREGORIANA
Roma 2001

Vidimus et approbamus ad normam Statutorum Universitatis

Romae, ex Pontificia Universitate Gregoriana
die 27 mensis octobris anni 2000

R.P. Prof. Janusz Kowal, S.J.
R.P. Prof. Urbano Navarrete, S.J

ISBN 88-7652-881-4
© Iura editionis et versionis reservantur
PRINTED IN ITALY

GREGORIAN UNIVERSITY PRESS
Piazza della Pilotta, 35 - 00187 Rome, Italy

INTRODUZIONE

Nella legislazione ecclesiale sono configurati chiaramente tutti gli aspetti che rendono nullo un matrimonio: gli impedimenti dirimenti, i vizi del consenso e i difetti della forma canonica. Davanti ad una situazione di invalidità matrimoniale, il codice prevede l'applicazione dell'istituto della «convalidazione», che si presenta in due forme: la *convalidatio simplex* e la *sanatio in radice*.

La nostra ricerca si interessa della convalidazione «semplice» del matrimonio, così come è configurata nel codice ai cann. 1156–1160 e più in particolare del «requisito» della *rinnovazione del consenso* nell'ambito di questo istituto, che nella legislazione attuale risulta necessaria per ottenere una valida applicazione di esso (can. 1156§2).

Per tracciare un profilo completo di questo requisito, sarà utile quindi, traendo spunto dai diversi termini presenti nel titolo stesso del nostro lavoro, riflettere in primo luogo sul consenso in quanto tale e in seguito sulla convalidazione semplice del matrimonio in base ai diversi capi di nullità, con riferimento particolare alla «rinnovazione» del consenso.

Il «requisito» sarà analizzato nelle differenti modalità di attuazione che il codice configura, modalità desunte dalle varie fattispecie di invalidità, con particolare riflessione sulla questione di quando e se la rinnovazione del consenso è richiesta per *diritto ecclesiastico* o per *diritto naturale*.

L'analisi non si limita alla situazione attuale, ma si interessa anche di tutto il periodo precedente, per evidenziare come gradualmente nella Chiesa la riflessione e la prassi portarono a dare grande importanza al consenso matrimoniale e alla determinazione di precise modalità nella sua espressione nella formazione di un valido matrimonio. Di riflesso l'evoluzione si ebbe anche nella determinazione più chiara delle cause che rendono nullo un matrimonio, nella concessione delle dispense e nell'applicazione della convalidazione del matrimonio; nell'ambito di quest'ultima vedremo soprattutto il cammino storico del requisito della «rinnovazione» del consenso.

È noto che il consenso ha la parte più importante già nella celebrazione o contrazione del vincolo matrimoniale, e la necessità della sua rinnovazione per convalidare un matrimonio ci hanno spinto a dividere il nostro lavoro in due parti, in cui lo studio del consenso traccia un filo conduttore.

Il primo capitolo ha lo scopo di vedere come e quando il matrimonio si costituiva in alcuni ambiti culturali e soprattutto in quello ecclesiale, dai primi secoli fino al Vaticano II, e l'importanza che il consenso delle parti ebbe in esse, come causa efficiente il vincolo nuziale. Uno studio in sostanza della realtà del *matrimonio in fieri*.

Il noto assunto *consensus facit nuptias* con il passare del tempo divenne sempre più chiaro nella legislazione ecclesiastica, fino ad essere espresso concretamente nei due codici latini. Di questo si tratta nel secondo capitolo, che analizza i canoni in cui si parla del consenso come causa efficiente il matrimonio (can. 1081§1/'17 – can. 1056§1/'83), con la relativa analisi delle fonti documentarie e del lavoro di revisione operato dopo il Concilio Vaticano II. A questo lavoro segue una riflessione più specifica sulla nozione di consenso matrimoniale in base alle sue caratteristiche e distinzioni: puntualizzare quando il consenso è naturalmente sufficiente, esistente o meno, efficace o inefficace, ci aiuterà a meglio comprendere l'oggetto principale della nostra ricerca, cioè il requisito della rinnovazione del consenso stesso, con le relative modalità di applicazione.

Solo il Codice piobenedettino per la prima volta sancisce con una legge universale il requisito della *renovatio consensus* per la convalidazione semplice del matrimonio, ma il cammino per arrivare a ciò nella legislazione ecclesiastica è stato lungo. Il terzo capitolo pertanto è uno sguardo storico sulla necessità di rinnovare il consenso nella *convalidatio matrimonii* dagli inizi della chiesa fino al Codice del 1917, periodo affrontato in varie tappe e sotto diverse prospettive. Innanzitutto considerando il periodo che va dagli inizi della Chiesa fino al pontificato di Benedetto XIV; in secondo luogo tramite l'analisi di tutti i documenti che il codice considera come fonti ai canoni del *CIC*/'17 e di alcuni documenti pontifici o di altra provenienza, immediatamente precedenti alla codificazione; poi analizzando il pensiero dei principali autori di quel tempo (1700 circa-1917) ed infine con lo studio analitico di tutti gli schemi dei canoni del primo codice, quelli che hanno determinato la rinnovazione del consenso *ad validitatem convalidationis*.

Il quarto capitolo analizza il periodo intercodiciale, tempo di maggior riflessione su questo istituto, in seguito alle determinazioni chiare e precise del codice del 1917. La legislazione attuale infatti non muta sostanzialmente quella precedente per cui gli studi specifici ed approfonditi sulla convalidazione non sono molti. Diverse tesi sono dedicate alla *convalidatio simplex*: prima del codice del 1983, nella Pontificia Università Gregoriana segnaliamo i lavori di P. Sheridan, *A historical review of the Convalidation of marriage* (1957), e L.A. Bogdan, *Renewal of consent in the simple validation of marriage*, (1979) che affronta il nostro stesso argomento ma con un taglio maggiormente giurisprudenziale, e nello stesso ambito ricordiamo anche l'opera di U. Navarrete, *De convalidatione matrimonii (cc. 1133-1141)* (1965). In altre università, degne di nota sono le tesi di J.H. Brennan, *The simple convalidation of marriage* (1937) e di C. Tallarico, *De matrimonii convalidatione* (1938). Dopo il nuovo codice segnaliamo lo studio di K.R. Hennes, *Die einfache Gültigmachung ungültiger Ehen nach Willesmangel* (1988), riferito alla convalidazione semplice *ex defectu consensus*.

Nella prima parte del capitolo IV si riporta quindi il commento dei giuristi alla legislazione piobenedettina sulla convalidazione, mentre la seconda parte analizza l'ipotesi di introduzione della *convalidatio ipso facto* del matrimonio, sorta in quel periodo in diversi ambiti, in seguito alla sua «esclusione» giuridica, dovuta alla determinazione codiciale della necessità di rinnovare il consenso per ogni fattispecie di invalidità matrimoniale (can. 1133§2/'17). Il capitolo si conclude considerando il lavoro di revisione del codice del 1917, desunto dagli schemi preparatori e dal lavoro della commissione.

Il quinto ed ultimo capitolo infine si sofferma sulla legislazione vigente, descrivendo il requisito della rinnovazione del consenso nella sua natura, nelle varie distinzioni desunte dalle diverse tipologie di nullità e le relative modalità di applicazione in ambito concreto e pastorale.

Il metodo utilizzato per la riflessione sull'istituto nel diritto attuale è quello analitico-sintetico, con la puntualizzazione progressiva del significato dei termini che man mano si sono affacciati alla ricerca, mentre per lo sviluppo temporale nella legislazione ecclesiale si è ricorsi al metodo storico-analitico.

CAPITOLO I

Sguardo storico sul momento costitutivo del matrimonio
e l'importanza del consenso

Per affrontare la nostra ricerca riguardo al «requisito» della rinnovazione del consenso matrimoniale nella convalidazione semplice del matrimonio, risulta necessario a nostro avviso, lo studio e l'approfondimento del consenso stesso e del suo valore all'interno della dinamica per la «formazione» o momento costitutivo del vincolo matrimoniale.

Con questa affermazione intendiamo soffermarci ad analizzare in maniera scientifica e soprattutto «positiva», la realtà del consenso matrimoniale nella sua essenza e con tutte le relative specificazioni, lavoro già fatto in molti e svariati studi; ci si propone sostanzialmente di studiare il noto assunto «*consensus facit nuptias*» e cioè di vedere come pian piano nella Chiesa il consenso abbia assunto un ruolo predominante nel formarsi del vincolo matrimoniale, del cosiddetto «*matrimonio in fieri*», fino ad essere considerato l'unica causa originante o come si suole dire «efficiente». Essendo il consenso importante per il momento costitutivo del matrimonio, risulterà importante anche per il momento in cui un matrimonio nullo o invalido viene convalidato.

Per arrivare alla dottrina attuale, il cammino durante i secoli è lungo ed elaborato; in questo primo capitolo ci si propone quindi di studiare i vari modi in cui il matrimonio si costituiva nelle varie culture e attraverso i secoli e il valore del consenso aveva nel suo sorgere; analizzeremo le vicende storiche in cui il principio «*consensus facit nuptias*» si venne a formare e in quale area culturale questo avvenne, evidenziando le tappe più significative e considerando le principali problematiche annesse.

Si è consapevoli che per fare un completo studio storico su questo, servirebbe più competenza e ciò sarebbe sufficiente per un altro lavoro di tesi. Nonostante ciò, a noi serve solamente analizzare a grandi linee come si attuava il *matrimonio in fieri* (il momento costitutivo) e quale era considerata quindi la causa efficiente del matrimonio in vari ambiti culturali, in alcune scuole medievali di pensiero, nel concilio di Trento fino ad arrivare ai nostri giorni; si tenterà di evidenziare gli elementi strutturali e le varie fasi in cui si formava il vincolo, quali di queste fasi erano essenziali e quali no, e il ruolo del consenso in ognuna di esse.

1. Il matrimonio in fieri nelle varie culture

Come, dove e quando nasceva il vincolo matrimoniale all'interno del popolo di Israele, nel grande impero Romano e cosa ne pensavano alcuni Padri della Chiesa? Cercheremo ora di vedere a grandi linee come in queste culture, importanti per l'influsso che hanno esercitato sul formarsi della dottrina della Chiesa, si attuava il matrimonio, tentando di non perdere di vista il nostro scopo, quello cioè di individuare il momento «iniziale» e costitutivo del vincolo e su quali elementi esso si basava.

1.1 *La concezione ebraica*

Nella tradizione ebraica non è facile individuare il momento iniziale o costitutivo del vincolo matrimoniale in quanto esso sorgeva attraverso molteplici atti successivi[1]. Notiamo inizialmente che nella *Torà* non vi è traccia di come si celebrava il matrimonio e probabilmente in antico non vi era una propria e vera cerimonia con diversi atti, ma tutto avveniva nell'ambito familiare. In seguito all'evoluzione della società e con la fine dell'esperienza di nomadismo, l'istituto venne sempre più ad essere complesso e a compiersi in diversi momenti[2]; si deve notare che le specificazioni inerenti alle varie fasi costitutive o precedenti il matrimonio, sono molteplici, a volte senza una netta a chiara distinzione temporale, terminologica e conseguenziale.

---

[1] U. NAVARRETE, «De vinculo matrimonii», 101: «Inter hos actus recensentur: pactio parentum, oblatio donorum, redactio "kethebath", versatio "mohar" ex parte viri, dos ex parte mulieris, benedictio, adductio mulieris in domum mariti (consummatio)».

[2] Cf. A. TOSATO, *Il matrimonio israelitico*, 70-109, con un'ampia trattazione dei vari momenti formativi dal punto di vista biblico.

CAP. I: IL MATRIMONIO IN FIERI NELLA STORIA

Fa notare V. Colorni che:

> Il matrimonio ebraico postbiblico mantiene sempre l'antica natura di semplice contratto di acquisto della donna dall'avente potestà su di lei, e si conclude con le stesse forme dei contratti costitutivi di diritti sui beni immobili, ossia con uno a scelta dei mezzi seguenti: o il pagamento, o l'atto scritto, o l'impossessamento, che, nella fattispecie, si traduce nella congiunzione carnale; in più è richiesta soltanto la pronuncia di una data formula[3].

Nelle varie fasi storiche della tradizione e del diritto ebraico, sono quindi sostanzialmente tre i modi in cui ci si impegnava, ci si vincolava al matrimonio:

1) la forma più antica della *Bìah* (consumazione, coabitazione, *coniunctio*). L'atto sessuale è già considerato una forma di matrimonio;

2) tramite la *mòhar*: è il termine tecnico della dote, che è obbligo dello sposo conferire alla sposa e che in antico veniva consegnato alla famiglia di lei;

3) la convenzione scritta: lo *shetàr* (contratto) di cui è parte integrante la *ketubbà* (scrittura economica)[4].

Altri momenti precedenti la celebrazione del matrimonio, in alcuni periodi storici, si possono individuare nella «*pactio parentum*», cioè il primo contatto tra le due famiglie dei nubendi e tra i nubendi stessi, a cui seguiva la «*oblatio donorum*» che consisteva nello scambio di alcuni doni. Nei tempi più antichi questa fase era in sostanza come un fidanzamento, denominato *Shidduchin*, in cui ci si accordava su data e luogo della celebrazione e in cui si prendevano accordi sostanzialmente orali sul matrimonio, anche se a volte questo veniva scritto su un documento a cui sarebbe seguito l'impegno tramite la *bìah*[5].

---

[3] V. COLORNI, *Legge ebraica*, 182-183.
[4] A. Segre le chiama «tre forme di impegno matrimoniale» (A. SEGRE, «Il matrimonio nel diritto ebraico», 22); V. Colorni scrive: «Si noti che l'atto scritto (*shetar*) costitutivo del matrimonio non deve essere scambiato con la scrittura regolatrice dei rapporti patrimoniali fra coniugi (*ketubà*). [...] la ketubà non ha alcuna relazione con l'atto conclusivo del matrimonio, né con il mohar, ma soltanto contiene l'elenco degli svariati obblighi che il marito deve assumersi in seguito al matrimonio, principali tra di essi il pagamento del "pretium pudicitiae" (la Mongergabe germanica), la garanzia per la dote portata dalla moglie» (V. COLORNI, *Legge ebraica*, 182, nota 2).
[5] Cf. R. NEUDECKER, «Il matrimonio in fieri», 8-13; A. SEGRE, «Il matrimonio nel diritto ebraico», 22-23.

Il matrimonio vero e proprio consisteva in due fasi successive: *Kiddushin* e *Nissuin*. La prima che abbiamo già accennato e che sostanzialmente risulta essere la più importante, erano gli sponsali (*Kiddushin* o *erusim*), in cui era necessario *ad validitatem* un formale atto di «acquisto della donna» (*Kinjan*) da parte dell'uomo in cui si stabilivano gli obblighi finanziari tramite la scrittura di matrimonio (*Ketubbà*)[6]; questo atto nel diritto talmudico poteva avvenire in tre forme o con tre modalità:

1) *Kiddushin* tramite l'atto sessuale, momento in cui l'uomo con parole adatte invitava la donna ad essere con lui coniugata tramite un atto sessuale (*bìah*), sempre alla presenza di due testimoni. A questo invito e all'accettazione da parte della donna essi si ritiravano in un ambiente privato e dopo l'atto sessuale, il coniugo si considerava attuato. In questa forma più arcaica le due fasi erano unite.

2) Con la consegna di un oggetto di valore e alla presenza di due testimoni (o a volte anche del rabbino, anche se la sua assenza non rende giuridicamente invalido il vincolo), in cui l'uomo esprime la sua volontà con alcune formule tipo: «Sii mia moglie, sii a me coniugata»; l'accettazione dell'oggetto da parte della donna esprime il fatto che ella acconsente alla proposta, mostrando così il proprio consenso. Qui in sostanza abbiamo l'adempimento dell'istituzione biblica della *mohàr*, il prezzo della sposa.

3) Gli sponsali con la consegna di un documento alla fidanzata, lo *shetar*, sempre alla presenza di due testimoni, in cui erano scritti i loro nomi, le eventuali condizioni e la formula del *kiddushin*. Anche qui *ad validitatem* era necessario che la donna accettasse il documento e in questo essa esprimeva la sua volontà al matrimonio e si considerava coniugata[7].

È importante comunque notare che in tutti e tre i modi di attuare gli sponsali è essenziale l'espressione della volontà di sposare da parte dell'uomo con parole o con gesti ben precisi, e che questa volontà ne-

---

[6] In questo documento in base alle disposizioni midrashico-talmudiche dovevano essere registrati: gli obblighi economici del marito corrispondenti alla dote e al corredo portati dalla donna, l'obbligo di un importo aggiuntivo che l'uomo si assume, dato che gode dell'usufrutto di questi beni e anche gli impegni di tipo maggiormente morale nei confronti sempre della donna.

[7] Per questa parte si fa riferimento a R. NEUDECKER, «Il matrimonio in fieri», 11-12.

cessita sempre, *ad validitatem* degli stessi *kiddushin*, del libero consenso della fidanzata, che anche lei esprime soprattutto con l'accettazione degli oggetti o delle proposte dell'uomo. Il matrimonio nel diritto ebraico è il risultato del libero incontro della volontà di due persone, unite da reciproco amore, che realizzano il comando divino della procreazione[8].

Anche se negli ultimi due casi manca ancora una fase al concludere il complesso iter del formarsi del matrimonio, già con questa tra i due vengono prodotti dei legami giuridici che non si possono sciogliere se non con il divorzio o con la morte di uno dei due, ma non ci sono ancora tutti i diritti e doveri che sussistono solo dopo che i due vanno a vivere insieme in maniera stabile: per esempio l'atto sessuale tra i due non è possibile. V. Colorni è del parere che sia «il *Kiddushin* o *erussin* (*sponsalia de praesenti*) l'atto essenziale del matrimonio, non la seguente *traditio sponsae* (*nissuin* o *nessuin*) che poteva effettuarsi anche dopo parecchio tempo»[9].

Il *Nissuin* o nozze, secondo momento nella formazione del matrimonio, avveniva quando la donna, ormai legata all'uomo dall'impegno giuridico sorto dagli sponsali era introdotta nella *Chuppa* o camera coniugale, sotto il *talleth* (manto della preghiera), solitamente un anno dopo la celebrazione dei *Kiddushin* se era vergine, 30 giorni se vedova; ora, e da molti secoli ormai (pare dal medioevo), è invalsa l'usanza di unire le due fasi del matrimonio in un'unica cerimonia, formata in sostanza dalla consegna di un dono, soprattutto un anello, di fronte ad un rabbino che «benedice le nozze» e dall'introduzione della donna nella *Chuppa*, quando cioè gli sposi, con l'intenzione di contrarre matrimonio secondo la Legge di Mosè e d'Israele, si ritirano da soli in un ambiente e vi si trattengono per il tempo in cui si potrebbe compiere un atto sessuale, creando una *praesumptio* circa la consumazione del matrimonio[10].

---

[8] A. SEGRE, «Il matrimonio nel diritto ebraico», 27. V. COLORNI, *Legge ebraica*, 183, nota 3 : «La formula che il marito pronuncia, rivolto alla donna, è la seguente: "Sii mia moglie secondo la legge di Mosè e di Israele"».

[9] V. COLORNI, *Legge ebraica*, 183. L'autore dice che: «Il diritto ebraico non richiede per la celebrazione del matrimonio, l'intervento di alcun ministro di culto o di alcun pubblico ufficiale: la benedizione religiosa è abituale, ma non è richiesta de iure» e alla nota 5 continua: «Contratto che si ha il matrimonio, si fa scrittura tra lo sposo e i parenti della sposa, e poi va lo sposo a toccar la mano e riconoscer la sposa (L. DI MODENA, «Historia dei riti ebraici», *Rassegna mensile di Israele* 4 (1933) 560)».

[10] Cf. R. NEUDECKER, «Il matrimonio in fieri», 12-13.

Dalla nostra semplice esposizione possiamo vedere come non è facile individuare il momento esatto in cui il matrimonio tra gli ebrei si costituiva e non è facile nemmeno dire se ci troviamo di fronte ad una concezione di tipo consensuale o più di tipo realista; al momento del *Nissuin*, l'atto essenziale tramite cui il processo costitutivo del matrimonio si considera finito, è la semplice *traditio* o è la copula carnale?

A questo proposito U. Navarrete, afferma che:

> Secondo l'opinione più accettata, il matrimonio viene costituito nel momento in cui gli sposi si ritirano da soli e vi rimangono per un tempo sufficiente a compiere un atto sessuale. Anche se la copula non è avvenuta, il matrimonio si considera compiuto. Ma c'è un dato molto significativo: se la donna aveva le mestruazioni, durante le quali il rapporto sessuale era vietato secondo la legge di Mosè (Lev 18,19), il matrimonio non era considerato ancora compiuto. Il che stava a dimostrare che non era proprio il fatto di rimanere soli, ma l'atto sessuale quello che era preso in considerazione quale elemento essenziale per la costituzione del matrimonio[11].

Pur rivestendo un posto rilevante l'importanza dell'espressione della libera volontà di vivere come coniugi da parte sia dell'uomo che della donna (il *kiddushin*), questo è visto da molti autori nel diritto ebraico solo come atto preparatorio al costituirsi vero e proprio del matrimonio, nascente dal *nessuin*; pare quindi, secondo l'opinione più comune, che sia la concezione *realista* a caratterizzare i matrimoni ebraici[12].

1.2 *La concezione nel diritto romano*

Il diritto romano come sappiamo si caratterizza per una vasta e complicata produzione giuridica che si differenzia in base ai vari periodi della durata dell'Impero Romano (preclassico o peritario, classico e postclassico) e alle conseguenti evoluzioni all'interno della società stessa.

---

[11] U. NAVARRETE, «Il matrimonio nel diritto canonico», 134.
[12] V. COLORNI, *Legge ebraica*, 184, riporta dal DE LUCA, *De matrimonio*, 165-166, il caso di una nullità di matrimonio tra due ebrei. «La moglie, maltrattata dal marito, vuole separarsi, anzi far dichiarare nullo il matrimonio. Adduce di non esser seguito agli atti di aras e kiddushin quello di nessuin: e che quindi vi è solo la promessa e l'obbligo per la donna di non darsi ad altro uomo sotto la pena di morte, ma non il matrimonio vero e proprio nascente solo dai nessuin. Il marito oppone che i primi due atti sono sufficienti a costituire un vero e proprio matrimonio. I rabbini interpellati sono (a torto) del parere della moglie e considerano solo preparatori quegli atti». Qui l'autore riporta l'opinione più comune, che comunque egli non sostiene.

Molti studiosi hanno affrontato e scritto con grande perizia riguardo alla concezione del matrimonio in questo ambito, e non possiamo pretendere di affrontare il tema con completezza, ma solo di accennarlo.

Risulta importante per noi, evidenziando le diverse opinioni tra gli autori, puntualizzare a grandi linee le caratteristiche dell'istituto matrimoniale, in ordine soprattutto alla sua formazione e al valore del consenso.

Si deve chiaramente affermare essere opinione comune che la concezione romana del matrimonio è di tipo *consensuale*. I vari autori non sono dello stesso parere su come nei vari periodi (nel classico e nel post-classico) si deve intendere la natura del consenso espresso dalle parti; di conseguenza diverso è anche il parere sulla necessità di atti precisi e determinati nel formarsi del vincolo matrimoniale. Due in sostanza le correnti.

La prima, che fa capo a E. Volterra[13], attraverso il suo pensiero, ritiene che per lungo tempo lo studio del matrimonio nel diritto romano sia stato influenzato dal presupposto implicitamente accettato che la concezione dei giuristi classici in ordine ad esso dovesse essere conforme alla struttura giuridica del matrimonio vigente. Egli sostiene invece, che la concezione romana del matrimonio nel periodo classico, è molto differente dagli ordinamenti vigenti «ove il matrimonio e le conseguenze legali ad esso connesse sorgono con il compimento di atti tassativamente determinati, talora consistenti in precise formalità attraverso le quali coloro a cui la legge attribuisce il potere di creare il vincolo coniugale produttivo di effetti giuridici esprimono la loro volontà di costituire il matrimonio»[14]: in sostanza il vincolo non nasce per lui con il porre determinati atti.

Per Volterra

> secondo i giuristi classici il matrimonio con le conseguenze giuridiche ad esso collegate (e che essi designavano con i termini *iustae* o *legitimae nuptiae* e di *iustum* o *legitimum matrimonium*) si aveva quando un uomo

---

[13] Tra i maggiori autori di questa corrente troviamo appunto E. VOLTERRA, *Lezioni di Diritto romano*; P. BONFANTE, *Corso di diritto romano*; G. D'ERCOLE, «Il consenso degli sposi», 18-75; R. ORESTANO, «La struttura giuridica del matrimonio romano», 161-180.

[14] E. VOLTERRA, «Il matrimonio», 732a. Il concetto di matrimonium iustum è ben espresso nella fonte pregiustinianea dei *Tituli ex corpore Ulpiani*, 5,2: «Iustum matrimonium est, si inter eos qui nuptias contrahunt conubium sit, et tam masculus pubes quam femina potens sit, et utrique consentiant, si sui iuris sunt, aut etiam parentes eorum, si in potestate sunt».

o una donna puberi, muniti nei loro reciproci confronti del *conubium* (il che comportava necessariamente la loro condizione di persone libere) stabilivano tra loro un rapporto coniugale con la reciproca volontà, effettiva, continua di essere uniti durevolmente in matrimonio. Per essi il matrimonio era una situazione di fatto, avente, ove e finché sussistessero determinati elementi, dati effetti giuridici[15].

Tre quindi gli elementi: *conubium* tra le parti, consenso e la loro pubertà (o capacità naturale a contrarre matrimonio). Soprattutto riguardo al consenso, Volterra afferma che le *iustae nuptiae* necessitano di una volontà effettiva e continua di essere durevolmente in tale rapporto, nozze che duravano finché durava questa volontà: non appena questa volontà fosse cessata anche in uno solo, il matrimonio cessava giuridicamente di esistere e il vincolo coniugale era automaticamente sciolto[16]

---

[15] Cf. E. VOLTERRA, «Il matrimonio», 732b. Per *conubium* si intende un istituto proprio del mondo antico, ove non esiste il principio di uguaglianza dello stato giuridico degli uomini e dove non è riconosciuto a qualunque essere umano in quanto tale il diritto di contrarre matrimonio con altro essere umano di sesso diverso, ma solo se fra l'uomo e la donna esista nei loro reciproci confronti la capacità, dipendente dal loro stato giuridico, a formare fra loro un rapporto coniugale a cui l'ordinamento giuridico ricolleghi gli effetti giuridici propri del matrimonio legittimo (è un concetto proprio dell'epoca classica che sparisce nell'epoca imperiale). Anche se nel periodo classico non attribuisce molta importanza al consenso indipendentemente dall'interpretazione che se ne faccia, P. Rasi afferma che: «Un giurista classico romano non avrebbe mai affermato: nuptias non concubitus sed consensus facit, in quanto dovendosi accertare il momento in cui sorge il matrimonio avrebbe ricercato se vi fosse stata la stipulatio o la deductio in domum; non così per il compilatore, per cui non ha valore se non il consensus in qualsiasi modo scambiato» (P. RASI, *Consensus facit nuptias*, 86).

[16] Cf. E. VOLTERRA, «Il matrimonio», 738. L'autore continua: «Per l'esatta comprensione della nozione romana del matrimonio occorre distinguere fra l'oggetto della volontà reciproca dei coniugi e la durata di questa. Affermare che la volontà deve essere diretta alla costituzione di un'unione per tutta la durata dell'esistenza dei coniugi, non significa che tale unione debba essere perpetua ed indissolubile, né esclude il divorzio, che consiste precisamente nella cessazione reciproca o unilaterale di questa volontà. Significa invece che sino a che questa volontà persiste, perché essa sia produttiva degli effetti giuridici propri del matrimonio legittimo, deve avere per oggetto, nell'intenzione dei volenti, l'esistenza di un'unione effettiva e duratura, cioè non deve essere diretta alla costituzione di un rapporto temporaneo sottoposto a termine o a condizione. Se un uomo e una donna vogliono essere uniti solo per un determinato periodo di tempo, questa unione non potrà essere considerata giuridicamente matrimonio legittimo, ma, secondo le circostanze, sarà considerata come *adulterium* (se l'uomo o la donna sono ancora uniti in matrimonio con una terza persona) o uno *stuprum* nel senso romano del termine (cioè una unione temporanea fra persone non unite in matrimonio con altri)»; cf. anche E. PERINOTTO, *La causa efficiente*, 9.

senza la necessità di una manifestazione esplicitamente contraria della volontà. Il matrimonio era concluso anche se si perdeva il *conubium*: i tre elementi erano considerati alla pari. Importante è per noi evidenziare che, per Volterra e la sua corrente, l'esistenza di questa volontà veniva accertata in diversi modi e non erano previste forme speciali, «ufficiali», per la sua manifestazione o la sua espressione[17].

Anche in questa corrente, nonostante il matrimonio fosse visto come situazione di fatto ed aveva importanza la convivenza, anche per Volterra ed Orestano «il consenso era quello che nella mente dei Romani, dava essenzialmente vita al matrimonio»[18]; la convivenza non era quindi elemento costitutivo: essa semmai era dimostrativa della presenza del consenso.

Mentre in un primo momento essi applicavano questa teoria a tutto il tempo del diritto romano, per Robleda, pare che nel loro pensiero vi sia stato un cambiamento in quanto in due loro scritti del 1940[19], essi affermano che nel periodo classico il consenso era di tipo continuativo (alla stregua della teoria di Manenti) mentre nel periodo successivo divenne di tipo pattizio: in ogni caso vi era un momento iniziale, consensuale, per loro trasformato dall'influenza del cristianesimo[20].

Un'altra corrente sembra non fare molte distinzioni nel diritto romano tra periodo classico e postclassico, ma pare determinare in generale nel diritto romano un preciso momento in cui il vincolo matrimoniale sorgeva: il matrimonio prendeva vita dall'espressione del consenso del-

---

[17] Vari testi affermano infatti che il matrimonio non è basato su di un contratto, né su alcun atto formale, ma sulla volontà dei contraenti. Lo fa notare Volterra: «Inst. 5,11,32: "Nihil obstat quo minus iustum matrimonium sit mente coeuntium etiam si tabulae signatae non fuerint, nihil enim proderit signasse tabulae si mente matrimonium fuisse constabit". In un altro passo di Quintiliano si ravvisa il medesimo concetto: "Nuptiae in aliis sint sane necessariae, quamquam ne id quidem utique ius exigit, causam tamen nuptiae in domo hanc habent ostendendae voluntatis" (D. 12,22). Ancora secoli dopo il principio espresso dal retore nelle sue Institutiones oratoriae è affermato in una costituzione dioclezianea: "Neque sine nuptiis instrumenta facta matrimonii ad probationem sunt idonea diversum veritate continente, neque non interpositis instrumentis iure contractum matrimonium irritum est, cum omissa quoque scriptura cetera nuptiarum indicia non sunt irrita" (C. 5,4,13)» (E. VOLTERRA, «Il matrimonio», 739a).

[18] O. ROBLEDA, «La definizione del matrimonio», 30.

[19] E. VOLTERRA, *La conception du mariage*, 45-55; R. ORESTANO, «La struttura giuridica del matrimonio romano», 171; cf. anche G. D'ERCOLE, «Il consenso degli sposi», 24.

[20] Cf. O. ROBLEDA, «La definizione del matrimonio», 30.

le parti[21], e soprattutto a Robleda «non risulta provato che sia possibile rintracciare nelle fonti le orme di due concezioni diverse: rispettivamente, nel tempo classico insieme con il preclassico, da una parte e nel postclassico dall'altra»[22]. Il *conubium* e la pubertà (o capacità matrimoniale) erano interpretati secondo il concetto moderno degli impedimenti. Secondo Robleda, i romani sapevano ben distinguere nel matrimonio fra elementi essenziali e meri requisiti (come il *connubium*, la *pubertas*) e molti testi vanno a segnalare questa essenza, vanno a dire cosa *matrimonium facit*: solo il *consensus*. L'essenza del matrimonio non è un requisito di esso, ma è il matrimonio stesso[23].

Tutti gli studiosi sono generalmente concordi nel fatto che nel periodo postclassico l'interpretazione del consenso è già di tipo contrattualistico, pattizio, interpretazione dovuta anche all'influsso cristiano nell'Impero (dopo il III sec. d.C.), come si può desumere dalle costituzioni imperiali conservate nei Codici Teodosiano, Giustinianeo e nelle Novelle. Per Volterra avviene proprio un cambiamento radicale, dovuto secondo lui all'influsso della Chiesa sugli imperatori a partire dal IV secolo[24]; per Robleda[25] rimane il dubbio riguardo a queste divisioni, se-

---

[21] Per questa corrente cf. O. ROBLEDA, «La definizione del matrimonio», 29. Egli afferma infatti che «è generalmente ammesso che, sia in tutto il medioevo, che specialmente dopo, in seno alla scuola *colta*, e poi ancora fino alla fine del secolo 19°, fu dottrina comune che i Romani intendevano che il matrimonio venisse in esistenza in virtù di un atto di *consenso dei contraenti*. Tale consenso era precisamente considerato come un atto iniziale, dal quale si originava un obbligo mutuo avente per oggetto l'*individua consuetudo vitae*, il *consortium totius vitae*». Affrontano lo stesso argomento anche W.W. BUCKLAND, *A text-book*, 112-116; J. GAUDEMET, *Il matrimonio*, 22-28. Di una posizione intermedia pare P.E. CORBETT, *The Roman Law*, 90-106; 211-217, il quale si sofferma sul «*free marriage*» inteso come una situazione di fatto, che però prevedeva certi atti precisi e quasi «costitutivi» e analizza il divorzio, come atto di volontà contraria al matrimonio.

[22] O. ROBLEDA, «La definizione del matrimonio», 43.

[23] Cf. O. ROBLEDA, «La definizione del matrimonio», 43. Robleda continua il suo intervento dicendo che: «Requisiti saranno, nel tempo classico, il *conubium*, il *consensus parentum*, una determinata *aetas*, determinate qualità delle persone. È per questo che dai requisiti si può dispensare, potendo allora darsi il matrimonio senza di essi; dall'essenza, invece, non è pensabile una dispensa: si avrebbe allora il matrimonio, senza il matrimonio!» (*Ibidem*, 43). In questo il P. Robleda differisce molto dall'opinione del Prof. Volterra a cui, nel suo intervento al convegno romanistico-canonistico, spesso si riferisce per confutarla.

[24] Anche E. VOLTERRA, «Il matrimonio», 785, nota questo cambiamento nel periodo postclassico, che lui attribuisce all'influenza del cristianesimo: «In diritto postclassico la volontà dei contraenti, una volta inizialmente manifestata, fa sorgere il matrimonio che continua ad esistere come rapporto giuridico con gli effetti ad esso

condo lui non facilmente dimostrabili. Egli dà forza alla sua opinione prendendo spunto dal considerare il *divorzio*: questo infatti, pare consistesse in ogni periodo, non nel puro cessare di una situazione di fatto, ma come il risultato di un atto di volontà contraria, positiva, libera ed esplicita all'impegno iniziale, cosa che non sarebbe necessaria in caso di semplice fine della «volontà» continuativa richiesta da un consenso di tale tipo[26].

---

collegati, indipendentemente dalla persistenza di questa reciproca volontà. Sinteticamente la differenza fra il matrimonio classico e quello postclassico può esprimersi, affermando che il primo è basato sulla volontà continua dei coniugi e sulla persistenza del *conubium;* il secondo sulla volontà iniziale reciproca dell'uomo e della donna. I medesimi termini, *affectio maritalis, consensus*, ecc. usati dai giuristi e dagli imperatori classici con il significato di consenso continuato, acquistano negli stessi testi accolti nella compilazione giustinianea e riportati all'epoca di questa, un significato ben differente in quanto indicano esclusivamente la volontà reciproca iniziale dei coniugi. È solo quindi in apparenza che Giustiniano ha conservato il principio classico *consensus facit nuptias,* dato che le medesime parole esprimono nel VI secolo un principio giuridico diverso. L'istituto del matrimonio, come altri istituti familiari, è profondamente trasformato. Il concetto giuridico è distinto da quello classico e comincia a delinearsi la nozione del matrimonio quale negozio giuridico bilaterale, che sorge in base ad un rapporto convenzionale fra l'uomo e la donna. La cessazione della volontà reciproca di entrambi o anche di uno solo dei coniugi non scioglie più automaticamente il vincolo giuridico coniugale: occorre che questo sia fatto cessare attraverso la manifestazione di una volontà avente come oggetto lo scioglimento». Cf. anche P. RASI, *Consensus facit nuptias*, 30 ed E. PERINOTTO, *La causa efficiente*, 12. Quest'ultimo autore rientra tra coloro che sostengono un cambiamento della natura del consenso tra periodo classico e quello seguente (Cf. anche pp. 7-10).

25 Cf. O. ROBLEDA, *El matrimonio*; ID., «La definizione del matrimonio», 31.
26 Cf. O. ROBLEDA, «La definizione del matrimonio», 33-34; ID., «Divortium», 351-414. Per Volterra invece non si può parlare in periodo classico di un vero e proprio divorzio, come volontà contraria a quella iniziale, vista come causa efficiente del matrimonio, visto il concetto che lui sostiene di volontà effettiva e continuata nell'unione: cessata questa volontà non si hanno più le *iustae nuptiae*. Altra conseguenza è che non si può parlare nemmeno del reato di bigamia, perché anche se un uomo o una donna intrattengono un legame di *affectio* con un altro soggetto, proprio con questi (se in possesso del *conubium*) essi costituiscono un matrimonio legittimo e non più con il primo: cf. E. VOLTERRA, «Il matrimonio», 744. Egli ribadisce il concetto anche in un altro suo scritto: «coerentemente alla concezione del matrimonio classico che cercato di delineare, risulta che il vincolo coniugale veniva meno con il cessare del consenso da parte anche di uno dei coniugi e quindi con la mancanza di uno degli elementi indispensabili per le iustae nuptiae. Questo è un punto sul quale verte l'amichevole dissenso con il padre Robleda, il quale sostiene la necessità di una manifestazione di volontà diretta alla cessazione del vincolo» (E. VOLTERRA, «Consensus facit nuptias», 52). La posizione di Robleda è confermata ulteriormente dallo studio di Mons. J. Huber, attuale uditore della Rota romana, sul consenso matrimoniale nel

La differenza tra i due periodi potrebbe essere vista nelle definizioni del matrimonio: nel periodo classico si parla della realtà matrimoniale e non si accenna al consenso. Sono famose le definizioni di Modestino: «*Nuptiae sunt coniuctio maris et feminae et consortium omnis vitae, divini et humani iuris communicatio*»[27], e di Ulpiano: «*Nuptiae autem sive matrimonium est viri et mulieris coniunctio, individuam consuetudinem vitae continens*»[28]. Riguardo a queste definizioni vi sono però diversità di interpretazione; la divergenza di opinione riguarda come intendere il termine *coniunctio*: per alcuni autori è da riferire al vincolo dal punto di vista sociale, nel suo svolgimento non nella sua costituzione, quindi al matrimonio *in facto esse*, per altri invece allo stesso matrimonio *in fieri*[29], in quanto attribuiscono il significato di matrimonio *in facto esse* al *consortium omnis vitae* e alla *individua consuetudo vitae*[30].

Di tenore diverso hanno invece le definizioni inerenti al matrimonio presenti nel diritto romano giustinianeo; vi troviamo alcune frasi molto espressive come: «*nuptias non concubitus, sed consensus facit*»[31]; «*nuptiae consistere non possunt nisi consentiant omnes*»[32]; «*quia consensus opus est*»[33]; «*contractum matrimonium, quod consensus intelligitur*»[34]. Queste frasi ribadiscono l'importanza della volontà nel formarsi del vincolo, attribuendo al consenso la funzione di causa originante, mentre, come abbiamo già visto, non ha importanza il matrimo-

---

diritto romano. La sua tesi ha riscosso tra gli studiosi di diritto romano un notevole successo ed è stata oggetto di recensioni molto positive da parte dei romanisti. Vedi J. HUBER, *Der Ehekonsens im römischen Recht*. Lo stesso autore esprime le medesime opinioni, rispondendo ad alcune questioni sul diritto romano e in particolare sulla libertà di divorziare e le sue modalità, in un articolo apparso su Periodica del 1980: cf. J. HUBER, «De structura consensus apud romanos», 461-479.

[27] D. 23,2,1
[28] Inst. 1,9,1
[29] La questione è analizzata da U. NAVARRETE, «Influsso del diritto romano», 308-314.
[30] Cf. O. ROBLEDA, «La definizione del matrimonio», 32: «Certo pare ben chiaro che il matrimonio nel tempo postclassico fu inteso dai romani come un patto. A codesto tempo, quindi, il motto ripetuto nei testi: consensus facit nuptias implica il senso di un accordo reciproco, di un contratto, dal quale segue un vincolo autonomo al matrimonio in facto, avente come contenuto l'individua consuetudo vitae, il consortium omnis vitae, delle note definizioni ulpianea e modestiniana».
[31] D. 30,50,17; D. 15,35,1.
[32] D. 2,23,2.
[33] D. 16,23,2.
[34] D. 66,24,1.

nio come un mero fatto[35], né la convivenza come segno che il vincolo ha preso origine: essa può eventualmente essere vista come dimostrativa della presenza del consenso stesso.

Gli studiosi hanno riflettuto anche su un altro argomento e cioè se nel periodo classico per la validità del matrimonio nel diritto romano si richiedeva, oltre al consenso delle parti, anche quello di chi esercitava su loro una potestà e se si attribuiva al consenso del *paterfamilias* un influsso positivo, generatore, assieme al consenso delle parti, del vincolo matrimoniale[36], cosa riscontrabile anche in altre culture. Per Volterra

> tale auctoritas, espressione della *potestas* del *paterfamilias* sui figli, è ben diversa dall'*affectio* dei coniugi: essa consiste in una manifestazione della volontà iniziale del *paterfamilias* precedente la formazione del matrimonio, manifestazione che ha l'effetto di integrare la volontà continua ed effettiva del sottoposto a potestà, volontà dalla cui esistenza e persistenza consiste l'esistenza e persistenza del vincolo coniugale[37].

Per quanto riguarda le varie fasi o cerimonie per la celebrazione del matrimonio, gli autori favorevoli all'importanza della *stipulatio* o della *deductio in domum,* tra cui il Rasi, distinguono in essa diversi momenti e cerimonie, teoria che sostengono nell'attribuire una differenza di significato alle espressioni *nuptiae* e *matrimonium*, riferendo sostanzialmente il primo al momento costitutivo o celebrativo, che solennizzava

---

[35] Molti autori affermano l'esistenza delle unioni di fatto nel periodo classico. Per es. V. De Reina costata che: «El matrimonio romano clásico no era un contrato, sino una pura situación de hecho con sus correspondientes consecuencias jurídicas, en el que ocupaba un lugar condicionante y primerísimo la *affectio maritalis*, entendida ésta como una voluntad continuada» (V. DE REINA, *El consentimiento matrimonial*, 18). A noi sembra che non si potrebbe parlare di *vinculum*, chiaro termine a valenza obbligante e giuridica, in caso di unione di fatto, a meno di una diffusa imprecisione terminologica. Anche la spesso usata frase *neque enim tabulas facere matrimonium* presuppone un momento giuridico in cui sorga il vincolo. Le *tabulae* precedevano o seguivano infatti il matrimonio, fino a che nel popolo molti identificavano la sottoscrizione di queste con il contrarre matrimonio. I giureconsulti sentirono la necessità di evidenziare la differenza tra i due momenti e questa precisazione non sarebbe stata necessaria se il popolo avesse inteso il matrimonio come un rapporto di mero fatto.

[36] U. NAVARRETE, «Il matrimonio: patto naturale», 13. L'autore riporta il passo di D. 23,2,16: «Nuptiae consistere non possunt nisi consentiant omnes, id est qui coeunt quorumque in potestate sunt».

[37] E. VOLTERRA, «Il matrimonio», 745. Secondo l'autore anche qui vi è una evoluzione, da una e vera volontà vincolante (periodo classico) ad una semplice autorizzazione (postclassico). Mai si parla però nei testi che il *paterfamilias* potesse costituire con la sua esclusiva volontà il matrimonio della *filiafamilias* o che potesse sciogliere il matrimonio.

la creazione del vincolo ed il negozio giuridico, e il secondo al *vinculum* che ne nasce, al rapporto giuridico che ne scaturisce a cui, come elemento soggettivo, legano rispettivamente il *consensus* e l'*affectio*[38].

Il matrimonio romano, secondo J. Gaudemet, «era accompagnato da cerimonie e vari riti. Gli atti degli sposi, cerimonie religiose, tavolette nuziali e contratto dotale sono tutti gesti che accompagnano normalmente un matrimonio provandone l'esistenza e la data, ma non sono condizioni di validità»[39].

Il diritto romano ha certamente influito sul pensiero e sulla dottrina fino ai nostri giorni e noi tenteremo di vedere il suo influsso nel cammino che continueremo attraverso i secoli. Abbiamo già notato come il cristianesimo abbia certamente avuto un ruolo sul cambiamento o evoluzione del diritto romano, ma che anche come questo ha avuto un grande influsso nel diritto matrimoniale canonico. Robleda e Navarrete sono dell'idea che i canonisti presero certo dai Romani la dottrina del

---

[38] Cf. P. RASI, *Consensus facit nuptias*, 90-92. L'autore fa notare che nel *Digesto* vi è addirittura un titolo: *de ritu nuptiarum*, dove sono raccolti i passi dei giureconsulti che studiano i problemi inerenti non alle formalità, ma al sorgere del vincolo. In molte fonti anche l'uso delle parole *contrahere matrimonium* viene riferito sempre e unicamente al suo iniziarsi, e mai si parla di questo nei momenti successivi, cosa che consolida l'interpretazione comune del consenso.

[39] J. GAUDEMET, *Il matrimonio*, 26: «L'accordo matrimoniale non prevede giuridicamente alcuna forma esterna, ma a Roma, come dappertutto, il matrimonio è accompagnato da cerimonie e riti vari. Con la testa ornata da una corona di fiori e coperta da un velo rosso arancione (il flammeum), la ragazza veniva introdotta nell'assemblea dei parenti ed amici da una persona di specchiata reputazione, la *pronuba*. L'impegno matrimoniale veniva talvolta espresso con una formula rituale, che sottolineava l'associazione della moglie al marito: Ubi tu Gaius, ego Gaia. La *pronuba* metteva allora la mano della sposa in quella del marito, simboleggiando così la consegna della donna. Solo nel Medioevo questa dextrarum iunctio verrà considerata segno dell'accordo. Il matrimonio, gesto impegnativo, che inaugura un'unione che si desidera felice, lunga e feconda, fa appello alla protezione degli dei. Vengono quindi tratti gli auspici, si fanno sacrifici e la donna viene associata ai sacra familiari; sono tutte cerimonie religiose che il diritto non impone, ma che derivano dalla tradizione e dalle credenze. Altri atti, invece, hanno valore giuridico, senza tuttavia condizionare la validità del vincolo, come la redazione delle tavolette che attestano il matrimonio e l'intenzione di avere figli. I papiri ce ne hanno conservati alcuni esempi e i testi letterari ne parlano frequentemente. Molto spesso, il matrimonio è accompagnato dalla consegna di una *dote*. Viene versata al marito dal padre della donna o dalla donna stessa. I suoi proventi contribuiranno alle spese della coppia. In caso di scioglimento dell'unione, la donna riprende la sua dote e per farlo può introdurre un'azione legale. La costituzione della dote, la sua regolamentazione durante il matrimonio e le modalità della sua restituzione sono, in genere, fissate per scritto in un "atto dotale"».

consensus matrimonialis, perché videro che era conforme al sano diritto, sia naturale che positivo rivelato; al di là di ogni opinione diversa, essi presero tale dottrina, cioè, dalle fonti dei romani, che furono sempre le stesse per ogni loro tempo: classico e postclassico[40].

In conclusione gli autori sostengono che sostanzialmente la concezione romanistica del matrimonio risulta strettamente «consensuale»: *non concubitus sed consensus facit nuptias*[41], con il consenso come elemento essenziale nella costituzione del vincolo matrimoniale, anche se inteso diversamente in base ai periodi storici; un matrimonio non a tappe, ma con un preciso momento costitutivo. Per il periodo postclassico, per concludere, ripetiamo con Navarrete che

> questo consenso non è una volontà permanente e continuativa di essere marito e moglie, vale a dire un consenso continuo nella linea dell'interpretazione manentina del *consensus* nel diritto romano, ma un *consensus transiens*, un atto di volontà di indole pattizia, che produce il suo effetto nel momento dello scambio legittimo, il quale una volta creato sussiste nella sua realtà giuridica e teologica indipendentemente da qualsiasi elemento soggettivo[42].

1.3 *La concezione dei popoli germanici*

Affrontare l'analisi del momento costitutivo e formativo del matrimonio nel mondo germanico risulta un'impresa di non facile attuazione, soprattutto il sintetizzare la grande varietà di leggi e consuetudini che si trovano a causa della gran numero di popoli di cui questa «cultura» è composta[43]. Vedremo il suo attuarsi nel territorio italiano.

In Italia l'istituto del matrimonio germanico fu introdotto gradualmente dalle varie invasioni nordiche succedutesi nel tempo, tra le quali, è significativa in questo ambito, quella dei Longobardi. Il matrimonio germanico, a differenza di quello romano che era basato sostanzialmente sul principio di uguaglianza tra il marito e la moglie, si caratterizzava per la potestà del marito sulla donna che si esprimeva nel *mundio*, «i rapporti patrimoniali erano basati essenzialmente sull'apporto dello sposo (*Morgengabe*) ed il regime informato al principio

---

[40] O. ROBLEDA, «La definizione del matrimonio», 42. Per una trattazione più ampia su questo influsso cf. U. NAVARRETE, «Influsso del diritto romano», 299-318; V. DE REINA, «La influencia romana», 179-220.
[41] Cf. U. NAVARRETE, «De vinculo matrimonii», 101.
[42] U. NAVARRETE, «Influsso del diritto romano», 307.
[43] Per approfondire l'aspetto storico-giuridico di queste popolazioni cf. F.K. SAVIGNY, *Storia del diritto Romano nel medioevo*, I, 65ss.

sposo (*Morgengabe*) ed il regime informato al principio della comunione amministrativa»[44].

Notiamo che, come in tutte le culture, anche in questa avviene un'evoluzione nelle forme di attuazione del matrimonio, dal periodo antico a quello fissato nelle leggi e negli editti. Vari studiosi (tra cui Dargun, Kolher, Heusler) ritengono che, nei primordi dell'incivilimento, *il ratto della donna*, pur con le dovute distinzioni, fosse la forma normale per il costituirsi del matrimonio, sia presso i Germani che per gli altri popoli[45]. Il matrimonio non si considerava formato dal solo rapimento, non era una semplice unione carnale, poiché al ratto seguiva solitamente un accordo di tipo economico con la famiglia o con il *mundoaldo*[46]. Il matrimonio con il rapimento della donna rientrava in un vincolo cosidetto «*Friedelehe*» (minore), un concubinato onorevole, ma sprovvisto del carattere ufficiale di atto familiare; il «*Friedelehe*» a volte avveniva anche con il consenso degli sposi[47].

Con il tempo il semplice ratto, o matrimonio minore, lasciò il posto ad una nuova forma più contrattuale di matrimonio, quello *per compera*, che prendeva vita da un patto tra la famiglia della donna e l'uomo[48].

---

[44] E. PERINOTTO, *La causa efficiente*, 11-12.

[45] Cf. F. SCHUPFER, *Il diritto privato*, 260. J. Gaudemet nel suo studio sul matrimonio dice che: «La pratica del ratto, il che può significare un matrimonio contratto all'insaputa o contro la volontà della famiglia della donna, sembra che fosse frequente. Le leggi la denunciano e la colpiscono con pene. Presso i Visigoti, la *Lex antiqua* (3,3,1) riduce alla schiavitù il rapitore di una ragazza, di una donna sposata, di una vedova. Come il diritto romano anch'essa proibisce il matrimonio tra il rapitore e la donna rapita, eccetto in caso di consenso della donna o dei suoi genitori (*Lex antiqua* 3,3,7). Presso gli Anglo-Sassoni, il ratto è un crimine e comporta penitenze religiose; ma il rapitore deve sposare la donna e versare la dote ai suoi genitori» (J. GAUDEMET, *Il matrimonio*, 77).

[46] Il *mundoaldo* era un uomo che aveva dei diritti nei confronti della donna, possiamo dire che era il suo tutore, colui che difendeva anche i diritti della stessa e che trattava con l'uomo per le questioni patrimoniali; cf. F. SCHUPFER, *Il diritto privato*, 260.

[47] Cf. J. GAUDEMET, *Il matrimonio*, 72. Poco importava se nel caso di ratto vi era il «consenso» della vittima.

[48] Sull'approvazione del matrimonio da parte dei genitori in questo contesto vedi W.M. PLÖCHL, *Storia del diritto canonico*, 431-432. L'autore fa notare che fu la chiesa franca a dare un sostanziale sviluppo a questo argomento, ed anche quella irlandese ed anglosassone. Nel VI-VII sec. nessun matrimonio poteva avere luogo senza l'approvazione del padre, che nel mondo anglosassone era di importanza essenziale, ai fini della validità stessa del vincolo. Questo era anche per la chiesa franca in cui la mancanza di approvazione del tutore della ragazza o della vedova, nel IX sec. era un impedimento dirimente il matrimonio. Nel X-XI sec. il consensus paternus divenne

CAP. I: IL MATRIMONIO IN FIERI NELLA STORIA 25

Il matrimonio avveniva in modo semplice: fissato il prezzo detto *del mundio* (o anche *widemo, mundium, meffio*), il mundoaldo prendeva la donna e ne faceva la «tradizione» allo sposo che a sua volta pagava il prezzo al mundoaldo, prezzo che come si appura dalla *Lex Wisigothorum* (III. 1,5) e dall'editto di *Rotari*, era lasciato al libero accordo delle parti[49]. Questo tipo di matrimonio durò anche nel periodo seguente alle invasioni anche se cambiò il ruolo della donna: si incominciò infatti a chiedere in questo tipo di unione anche il suo consenso alle nozze, che in tal modo divenne la terza persona del contratto, ed anche a lei, oltre al prezzo del mundio, lo sposo doveva fare un assegno, una *dos* alla ragazza[50].

Dal IV al VI sec., gli sponsali (secondo la stessa concezione romana) o promessa di matrimonio non si distinguevano chiaramente dal momento delle nozze vero e proprio: formavano un solo atto. L'editto detto di Rotari, che pur tiene fermo il concetto della compera, distingue già gli sponsali o la *fabula firmata* da un lato, e le *nuptiae* (*dies traditionis nuptiarum, traditio*) dall'altro e ciò si può vedere legiferato anche in un documento più tardivo, facente parte del Codice Canavese dell'anno 966[51].

Dopo il VII secolo più chiaramente è presente un matrimonio più «ufficiale» che comportava due atti, in genere separati da un intervallo di tempo, anche lungo: la *Verbolung* o *desponsatio*, cioè la consegna da parte del fidanzato di doni che indicano la volontà di contrarre matrimonio e la *Trauung* o *traditio*, la consegna della ragazza al marito[52].

---

una formale traditio, avente solo funzione di vigilanza delle disposizioni riguardanti l'autorizzazione al matrimonio.

[49] Cf. F. SCHUPFER, *Il diritto*, 262-263. Bisogna puntualizzare che la donna anche se oggetto della compera non veniva considerata una serva, ma in qualità di moglie. Questo tipo di unione si può vedere presso i Longobardi, nelle leggi di Visigoti, Burgundi, Turingi, Anglosassoni e Frisi.

[50] Cf. F. SCHUPFER, *Il diritto*, 263; 266.

[51] Cf. F. SCHUPFER, *Il diritto*, 266-267.

[52] Cf. J. GAUDEMET, *Il matrimonio*, 72. A pag. 78 l'autore approfondisce i due momenti: «La *desponsatio*, conclusa tra il fidanzato e il titolare del *mundium* sulla donna, fa acquisire al primo la potestà sulla donna. Talvolta questo passaggio è indicato in maniera simbolica, per esempio, presso i Lombardi, *per ensem et watonem, per gladium et clamidem*. È accompagnato dal versamento di una somma. Presso i Visigoti, il matrimonio doveva realizzarsi entro i due anni dall'impegno, eccetto in caso di accordo tra le parti per prolungare tale periodo. La donna che non rispettava l'impegno era considerata adultera. Il «fidanzato» che rompeva senza motivo l'impegno veniva a sua volta punito. La somma versata era chiamata dote. Ma, mentre la dote romana veniva versata dal padre della donna al marito per i bisogni della cop-

Nella *desponsatio* si fissava su delle *tabulae*, solitamente redatte per iscritto, il prezzo della donna, si stabilivano le condizioni delle future nozze e si faceva una duplice promessa: una del mundoaldo che avrebbe consegnato la donna e quella dello sposo che l'avrebbe presa in un determinato giorno. Alla presentazione delle tavole seguiva un simulacro di nozze: il mundoaldo consegnava la donna allo sposo alla maniera antica, con armi, mantello e guanti e tramite delle formule adatte, e subito dopo lo sposo la riconsegnava a lui fino al giorno delle nozze. Tutto avveniva con una «*wadazione*» reciproca, solita forma del diritto contrattuale germanico, cioè con il *dare et recipere fidem*. La cerimonia talvolta, già nell'età romano-classica, era accompagnata dalla consegna di un anello alla donna, la *subarrhatio cum anulo*[53]. Gli sponsali aveva-

---

pia, in questo caso la dote veniva versata dal marito; era la *dos ex marito*. Ad essa si applica l'adagio: *Nullum sine dote fiat coniugium*. Dalle leggi appare che più frequentemente era il titolare del *mundium* a decidere il matrimonio della donna, ma accadeva anche che fosse lei a decidere la scelta del suo coniuge. La legge burgunda riconosce questo diritto per la donna che non ha più né padre né fratello (66 e 100). La legge dei Visigoti (3,1,2), in una disposizione introdotta da Recceswinth, stabilisce che una donna che sposa un uomo diverso da quello a cui l'aveva destinata suo padre *(sponsata)* venga condannata, insieme al marito, a diventare schiava dell'uomo non voluto dalla donna. Nel caso che la madre o i fratelli l'abbiano aiutata a trasgredire la volontà paterna, dovranno pagare un'ammenda. La *Lex antiqua* puniva con la diseredazione la ragazza che si sposava senza il consenso dei genitori. Il secondo atto, la *traditio puellae*, dà inizio alla vita comune. È l'occasione di feste familiari e di cerimonie religiose. Le leggi civili in questa non intervengono. Si tratta di usanze sociali e di disposizioni religiose».

[53] E. PERINOTTO, *La causa efficiente*, 13: «Questo non dovrebbe essere concepito in modo pieno sì da fare credere che la subarrahatio avesse già in sé il significato di atto costitutivo del matrimonio, perché considerata un'implicita dichiarazione di volontà. Ad una conclusione siffatta pervennero certamente molto presto civilisti e canonisti, ma nella pratica, ne abbiamo sicura testimonianza, la subarrahatio fu considerata come un atto di valore probatorio, come segno esteriore della volontà di contrarre matrimonio espressa dagli sposi». F. SCHUPFER, *Il diritto privato*, 270: «Quanto alla donna, essa riceveva in questa occasione l'anello di sposa in segno che il contratto era perfetto, e che oggimai doveva appartenere all'uomo che l'aveva comperata. Era una delle solite arre, che lo sposo aveva dato al mundoaldo invece del prezzo, e quasi a simboleggiarlo, nei casi in cui questo veniva soltanto promesso ma non sborsato: una pratica che già conosciamo. [...] Le fonti medievali dicono espressamente che lo sposo, consegnando l'anello alla sposa, *cum anulo eam subarrat et suam facit*, mentre altre contengono la esplicita promessa fatta dallo sposo al mundoaldo, che avrebbe presa e associata e tenuta la donna come moglie legittima *per anulum*. E si trova eziandio che gli anelli venivano scambiati; non prima però del secolo XIII, quando ormai la significazione originaria del simbolo poteva dirsi perduta e *l'anulus arrhae* ora già diventato *l'anulus fidei* cristiano sì da essere detto senz'altro *la fede*».

no una chiara connotazione giuridica contrattuale e non si potevano sciogliere se non per ragioni particolari contemplate dalla legge[54].

Per quanto riguarda il valore giuridico degli sponsali, alcuni autori come il Sohm, sostennero che erano un matrimonio di per se stesso, ma la maggior parte degli studiosi è dell'opinione che il matrimonio non era ancora concluso, né era da considerarsi perfetto senza le *nozze*, che avevano però pieno valore solo se erano state precedute dagli sponsali.

Il giorno delle nozze era considerato un giorno solenne, detto anche dei voti. Il mundoaldo era il protagonista: egli infatti consegnava la donna allo sposo con i simboli della potestà e con tutte le sue sostanze e lo sposo la prendeva, dopo averle consegnato la *cartula della dote*, letta di solito in precedenza.

A questo seguiva l'atto solenne della *deductio* nella casa del marito, cerimonia che soleva raffigurare l'antico ratto e poi vi era la *conscensio thalami* un atto che, a quanto pare, era quello che determinava le conseguenze giuridiche del matrimonio, soprattutto ereditarie. Non si trattava propriamente della consumazione del matrimonio, ma dimostrava che la comunione di vita era incominciata[55]: era una cerimonia simbolica detta *Beilager*, fatta alla presenza di testimoni, che simboleggiava l'unione degli sposi, che le tradizioni germaniche consideravano un atto giuridico che fonda la *Eheband* (vincolo matrimoniale)[56]. La consumazione avveniva in un secondo tempo, solitamente nella notte.

Dopo questa introduzione della sposa nella casa nuziale, i momenti rituali non erano terminati ma vi era anche un altro rito; il giorno dopo infatti il marito faceva un regalo, *morganegiba*, alla moglie, detto *donum matutinale*, di fronte a parenti ed amici, che serviva da attestazione

---

54 L'editto di Rotari elenca le seguenti ragioni di scioglimento degli sponsali: a) adulterio della donna (n. 179); b) grave malattia della donna, come lebbra, male caduco, cecità (n. 180). Gli sponsali duravano al massimo due anni e se l'uomo non celebrava le nozze entro questo tempo, andava incontro a perdite economiche (n. 178) (cf. *Editto dei Rotari*, in *Monumenta Germaniae Historica*, IV, 1-90).

55 F. SCHUPFER, *Il diritto privato*, 274-275.

56 Cf. J. GAUDEMET, *Il matrimonio*, 72. M. Scovazzi nel suo saggio sul diritto germanico fa notare che spesso i matrimoni avvenivano all'interno della stessa «Sippe» o nucleo familiare. La cerimonia avveniva in diversi modi ma sempre alla presenza della comunità e con la presenza di armi: i ministri del rito, del ιεροσ γαμοσ, erano i due membri della Sippe che in determinate ricorrenze dell'anno davano compimento solenne alla passione amorosa e si univano in matrimonio al cospetto di tutti i congiunti (cf. M. SCOVAZZI, *Le origini*, 153-154). «Gli elementi fondamentali sono la pubblicità dell'unione sessuale, che si attua come un sacro rito di fronte ai membri della "Sippe", e la presenza simbolica e propiziatrice delle armi» (M. SCOVAZZI, *Le origini*, 154).

della verginità della donna. Così le cerimonie si concludevano e il vincolo matrimoniale considerato contratto[57].

Come abbiamo visto il matrimonio tra questi popoli era composto nei vari periodi di diverse fasi ed è difficile individuare quale di questa possa essere il vero e proprio momento costitutivo.

La maggioranza degli studiosi, proprio per la varietà di popoli e legislazioni tendono ad affermare che in questa concezione sembra che concorressero alla costituzione del vincolo matrimoniale due elementi essenziali, importanti in pari misura: il *consenso delle parti*, espresso come abbiamo visto negli sponsali di chiara connotazione contrattuale, e l'*adductio in domum mariti*, e quindi la copula consumativa: *consensus traditione mulieris firmatus facit nuptias*. Non era importante, come si desume dal tenore della frase, la consumazione, dalla quale si prescindeva, anche se era considerata come presunta[58]. J. Gaudemet fa notare che «certamente la consumazione del matrimonio è più importante che nelle tradizioni romane. Però forse non possiamo affermare che fosse condizione essenziale per la conclusione del matrimonio»[59]. Si può dire probabilmente che ci troviamo di fronte ad una concezione di tipo consensuale-realistica, in un ambito possiamo dire, possessualistico, cioè un matrimonio in cui la donna diveniva possesso dell'uomo[60].

1.4 *La concezione nei Padri della Chiesa*

I Padri della Chiesa trattano nei loro scritti del matrimonio in maniera ampia dal punto di vista pastorale, ma essi, se non in pochi passi, riflettono poco sul momento costitutivo del matrimonio e sulla sua causa efficiente, sull'ambito cioè più specificatamente dogmatico-canonistico; non è possibile quindi, individuare nel pensiero dei Padri una riflessione sistematica ed esplicita riguardo al concetto di causa efficiente

---

[57] Cf. F. SCHUPFER, *Il diritto privato*, 275.

[58] Pare che F. Schupfer non attribuisca addirittura alcuna importanza alla consumazione quando afferma che: «La Chiesa darà poi importanza alla copula, a segno da convertire gli sponsali in matrimonio qualora fosse intervenuta; ma al diritto germanico, non altrimenti che al romano, bastava che l'uomo e la donna convivessero con il *consensus nuptialis*, cioè con l'idea di essere marito e moglie: la *conscensio thalami* stava appunto a significare quella convivenza né più né meno» (F. SCHUPFER, *Il diritto privato*, 275).

[59] J. GAUDEMET, *Il matrimonio*, 72.

[60] Di questa opinione è U. NAVARRETE, «De vinculo matrimonii», 102: «In conceptio germanistica, iuxta quam, duo elementa essentialia concurrebant ad constituendum vinculum matrimoniale: consensus partium et copula coniugalis: "consensus traditione mulieris firmatus facit nuptias". Est conceptio *consensualistico-realistica*».

e della conseguente applicazione di questo al consenso in ambito matrimoniale[61].

È nel periodo medievale che si inizia a studiare con più precisione questi concetti e come questi siano presenti nel pensiero patristico: i Padri comunque, anche se in pochi testi molto significativi, hanno riflettuto e scritto sul rapporto consenso-consumazione e di come si devono intendere; anche se manca l'espressione tecnica di contratto, non è difficile scorgervi gli elementi e i termini caratteristici della contrattualità (*pactio, foedus, pacta*) e allo scambio del consenso, alla *voluntas*, viene dato evidentemente rilievo[62].

Ci sono testi in cui, sotto l'influsso del diritto romano, in alcuni Padri si esalta il consenso delle parti, altri testi in cui viene data importanza alla consumazione (*copula coniugalis*) del matrimonio come suo momento costitutivo. Anche se con sfumature diverse, in entrambe le spiegazioni però l'effetto, e cioè il vincolo matrimoniale, ci pare venga attribuito alla volontà delle parti, vincolo che, una volta costituito, le parti non sono più libere di sciogliere[63].

Per gli studiosi pare che la prima teoria abbia avuto più successo nel mondo occidentale, dove il pensiero romano ha certamente avuto maggior influsso, mondo che trova in S. Ambrogio il suo rappresentante e su cui a questo riguardo più si è riflettuto; la seconda teoria, che ha come assertore S. Giovanni Crisostomo, è legata più al mondo greco ed orientale[64].

---

[61] Riguardo a questo cf. J. SERRIER, *Le mariage contract-sacrement*, una raccolta di passi omiletici con rari testi dogmatico-canonistici; A. STANGHELLINI, «Il diritto matrimoniale», 78-140.

[62] G. D'ERCOLE, «Il consenso degli sposi», 25.

[63] Cf. U. NAVARRETE, «Il matrimonio nel diritto canonico», 127. L'autore in seguito afferma che: «è noto come riguardo al rapporto consenso copula nell'epoca patristica gli studiosi diano due interpretazioni contrastanti: per alcuni, i Padri seguono fondamentalmente la dottrina romana sulla irrilevanza giuridica della copula coniugale nella costituzione del matrimonio [...]. Per altri studiosi, invece, i Padri, almeno una parte di essi, pur dando al consenso un ruolo fondamentale, considerano la copula anche come elemento essenziale nella costituzione del matrimonio (egli cita A. ESMEIN – R. GENESTAL, *Le mariage*, 104, secondo cui la copula coniugale era considerata fin dai primi secoli elemento essenziale del matrimonio)» (*Ibidem*, 134-135).

[64] Cf. J. SOTO, *El matrimonio in fieri*, 198: «La consumación es elemento constitutivo del matrimonio segun san Juan Crisóstomo. La cópula es legítima, en cuanto realizada conforme a las leyes divinas con intención matrimonial. En la vinculación corporal de las partes, cuya fuerza supera todo vínculo afectivo anterior, ve san Jaun C.

Nel diritto greco il concetto di contratto di compravendita basata sul consenso non era conosciuto, e l'accordo orale tra le parti non era vincolante: il contratto si concludeva con la prestazione reale dell'oggetto. Da qui forse l'influsso su S. Giovanni Crisostomo (344-407), il quale nel suo pensiero afferma che il matrimonio viene posto in essere al momento della *prima* copula coniugale *animo maritali posita*, considerato momento costitutivo unico e come mezzo per realizzare lo *ius connubi*, fondamento dell'unità, dell'indissolubilità e del simbolismo mistico del matrimonio[65]. A parte le sue affermazioni prese letteralmente, anche per Giovanni Crisostomo si potrebbe dire che non vi sono due elementi costitutivi del matrimonio, ma che nel suo pensiero l'elemento costitutivo del matrimonio è il consenso matrimoniale. Esso però, come tale, non espleta la sua efficacia giuridica se non in quanto manifestato nell'atto copulatorio[66]. La copula sarebbe da intendere quindi come mezzo della «*conventio*» tra le parti.

Interessante anche il passo dello Pseudo Giovanni Crisostomo, un autore anonimo ariano che scrisse in Italia verso il 550 d.c., il quale afferma: «*Matrimonium enim non facit coitus sed voluntas: et ideo non solvit illud separatio corporis*»[67].

---

el fundamento de la unidad, de la indisolubilidad y del simbolismo místico del matrimonio».

[65] Cf. U. NAVARRETE, «Il matrimonio nel diritto canonico», 136.

[66] Cf. U. NAVARRETE, «Il matrimonio nel diritto canonico», 136-137, il quale afferma che: «Anche in questa prospettiva, sembrerebbe che la copula sia considerata non come un elemento costitutivo, ma piuttosto come il mezzo per il quale il consenso delle parti mette in esistenza il foedus matrimoniale (synzèke), nel senso che soltanto nel momento in cui i contraenti prendono possesso dell'oggetto specifico della conventio matrimonialis, questa, che per essenza è un accordo di volontà ottiene la sua efficacia giuridica». Per un approfondimento vedi J. SOTO, *El matrimonio in fieri*, 201-237.

[67] PSEUDO-GIOVANNI CRISOSTOMO, *Opus imperfectum*, 32,9. Secondo G. D'Ercole, «il testo richiama da vicino l'aforisma romano *consensus facit nuptias*, ma con un significato diverso rispetto a come viene oggi interpretato. È la *voluntas* che tiene unito il matrimonio, e il vincolo non può essere sciolto anche se viene a mancare quella che a Roma chiamarono *individuae vitae consuetudo*» (G. D'ERCOLE, «Il consenso degli sposi», 26). Sembra però che l'autore risenta della teoria manentina e che invece il testo rispecchi l'aforisma nel suo vero significato. Prima di lui Tertulliano mette in evidenza l'elemento della volontà, anche se dai testi, così come sono, non risulta che egli dia rilievo allo scambio del consenso iniziale: «Ceterum praeter ex causa adulterii nec creator disiungit quod ipse coniuxit, eodem, alibi Moyse constituente eum, qui ex compressione matrimonium fecerit, non posse dimittere uxorem in omne tempus. Quodsi ex violentia coactum matrimonium stabit, quanti magis ex con-

CAP. I: IL MATRIMONIO IN FIERI NELLA STORIA 31

S. Ambrogio (ca. 333-397) invece resta legato alla concezione romanistica e considera il matrimonio sorto nel momento della *pactio coniugalis*, cioè allo scambio libero dei consensi, espressivi della volontà: la *pactio* è il momento costitutivo unico del matrimonio, e alla copula non viene data nessuna valenza giuridica, né a livello costitutivo, né per gli effetti conseguenti (per es. indissolubilità). Dal momento dello scambio delle volontà il matrimonio è considerato esistente (nasce un rapporto giuridico), uno ed anche indissolubile. Per Ambrogio dire: *non enim defloratio virginitatis facit coniugium, sed pactio coniugalis*, è come dire nel diritto romano *non concubitus sed consensus facit nuptias*[68].

Altri Padri in brevi passi accennano al matrimonio come patto, come *conventio*. G. Ojetti ci fa notare che S. Agostino (354-430) rientra in coloro che danno importanza al consenso:

> Quanto agli sposi che di comune accordo decidono di astenersi per sempre dall'uso della concupiscenza carnale non rompono in alcun modo il vincolo coniugale che li lega l'uno all'altro. Al contrario, tale vincolo sarà tanto più forte quanto più quell'accordo, che deve essere osservato con più amorosa concordia, è stato da loro raggiunto non negli abbracci voluttuosi dei corpi, ma negli slanci volontari degli animi[69].

Al matrimonio come patto si riferiscono anche S. Girolamo (ca. 342-419), che riferendosi alla donna dice: «Tu in verità, quasi dimentica del patto nuziale e immemore di questo patto e diritto, senza aver consultato l'uomo, hai votato la castità a Dio»[70] e S. Basilio Magno (ca. 330-379):

> La donna che senza il permesso di chi ha su di lei potestà, si consegna ad un uomo, ha fornicato: e se in seguito si avvale di un matrimonio libero, è sposata. Ragion per cui, la prima è fornicazione, questo invece è

---

venientia voluntarium?» (TERTULLIANO, *Adversus Marcionem*, 4,34). Cf. anche G. D'ERCOLE, «Il consenso degli sposi», 27, nota 21.

68 Cf. J. SOTO, *El matrimonio in fieri*, 88: «La consumación no constituye el matrimonio, ni fundamenta su unidad e indisolubilidad, como tampoco su simbolismo místico. El matrimonio existe, uno e indisoluble y como "sacramentum magnum Christi et Ecclesiae", desde el primer momento, es decir, a partir de la "pactio coniugalis"».

69 AGOSTINO D'IPPONA, *De nuptis*, I,11,12,: «Quibus vero placuit ex consensu ac usu carnalis concupiscentiae in perpetuum continere, absit ut vinculum inter illos coniugale rumpatur; immo firmius erit; quo magis ea pacta secum inierunt, quae carius, concordiusque servanda sunt, non voluptariis corporum nexibus, sed voluntariis affectibus animorum». Cf. G. OJETTI, «Il pensiero tradizionale», 71.

70 GIROLAMO, *Epistola* 148,28: «Tu vero, quasi oblita foederis nuptialis, pactique huius ac iuris immemor, inconsulto viro, vovisti Domino castitatem».

matrimonio. Infatti i patti di coloro che sono sotto la potestà di un altro, non hanno validità senza il loro permesso[71].

Per quanto riguarda i Padri possiamo concludere che, soprattutto nel comparare i testi e il pensiero di S. Ambrogio e di S. Giovanni Crisostomo, che risultano aver riflettuto maggiormente sul matrimonio nel suo iniziarsi, si può vedere qui adombrata la divisione che in epoca scolastica portò alla nascita, in ambito medievale, di due scuole di pensiero e di due concezioni ben precise riguardo alla causa efficiente e al momento costitutivo del vincolo matrimoniale: la scuola realista, che fece capo alla scuola giuridica di Bologna, e la scuola consensualista, facente riferimento alla scuola giuridica di Parigi.

2. Il *matrimonio in fieri* nel periodo medievale

Nel cammino fin ora percorso abbiamo riflettuto come in alcune culture veniva concluso o costituito il matrimonio. L'elemento consensuale, la volontà delle parti di contrarre matrimonio, prese pian piano sempre più importanza e il noto assunto *consensus facit nuptias* ebbe una certa influenza sul primo cristianesimo e su buona parte della Patristica.

Questo principio però non trionfò completamente nella legislazione e nella dottrina della Chiesa se non attraverso una lenta evoluzione[72] e tramite dispute dottrinali che, come abbiamo appena accennato, si rifecero sostanzialmente e sempre più chiaramente a due concezioni opposte adombrate nei Padri e che influenzarono la canonistica e la dottrina teologica medievale, e per lungo tempo si discusse se il consenso doveva essere considerato come unico, sufficiente e necessario elemento per la costituzione del vincolo matrimoniale oppure solo come elemento necessario, ma non sufficiente, per la validità del matrimonio, perché doveva essere completato dall'elemento reale della consumazione.

La disputa in sostanza era relativa proprio alla determinazione del momento decisivo per la formazione del contratto matrimoniale; stabilire quale era il momento preciso, era per la dottrina di primaria importanza, perché bisognava con certezza ribadire l'assoluta indissolubilità del vincolo matrimoniale, quando si aveva cioè l'atto definitivo ed irrevocabile da cui nasceva il legame e il nuovo stato giuridico dei con-

---

[71] BASILIO, *Epistola* 199, 40: «Quae praeter heri sententiam se viro tradit, fornicata est; quae vero postea matrimonio libero usa est, nupsit. Quare illud quidem fornicatio est; hoc vero matrimonium. Nam pacta eorum, qui sunt in alterius potestatem, nihil habent firmi».

[72] Cf. P. D'AVACK, *Cause di nullità*, 21.

traenti[73]. Il discorso quindi sul momento costituivo del matrimonio si lega molto a quello dell'indissolubilità del matrimonio, legame che traspare dalla riflessione di molti degli autori che affronteremo in questa parte.

Su questo si divisero, come già accennato, la scuola di Parigi e quella di Bologna.

2.1 *La scuola realista di Bologna*

Le invasioni barbariche e la mescolanza tra le varie popolazioni provocarono nel periodo tra il VII e il X sec. un generale abbassamento del grado di civiltà e il sempre più crescente fenomeno della formazione di matrimoni «combinati» dalle famiglie delle parti al solo scopo di trarne vantaggi politici ed economici.

O. Giacchi fa notare che i singoli individui dopo il matrimonio combinato, maturati nell'età e con maggiore indipendenza, e per il cambiamento delle circostanze storiche, arrivarono a non osservare il patto sorto sotto l'influsso familiare, ma iniziarono nuovi legami matrimoniali con altre persone, in cui avveniva certamente la consumazione, che invece solitamente non si era avuta nel vincolo «combinato». L'autore nota che:

> Si hanno così due «desponsationes»: una prima, che è anteriore nel tempo e dovrebbe per questo essere valida; una seconda, che ha a suo favore l'avvenuta «commixtio carnis». Sorge dunque l'interrogativo, così denso di conseguenze di ogni ordine: a chi saranno realmente vincolati la «sponsa duorum» o la «sponsa duarum»? E la risposta più praticamente opportuna sembra essere quella di attribuire validità soltanto al secondo vincolo, sia perché meglio corrispondente alla effettiva volontà dei soggetti, sia perché è stato seguito dalla consumazione [74].

Viene così a formarsi pian piano la teoria, il cui primo assertore fu Icmaro, vescovo di Reims[75], vissuto nel sec. IX, che attribuisce una

---

[73] «Por un lado la concepción puramente consensual, de inspiración romanista, que continuaba viendo en el simple intercambio del consentimineto el elemento *necesario y suficiente* para dar vida al negocio-sacramento matrimonial. De otro lado, la concepción netamente real, de inspiración hebraica, [...] que ponía en la *consumación* del matrimonio el verdadero elemento constitutivo del negocio-sacramento» (V. DE REINA, *El consentimiento matrimonial*, 21).

[74] Cf. O. GIACCHI, *Il consenso*, 41.

[75] ICMARO DI REIMS, *Epistola* 22, 137: «Nec habent nuptiae in se Christi et Ecclesiae sacramentum, sicut Beatus Augustinus dicit, si se nuptialiter non utuntur, id est si

grande importanza alla *copula carnalis coniugalis*, fino a ritenere da parte di molti che il matrimonio non vi fosse ancora se non vi fosse stata l'unione fisica dei coniugi, copula posta ovviamente *cum animo maritali*. Fino a Graziano però questa tendenza dottrinale non fu mai una concezione ufficiale della Chiesa, fu anzi confutata da Papa S. Niccolò I, nella sua celebre Epistola ai Bulgari, dove si sosteneva che il matrimonio si perfeziona già con il consenso delle persone tra le quali viene celebrato[76].

La teoria si propone con una doppia valenza: o la copula è considerata come elemento costituente *ex integro* il matrimonio, o è considerata solo come elemento parziale, per cui il matrimonio iniziato col consenso si compie e si perfeziona con la copula. La scuola canonistica di Bologna sostenne in sostanza che *matrimonium consensu initiatur, copula autem carnali perficitur*[77].

Graziano, pur riconoscendo alla teoria consensuale una grande accoglienza tra gli studiosi del tempo, si schiera dalla parte della teoria della copula; egli nei suoi *dicta* afferma che:

> si deve sapere (distinguere) ciò che ha inizio con la promessa dei coniugi e ciò che ha compimento con la loro unione; perciò tra lo sposo e la sposa c'è il matrimonio, ma solo in fase di inizio, mentre è rato (portato a compimento) tramite l'atto di unione dei corpi[78].

---

non subsequitur commixtio sexuum». Cf. T. RINCÓN, *El matrimonio mistero y signo*, 67-85.

[76] NICCOLÒ I, *Responsa ad consulta vestra, ad Bulgaros*, 13 nov. 866, cap. 3: «Sufficiat secundum leges solus eorum consensus, de quorum coniunctionibus agitur: qui consensus, si solus in nuptiis forte defuerit, cetera omnia, etiam cum ipso coitu celebrata, frustrantur, Joanne Chrysostomo magno doctore testante, qui ait: Matrimonium non facit coitus, sed voluntas». Per approfondire cf. G. OJETTI, «Il pensiero tradizionale», 79; V. DEL GIUDICE, «Il matrimonio cristiano», 350-351.

[77] Cf. G. OJETTI, «Il pensiero tradizionale», 89.

[78] «Sciendum est quod coniugium desponsatione initiatur, commixtione perficitur. Unde inter sponsum et sponsam coniugium est sed initiatum; inter copulatos est consummatum» (C.27, q.2, c.34). Graziano ripete lo stesso concetto anche in C.27, q.2, c.39: «Ad matrimonium perfectum subintelligendum est, tale videlicet quod habeat in se Christi et Ecclesiae sacramentum [...] Cuncta ergo que de non separando coniugio inducta sunt, de perfecto intelliguntur, quod sponsali coniunctione est initiatum et offitio corporalis commixtionis est consummatum. Illa vero quibus, separabile coniugium ostenditur, de initiato intelliguntur quod nondum offitio sui perfectum est [...] Sponsae appellantur coniuges consuetudine scripturae spe futurorum, non effectu praesentium».

Egli in sostanza, non distinguendo fra *sponsalia de futuro* e *sponsalia de praesenti*, ritiene che ogni consenso manifestato prima della copula costituisca solo un *matrimonium initiatum*, il quale ottiene la sua perfezione solo alla consumazione[79]; egli vede cioè due momenti successivi, il *coniugium initiatum*, che sorge dal matrimonio meramente consensuale, costituito dal mutuo consenso dei coniugi e il *coniugium perfectum* che si sarebbe avuto solo dopo l'avvenuta *commixtio sexuum*[80]. Il matrimonio iniziato con il solo consenso non è vero e perfetto matrimonio[81]: diventa tale solo con la copula carnale dalla quale riceve la sacramentalità e l'indissolubilità[82].

U. Navarrete fa notare che anche Graziano, oltre che Pietro Lombardo, usa il termine *contractus* per indicare l'atto consensuale che causa il matrimonio, l'atto iniziale di *coniunctio* tra l'uomo e la donna[83]. Questa *coniunctio* però ha per lui due specificazioni: quella *animorum* manifestata nel consenso e costituente il *matrimonium initiatum*, e la *coniunctio corporum*. La seconda non entra nel matrimonio soltanto come oggetto del consenso, ma come elemento costitutivo del suo formarsi completo, del matrimonio *in fieri*. La *individua vitae consuetudo* come stato di vita, non è costituita se non ha luogo fra gli sposi la *copula carnalis*[84]. La conseguenza di questa teoria è che l'indissolubilità e il sacramento non si hanno con il matrimonio iniziato, ma solo con il matrimonio perfetto.

Ma qual è in Graziano il vero valore da dare alla copula e al consenso: sono due elementi distaccati o sono tra loro compenetrati? Ci pare che in Graziano il consenso è importante, come causa efficiente del

---

[79] Cf. U. NAVARRETE, «Il matrimonio nel diritto canonico», 137.

[80] P. PELLEGRINO, *Il consenso matrimoniale*, 14.

[81] C.27, q.2, c.34: «Apparet... hunc non fuisse coniugium, cui vivente sponso alteri nubendi licentia non negatur».

[82] G. OJETTI, «Il pensiero tradizionale», 91; C.N.L. BROOKE, *Il matrimonio nel Medioevo*, 141-142.

[83] Cf. U. NAVARRETE, «Influsso del diritto romano», 307.

[84] «Per Graziano la viri et mulieris coniunctio significa il consensus qui est efficiens causa matrimonii. A prima vista sembrerebbe che per Graziano quella coniunctio della definizione ulpianea comporti soltanto la coniunctio animorum e non anche la coniunctio corporum. Ma tenuto conto della sua teoria sul matrimonio in fieri si deve concludere che quella coniunctio comprende i due elementi: per la coniunctio animorum e cioè per il consenso, matrimonium initiatur; per la coniunctio corporum nel senso realistico la commixtio sexuum, matrimonium perficitur. Per Graziano la coniunctio corporum non entra soltanto nel matrimonio come oggetto del consenso, ma come elemento costitutivo del suo formarsi completo, del matrimonio in fieri» (U. NAVARRETE, «Influsso del diritto romano», 308).

matrimonio, un *consensus de preaesenti*, manifestato nella copula e per mezzo di essa[85]: due elementi quindi compenetrati.

Con U. Navarrete pensiamo che si possa interpretare il pensiero di Graziano secondo la teoria di S. Giovanni Crisostomo e pertanto

> anche per Graziano l'elemento costitutivo essenziale del matrimonio perfetto è soltanto il consenso. Ogni manifestazione del consenso prima della copula, anche se nella sua manifestazione sembra essere un *consensus de praesenti*, in realtà è un *consensus de futuro*, una promessa di futuro matrimonio, che crea già un vincolo tra gli sposi. Ma quello che veramente costituisce causalmente il matrimonio è il *consensus de praesenti* manifestato nella copula e per mezzo della copula[86].

Questa teoria in sostanza aveva una portata pratica: quella di superare le gravi difficoltà che si presentavano nello stabilire quando nei vari casi vi fosse stato tra le parti un semplice impegno per il futuro, cioè gli sponsali, e quando invece un effettivo scambio bilaterale di consenso: in quei tempi infatti, non esigendosi ancora una forma determinata di celebrazione per la validità dell'atto, spesso era difficile stabilire con sicurezza se l'uomo e la donna avessero concluso solo gli sponsali o un vero matrimonio[87].

2.2 *La scuola consensualista di Parigi*

Alla teoria realista della scuola bolognese, che ottenne una grande diffusione in Italia, fu insegnata nelle scuole ed applicata con unanimità di consensi, reagì decisamente la scuola francese, che già con Abelardo, S. Pier Damiani[88], Guglielmo a Cappellis e Ugo di S.Vittore[89], aveva

---

[85] Cf. G. LE BRAS, «La doctrine du mariage», 2150: «La *desponsatio* ne fait pas le mariage, mais "la volonté antérieure de contracter mariage et le pacte conjugal ont pour effet que la copulation réalise le mariage"».

[86] U. NAVARRETE, «Il matrimonio nel diritto canonico», 137-138.

[87] V. Del Giudice sostiene che «Con tale dottrina, da Graziano (e seguaci) propugnata, si protrasse a lungo la confusione tra promessa di matrimonio e matrimonio vero e proprio, tra matrimonio iniziato e matrimonio perfetto (o rato), tra sponsalia de futuro e sponsalia de praesenti; e a lungo si protrasse la disputa circa il momento nel quale il matrimonio dovesse considerarsi davvero indissolubile (cioè non vero matrimonio), e quindi per quale causa tale dissolubilità del matrimonio (iniziato) dovesse ritenersi possibile» (V. DEL GIUDICE: «Il matrimonio cristiano», 354). Per uno studio approfondito sulla nozione di consumazione in Graziano, cf. J.A. ALESANDRO, *Gratian's notion*, 81-87.

[88] Cf. G. OJETTI, «Il pensiero tradizionale», 81: «S. Pier Damiani era sostenitore della teoria consensuale. Combattendo l'opinione di coloro che stimavano valido il contratto in tempo proibito, solo nel caso che la copula fosse intervenuta dopo il tem-

combattuto la teoria della copula. Di tale reazione si fece interprete definitivo Pietro Lombardo e dietro a lui tutta la scuola teologica di Parigi[90].

Innanzitutto Pietro Lombardo, come anche gli autori dell'inizio della scolastica, tratta esplicitamente del consenso come causa efficiente del matrimonio, con l'interpretazione ovvia del verbo *facit* del principio romano *consensus facit nuptias*. Il libro IV delle *Sentenze* contiene in modo esplicito un capitolo che si intitola *De consensu, qui efficit coniugium* in cui a più riprese egli sostiene le opinioni suddette, avvalorate anche da testi di altri autori antichi e dai Padri[91].

Rispetto a Graziano, Pietro Lombardo[92] e tutta la scuola che a lui fa riferimento, distinguono che vi possano essere, al momento dello scambio dei consensi tramite le parole, due diverse tappe nella espressione della *voluntas contrahendi*: la prima consisteva in un consenso mediante parole *de futuro*, in sostanza una *desponsatio*, nella quale poteva essere presente nelle parti una volontà *de contrahendo matrimonio*[93], quella che si può considerare solo come una promessa di matrimonio che ci si impegna a celebrare, i cosiddetti sponsali[94]. La seconda tappa era l'espressione del consenso mediante parole *de praesenti*, in cui è pienamente contenuta la *pactio coniugalis*.

Il risultato è che si ha la nascita immediata del vincolo matrimoniale tra le parti che chiaramente esprimano tale volontà. Per il maestro delle

---

po proibito egli mette in rilievo l'assurdità di tale concezione, perché è il solo consenso che fa il matrimonio». Cf. PIER DAMIANI, *De parentelae gradibus*, PL 145, 200-203.

[89] G. OJETTI, «Il pensiero tradizionale», 86: «Il matrimonio è la società, formata dall'accordo delle volontà dell'uomo e della donna con la quale questi si costituiscono debitori l'uno dell'altro. Il consenso deve essere spontaneo e libero: deve esprimere una intenzione attuale e non una semplice promessa riguardante il futuro». Cf. UGO DI S. VITTORE, *De Sacramentis*, p. 11, cq. 4.

[90] Cf. V. DE REINA, *El consentimiento matrimonial*, 24; O. BALTZER, *Die Sentenzen*, 151-159.

[91] P. LOMBARDUS, *Libri IV Sent.*, dist. 27, cap. 3-4: «Consensus cohabitationis, vel carnalis copulae non facit coniugium, sed consensus coniugalis societatis» (c. 4). Cf. V. DEL GIUDICE: «Il matrimonio cristiano», 355; U. NAVARRETE, «Il matrimonio nel diritto canonico», 128.

[92] Cf. P. LOMBARDUS, *Libri IV Sent.*, dist. 27, cap.8.

[93] P. PELLEGRINO, *Il consenso matrimoniale*, 15.

[94] G. LE BRAS, «La doctrine du mariage», col. 2152, afferma che: «Le Lombard fait observer que, entre *consensus* et *copula*, la séparation n'est point radicale dans le *Décret*, mais *consensus facit matrimonium in coitu*. A cette doctrine, Pierre Lombard oppose sa propre distinction».

Sentenze il *consensus de praesenti* è l'unico elemento costitutivo essenziale del matrimonio e del sacramento, l'unica causa efficiente ed anche il fondamento dell'indissolubilità[95]. Solo infatti la *desponsatio* poteva dissolversi, perché ancora non era sacramento né contratto matrimoniale, mentre assolutamente indissolubile, intrinsecamente ed estrinsecamente, era da considerare l'altra situazione, indipendentemente dal fatto che fosse avvenuta la copula carnale, considerata solo come una conseguenza, perché in virtù del consenso attuale manifestato esternamente, questa situazione costituiva già un matrimonio perfetto.

Il consenso dei genitori non aveva una grossa importanza nelle tesi di P. Lombardo; G. Baldanza nel suo studio su questo argomento fa notare che:

> siccome il consenso dei genitori alle nozze veniva fatto al momento degli sponsalia de futuro e poiché questi non erano più un preliminare indispensabile al matrimonio, il quale poteva celebrarsi anche senza gli sponsali, ne segui di conseguenza che esso poteva effettuarsi senza l'autorità dei genitori[96].

La *coniunctio* tra l'uomo e la donna, come per Graziano, anche per Pietro Lombardo riguarda il matrimonio *in fieri*, anche se lui la riferisce solo alla *coniunctio animorum* e non a quella *corporum*, che non ritiene appunto necessaria perché la *coniunctio maritalis* sia perfetta; egli non la ritiene nemmeno come oggetto essenziale del consenso matrimoniale, che pensa essere solamente la *coniugalia societas*, che ha come unica conseguenza il diritto-obbligo alla coabitazione e alla copula carna-

---

[95] Secondo Navarrete, che si rifà al Lombardo, la copula carnale ha rilevanza solo nella linea del simbolismo mistico (cf. U. NAVARRETE, «Il matrimonio nel diritto canonico», 137). Egli si riferisce a P. LOMBARDUS, *Libri IV Sent.*, dist.30, cap.2: «Sed intelligendum est coniugium perfici commixtione corporali non quantum ad veritatem coniugii, sed quantum ad significationem quia perfectius unionem Christi et Ecclesiae tunc figurat». G. Ojetti fa notare anche che: «Per corroborare la sua tesi che il matrimonio consensuale è già assolutamente indissolubile, Pietro Lombardo dice che tra Cristo e la Chiesa vi è una doppia unione. Una esiste per la volontà e la carità, e consiste in ciò che la Chiesa vuole quello che vuole Gesù Cristo; l'altra consiste nella stessa natura, rappresenta cioè Cristo che ha rivestito la natura umana per unirsi alla Chiesa. Il matrimonio non consumato rappresenta la prima unione, il consumato la seconda» (G. OJETTI, «Il pensiero tradizionale», 93). V. Del Giudice sostiene che l'eventuale dissolubilità del matrimonio per la scuola parigina era limitato agli sponsalia de futuro, con l'esclusione della dissolubilità per gli sponsalia de praesenti, cioè del matrimonio concluso con il consenso, anche non seguito da copula (cf. V. DEL GIUDICE: «Il matrimonio cristiano», 357).

[96] G. BALDANZA, «Il problema del consenso dei genitori», 367-368.

le, che pur venendo a mancare nel tempo, non intacca la *societas* stessa[97].

La scuola parigina sostiene quindi con forza il valore del consenso matrimoniale, attribuendogli il ruolo di elemento costitutivo e di ragione dell'indissolubilità matrimoniale, mentre la scuola bolognese fonda l'indissolubilità matrimoniale nel solo momento della copula carnale, manifestante il consenso matrimoniale *de praesenti*. Questa profonda diversità di vedute tra francesi ed italiani circa il momento in cui si perfeziona il matrimonio e circa le conseguenze pratiche di questa diversità, fu evidenziata in molti scritti del XII sec.[98]: la scelta o meno di una delle due teorie, portava alla scelta di un diverso criterio nel risolvere i casi e i problemi concreti, in base alle due opinioni. Dalle due teorie, furono operate due sintesi.

2.3 *Le sintesi di Alessandro III e di Innocenzo III*

Come abbiamo visto le due teorie appena esposte assolutizzavano un solo aspetto del processo costitutivo del matrimonio, ritenendolo come l'unico ed indispensabile, negando all'altro qualsiasi importanza. Secondo il Cappello

> in entrambe le sentenze vi era qualcosa di vero e qualcosa di falso. L'errore della scuola bolognese era che reputava il matrimonio soltanto rato e non ancora consumato, non fosse un vero e perfetto matrimonio. L'errore della scuola di Parigi era che il matrimonio rato e non consumato era sia intrinsecamente che estrinsecamente indissolubile[99].

Ad una sintesi si arrivò alla fine del secolo XII, sintesi nella quale prevalse la teoria consensualista[100]: sia il matrimonio che il sacramento

---

[97] Cf. U. NAVARRETE, «Influsso del diritto romano», 308.

[98] A questo proposito P. D'Avack afferma che in Francia nel caso di un matrimonio benedetto da un sacerdote, ma non ancora consumato, in cui la sposa abbia rapporti sessuali con un altro uomo, essa è costretta a tornare con suo marito, perché il suo matrimonio è ritenuto valido e perfetto, mentre in Italia essa è libera di passare a nuove nozze perché parte dal presupposto che sussistano ancora semplici sponsali e non un vero matrimonio (cf. P. D'AVACK, *Cause di nullità*, 22).

[99] «In sententia utriusque aliquid veri, aliquid falsi erat. Error scholae Bononiensis in eo erat, quod putabat matrimonium ratum tantum, seu nondum consummatum, non esse verum perfectumque matrimonium. Error scholae Parisiensis in eo reponendus, quod asserebat matrimonium ratum et non consummatus esse cum intrinsece tum extrinsece indissolubile» (F. CAPPELLO, *De Matrimonio*, 504, n. 577). Vedi anche G. OJETTI, «Il pensiero tradizionale», 93.

[100] Cf. U. NAVARRETE, «De vinculo matrimonii», 103.

sono essenzialmente costituiti dallo scambio dei consensi tra le parti, manifestato in maniera legittima, un consenso che produce il suo effetto nello scambio giuridicamente efficace, che rimane nel tempo, indipendentemente dalla susseguente volontà degli sposi e che come causalità efficiente unica, adeguata ed insupplibile, fa si che per il vincolo matrimoniale passi dal *non esse* all'*esse*. Questa sintesi ebbe inizio con Alessandro III, discepolo di Graziano e anch'egli maestro a Bologna (*Magister Rolandus*). Egli pur essendo stato inizialmente un propugnatore della teoria della copula, abbandonò poi tale posizione dottrinale, riconoscendo che solo il consenso *de praesenti* espresso dalle parti bastava per la validità e la perfezione del vincolo matrimoniale, indipendentemente dalla copula coniugale[101], anche se essa aveva importanti conseguenze teologiche e giuridiche[102].

Il pensiero di Alessandro III non fu sempre lineare in senso «consensuale»: in alcune decretali egli sta per il valore assoluto del consenso attuale, mentre in altre adotta una soluzione di compromesso, riconoscendo l'indissolubilità soltanto al matrimonio consumato o al matrimonio solamente contratto, ma con una celebrazione solenne, davanti ad un sacerdote o ad un notaio[103]. Anche per Alessandro III, influenzato dalla sua appartenenza alla scuola bolognese, il matrimonio, oltre al

---

[101] V. DEL GIUDICE: «Il matrimonio cristiano», 356-357: «Fu il magister Rolandus (Bandinelli), che seguiva Graziano, [...] a risolvere definitivamente la questione, mentre era quasi alle soglie del pontificato (tra il 1150 e il 1158). [...] Nella compilazione delle Sententiae, Rolando, già cardinale, poté senz'altro allontanarsi dalla dottrina grazianea e dichiarare tra l'altro, l'inammissibilità del matrimonium superveniens consummatum quale causa di dissoluzione del precedente matrimonio non consumato. E quando Rolando assunse il supremo pontificato poté affermare il carattere di vero matrimonio di quello concluso col solo consenso, anche se non consumato, ma al tempo stesso la non assoluta indissolubilità d'un tale matrimonio»; cf. anche V. DE REINA, *El consentimiento matrimonial*, 26. Per approfondire l'opera di questi due pontefici Cf. G. LE BRAS, «La doctrine du mariage», 2158-2159; J. FREISEN, *Geschichte*, 151ss; 810ss.

[102] Il passo più rilevante del pensiero di Alessandro III lo troviamo nella decretale *Licet praeter solitum* (Sponsalia de praesenti non solvuntur per sequens matrimonium etiam carnali copula consummatum): «[...] Super hoc autem Consultationi tuae taliter respondemus, quod, si inter virum et mulierem legitimus consensus sub ea solennitate, quae fieri solet, praesente scilicet sacerdote aut etiam notario, sicut etiam in quibusdam locis adhuc observatur, coram idoneis testibus, interveniat de praesenti, ita quidem, quod unus alterum in suo mutuo consensu verbis consuetis expresse recipiat, utroque dicente: ego te accipio in meam, et: ego te accipio in meum, sive sit iuramentum interpositum sive non, non licet mulieri alii nubere.» (X.4,4,3).

[103] V. FAGIOLO, «Formazione ed essenza» 113, nota 12; F.X. WERNZ – P. VIDAL, *Ius canonicum*, 622.

semplice consenso *de praesenti*, si poteva avere anche in un'altra maniera, tramite cioè il consenso *de futuro* seguito dalla copula sessuale, vista come ulteriore sanzione del consenso già manifestato in precedenza, senza la necessità di una rinnovazione *de praesenti*[104].
Secondo G. Baldanza

> il sistema di Alessandro III si presenta quale fusione delle due teorie rivali e in esso il matrimonio veniva a configurarsi a secondo dei casi o quale la pura e semplice *verborum obligatio*, cioè contratto puramente consensuale voluto dalla scuola francese o quale il *coniugium consensu initiatum et copula ratum*, cioè come contratto al tempo stesso consensuale e reale[105].

Fu il pontefice Innocenzo III, successore di Alessandro III, a confermare e sviluppare il suo pensiero sotto l'influenza del grande canonista Uguccione: egli, oltre a ribadire l'importanza del consenso scambiato per *verba de praesenti*, conservò la possibilità di contrarre matrimonio tramite la copula posteriore agli sponsali, rimanendo nell'ambito della teoria consensuale. Per Innocenzo III, anche nel secondo caso, era solo il consenso legittimo *de praesenti* delle parti che serviva ad originare il vincolo matrimoniale, cosa che ribadisce chiaramente in una lettera al vescovo di Brescia[106]. Solo che quest'ultimo consenso, in vista della precedente promessa di matrimonio più l'unione sessuale, non necessitava più di essere espresso, ma si considerava come tale, in quanto si presumeva *iuris et de iure* come effettivamente dato nel momento e in virtù della copula carnale[107]. Si faceva avanti pian piano in questo modo, la figura del matrimonio presunto che per tanto tempo fu considerata come valida e che in seguito analizzeremo brevemente.

---

[104] Secondo P. CIPROTTI, «Il matrimonio presunto», 301: «È noto che Alessandro III, nella Decretale *Veniens*, che fu poi riportata nella collezione di Gregorio IX (X.4,1,15) aveva insegnato che la copula susseguente agli sponsali produceva il matrimonio». Cf. anche V. DE REINA, *El consentimiento matrimonial*, 26; G. BALDANZA, «Il problema del consenso dei genitori», 369, nota 51.

[105] G. BALDANZA, «Il problema del consenso dei genitori», 369, nota 51.

[106] INNOCENZO III, *Ad Episcopo Brixiensi*: «Postulasti insuper edoceri, utrum ex solis verbis, et ex quibus matrimonium contrahatur, quum ab aliquis dubitetur spirituale contrahi solis verbis. Nos igitur inquisitioni tuae taliter respondemus, quod matrimonium in veritate contrahitur per legitimum viri et mulieris consensum; sed necessaria sunt, quantum ad ecclesiam, verba consensum exprimentia de praesenti. Nam surdi et muti possunt contrahere matrimonium per consensum mutuum sine verbis, et pueri ante annos legitimos per verba sola non contrahunt, quum intelligantur minime consentire» (X.4,1,25).

[107] V. DE REINA, *El consentimiento matrimonial*, 26-27.

Ma se nella sintesi prevalse l'elemento consensuale, quale valore si dava alla copula e come si può parlare di vera e propria sintesi[108]?

Secondo U. Navarrete in questa soluzione media, operata verso la fine del sec. XII da parte dei pontefici Alessandro III e Innocenzo III, dalla scuola parigina si presero la distinzione tra il consenso *de futuro matrimonio contrahendo* e il consenso *de praesenti* e il fatto che il sacramento si attua al momento dello scambio del consenso de *praesenti*, il momento cioè dello scambio legittimo e giuridicamente efficace di esso ed anche della costituzione del matrimonio. La perfetta significazione del mistero dell'unione sponsale tra Cristo e la Chiesa però si verifica solo nel matrimonio consumato e non in quello solo rato, quando gli sposi diventano *una caro*. Questo elemento viene preso dalla scuola bolognese: solo il matrimonio consumato esprime questa significazione ed è da considerare indissolubile in modo assoluto, di una indissolubilità intrinseca ed estrinseca, mentre prima, anche se pienamente costituito dal consenso, poteva essere sciolto[109].

La sintesi tra le due scuole, avviene in sostanza con il contributo di entrambe anche se in tappe successive. Alessandro III la prepara, pur senza un pensiero sempre lineare, Innocenzo III ne sviluppa le premesse, raccolte e sistematizzate poi da Gregorio IX nelle Decretali; questi Pontefici, in linea di massima, sostennero il valore assoluto al solo scambio dei consensi, senza attribuire alla copula importanza di elemento costitutivo, ma solo in ordine all'indissolubilità del vincolo matrimoniale: sempre di più per il matrimonio si userà il termine *contractus*, che fino a Trento sarà considerato contratto consensuale. Nonostante ciò anche dopo questi due pontefici non mancarono eccezioni a favore della teoria copulatoria[110].

---

[108] Per A. DE SMET, *De sponsalibus et matrimonio*, 81, nota 3: «Docebat scil. Alexander III copulam non esse elementum matrimonii essentiale, sed mere integrans, ex quo matrimonium quamdam perfectionem accidentalem accipiat, et strictiorem indissolubilitatem».

[109] Cf. U. NAVARRETE, «Il matrimonio nel diritto canonico», 138. F. Cappello a proposito della sintesi afferma che: «*Diximus coalescens ex utriusque oppositae sententiae elementis*, quia ex una parte, admissa distinctione inter sponsalia de praesenti et de futuro, matrimonio non consummato agnita est ratio sacramenti et perfecti coniugii: ex alia vero parte, denegata fuit tali matrimonio absoluta, quam urgebat Petrus Lombardus cum schola Parisiensi, indissolubilitas eaque soli matrimonio rato et consummato agnita fuit. Et sic tota controversia finem obtinuit» (F. CAPPELLO, *De Matrimonio*, 504, n. 577).

[110] Cf. V. FAGIOLO, «Formazione ed essenza del matrimonio», 113, nota 12. L'autore ricorda una lettera di Urbano III (cf. X.5,7,3) al vescovo di Firenze della fine

2.4 Il pensiero di alcuni teologi medievali: S. Tommaso S. Alberto Magno, S. Bonaventura

Tra i tanti autori medievali che hanno trattato il tema «matrimonio», abbiamo scelto di analizzare il pensiero di S. Tommaso, S. Alberto Magno e S. Bonaventura, in quanto li abbiamo ritenuti tra i più conosciuti e i più rappresentativi dell'epoca in esame. Esporre il loro pensiero inerente al matrimonio può risultare arduo e complesso, soprattutto se si considerano tutti gli aspetti legati a questo argomento affrontati nei loro scritti. Ci limiteremo quindi a cogliere solo alcuni aspetti del loro pensiero, in particolare come loro trattano l'argomento del momento costitutivo del vincolo matrimoniale e che posto riservano al consenso all'interno del matrimonio.

Anche dopo la sintesi di Alessandro III, rimase in molti il problema se la *coniunctio animorum*, vale a dire il *consensus*, desse origine al matrimonio già indissolubile oppure doveva essere data importanza anche alla copula coniugale e quindi alla *coniunctio corporum*, se cioè questa entrava a far parte dell'oggetto del consenso e aggiungeva qualcosa al processo formativo del matrimonio (*matrimonio in fieri*)[111].

Alcuni canonisti infatti come Goffredo da Trani propugnavano ancora l'idea dei due momenti successivi nella formazione del vincolo matrimoniale: il consenso (*coniunctio animorum*) e la consumazione (*coniunctio corporum*) quasi fosse un doppio sacramento[112].

Il pensiero di S. Tommaso non si conosce attraverso la *Summa Theologica* che termina con il Sacramento della Penitenza, ma attraverso il commentario alle *Sentenze*, il cui contenuto passò a far parte del *Supplemento* alla *Summa*[113].

Per S. Tommaso il matrimonio appartiene nella sua entità al genere delle relazioni e delle unioni. È in essenza una unione o meglio una società tra marito e moglie causata dal consenso, *utrum consensus sit causa efficiens matrimonii*[114] e ordinata, tra le altre cose, alla copula carnale. Il consenso consiste propriamente nella volontà di iniziare e

---

del sec. XII, che riconosce agli sposi la libertà dal vincolo quando uno di essi è divenuto lebbroso prima della consumazione del matrimonio e fa notare il non sempre lineare pensiero di Alessandro III.
[111] Cf. U. NAVARRETE, «Influsso del diritto romano», 309.
[112] F. SALERNO, «La dignità sacramentale, 30.
[113] Per approfondire cf. P. GLORIEUX, *Repetoire des maîtres*; M. GRABMANN, *Die Geshichte*.
[114] TOMMASO D'AQUINO, *Summa Theologica, Suppl.*, q. 49, a. 1.

portare a termine l'unione in se stessa, la quale significa l'unione di Cristo con la Chiesa, con tutto ciò che implica e a cui è ordinata[115].

In diversi passi del *Supplemento* egli, riferendosi anche all'implicazione che la consumazione in certa misura integra o almeno appartiene o è in intimo rapporto con il segno sacramentale, afferma l'importanza causale del consenso.

Ne riportiamo due:

> il consenso è causa del matrimonio; dunque, poiché l'unione fisica (dei corpi) non riguarda l'essenza del matrimonio, risulta che neppure il consenso, che è causa del matrimonio, è un consenso per l'unione fisica. E subito aggiunge: rispondo che si deve dire che il consenso, che fa il matrimonio, è consenso per il matrimonio stesso, poiché l'effetto proprio della volontà è il volere stesso[116].

> L'uno non riceve potestà su ciò che è liberamente dell'altra, se non per suo consenso; ma tramite il matrimonio entrambi i coniugi ricevono potestà sul corpo dell'altro [...], mentre prima entrambi avevano libera potestà sul proprio corpo; dunque il consenso fa (mette in atto) le nozze[117].

Nella sua opera S. Tommaso quindi si chiede se «*consensus qui facit matrimonium, sit consensus in copulam*», ma, alla stregua della scuola di Parigi, anch'egli sostiene che «*est consensus in matrimonium, quia effectus proprius voluntatis est ipsum volitum*», che cioè è il consenso che fa il matrimonio. Qui pare però che egli si distacchi dal pensiero di

---

[115] Cf. T. RINCÓN, *El matrimonio misterio y signo*, 346. L'autore riporta il passo di TOMMASO D'AQUINO, *Summa Theologica, Suppl.*, q. 45, a. 2, ad. 1um: «Ad secundum dicendum quod matrimonium non est ipse consensus, sed quaedam unio ordinatorum ad unum, ut dictum est, quam consensus facit. Nec consensus, proprie loquendo, conjunctionem Christi ad Ecclesiam significat: sed voluntatem eius, qua factum est ut Ecclesia conjungeretur».

[116] TOMMASO D'AQUINO, *Summa Theologica, Suppl.*, q. 57, a. 1; resp.: «sed consensus est causa matrimonii; cum ergo de essentia matrimonii non sit carnalis copula, videtur quod nec consensus, qui matrimonium causat, sit in carnalem copulam. Statimque addit: Respondeo dicendum, quod consensus qui facit matrimonium, est consensus in matrimonium, quia effectus proprius voluntatis est ipsum volitum».

[117] TOMMASO D'AQUINO, *Summa Theologica, Suppl.*, q. 45, a. 2.: «Unus non accipit potestatem in eo quod est libere alterius, nisi per eius consensum: sed per matrimonium accipit uterque coniugum potestatem in corpus alterius [...], cum prius uterque liberam potestatem sui corporis haberet; *ergo consensus facit nuptias*»; A. DE SMET, *De sponsalibus et matrimonio*, 77, commenta questo passo: «Ceterum sponte sua sequitur necessitas consensus ex ipsa natura matrimonii, siquidem dominium, quod in matrimonio transfertur in mutuum corpus, penes arbitrium est cuiuscumque».

Pietro Lombardo in quanto mette la copula carnale implicita nel consenso matrimoniale, come l'effetto nella sua causa:

> Questa associazione è detta copula carnale. Quindi è chiaro [...] che dare il consenso per il matrimonio è dare un consenso implicito all'unione fisica, non esplicito; infatti non si deve intendere l'effetto se non come implicitamente contenuto nella propria causa, poiché il diritto alla copula carnale, alla quale si dà il consenso, è a sua volta causa della copula carnale stessa, così come il diritto di usare una cosa propria è poi causa del suo uso[118].

Per U. Navarrete da ciò risulterebbe che viene richiesto il consenso esplicito in *potestatem carnalis copulae*, e che basta quello implicito in *carnalem copulam* e pare che si possa identificare il *consensum in matrimonium* con il *consensus in potestatem carnalis copulae*, cosa che alla fine lo distanzia dal Lombardo[119].

Per S. Tommaso, come per gli altri, riguardo alla forma per esprimere il consenso matrimoniale, era tesi comune che fossero le «parole» ad attuare ciò e per quanto riguarda il momento celebrativo, pur richiedendosi la presenza di un sacerdote per la pubblicità della celebrazione nuziale, la benedizione che egli impartiva sulle nozze non era considerata necessaria *ad virtutem matrimonii*[120], togliendovi ogni importanza causativa per la formazione del vincolo matrimoniale.

Anche di S. Alberto Magno conosciamo il pensiero inerente al momento costitutivo del vincolo matrimoniale, solo attraverso i suoi ampi commentari alle Sentenze: la sua costruzione teologico-giuridica sul

---

[118] TOMMASO D'AQUINO, *Summa Theologica, Suppl.*, q. 48, a.1, c.: «Et haec associatio coniugalis copula dicitur. Unde patet...quod consentire in matrimonium est consentire in carnalem copulam implicite, non explicite; non enim debet intelligi, nisi sicut implicite continetur effectus in sua causa, quia potestas carnalis copulae, in quam consentitur est causa carnalis copulae, sicut potestas utendi re sua est causa usus».

[119] Cf. U. NAVARRETE, «Influsso del diritto romano», 310. Per G. LE BRAS, «Mariage», 2187: «Saint Thomas, après avoir fait observer que le mariage n'est pas essentiellement la *copula carnalis*, mais une association en vue de cette *copula*, ajoute qu'il est juste de dire que le *consensus in copula carnali* est seulement implicite, *quia potestas carnalis copulae in quam consentitur est causa carnalis copulae, sicut potestas utendi re sua est causa usus* (d. 28, a. 4, sol.)».

[120] F. SALERNO, «La dignità sacramentale», 38. TOMMASO D'AQUINO, *Summa Theologica, Suppl.*, q. 45, a. 5, ad 2um, afferma: «Verba quibus consensus matrimonialis exprimitur, sunt forma huius sacramenti, non autem benedictio sacerdotis quae est quoddam sacramentale».

matrimonio appare più fluttuante, cioè meno uniforme e chiara rispetto a S. Tommaso ed anche gli studi e le riflessioni su questo sono limitate.

Possiamo affermare che nel dibattito sopra gli elementi che integrano e perfezionano il vincolo coniugale, l'attitudine di S. Alberto, che anche lui ritiene facente parte del genere delle relazioni, è chiaramente favorevole al consenso quando afferma:

> Si deve dire che il matrimonio è portato a compimento tramite il consenso: poiché da questo atto è causata l'individuità (indivisibilità), che è l'essenza del matrimonio: e perciò sia che non lo consumino concordemente, sia che si uniscano, sempre è ugualmente matrimonio quanto all'essenza[121].

Riguardo il fatto della consumazione e della copula carnale, S. Alberto afferma che «*copula carnalis consequens est matrimonium, nihil existens de substantia eius*»[122]: la significazione che si ha con la copula per lui è l'ultima possibilità che consuma l'essere sacramentale del vincolo matrimoniale, già intrinsecamente perfetto a causa del consenso. Egli distingue nel suo pensiero due gradi di perfezione: nel suo commentario a S. Marco[123] egli infatti afferma che il consenso «fa» il matrimonio, mentre la copula lo perfeziona, cosa che egli riferisce però solo alla maggior fermezza del matrimonio consumato che è più perfetto solo nel senso della stabilità, non per la sua formazione alla cui perfezione basta il solo consenso[124].

È certamente S. Bonaventura colui che nella sua produzione tratta più ampiamente le questioni relative al consenso matrimoniale, raccogliendo in forma sistematica tutta la dottrina intorno alla formazione e all'essenza del matrimonio, rifacendosi a molti autori a lui precedenti, soprattutto Ugo di S. Vittore e Pietro Lombardo e cercando di risolvere

---

[121] ALBERTO MAGNO, *In IV Sent.*, d. 26, a. 15: «Dicendum quod matrimonium est perfectum per consensum: quia ab illo essentialiter causatur individuitas quae est essentia matrimonii: et ideo sive contineant pari voto, sive commisceantur semper est aequaliter matrimonium quantum ad essentiam».

[122] ALBERTO MAGNO, *Commentarii in Matthaum*, c. 1.

[123] ALBERTO MAGNO, *Commentarii in Marcum*, c. 10: «Et sic consensus legitimarum personarum ad contrahendum, efficit ipsum, et copula carnalis perficit ipsum».

[124] T. RINCÓN, *El matrimonio mistero y signo*, 337-338, nota 211. «La significación es un elemento esencial que está entitativamente representado en el consentimiento, aunque cuantitativamente sea mayor significado de la unión carnal: *plus significat*, pero ésto no implica que signifique *plus vel magis*. Per todas estas razones el consentimiento es suficiente para hacer un matrimonio perfecto».

la discussione precedente sul valore da dare al consenso o alla copula in questa formazione.

S. Bonaventura si dichiara per la sufficienza del solo consenso. Il consenso, egli afferma ripetutamente, è causa efficiente ed immediata del sorgere del vincolo. Senza il consenso è impossibile avere il matrimonio: l'unione maritale è il risultato immediato del libero incontro dell'uomo con la donna; indipendentemente da qualsiasi altra causa o elemento, una volta prestato valido e legittimo consenso, tale unione si inizia e prende vita[125]. Riportiamo a tale proposito alcune sue affermazioni:

> Il consenso come causa efficiente del matrimonio [...] Questa è la seconda parte in cui si tratta della causa efficiente del matrimonio, che certamente è il consenso [...] è indispensabile che ci sia il consenso perché ci sia il matrimonio[126].

Secondo S. Bonaventura per essere veramente causa, il consenso deve essere *attuale* e non per *verba de futuro*, altrimenti è solo una promessa di matrimonio[127].

La distinzione tra fidanzamento e matrimonio enunciata precedentemente da Guglielmo da Champeaux con la frase *fides coniugii* e *fides pactionis*, accolta poi da Abelardo e spiegata da Ugo da S.Vittore con la frase *consensus quo matrimonium firmatur* e *desponsatio seu promissio*[128] e racchiusa da Pietro Lombardo nei termini classici di *consensus de futuro* e *consensus de praesenti*, è stata integralmente accettata e sistematizzata da Bonaventura[129]. Oltre a ciò il consenso deve essere un atto della *volontà libero*, essere *sensibilmente espresso*[130], inteso come espressione esterna e sensibile, essere *vero*, cioè non fittizio ed essere *per sempre*, non quindi *ad tempus*.

---

125 V. FAGIOLO, «Formazione ed essenza», 116.
126 BONAVENTURA DA BAGNOREGIO, *In IV Sent.* d. 27; d. 28, a. unico, q. 2: «De consensu ut efficiente causa matrimonii [...] Haec est secunda pars, in qua agitur de causa efficiente coniugii, qua quidem est consensus [...] Ad hoc ut sit matrimonium, necesse est consensum esse».
127 BONAVENTURA DA BAGNOREGIO, *Breviloquium*, p.VI, c. 13: «Quia vero consensus de futuro non est proprie consensus, sed ipsius promissio».
128 UGO DI S.VITTORE, *De Sacram. Christ. Fid.*, II, p. 11, c. 5.
129 V. FAGIOLO, «Formazione ed essenza», 119. T. RINCÓN, *El matrimonio mistero y signo*, 308.
130 BONAVENTURA DA BAGNOREGIO, *In IV Sent.*, d. 28, a. unico, q. 4: «matrimonium non contrahitur, nisi consensus exterius exprimatur».

Bonaventura approfondisce anche il discorso chiedendosi se veramente da solo il consenso matrimoniale, che è elemento necessario, è capace di causare il vincolo, o se vi è qualche altro elemento che vi concorre. Non vi è dubbio che per lui la copula non è necessariamente richiesta per la formazione del vincolo, ma ha solo una funzione secondaria. Egli precisa inoltre che:

> Il consenso non fa il matrimonio, finché non si presuppone l'istituzione divina[131] [...] Il consenso di entrambe le persone è causa prossima del matrimonio, ma insieme con l'istituzione divina[132].

In sostanza per lui la libera volontà dei contraenti è sì causa efficiente del matrimonio, *sed non tota*: oltre al consenso è causa del vincolo anche l'istituzione divina. Il consenso, causa prossima, introduce il vincolo matrimoniale, il quale, però, nelle sue proprietà essenziali è il risultato positivo dell'istituzione divina, causa prima.

Quale è il valore che S. Bonaventura attribuisce alla copula? Dai suoi scritti appare chiaro che la copula possiede un'efficacia indiretta e suppletoria nei riguardi della prova dell'esistenza del consenso matrimoniale[133] e gli si può attribuire un potere indiretto e causale nei riguardi dell'indissolubilità del vincolo matrimoniale. Mentre dalla *coniunctio animorum*, che è l'accordo iniziale dei consensi dell'uomo e della donna, il matrimonio ha l'*essere*, dall'unione sessuale, *coniunctio corporum*, ha la perfezione dell'essere: dalla prima *coniunctio* ha l'esistenza, dalla seconda quella perfezione che solo la copula gli può dare, una perfezione che però è solo accidentale, non essenziale, una perfezione

---

[131] BONAVENTURA DA BAGNOREGIO, *In IV Sent.*, d. 28, a. unico, q. 2: «Consensus non facit matrimonium nisi eatenus, quaetenus praesupponit divinam institutionem».

[132] BONAVENTURA DA BAGNOREGIO, *In IV Sent.*, d. 27, a. 2, q. 1: «Consensus utriusque personae est causa proxima matrimonii, sed simul cum institutione divina». Cf. anche T. RINCÓN, *El matrimonio misterio y signo*, 304: «Abundando en lo mismo, el consentimiento es la causa próxima del matrimonio, pero la causa primera es la institución divina».

[133] Per Bonaventura nel caso fosse mancata la libertà nel contrarre il matrimonio, se la parte costretta avesse consentito volontariamente alla consumazione, ciò sarebbe stata prova della convalida del matrimonio; BONAVENTURA DA BAGNOREGIO, *In IV Sent.*, d. 29, a. unico, q. 1: «Si tamen post coactionem in carnalem consentit ex tunc incipit esse matrimonium». Per il significato della copula Cf. anche P.M. AVILA CASTAÑEDA, *La consumación conyugal*.

in ordine alla stabilità e alla significazione, la quale suppone il matrimonio già costituito nella sua essenza[134].

In S. Bonaventura ritroviamo quindi i risultati che si erano raggiunti nella sintesi tra le scuole realista e consensualista: importanza al consenso in ordine al momento costitutivo del matrimonio e alla copula in ordine all'indissolubilità assoluta, sia estrinseca che intrinseca.

La dottrina comune è bene espressa da V. Fagiolo:

> possiamo affermare che S. Bonaventura in merito alla questione della formazione del vincolo matrimoniale non ha accettato la concezione né di Graziano, né quella di Pietro Lombardo. Contro Graziano, seguendo il Maestro, ha ritenuto e difeso la sufficienza del consenso e la non importanza o necessità della copula per la formazione del vero matrimonio indissolubile e sacramento. Contro P. Lombardo e vicino a Graziano ha sostenuto che dopo la consumazione il vincolo matrimoniale gode la perfetta e assoluta indissolubilità, mentre prima della copula può essere passibile, in determinati casi, di scioglimento[135].

Tirando le somme, il pensiero degli autori che abbiamo analizzato, possiamo dire che a grandi linee tutti e tre risentono dell'influsso della dottrina del tempo, a cui anche loro hanno certamente contribuito: importanza al consenso matrimoniale, dopo il superamento della teoria di Graziano, ma attenzione alla consumazione come qualche cosa che, in certa misura integra o almeno appartiene o è in intimo rapporto ontologico con il segno sacramentale[136].

2.5 *Il pensiero degli studiosi di diritto romano*

Quale era il momento costitutivo del matrimonio nel pensiero degli studiosi di diritto romano e quale importanza aveva per loro il consenso, risulta necessario ed importante per la completezza del nostro sguardo storico. Analizzeremo brevemente il pensiero di *glossatori, summisti, commentatori, razionalisti* e *pandettisti*.

Pare sia assodato ormai per tutte queste scuole che il consenso debba essere considerato l'elemento più importante in ordine alla costituzione del patto coniugale, alla stregua del periodo in cui prendono vita (primi i glossatori da fine sec. X a inizio XI), della compenetrazione sempre

---

[134] V. FAGIOLO, «Formazione ed essenza», 143-144. L'autore propone un'ampia trattazione del pensiero di S. Bonaventura, con molti riferimenti presi direttamente dai suoi scritti.
[135] V. FAGIOLO, «Formazione ed essenza», 135-136 con i riferimenti in nota.
[136] U. NAVARRETE, «Il matrimonio nel diritto canonico», 139.

maggiore tra diritto dello stato e diritto della Chiesa, sotto l'influsso dell'esperienza legislativa romana e quindi dell'assunto *non concubitus sed consensus facit nuptias*[137]. Le varie differenze tra le scuole o le divergenze rispetto alla dottrina che oggi abbiamo riguardo al consenso (e forse proprio grazie ai loro dubbi pian piano si è concretizzata), non si riferisce in generale al modo di intendere questo consenso, quale è in sostanza le sua natura, ma sul fatto che il matrimonio sia o meno un contratto e di che tipo, concetto che può assumere diversi significati e che indirettamente riguarda il consenso. Proprio iniziando da questo periodo infatti il termine *contractus* trova la sua consacrazione nei canonisti, nei teologi e nel magistero della Chiesa, che lo adopera come termine normale per designare il momento costitutivo del matrimonio[138]. È importante per noi quindi considerarlo, in quanto si lega inscindibilmente con il discorso del consenso.

La scuola dei *Glossatori*[139] del diritto di Giustiniano, classifica generalmente, specialmente al titolo *De ritu nuptiarum*[140], il matrimonio sotto la categoria dei contratti, pur non considerandolo un *contractus rerum*[141]: questo contratto, prende vita con l'incontro delle volontà dei contraenti, *nuptias consensus facit*. Essendo il loro specifico quello di interpretare a lato i termini più difficili, essi interpretano il *consensus*, nel senso di un *consensus transiens* di natura pattizia[142] e non un consenso continuo.

---

[137] E. Volterra fa notare che «glossatori e commentatori si sono occupati poco dell'istituto del matrimonio, ma che tuttavia avrebbero fornito ugualmente un apporto decisivo alla configurazione contrattualistica di questo istituto attraverso una sapiente elaborazione di passi delle fonti romane e di testi canonistici» (E. VOLTERRA, «Il matrimonio», 726, nota 1).

[138] U. NAVARRETE, «Il matrimonio: patto naturale», 17.

[139] Per ulteriori informazioni cf. F.K. SAVIGNY, *Storia del diritto Romano*, I, 669-746; ID., *Storia del diritto Romano*, II, 349-378; G. LE BRAS, «Mariage», 2163-2170.

[140] D. 23, 2.

[141] Cf. P. RASI, «Il diritto matrimoniale», 128-158. L'autore nel suo studio oltre a soffermarsi a lungo sulla teoria contrattualistica del matrimonio propugnata dai glossatori, che si sarebbe concretizzata nel diritto civile ancor prima che in quello canonico, sostiene chiaramente che questi autori danno per scontato che il consenso ricopra il ruolo di causa efficiente del matrimonio.

[142] Cf. U. NAVARRETE, «Il matrimonio nel diritto canonico», 131. Anche se si tratta di un altro campo (i glossatori alle compilazioni ecclesiali) questa comune opinione si trova anche nella Glossa al *Liber Extra*: nel chiedersi della necessità del consenso dei genitori per il matrimonio, si mette bene in evidenza che se il padre dà il suo consenso, deve perdurare quello dei contraenti, perché «ubi deest legitimus consensus non est matrimonium» (*Glossa Ordinaria*, X, 5,4.5., v. alieno arbitrio).

CAP. I: IL MATRIMONIO IN FIERI NELLA STORIA 51

I *Summisti*, che prendevano i titoli principali delle *fontes* e li commentavano sistematicamente, sostengono alla stregua dei glossatori, che *consensus facit nuptias*, consenso di tipo transeunte e di natura pattizia. Anch'essi intendono il matrimonio nell'ordine dei contratti pur non utilizzando questo termine ma quello di società, poiché, non avendo finalità di tipo economico ed essendone oggetto la persona umana, non poteva essere completamente identificato con i contratti riguardanti *res pecuniariae*[143].

Stesso discorso vale per i *Commentatori* medievali al *Corpus Iuris Civilis* (fine 1200-1400): consenso transeunte e pattizio che costituisce il matrimonio, e riflessione intorno all'elemento contrattuale. Di questa scuola ricordiamo Bartolo da Sassoferrato, autore di un commento al diritto romano, che divenne poi base del diritto comune e Cino da Pistoia, che riflette in particolare sul matrimonio-contratto. Per lui negli altri contratti, quelli *rerum*, le persone si scambiano le cose, nel matrimonio le persone stesse sono oggetto di scambio, scambio che si effettua con la libera volontà consensuale delle parti, fino al punto che le due persone sono una, in un rapporto di possesso reciproco[144]. Da parte di questi autori si vede anche lo sforzo di determinare l'oggetto dell'obbligo del contratto.

Nei sec. XVII-XVIII si ha il periodo della filosofia positivista e dell'enciclopedismo, in cui il diritto nazionale si sgancia in parte dal diritto romano, per essere un diritto diverso in base alle diverse nazioni. Sia i civilisti, che i romanisti, si rifanno alla teoria contrattualista, rivendicando però la competenza statale all'elemento contrattuale, lasciando alla Chiesa la sola competenza sul matrimonio sacramento[145].

---

[143] Cf. U. NAVARRETE, «Il matrimonio nel diritto canonico», 132, il quale riporta un passo della *Summa Codicis Trecensis*, che è in sostanza una sintesi della dottrina, fatta propria dai summisti ed anche dai commentatori: «Satis compendiose satisque dilucide de contractibus seu de his societatibus pertractatum est in quibus res pecuniaria vertitur. Nunc de his in quibus non quid pecuniarium principaliter spectatur, sed personae ipsae inter se sub quadam ratione societatis copulantur seu coniunguntur, matrimonium est enim societas: divini et humani iuris communicatio». Tra i summisti, F.K. Savigny ricorda il Piacentino e Bernardus Papiensis (F.K. SAVIGNY, *Storia del diritto Romano* II, 353).
[144] Cf. CINO DA PISTOIA, *Super Codice et Digesto*, V, t.1, f. 200r, citato da U. NAVARRETE, «Il matrimonio nel diritto canonico», 132. Per un approfondimento sui glossatori e commentatori, e in particolare sulla loro idea contrattuale cf. P. VACCARI, *La formazione*, 151-160.
[145] Cf. U. NAVARRETE, «De vinculo matrimonii», 104; J. GAUDEMET, *Il matrimonio*, 245-248. A fine 1400, inizio 1500, anche gli *Umanisti* che si caratterizzano per l'attenzione agli elementi storico-culturali dei vari istituti giuridici, per calare più

Di questa corrente di pensiero fanno parte, nel campo della filosofia, i *Razionalisti* che operano il tentativo di consacrare l'assoluta autonomia della ragione umana come fonte di elaborazione dei diritti e dei doveri dell'uomo e della società. Anche per loro, e ciò si nota nei vari Codici Civili statuali, vige la teoria contrattuale: il matrimonio sorge da un atto della volontà delle parti e ciò nel preciso momento in cui tale volontà viene esternata di fronte all'autorità preposta, soprattutto statuale. Ma il consenso qui ha una connotazione diversa: è sì di natura pattizia, ma può anche essere revocato. Assolutizzando l'elemento umano, si conclude che quello che la volontà e la ragione umana creano, vedi il vincolo matrimoniale contrattuale, la stessa volontà può anche distruggere[146].

Anche tutta la *Pandettistica* (inizio 1800) fino al Manenti, dà valore al consenso, considerandolo transeunte e pattizio. Rappresentanti di questa scuola sono C.F. Glück e F.K. Savigny.

Senza addentrarci troppo nelle loro teorie, possiamo dire che nessuno dei due mette in dubbio l'elemento consensuale volontario come costitutivo del matrimonio, e che questo abbia una natura pattizia. Anch'essi sono discordi sul come intendere il contratto matrimoniale e come intenderlo in relazione al diritto romano, soprattutto rispetto alla sentenza tradizionale che riteneva il matrimonio, sia romano che moderno, come un contratto obbligatorio, vedendo l'obbligatorietà come una caratteristica dei contratti matrimoniali. A differenza di questa affermazione Glück[147] in sostanza riteneva che il matrimonio non rientrasse addirittura nella concezione di contratto, mentre Savigny[148] estendeva la ragione del contratto alle relazioni familiari, in particolare al matrimonio e sosteneva che il matrimonio, anche quello romano, era un contratto anche se non obbligatorio, distinguendo tra contratti obbligatori e non. Per lui

---

ampiamente il diritto romano nella realtà in cui essi vivono, ritengono il matrimonio un contratto, costituito dal consenso delle parti.

146 Cf. J. GAUDEMET, *Il matrimonio*, 299-304.

147 Tutto il pensiero di questo autore si può trovare tradotto in italiano in C.F. GLÜCK, *Commento alle Pandette*, soprattutto nel libro 3 che parla del consenso nei contratti e nel libro 23 inerente al matrimonio. In un passo egli afferma: «Almeno i romani parlando dei negozi giuridici di natura personale non usano mai l'espressione contratto. Già l'uso della lingua romana non l'avrebbe affatto permesso, perché la parola contratto si riferisce sempre a qualche cosa che sia oggetto di commercio, mentre il matrimonio per se stesso, come istituto eterno naturale, non ha certamente questo carattere (lib.23, 143)».

148 Cf. F.K. SAVIGNY, *Sistema del diritto*, III; ID., *Le obbligazioni*, saggio inerente al contratto.

infatti «appartengono alla categoria dei contratti del diritto privato anche quelli con i quali si determinano i rapporti giuridici di famiglia, specialmente il matrimonio, l'adozione, l'emancipazione»[149].

Come abbiamo visto in questa breve esposizione su queste scuole di pensiero, l'affermata teoria consensuale formatasi dopo il 1200, viene costantemente sostenuta anche nei secoli a seguire, e si assiste nel tempo ad una sempre maggiore compenetrazione tra essa ed il concetto di contratto; contratto che ha alla base l'incontro e lo scambio bilaterale delle volontà dei contraenti.

2.6 Il fenomeno del matrimonio presunto

Dopo averne accennato in precedenza[150] vogliamo fermare brevemente la nostra attenzione ora sul fenomeno del matrimonio presunto[151], pur senza sviscerare tutte le problematiche ad esso connesse, istituto che per molto tempo fu una realtà all'interno della prassi e della dottrina della Chiesa, sopravvivendo alla consolidata teoria consensualista affermatasi nel medioevo: anzi proprio dopo che essa si fu affermata, da essa stessa nacque il matrimonio presunto, al fine di conciliarla con alcune decretali che le sembravano contrarie.

Il fenomeno del matrimonio presunto risulta già presente nel diritto romano, forse già fin dal periodo classico[152]. Per diversi autori pare che nell'ambito del diritto ecclesiale sia stato Uguccione, maestro di Innocenzo III, il primo a teorizzare questo istituto, a porne le basi, o almeno il primo abbastanza famoso[153]. Egli nella sua dottrina distingueva net-

---

[149] F.K. SAVIGNY, *Sistema del diritto*, III, 411.
[150] Cf. in questo cap., punto 2.3, note 104-106.
[151] Ritorneremo ad analizzare il matrimonio presunto anche in seguito, nel considerare la disputa avutasi nel sec. XX tra il P. Cappello e il Prof. P. Fedele riguardo all'introduzione della convalidazione ipso facto del matrimonio. Per una più completa trattazione dell'argomento Cf. J. MULLENDERS, *Le mariage presumé*.
[152] Cf. J. MULLENDERS, *Le mariage presumé*, 55, il quale afferma che: «Bien que normalement la présomption juridique est renvoyée à la période postclassique nous avons été frappés par un texte de la période classique : Modestin D.23,2,24, lib.1, regularium: "In liberae mulierem consuetudine non concubinatus sed nuptiae intelligendae sunt, si non corpore quaestum fecerit"». Per la forma che si utilizzava in ambito romano, cf. *Ibidem*, 59-60.
[153] Cf. J. DAUVILLIER, *Le mariage*, 56-57; J. GAUDEMET, *Il matrimonio*, 133; J. BERNHARD, «Evolution du sense», 195. P. Ciprotti avanza qualche perplessità sul fatto che Uguccione sia il primo a introdurre questo istituto perché «in un passo ci sembra consideri seguita anche da altri suoi contemporanei la dottrina del matrimonio

tamente tra *consenso de praesenti* e *consenso de futuro*, asserendo che solo il primo è un vero consenso matrimoniale, mentre l'altro si riferiva agli sponsali. Il Papa Alessandro III nella Decretale *Veniens*[154], aveva però insegnato che la copula preceduta dal consenso *de futuro* produceva il matrimonio. Come conciliare il suo pensiero con quello della decretale? Egli spiega la norma pontificia come fondata su di una presunzione di consenso *de praesenti*, ovvero che la copula, preceduta dagli sponsali *de futuro*, fa si che si presuma intervenuto il consenso *de praesenti* nel momento stesso in cui vi è stata l'unione sessuale, consenso che se non vi sono impedimenti, produce il matrimonio[155]. Anche se in sostanza la sua opinione si distacca da quella di Alessandro III[156], per Uguccione la copula produce il matrimonio perché manifesta un consenso *de praesenti*, che per lui era imprescindibile[157]. La dottrina di Uguccione assunse valore di legge quando Innocenzo III, suo exalunno, la consacrò nelle decretali[158] e in sostanza, nel suo sviluppo,

---

presunto; il che può almeno far sospettare che qualche altro canonista possa esserne l'autore» (P. CIPROTTI, «Il matrimonio presunto», 300-301).

[154] X. 4,1,15.

[155] P. CIPROTTI, «Il matrimonio presunto», 301-302; J. GAUDEMET, *Il matrimonio*, 133: «Convinto che il matrimonio potesse formarsi solo attraverso il consenso de praesenti, Uguccio, fu portato a proporre una diversa interpretazione delle decretali di Alessandro III sull'incidenza delle relazioni carnali tra persone che avevano concluso una promessa di matrimonio. Alessandro III decideva che in questo caso, c'era matrimonio. Uguccio spiega questa dottrina dichiarando che l'unione sessuale costituisce una presunzione inconfutabile di "consenso per il presente". Questo "consenso per il presente" presunto secondo lui era costitutivo del vincolo» .

[156] Per il la differenza tra le due opinioni cf. D. COVARRIUVIAS, *In quartum librum*, pars I, c. 4, §1, n.1: «non ex eo quod canones velint sine novo consensu coniugali, ex sola copula matrimonium inter sponsos decernere, sed quia Ecclesia praesumit ex illa carnali coniunctione consensum coniugalem».

[157] Per Uguccione il consenso de praesenti rendeva il matrimonio perfetto ed integro nella sua essenza, anche se solo con la copula era perfetto in quanto alla significazione. Se il consenso de praesenti avveniva tramite la copula, allora si aveva il matrimonio presunto e anche la sua piena significazione. Cf. J. BERNHARD, «Evolution du sense», 195: «Huguccio repousse l'idée de Gratien, d'après laquelle le mariage commence par le consentement; pour Huguccio, la desponsatio de praesenti donne naissance à un matrimonium perfectum et integrum quoad essentiam; il admet néanmoins que si le mariage non consommé est parfait quant à son essence et est sacramentel, il n'est pas parfait quant à sa signification».

[158] Cf. J. GAUDEMET, *Il matrimonio*, 133. L'autore fa notare che «i grandi teologi del secolo XIII, S. Bonaventura, S. Tommaso e Duns Scoto rifiutarono di considerare la consumazione dell'unione come una presunzione inconfutabile del "consenso per il presente"» (*Ibidem*, 134).

non subì radicali cambiamenti, ma fu solo approfondita e meglio esplicata a causa del sorgere di varie problematiche.

Sarà Giovanni D'Andrea a definire meglio il matrimonio presunto come quello in cui, anche se non vi è il vero e proprio consenso delle parti, esso si presume espresso nella copula, con la conseguenza che dalla Chiesa vengono considerati come coniugi, come se in realtà vi fosse stato il consenso[159].

Ben presto, come abbiamo detto sopra, sorsero però delle obiezioni a tale istituto: da dove si presume che la copula sia stata posta con animo maritale o invece per altri motivi e di che tipo di presunzione si tratta, se *iuris tantum* o *iuris et de iure*. Altro dubbio: vi sono forse altri casi in cui mancando lo scambio esplicito del consenso si possa presumere ugualmente il matrimonio (si potrebbero far rientrare i casi di matrimonio in cui si ha prestazione di consenso condizionato e di consenso invalido)? Oltre a questo, sicuramente potevano, nei vari casi, sorgere dei conflitti tra foro interno e foro esterno.

Per questi problemi vi fu discussione ed un lungo cammino: soprattutto per stabilire quale tipo di presunzione rientrasse in questo caso. Si fece pian piano strada l'opinione che la presunzione fosse *iuris et de iure*, in modo che nessuna prova contraria fosse ammessa. P. Ciprotti afferma che

> è possibile che questa opinione fosse già diffusa prima della Decretale *Is qui fidem* di Gregorio IX; ma ad ogni modo divenne certo inoppugnabile dopo quella decretale, in cui il Sommo Pontefice insegna chiaramente così: «licet praesumptum matrimonium videatur, contra praesumptionem tamen huiusmodi non est probatio admittenda (X. 4,1,30)[160].

Riguardo all'animo con cui si poneva la copula, si venne alla soluzione che si presumeva fosse fatta con animo maritale[161], anche se qui le discussioni furono più accese, soprattutto quando si considerò l'ordine in cui dovevano avvenire i due atti costitutivi del matrimonio presunto: per alcuni decretalisti se la copula avveniva prima di alcuna manifestazione di consenso, non era facile poter presumere fosse stata posta con animo maritale. Essi affermarono quindi che per avere il ma-

---

[159] G. D'ANDREA, *In quinque decretalium, Ad commentum* X.4,1,32, n. 6.
[160] P. CIPROTTI, «Il matrimonio presunto», 312.
[161] Si arrivò a questa decisione in un caso riportato nelle Decretali di Gregorio IX, X.4,7,7, caso in cui un uomo unitosi con una seconda donna in matrimonio se ne allontana, ma poi saputa la morte della prima moglie si riunisce con la seconda, la copula che eventualmente ponesse con lei convaliderebbe questa seconda unione, copula che così si presume data con animo maritale.

trimonio presunto la copula dovesse essere seguente al consenso per essere considerata «maritale»[162] e che, se il consenso *de futuro* fosse stato precedente, ma revocato prima della copula, questo dovesse essere revocato chiaramente ed in foro esterno, data la rigorosità della presunzione che non ammetteva prova contraria[163].

Oltre che in questa situazione, il matrimonio presunto veniva applicato anche nel caso in cui uno o entrambi gli sposi ignorassero che la copula producesse il matrimonio presunto, o erroneamente pensassero che con gli sponsali ed un consenso *de futuro* avessero celebrato un vero matrimonio, mentre non si affronta l'argomento di un eventuale errore di fatto (come l'errore di persona).

Anche la situazione di un matrimonio nullo, di cui i due non erano consapevoli veniva convalidato tramite la copula[164]: sembra infatti che soprattutto i decretalisti posteriori applicassero a questo caso lo stesso meccanismo del matrimonio presunto, nel caso in cui la causa di nullità ad un certo punto venisse a cessare. Secondo Ciprotti la stessa soluzione adottata per la convalidazione del matrimonio doveva darsi per l'ipotesi della copula seguente gli sponsali *de futuro*, qualora uno dei due o entrambi credessero che gli sponsali fossero un vero e proprio matrimonio[165].

Ci possiamo chiedere: come fece il matrimonio presunto a prendere sempre più piede nella prassi e nella dottrina della Chiesa dopo che si affermava contemporaneamente il principio di insostituibilità del consenso matrimoniale come causa efficiente del matrimonio e come conciliare questo principio con la presunzione *iuris de iure* che caratterizza il matrimonio presunto?

Una risposta alla prima parte può essere trovata, come abbiamo già accennato, nel fatto che si tentò di conciliare la teoria consensuale con alcune decretali che parevano ad essa contrarie[166]; altro motivo è che non essendoci ancora una definita forma solenne o canonica per la celebrazione del matrimonio, si pensò che il matrimonio presunto potesse evitare gli abusi da parte di chi poteva compiere gli sponsali al solo

---

[162] G. D'ANDREA, *In quinque decretalium*, Ad commentum X.4,1,32, n. 5: «et sic iste ordo est de substantia».
[163] Cf. A. DA BUTRIO, *In Libros decretalim*, Ad commentum X.4,1,15, n. 6.
[164] Cf. T. SÁNCHEZ, *De matrimonio*, II, d. 36, n. 9, e gli autori da lui citati.
[165] P. CIPROTTI, «Il matrimonio presunto», 450.
[166] Cf. P. CIPROTTI, «Il matrimonio presunto», 454.

scopo di approfittare di una donna, senza l'intenzione di contrarre con essa un vero matrimonio[167].

Per la seconda parte si può chiaramente dire che secondo i fautori di questo istituto, il matrimonio presunto differisce dal matrimonio per *verba de praesenti*, non per l'esistenza o meno di questo consenso, che poteva sussistere o mancare in entrambi i casi, ma solo nel modo con cui tale consenso era manifestato, essendo nel caso del matrimonio presunto esternato per mezzo della copula, nell'altro caso per mezzo di parole[168]: era come se si contraesse il matrimonio *sine verbis*[169] ma non veniva intaccato il valore della volontà consensuale bilaterale degli sposi.

Fu il concilio di Trento con lo stabilire *ad validitatem* la forma canonica, a togliere importanza al matrimonio presunto, che però sopravvisse come prassi, dove il decreto conciliare *Tametsi* non era applicato. Sarà Leone XIII, con il decreto *Consensus mutuus* (1892), ad abrogarlo non ritenendo più accettabile la presunzione su cui si basava, motivando tale abrogazione con il fatto che a causa dei cambiamenti sociali avvenuti, ormai nessuno pensava più che unendosi alla propria fidanzata avrebbe contratto un vero matrimonio o ponesse l'atto con animo maritale[170]; diversi autori, tra i quali il Gasparri[171], ritenne che il Pontefice nell'abrogarlo non solo si riferisse al matrimonio presunto derivante da sponsali *de futuro*, ma anche alle ipotesi di matrimonio derivante dalla prestazione di consenso condizionato e di consenso invalido.

---

[167] Cf. G.H. JOYCE, *Christian marriage*, 55; A. ESMEIN – R. GENESTAL, *Le mariage*, 425.

[168] P. CIPROTTI, «Il matrimonio presunto», 454.

[169] A. DA BUTRIO, *In libros decretalium*, Ad commentum X.4,1,30, n. 1: «Habemus unum modum creandi matrimonium absque verbis». Anche nella decretale *Tuae fraternitati*, di Innocenzo III, le parole vengono considerate solo come una prova del consenso, ma non necessarie per il matrimonio in sè (X. 4,1,25).

[170] LEONE XIII, *Consensus mutuus*: «Plures enim Episcopi ex iis regionibus, in quibus matrimonia clandestina contra fas quidem inita, sed tamen valida iudicantur, haud ita pridem rogati quid populus ea de re sentire videretur, plane retulentur, canonicam de coniugiis praesumptis disciplinam passim exolevisse desuetudine atque oblivione deletam: propterea vix quidem contingere ut copula inter sponsos affectu maritali nec fornicario habeatur: eamque non matrimonii legitimi usum, sed fornicationis peccatum communi hominum opinione existimari: imo vix persuaderi populo posse, sponsalia de futuro per coniunctionem carnalem in matrimonium transire».

[171] P. GASPARRI, *De matrimonio*, 28.

3. Il *matrimonio in fieri* nel concilio di Trento

Le grandi dispute dottrinali tra le scuole di Bologna e di Parigi, la riflessione e le opinioni degli autori e l'affermarsi sempre più della teoria consensuale, risultato della sintesi operata da parte dei Sommi Pontefici, l'utilizzo sempre maggiore del termine «contratto» per considerare il vincolo matrimoniale, sono gli elementi che caratterizzano tutto il periodo precedente al concilio di Trento, un periodo a livello storico di gran lunga più importante di quello che seguì l'assise conciliare. Questo infatti rappresenta un cammino per il nostro argomento pressoché piano, soprattutto per le decisioni che furono prese durante il concilio. Rimasero nel tempo solo problemi di ordine pratico e pastorale.

Prima di Trento è degno di nota ciò che il Concilio di Firenze (1439) afferma nella Costituzione *Exultate Deo*, decreto per gli Armeni inerente ai sacramenti. Riguardo al matrimonio si dice che: «*Causa efficiens matrimonii regulariter est mutuus consensus per verba de praesenti expressus*» [172]. Pare dal tenore del testo che oramai la dottrina fosse chiara e consolidata (*regulariter*), ed è da notare come si puntualizzi sull'espressione di questo consenso tramite le parole e di persona, e come non fosse considerato un altro modo in cui questo consenso potesse essere espresso[173].

Il Concilio di Trento non affronta direttamente questo problema, anche perché sicuramente la dottrina non era più in discussione, ma si interessa del problema della sacramentalità del matrimonio e soprattutto del fatto dei matrimoni clandestini, e di come arginare questo fenomeno, soprattutto per evitare gli abusi e tanti casi di abbandono e di nuove nozze. Le decisioni più importanti del Concilio furono per arginare il fenomeno di questi matrimoni privi di ogni elemento esteriore ed apparente, che difficilmente si potevano distinguere dai semplici sponsali o dal concubinato[174].

Con il Decreto «*de reformatione matrimonii*», il cosidetto *Tametsi*, si stabilì la nullità di tutti i matrimoni che non fossero contratti davanti al parroco o ad un sacerdote da lui delegato e alla presenza di due testi-

---

[172] EUGENIO IV (in Conc. Fiorentino), const. *Exultate Deo*, 22 novembre 1439, §16, *COD* 550. Riguardo a questo cf. J. DE GUIBERT, «Le décret du Concile de Forence», 203-224.

[173] Secondo O. ROBLEDA, «Sobre el matrimonio», 23-24: «saliendo al paso en seguida a la dificuldad que pudiera ofrecer el término "regulariter", diciendo que dicho término no se refiere a la parabla "consensus", sino a la frase "per verba de presenti". Explicación por lo demás, justa».

[174] Cf. G. LE BRAS, «Mariage», 2233ss.

CAP. I: IL MATRIMONIO IN FIERI NELLA STORIA 59

moni, ponendo fine ai dubbi sul carattere distintivo tra sponsali (*sponsalia de futuro*) e matrimonio (*sponsalia de praesenti*) che si erano protratti per secoli[175].

È interessante notare come indirettamente l'assunto *consensus facit nuptias* sia ormai assodato per la dottrina di Trento: all'inizio del *Tametsi* si parla proprio dei matrimoni clandestini e nel dire: «*dubitandum non est, clandestina matrimonia, libero contrahentium consensu facta, rata et vera esse matrimonia*»[176], si afferma chiaramente che il consenso è ciò che fa sorgere anche questi matrimoni, che ne è la causa efficiente: nonostante ciò ora si venga a stabilire la forma con cui, *ad validitatem*, questo consenso che costituisce il matrimonio deve essere espresso, con la conseguenza che il contratto matrimoniale che prima aveva un'indole più consensuale, ora assume quella di un contratto consensuale formale[177].

La Chiesa con lo stabilire la forma canonica ritenne di avere la facoltà di limitare l'abilità personale dei fedeli in ordine al matrimonio e di bloccare o impedire la forza causativa che il consenso mutuo delle parti ha in se stesso. I contratti matrimoniali senza la forma canonica erano considerati invalidi ed invalido anche il sacramento, non essendoci distinzione tra i due: il consenso matrimoniale dei matrimoni clandestini, anche se vero, finì di essere materia atta per il matrimonio sacramento.

Si può dire in altre parole che il consenso era considerato sufficiente a costituire il matrimonio, essendo un contratto consensuale (e non reale: la copula ha un altro ruolo) e pertanto *intrinsecamente* non si richiedeva altro che il consenso dei contraenti: con il *Tametsi* divenne chiaro che, senza perdere il suo essere un contratto consensuale, *estrinsecamente* si esigerono delle formalità legali, addirittura per la valida espressione del consenso che diedero al matrimonio il carattere di un atto formale[178], togliendo efficacia giuridica immediata all'elemento consensuale.

Questa decisione contribuì maggiormente ad affermare la distinzione tra i due elementi del processo di formazione del vincolo matrimoniale indissolubile, rato e consumato: il consenso e la copula consumativa il

---

[175] P. D'AVACK, *Cause di nullità*, 24. Per approfondire il discorso della forma canonica cf. N. SCHÖCH, «La solennizzazione della forma canonica», 637-672.
[176] CONC. TRIDENTINO, Sess. 24, *De ref. matr.*, c. 1. Cf. J.M. PUIGARNAU, *El consentimiento matrimonial*, 14.
[177] Per una chiara esposizione sul contratto consensuale, cf. G. LE BRAS, «La doctrine du mariage», col. 2184-2186.
[178] V. DE REINA, *El consentimiento matrimonial*, 33.

matrimonio, copula che continuò ad avere la forza di essere espressione del consenso tra gli sposi, solo secondo la presunzione che già abbiamo evidenziato per il fenomeno del matrimonio presunto, nei luoghi in cui il decreto *Tametsi* non fu pubblicato e dove non si esigeva che l'espressione del consenso fosse fatta in una determinata forma canonica. Certamente dopo il pensiero dei grandi teologi del medioevo (vedi 1.2.4) in cui la copula aveva ancora uno stretto legame con l'elemento consensuale, pian piano questo viene ad essere un fatto staccato da esso; a questo processo desacralizzante della consumazione, ha certamente contribuito in maniera non indifferente, l'introduzione della forma canonica nel Concilio di Trento[179].

4. Il valore del consenso alla fine del 1800 e nel XX° sec.

4.1 *La teoria di Manenti*

La teoria di C. Manenti si affaccia nel panorama dei romanisti moderni alla fine del 1800[180]. L'importanza di questa dottrina risulta non tanto dal fatto di escludere l'assunto *consensus facit nuptias* dalla realtà giuridica, cosa che ormai si era consolidata nei secoli, ma come abbiamo già visto, i problemi sorgevano nel determinare il periodo in cui questa venne utilizzata, ma soprattutto il valore ed il significato che si doveva attribuire al consenso; Manenti, infatti, probabilmente interpretava il consenso in maniera diversa rispetto ai giureconsulti romani (soprattutto del periodo postclassico) e a tutta la dottrina medievale e questo ebbe delle conseguenze anche sulla realtà moderna.

Per noi riflettere sulla teoria manentina è molto importante, proprio per vedere il valore del consenso al momento della costituzione del vincolo matrimoniale. Il Manenti in sostanza afferma che il *consensus* del matrimonio romano non è un consenso iniziale, ma è un consenso di tipo continuativo[181]. Tenteremo ora di dare una spiegazione a questa teoria.

---

[179] U. NAVARRETE, «Il matrimonio nel diritto canonico», 139.

[180] La sua opera «*Della inopponibilità delle condizioni ai negozi giuridici ed in specie delle condizioni apposte al matrimonio*», viene edita nel 1889.

[181] Cf. P. RASI, *Consensus facit nuptias*, 2; U. NAVARRETE, «De vinculo matrimonii», 102: «Iuxta interpretationem romanistarum modernorum inde a Manenti, hic consensus non erat actus transiens qui uno ictu producit effectum suum (relatione maritus-uxor) qui semel productus pergit subsistere independenter a voluntate, sed erat consensus continuus, ita ut matrimonium in tantum pergebat subsistere in quantum perseverabat voluntas coniugum continuandi in relatione maritus-uxor».

CAP. I: IL MATRIMONIO IN FIERI NELLA STORIA 61

Secondo il Manenti il matrimonio romano non è un contratto, un negozio giuridico, ma una mera relazione di fatto tra due persone, dotata di diritti e doveri propri, che si caratterizza inoltre per due elementi: il primo è di tipo materiale (*consortium omnis vitae*) e prende vita al momento dell'inizio della convivenza tra le parti, con la conseguenza che non si richiede alcuna formalità di tipo giuridico e che da questo fatto si acquista automaticamente la nuova condizione giuridica. Il secondo elemento è più di tipo interiore: la volontà di vivere come marito e moglie, il consenso, considerata come *affectio maritalis*. Proprio in questi due elementi si trova il punto più grosso di divergenza tra gli studiosi, dato che il consenso nel diritto romano non è considerato dal Manenti come un consenso di natura pattizia o transeunte, ma un consenso continuo o *continuativum* che è sostanzialmente caratterizzato da una volontà reciproca e continua di considerarsi marito e moglie[182]. Sappiamo per la teoria più comune e tradizionale che è un consenso transeunte a produrre il vincolo e che questo sussiste nel tempo, indipendentemente dalla volontà delle parti dopo l'assunzione di questo impegno, con la conseguenza che per il suo scioglimento serve un atto contrario della volontà. Per Manenti è proprio l'inverso: il consenso iniziale non crea un vincolo stabile, ma solo l'inizio dell'*affectio maritalis*, con la conseguenza che se il consenso, cioè la volontà di stare insieme, cessa, termina anche il matrimonio, senza che sia necessario un contrario atto della volontà con cui venga prodotto il divorzio, dato che il consenso è stato dato per un tempo indefinito, finché dura. Basta cioè la fine di fatto della convivenza della volontà nelle parti[183].

Riassumendo nel matrimonio per Manenti vi era:

a) necessità dello stato matrimoniale di fatto;
b) necessità dell'*affectio maritalis* (consenso continuo);

---

[182] Cf. C. MANENTI, *Della inopponibilità*, 40. «Per Manenti l'affectio, da un punto di vista giuridico, è data dalla volontà reciproca di considerarsi come marito e moglie. Si avrebbe matrimonio anche quando sotto il tetto coniugale, l'affezione, l'amore tra i due sposi siano scomparsi, lasciando il posto alla discordia e all'odio, purché sopravviva la volontà reciproca delle parti di aversi rispettivamente in marito e moglie» (P. RASI, *Consensus facit nuptias*, 18).

[183] P. Rasi fa notare che Manenti avrebbe attribuito il concetto di matrimonio come situazione di fatto, dipendente da una volontà continua al solo matrimonio sine manu, mentre quello cum manu sorgeva da un negozio giuridico o più specificatamente da una dichiarazione di volontà. (P. RASI, *Consensus facit nuptias*, 21-22); cf. C. MANENTI, *Della inopponibilità*, 430.

c) la mancanza di una necessaria ed espressa manifestazione di volontà da parte dell'uomo e della donna.

Tanti furono gli studiosi, soprattutto nel 1900, che accolsero questa teoria e l'approfondirono con entusiasmo, tra cui i più importanti sono Orestano, Volterra, D'Ercole, Betti[184]. Per R. Orestano il merito di Manenti era quello di aver evidenziato che: «il matrimonio romano sorgeva e si manteneva non per un accordo iniziale di volontà, ma per una volontà continuativa che lo poneva in essere [...] facendolo venire meno al cessare di essa»[185].

L'altra questione che interessò sia Manenti che i suoi «seguaci» era il problema di quando questa teoria fosse presente nel Diritto Romano, in quanto ormai è certo che il consenso in periodo postclassico fosse considerato di indole pattizia. Ma come abbiamo già visto rimangono dei dubbi e delle discussioni sul periodo classico dato che per loro è come se vi fosse stata una evoluzione nel modo di intendere il consenso: periodo preclassico e classico di tipo continuativo, postclassico pattizio[186].

A questi dubbi diversi autori tentarono una soluzione; tra gli altri è da notare l'opera molto interessante di P. Rasi, che nel 1946 scrisse il saggio *Consensus facit nuptias*, il quale nell'introduzione specifica che lo scopo del suo lavoro è quello non di sviscerare tutta la materia matrimoniale, ma solo quella parte che può interessare il concetto giuridico e più precisamente la natura del *consensus*, cercando di mettere in discussione la teoria manentina, sostenuta dall'Orestano, Volterra ed altri[187].

Egli è dell'idea che sia per i padri della Chiesa, che per i giureconsulti romani il matrimonio era un istituto regolato dalle stesse norme, ovverosia un «negozio giuridico»: per la Chiesa il *consensus* fu sempre considerato l'elemento iniziale, ed anche i giureconsulti si esprimono

---

[184] Per le opere di questi autori cf. in questo capitolo, punto 1.1.2, nota 9. Cf. anche E. VOLTERRA, «Consensus facit nuptias», 44-56. U. BETTI, *Diritto Romano*, 230 afferma che: «Il matrimonio romano non è come il matrimonio odierno un rapporto che sia creato definitivamente da un atto giuridico iniziale e che sia indipendente quanto al suo perdurare dall'ulteriore volontà dei coniugi».

[185] R. ORESTANO, «La struttura giuridica», 205.

[186] E. VOLTERRA, *La conception du mariage*, 45-55; R. ORESTANO, «La struttura giuridica del matrimonio romano», 171; cf. anche G. D'ERCOLE, «Il consenso degli sposi», 23-24.

[187] P. RASI, *Consensus facit nuptias*, 1; 13-75. Le teorie dei romanisti moderni sono confutate, come abbiamo già accennato, anche da O. ROBLEDA, *El matrimonio*.

con frasi del genere: *nuptiae consensu contrahentium fiunt*[188]; *consensu redintegratur matrimonium*[189]; *itaque nisi ante matrimonium contractum, quod consensu intelligitur*[190].

Si parla quindi sempre di consenso iniziale, costitutivo e non continuativo e per Rasi questo è vero non solo nel periodo postclassico, ma sempre il matrimonio è stato visto come un vero contratto, all'inizio formale, sotto la forma di una *stipulatio* e più tardi meramente consensuale[191].

Il matrimonio si presenta secondo il nostro autore già come un *vinculum iuris* che sorge dallo scambio iniziale dei consensi e che si prova con l'*affectio* (elemento di prova e non costitutivo) e non già un rapporto di fatto, che ha per presupposto un *animus* iniziale uguale giuridicamente all'*animus* continuativo[192]; anche per quanto riguarda lo scioglimento del matrimonio l'autore dice che ciò non avverrebbe a causa del cessare del consenso continuativo, ma perché sarebbe intervenuta una chiara manifestazione contraria della volontà, con debite forme e da parte di persone capaci di sciogliere il matrimonio stesso, e che quindi il *consensus* iniziale è di natura pattizia e transeunte, cioè la realtà sussiste indipendentemente dalla volontà seguente dei contraenti[193].

La teoria di Manenti ebbe subito un grande successo, ma pian piano sparì; se ne trovano solo alcune tracce dopo il 1950[194].

---

[188] D. 23,2,1.
[189] D. 49,14,1.
[190] D. 24,66,1.
[191] A questo proposito P. RASI, *Consensus facit nuptias*, dedica tutto il capitolo IV, sulla teoria contrattualistica del matrimonio, riportando tanti passi ed esempi per affermare il consenso transeunte e ricusare quello continuativo. Cf. O. ROBLEDA, «Sobre el matrimonio», 34.
[192] P. RASI, *Consensus facit nuptias*, 48.
[193] Cf. P. RASI, *Consensus facit nuptias*, 57-59. Dopo aver analizzato vari casi secondo lui contrari alla teoria che vuole confutare, l'autore afferma: «Concludendo, dopo un rapido esame dei vari casi, si può affermare che il principio: "rite contractum matrimonium ex post facto vitiari non potest" è romano, anzi classico».
[194] Per es. O. Giacchi ripete questa teoria in tutte le edizioni del suo libro *Il consenso nel matrimonio canonico* (1950, 1968, 1973). Ancora nel 1998, P. Pellegrino scrive: «"matrimonium solo consensu perficitur". Ma mentre nel diritto romano questa frase aveva tutt'altro significato e stava ad indicare quella permanenza dell'*affectio maritalis* del marito verso la moglie, che era essenziale perché il matrimonio, rapporto di fatto e non rapporto nascente da contratto, continuasse ad esistere» (P. PELLEGRINO, *Il consenso matrimoniale*, 12-13).

4.2 La teoria istituzionalista

Nel passaggio tra il XIX e il XX secolo ed anche in seguito, diversi canonisti non ritennero più che la teoria contrattualistica del matrimonio fosse conforme alla realtà matrimoniale e tentarono di sostituirla con la tesi che il matrimonio fosse un'istituzione, con lo scopo di difenderne la stabilità, ma con il risultato che il consenso matrimoniale ne perse di valore in ordine alla sua costituzione.

In questa teoria l'istituzione era considerata un complesso di norme giuridiche prestabilite, da considerare come un insieme organico, che formano un'unità finalizzata ad ottenere scopi sociali che trascendono il bene individuale e che l'individuo da solo non può ottenere, né stabilire, e coloro che vogliono aderire a questa istituzione possono farlo, ma non in modo contrattuale[195].

Il consenso non è di indole contrattuale-pattizia, ma l'adesione ad un'istituzione con diritti e doveri tra individuo ed essa, con un rapporto di giustizia distributiva.

Di questa scuola troviamo tra gli autori due posizioni, una più moderata con gli scritti di G. Renard, R. Sherer, J. Lämmer ed una più estrema, sorta in campo civilistico e sostenuta da C. Lefevbre in Francia, dal Prof. A. Cicu in Italia e da M. Giménez Fernández in Spagna[196].

Per questi ultimi, in riferimento soprattutto al campo civilistico, c'era difficoltà quindi ad ammettere che il matrimonio fosse un vero contratto per il fatto che le parti non determinano nel matrimonio il contenuto del consenso, con la conseguenza che il vincolo non si origina da un atto della volontà e che i diritti e i doveri del matrimonio non sono tali perché così hanno voluto gli sposi, ma perché predeterminati, in modo tale che essi possono aderire o no a tale istituzione[197].

---

[195] Cf. A. Cicu, «Matrimonium», 111-143, in cui l'autore afferma in sostanza che la limitazione dell'arbitrio dei coniugi è esigito dall'interesse sociale. La relazione matrimoniale è caratterizzata come una relazione o rapporto organico, che contiene una organizzazione della volontà ad un fine superiore. E poiché connessione organica implica l'idea di un tutto organico, in cui i soggetti non conservano la loro autonomia, indipendenza e libertà, ma si trovano in una posizione di subordinazione e di dipendenza. Altra opera dello stesso autore: A. Cicu, *Diritto di famiglia*.

[196] G. Renard, *La philosophie de l'Institution*; Id., *La théorie de l'Institucion*; C. Lefevbre, «Le mariage civil», 300-334; A. Cicu, «Matrimonium», 111-143; Id., *Diritto di famiglia*; M. Giménez Fernández, *La institución matrimonial*; R. Scherer, *Handbuch*; H. Lämmer, *Institutionen*.

[197] Cf. C. Lefevbre, «Le mariage civil», 301. L'autore nota che : «Le fondement de la thèse institutionelle est dans cette observation que ce n'est pas de la convention, mais de la loi que dérivent les engagements et le lien formés dans le mariage: ce qui

Il consenso che essi esprimono è visto come *conditio sine qua non* perché l'autorità pubblica, il magistrato o l'autorità religiosa, vescovo o parroco, costituiscono il vincolo matrimoniale, istituto definito e creato dalla legge, a cui i contraenti aderiscono; è quindi l'autorità pubblica o religiosa che «fa» il matrimonio, lo riconosce (per loro volontà), che ne pronuncia l'esistenza, mentre il consenso è solo una qualità previa, con cui non si crea nessun obbligo.

In particolare C. Lefevre e A. Cicu affermano:

> La forma stessa del matrimonio, che potrebbe indurre in errore, non è quella vera dei contratti: il legame è stretto dalla pubblica autorità in nome della legge e dal ministero del pubblico ufficiale.[198].

> La funzione dell'Ufficiale non può assimilarsi a quella di un notaio [...] la (sua) pronuncia è costitutiva non nel senso di un atto che dà efficacia alla volontà privata degli sposi, ma nel senso che costituisce il matrimonio [...] la volontà degli sposi non è che un presupposto alla pronuncia[199].

Il consenso quindi, anche se espresso liberamente, perde la sua funzione di causa efficiente dei diritti e obblighi del matrimonio e le parti si vincolano giuridicamente a forza di legge, non del loro atto di volontà[200].

Questa teoria è accettata senza riserve anche dal professore dell'Università di Siviglia, M. Giménez Fernández, nell'affermare che: «la voce contratto è inaccettabile perché attualmente esclude nel suo significato un ordine previo, creatore di obblighi indipendenti dalla volontà dei contraenti»[201].

Nella posizione più moderata, quella che si sviluppa tra i canonisti, si cerca un compromesso tra la teoria cosiddetta contrattualistica e quella istituzionalista estrema. Subito apparve che era difficile applicare il

---

doit bien suffire, ce semble, pour faire voir que le mariage n'est pa rien qu'un contract et que même, principalement, il ne tient pas du contrat» (C. LEFEVBRE, «Le mariage civil», 324). Questo è evidenziato anche da O. ROBLEDA, «Sobre il matrimonio», 6.

[198] C. LEFEVBRE, «Le mariage civil», 331: «La forme même du mariage, qui pourrait induire en erreur n'est pas celle des vrais contrats: le lien se noue par autorité publique au nom de la loi et par le ministère de l'officier public»; l'autore afferma anche: «L'état de mariage avec ses devoirs tracés dans la loi ne peut être ramené à un ensemble d'obligations conventionnelles».

[199] A. CICU, «Matrimonium», 139.

[200] U. NAVARRETE, «Il matrimonio nel diritto canonico», 128.

[201] M. GIMENEZ FERNANDEZ, *La institución matrimonial*, 114: «La voz contrato es inaceptable, porque actualmente excluye en su significación un orden previo creador de obligaciones independientes de la voluntad de los contrayentes».

concetto di istituzione al matrimonio in maniera stretta; infatti i principi e le norme che regolano il matrimonio-istituzione non sono da considerarsi astratti, essendo ricavati dalla riflessione dell'uomo stesso sul comportamento dell'uomo e della donna nelle varie culture ad ogni livello, anche quello sessuale, ma soprattutto sono determinati dal diritto naturale o positivo, principi che si possono poi applicare ad ogni matrimonio. Infatti il matrimonio non esiste in astratto, ma nel momento in cui lo si pone in essere e quindi gli sposi non entrano a far parte dell'istituzione del matrimonio, realtà preesistente alla quale essi aderiscono, ma sono loro stessi che pongono la realtà, con il loro consenso entrano nell'istituzione che quindi viene all'esistenza nei singoli casi, mediante un contratto bilaterale tra le parti[202].

In particolare il domenicano G. Renard, dopo aver affermato che l'istituzione è di diritto naturale e che non si può applicare in campo canonistico con la rigidità con cui fu intesa in campo civilistico[203], in un brano di un'altra sua opera ci fa notare che l'istituzione non si oppone al contratto, ma anzi, lo suppone e lo comprende. Nel nostro caso l'istituzione e il contratto perseguono la medesima finalità, quella del matrimonio, riassunta nel bene comune. Non esiste un punto opposto che separi il contratto dall'istituzione[204].

Secondo questa posizione moderata quindi il contratto e l'istituzione definiscono congiuntamente il contenuto giuridico del matrimonio. L'accordo dei coniugi (contratto) uniti per conseguire i fini stabiliti da Dio (istituzione) acquisisce una tale fermezza e stabilità che nessuna potestà, inferiore alla divina, può violare: questa posizione sostiene in sostanza che il matrimonio è un contratto istituzionale[205].

Si può ben intendere che la posizione moderata della teoria istituzionalista, comporta meno problemi: il rapporto tra i due, creato dal consenso, ha come risultato una situazione che presenta solo analogie con una realtà istituzionale; non si deve dimenticare comunque che il mo-

---

[202] Alcuni autori di questa posizione: G. RENARD, *La philosophie de l'Institution*; J.T. DELOS, «La théorie de l'Institution», 136-143. (V. MONTSERRAT, «El contrato y la institución», 117, cita anche R. LAMAS LOURIDO, «Consentimiento matrimonial canónico», in *Nueva Enciclopedia Juridica*, [*Francisco Seix*], V, Barcelona 1953, 18)
[203] Cf. G. RENARD, *La philosophie de l'Institution*, 55.
[204] Cf. G. RENARD, *La théorie de l'Institution*, 144; 223-224.
[205] Cf. V. MONTSERRAT, «El contrato y la institución», 117-127. L'autore riporta il pensiero di diversi autori facenti parte della posizione moderata della teoria istituzionalista ed opera un piccolo tentativo di fondarla nel pensiero dei canonisti durante i secoli, arrivando a queste conclusioni.

mento iniziale e costitutivo del vincolo matrimoniale è una realtà ben diversa dall'atto con il quale si aderisce ad un'istituzione.

4.3 La teoria di T. García Barberena

Nell'ambito del diritto canonico T.G. Barberena, professore dell'Università di Salamanca, a metà del sec. XX, propose un'interessante posizione nell'ambito della teoria istituzionale del matrimonio, soprattutto perché in alcuni punti il suo pensiero si riferisce alla convalidazione.

Egli in sostanza tentò di attribuire una certa, o addirittura una vera e propria causalità efficiente all'intervento della Chiesa in ambito matrimoniale, in alcuni particolari casi in cui, per lui, è difficile trovare una spiegazione soddisfacente alla causalità del consenso[206], spiegazione che anche nei casi in cui abbiamo una situazione «normale» di nascita del vincolo matrimoniale, egli non considera come totalmente accettabile.

Nel 1951 egli scrisse un articolo su *Miscellanea Comillias*, proprio sull'idea contrattuale del matrimonio canonico, esponendo le proprie idee e rifacendosi al fatto che, basandosi su autori importanti del medioevo, fin dal secolo precedente esisteva una corrente non disprezzabile di pensatori che hanno negato al matrimonio il carattere di contratto preferendo chiamarlo «istituzione naturale»[207]. Egli non ritiene comunque che le posizioni estreme dei civilisti possano applicarsi al matrimonio canonico, «perché in parte sono inaccettabili nel sistema canonico»[208], e dal punto di vista canonico il problema si situa in riferimento alle proprietà essenziali del matrimonio: l'unità e l'indissolubilità. Su questo il suo pensiero è abbastanza articolato e non sempre chiaro; di solito le proprietà essenziali delle cose fluiscono dall'essenza delle cose stesse, e quelle del matrimonio, l'unità e l'indissolubilità, non fluiscono quindi per lui da un atto della volontà. Questo atto della volontà è l'essenza del contratto e se le proprietà non fluiscono dal contratto, ma dal vincolo, si può concludere che il vincolo non è un contratto[209].

---

[206] U. NAVARRETE, «Il matrimonio nel diritto canonico», 128.
[207] Tra gli altri cita: M. GIMÉNEZ FERNÁNDEZ; A. CICU; C. LEFEVBRE; F. CARNELUTTI, G. RENARD e altri.
[208] T.G. BARBERENA, «Sobre la idea», 166: «porqué en parte son inaceptables en el sistema canonico».
[209] «Las propiedades esenciales de las cosas fluyen de la esencia de esas cosas. Las propiedades esenciales del vínculo, son unidad e indisolubilidad. Pero estas propiedades esenciales no fluyen de un acto de voluntad. El acto de voluntad es la esencia

Egli afferma inoltre che l'uomo e la donna entrano nel matrimonio liberamente perché si compromettono, consentono. Il loro consenso però non ha fatto il matrimonio: questo stava lì, da parte di Dio. Chiaramente egli sostiene questo quando dice che «non vedo inconveniente chiamare contratto il mutuo compromesso di entrata, però nego che il vincolo, il recinto matrimoniale, sia prodotto dalla volontà, essendolo in cambio della legge naturale e divina»[210].

Per i matrimoni che vengono contratti invalidamente e poi convalidati con la convalidazione semplice egli vede per la Chiesa e per la sua volontà un ruolo almeno di concausa efficiente. Per lui il contratto convalidato con la debita forma canonica e senza impedimenti, non causa il vincolo senza la volontà della Chiesa, mentre con questa sì. Dato che però la volontà della Chiesa non può essere considerata un contratto, in tali condizioni il vincolo non è prodotto solamente dalla volontà contrattuale delle parti.

Per il caso della *sanatio in radice matrimonii* diviene importante l'intervento della Chiesa che dispensa dalla rinnovazione del consenso matrimoniale (espressione di volontà contrattuale) in quanto esso, posto in modo naturalmente sufficiente, persevera. Egli distingue due situazioni in base al tipo di consenso che persevera tra gli sposi: se questo persevera almeno virtualmente, si deve applicare il ragionamento della convalida semplice: la volontà della Chiesa è concausa della formazione del vincolo. Se invece il consenso persevera abitualmente, perde di valore il consenso personale e unica causa efficiente è la volontà della Chiesa che nella dispensa di sanazione in radice, crea il matrimonio, che di conseguenza non sorge da un contratto e non è un contratto[211].

Altro caso che l'autore presenta è quello del can. 1085 del *CIC*/'17, secondo cui è possibile un consenso matrimoniale sufficiente in colui che è persuaso (con o senza verità) che il matrimonio che si va a contrarre è nullo.

Senza addentrarci in questa problematica così complessa, affrontata dal L. Rodrigo[212], Barberena, secondo la sua interpretazione, afferma

---

del contrato: luego no fluyen del contrato. Pero fluyen del vínculo: luego éste no es un contrato» (T.G. BARBERENA, «Sobre la idea», 167).

[210] «No veo inconveniente en llamar contrato al compromiso mutuo de entrada, pero niego que el vínculo, el recinto matrimonial, sea producto de la voluntad, siéndolo en cambio de la Ley Natural y Divina» (T.G. BARBERENA, «Sobre la idea», 167).

[211] Cf. T.G. BARBERENA, «Sobre la idea», 171-173.

[212] L. RODRIGO, «De relatione inter matrimonii», 49-126. Barberena afferma che l'autore analizza questa impossibilità da un punto di vista psicologico-metafisico,

che non si può volere giuridicamente una cosa che giuridicamente è del tutto impossibile, se si conosce tale impossibilità o semplicemente se si è persuasi di essa.

La sua conclusione per il nostro argomento è che

> i consensi posti con la persuasione della propria nullità non sono contratti perché non inducono alcun obbligo, però tali consensi sono matrimoniali. Di conseguenza qualche consenso matrimoniale non è un contratto[213].

L'autore conclude il suo articolo dicendo che il matrimonio non consiste in un contratto, ma in una unione indissolubile a base sessuale tra l'uomo e la donna, idea che lui ritiene conforme al pensiero romano, degli scolastici e della maggior parte dei canonisti classici. Stabilire quando incomincia il matrimonio è per anche il nostro autore importante, per sapere da quando l'unione viene soggetta agli effetti del diritto. L'indissolubile unione tra l'uomo e la donna comincia la sua esistenza in virtù di un atto positivo che le leggi si impegnano a stabilire e che nel caso di matrimonio canonico nei casi «correnti» (da intendersi senza anomalie), può chiamarsi «con tutte le ragioni» contratto, mentre in quelli particolari, sopraesposti, no[214].

Alle posizioni di Barberena, reagì poco tempo dopo O. Robleda con un articolo sulla rivista *Estudios Ecclesiaticos*[215], in cui l'autore confuta la teoria istituzionale sia dei civilisti, che dei canonisti, in particolare di Barberena, affermando che la nozione che il matrimonio è un vero contratto è un possesso di una verità indiscutibile. Egli espone il suo pensiero partendo da Graziano, passando poi ai maggiori teologi del medioevo, specialmente Pietro Lombardo e S. Tommaso ed evidenziando il loro pensiero a favore della sua tesi, confutando le affermazioni di Barberena, il quale sostiene che proprio questi due autori hanno avuto delle resistenze ad applicare al matrimonio la formula del contratto. Robleda affronta inoltre sommariamente anche il pensiero dei canonisti dei sec. XVI e XVII, soprattutto di T. Sánchez per contrastare l'affer-

---

concludendo che è impossibile volere ciò che la mente presenta come impossibile (Cf. T.G. BARBERENA, «Sobre la idea», 177, nota 56).

213 T.G. BARBERENA, «Sobre la idea», 178: «Los consentimientos puestos con persuasión de su nulidad no son contractos porque no inducen obligación. Pero tales consentimientos son matrimoniales. Luego algún consentimiento matrimonial no es un contrato».
214 Cf. T.G. BARBERENA, «Sobre la idea», 178.
215 Cf. O. ROBLEDA, «Sobre el matrimonio», 5-56.

mazione di Barberena che «i classici non sono amici nel definire il matrimonio come contratto e specialmente Sánchez»[216].

Barberena ritorna ad esporre brevemente la sua teoria in un altro articolo sulla rivista *Salmanticensis*[217], in cui specificatamente tratta l'argomento del matrimonio *in fieri*, esponendo alcune osservazioni sopra l'idea contrattuale del matrimonio. L'articolo è una risposta a quello sopra citato di Robleda, che confutava la sua posizione e «di altri scrittori moderni che ripudiano la concezione contrattuale del matrimonio o esprimono i loro dubbi che la complessa istituzione matrimoniale possa chiudersi nella categoria di contratto privato tra contraenti»[218].

5. Il *matrimonio in fieri* e l'amore coniugale

L'ultima tappa del nostro sguardo storico sul momento costitutivo del matrimonio e sull'importanza del consenso nel *matrimonio in fieri*, ci porta a riflettere su una «teoria» che dopo il Concilio Vaticano II ebbe per diverso tempo un certo successo, con ripercussioni importanti sia a livello dottrinale, che giurisprudenziale: quella di dare valenza giuridica all'amore coniugale. Si cercò sostanzialmente di vedere se l'amore poteva avere una certa rilevanza giuridica nella struttura essenziale del matrimonio, analizzando se nel momento costitutivo del vincolo matrimoniale (proprio nel matrimonio *in fieri*), l'amore tra le parti avesse una funzione causativa e se questo potesse avere conseguenze anche nel prosieguo della vita matrimoniale (nel matrimonio *in facto esse*).

La problematica appare anche qui di non facile esposizione e soluzione, ma la sua analisi è importante, perché viene ad interessare proprio il valore che il consenso ha nel costituirsi del vincolo matrimoniale.

---

[216] T.G. BARBERENA, «Sobre la idea», 160; 164. Riguardo al pensiero di Sánchez in ambito matrimoniale, cf. G. CABERLETTI, *L'oggetto essenziale*.

[217] T.G. BARBERENA, «Sobre el matrimonio», 422-440.

[218] «Robleda [...] se opone decididamente a los escritores modernos que repudian la concepción contractual del matrimonio o expresan sus dudas de que la compleja institución matrimonial pueda encerrarse en el marco de un contrato privado de los contrayentes» (T.G. BARBERENA, «Sobre el matrimonio, 422). L'autore conclude il suo articolo affermando che: «La legislación matrimonial canónica constituye un monumento de equidad, de sabiduria y hasta de piedad y devoción. Pero al interpretarla rígidamente con la teoría contractual tropezamos por doquier con dificultades molestas de dificilísima solución. Y eso inútilmente. Cuánto más sencillo sería decir: que el matrimonio es una institución natural de una elasticidad extraordinaria imposible de definir» (*Ibidem*, 440).

Limiteremo la nostra analisi a ciò che la Costituzione *Gaudium et spes* ci dice riguardo all'amore coniugale e tenteremo di esporre brevemente il pensiero di Paolo VI chiaramente espresso nell'Allocuzione agli Uditori della Rota Romana del 1976.

5.1 *La «Gaudium et spes» e l'amore coniugale*

La Costituzione *Gaudium et spes* sulla Chiesa nel mondo contemporaneo, è per molti studiosi una lettura della propria realtà all'interno del mondo in cui essa vive. Dedica al matrimonio e alla famiglia diversi numeri (47-52), e si riferisce all'amore coniugale in particolare nei nn. 48-49, dicendo espressamente che:

> L'intima comunità di vita e *d'amore coniugale*, fondata dal Creatore e strutturata con leggi proprie, *è stabilita col patto coniugale, cioè con l'irrevocabile consenso personale*. E così, dall'atto umano col quale i coniugi mutuamente si danno e si ricevono, nasce, anche davanti alla società, un istituto che ha stabilità per ordinamento divino [...] Per sua indole naturale, l'istituto stesso del matrimonio e *l'amore coniugale* sono ordinati alla procreazione e alla educazione della prole e in queste trovano il loro coronamento (*GS* 48). L'amore coniugale [...] proprio perché atto eminentemente umano, essendo diretto da persona a persona con un sentimento che nasce dalla volontà (*GS* 49).

La prima cosa che dobbiamo notare, è che in tutti e due i numeri (*GS* 48-49), non è facile determinare positivamente il senso esatto da dare all'amore coniugale. Si può dire che sull'onda di queste affermazioni e sullo stretto legame che il testo dà all'amore e alla intima comunità di vita, alcuni studiosi avanzarono l'idea che questo amore potesse avere un ruolo nell'atto costitutivo il matrimonio; alcuni lo identificarono con il consenso stesso[219], per altri era quasi concausa efficiente del vincolo, o anche la forza motrice da cui scaturisce il consenso stesso. In altri sembrò vi fosse anche un ritorno alla teoria del Manenti: l'*amor coniugalis* prese il posto dell'*affectio maritalis*, con la conseguenza che il rapporto matrimoniale veniva mantenuto in vita con la volontà di essere o di continuare ad essere marito e moglie, volontà sostenuta dall'amore[220]. Finito l'amore anche la realtà matrimoniale si poteva consi-

---

[219] Di questa opinione è A. Gutierrez, il quale identifica l'amore coniugale con il consenso matrimoniale: cf. A. GUTIERREZ, *Il matrimonio*, 59-62.
[220] Tra i tanti autori che hanno trattato questa problematica cf. A. D'AVACK, «Il problema della rilevanza», 388-401; C. MURTAGH, «The judicial importance», 377-

derare finita, con la conseguente perdita di valore e il mutamento del modo in cui si era sempre considerato il consenso.

Certamente l'amore coniugale, per sua intima esigenza e struttura, tende al dono totale, esclusivo e perenne di se stesso all'altro coniuge e si traduce nell'irrevocabile consenso personale con il quale si stabilisce l'intima comunità di vita e di amore, propria del matrimonio (cf. Gen 2,22-24; *GS* 48-49; *HV* 8). L'amore deve trovarsi all'origine del matrimonio, nella libera scelta dei nubendi che impegna la loro persona e il loro destino[221]. Ma dal punto di vista giuridico quale ruolo riveste l'amore?

Anche se nel testo di *GS* non si può certo considerare la tematica come affrontata dal punto di vista giuridico o canonico, ma essenzialmente pastorale, in sostanza ci chiediamo come si può rispondere a queste teorie che nacquero nel post-concilio e quale valore può essere attribuito all'amore in ordine al matrimonio.

Non rientra nel nostro lavoro affrontare tutte le problematiche connesse; ci affidiamo per fare un breve punto della questione ad un articolo di U. Navarrete in risposta a queste tendenze. Sostanzialmente egli afferma che l'amore coniugale, per avere rilevanza giuridica, deve essere elemento essenziale del formarsi del vincolo, cosa che può avvenire in due modi: o è una componente essenziale del consenso in quanto causa efficiente o è un elemento essenziale dell'oggetto del consenso[222].

A noi interessa soprattutto vedere il suo rapporto con il consenso come causa efficiente. A tal proposito egli afferma:

> che l'amore coniugale non s'identifichi con il consenso matrimoniale è evidente. Il consenso matrimoniale è un *atto di volontà*, il quale produce in un istante indivisibile il suo effetto giuridico, cioè il matrimonio *in facto esse*, senza che possa più avere influsso alcuno nella realtà giuridica creata da sé. L'amore invece, benché si esprima per atti, è un «*habitus*»,

---

383; A. DE LA HERA, «Sobre la significación del amor», 569-582; P.A. BONNET, «A proposito», 344-347.

[221] CONFERENZA EPISCOPALE ITALIANA, *Matrimonio e famiglia*, n. 7, in *EVCEI* 1, n. 2137.

[222] Cf. U. NAVARRETE, «Consenso matrimoniale», 207. Riguardo all'aspetto dell'amore come elemento essenziale dell'oggetto del consenso, vedi lo stesso articolo alle pp. 208-212 e anche S. LENER, «L'oggetto del consenso», 125-177.

una qualità permanente suscettibile di variazioni: può crescere, diminuire, scomparire e persino trasformarsi in odio[223].

L'amore coniugale potrebbe essere inteso come un presupposto o un prerequisito essenziale, al pari della capacità di intendere e di volere, per poter emettere il consenso, in quanto sembra che sia necessario un minimo di amore perché la volontà possa essere mossa ad emettere l'atto valido di prendere un'altra persona come marito o moglie. Ma per U. Navarrete i motivi per contrarre matrimonio possono essere molti: politici, di posizione sociale, economici, per riparare l'onore e pare che anche con un'avversione affettiva verso la comparte si possa contrarre validamente: cade quindi l'ipotesi che l'amore sia un prerequisito giuridico. Egli conclude, pur non mettendo in dubbio che il consenso matrimoniale sia anche oggettivamente un atto d'amore, che

> il consenso, causa efficiente del matrimonio, come realtà psicologica e giuridica non è formalmente un atto d'amore, ma è un atto di volontà negoziale, in virtù del quale i contraenti si danno e si accettano a vicenda, mettendo in vita il «*foedus coniugii*», il patto (contratto) matrimoniale. La causa efficiente di quel patto non è formalmente l'amore, ma l'atto di volontà negoziale[224].

Che l'amore coniugale non abbia un momento giuridico in ordine alla validità del matrimonio, viene ben analizzato dallo stesso Navarrete, nel suo libro *Structura iuridica matrimonii secundum Concilium Vaticanum II*[225], non appartenendo in alcun modo alla sua struttura giuridica.

---

[223] U. NAVARRETE, «Consenso matrimoniale», 205. In un altro passo dice che: «L'amore coniugale sebbene si esprima in atti – azioni e prestazioni – formalmente è un *habitus*, un fenomeno psicologico non soggetto all'impero diretto della volontà. Questa può certamente procurare le condizioni adatte perché sorga, cresca e si mantenga vivo l'amore coniugale; ma scappa al suo impero diretto la possibilità di farlo sorgere, crescere e mantenerlo in vita [...]. Nessuno può assumersi formalmente l'obbligo giuridico di amare con amore specificatamente coniugale, né crearsi il diritto formale di essere amato con questo tipo d'amore, giacché non può essere oggetto di obblighi e diritti un fenomeno che scappa dall'impero diretto della volontà» (*Ibidem*, 213).
[224] U. NAVARRETE, «Consenso matrimoniale», 207-208.
[225] L'autore studia il momento giuridico dell'amore coniugale, riferendolo prima ai fini del matrimonio, poi ai *bona matrimonii* ed infine all'essenza e alle sue proprietà essenziali. Egli conclude: «Actus voluntatis quo coniuges sese mutuo tradunt atque accipiunt, in quantum est actus natura sua traditivus-acceptativus suiipsius, potest considerari ut actus essentialiter amorosus, et quidem in linea amoris coniugalis. Attamen amor coniugalis sensu obvio indicat habitum, qui etsi in voluntate radicatur, ad

La conclusione alla quale arriva è senz'altro giusta, in quanto anche per il Concilio «*amor coniugalis non requiritur ad validitatem*»[226].

Secondo molti autori la *Gaudium et spes* comunque afferma e sostiene che è sempre il consenso personale irrevocabile quello che viene indicato come ciò che istituisce l'intima comunità di vita e di amore coniugale (*GS* 48), in sostanza la causa efficiente del matrimonio[227].

L'uso del termine «irrevocabile» ci conferma inoltre ed indirettamente il fatto che il consenso una volta prodotto il suo effetto giuridico, una sua eventuale revoca non ha alcun effetto sul vincolo già formato; per «irrevocabile» qui si deve intendere, non dal punto di vista psicologico, dato che in realtà in questo senso una revoca può avvenire, non avendo però la capacità di distruggere né l'effetto giuridico né quello teologico, prodotti dal consenso stesso, ma di una «irrevocabilità giuridica». Se il consenso avesse infatti ancora «potere» sul vincolo, direttamente legato alla quantità o meno di amore che vi è tra gli sposi, sarebbe un consenso continuo (della teoria di Manenti), che pian piano crea una realtà in continua formazione e che cesserebbe di esistere nel momento in cui, cessato forse l'amore, cessa anche la volontà di restare in questa realtà matrimoniale[228].

---

spheram affectivam transcendit illamque modo quodam exclusivo "polarizat" in personam coniugis. Amor coniugalis, hoc sensu obvio intellectus, non est elementum essentiale ad validitatem matrimonii. [...] Ex dictis ergo eruitur ultima conclusio: Amor coniugalis non habet momentum ullum iuridicum in ordine ad validitatem matrimonii. Eius defectus vel positiva exclusio ex obiecto contractus, per actum positivum voluntatis, non influit in validitatem matrimonii. [...] Amor ergo coniugalis prout exhibetur in Const. *Gaudium et spes* est elementum aiuridicum seu tale quod nihil efficit structuram iuridicam matrimonii» (U. NAVARRETE, *Structura iuridica*, 154).

[226] A questa conclusione arriva S.D. KOZUL, *Evoluzione della dottrina*, 284. Il passo che riporta è preso dagli ACTA SYNODALIA, IV, Periodus IV, Pars VII, 489.

[227] Cf. lo specifico studio su *GS* di E. PERINOTTO, *La causa efficiente*, 32. L'autore afferma a più riprese che: «Il pensiero del Concilio si è manifestato in modo che in ogni caso, il matrimonio avvenga col consenso personale, non con altre cause, di cui non ne fa alcuna menzione». Cf. anche O. ROBLEDA, «Causa efficiens matrimonii», 354-380.

[228] E. PERINOTTO, *La causa efficiente*, 41: «Nell'ordinamento canonico l'amore è del matrimonio non la causa o il fine tipico, ma soltanto uno dei motivi o dei moventi o fini atipici che si voglia chiamarli, tanto è vero che la giurisprudenza rotale afferma che "elementum amoris exulat omino a ratione matrimonialis contractus in quem nupturientes ferri possunt infinitas ob causas (coram Quattrocolo, 30 dicembre1927, in *RRD* 19, 545) [...] La qualificazione del matrimonio come contratto, anziché come accordo, trova la sua spiegazione e giustificazione proprio nel fatto che in diritto canonico, non amor, sed consensus facit nuptias».

Penso si possa concludere che all'amore coniugale si possa attribuire l'essere un elemento agiuridico del vincolo matrimoniale, non avendo una rilevanza giuridica vera e propria, soprattutto ai fini della costituzione del matrimonio, essendo esso dipendente esclusivamente dalla volontà dei contraenti[229].

5.2 *Il pensiero di Paolo VI*

Dopo la promulgazione della *Gaudium et spes*, abbiamo appena visto i tentativi di dare valenza giuridica all'amore coniugale. Questo avvenne da più parti del mondo, sostenuto soprattutto dalle mutate condizioni dell'uomo e dalla maggiore conoscenza della sua realtà psicologica. Conseguenze si ebbero anche nel campo della comprensione del matrimonio stesso, della sua nullità e della sua eventuale dichiarazione, in ambito quindi strettamente giurisprudenziale.

Si incominciò in sostanza nella prassi di diversi Tribunali ecclesiastici a presentare la richiesta per la dichiarazione di nullità per *defectus amoris*, rivestendo conseguentemente l'amore coniugale di una valenza giuridica che come abbiamo appena visto, non gli è propria, tendenza che dalla Rota Romana non fu accolta ma a cui reagì con vivacità[230].

Il pensiero di Paolo VI riguardo all'amore coniugale dal punto di vista teologico, nel suo valore di significazione del mistero dell'amore di Dio, è ampio e diverse volte affermato nei vari documenti e in diversi discorsi del suo pontificato inerenti alla realtà matrimoniale: scrive per

---

[229] S. VILLEGGIANTE, «L'amore coniugale», 91, non attribuendo causalità all'amore in ordine al matrimonio afferma che: «è certo che la causa efficiente del matrimonio è e resta il consensus-actus voluntatis: l'unica causa, perché se esistessero altre cause, la volontà finirebbe di essere la causa efficiente, cioè quel principium cuius operatione aliquid transit de non esse ad esse». Sulla retta interpretazione dell'amore coniugale può essere consultato anche U. NAVARRETE, «Foedus coniugalis», 645-673.

[230] U. NAVARRETE, «Amor coniugalis», 619. L'articolo è un commento all'Allocuzione ai Prelati Uditori della Rota Romana del 1976 in cui, riferendosi alle parole che il Decano del Tribunale rivolge a Paolo VI, afferma che: «Per il rapporto Codice–Concilio Vaticano II, la nostra giurisprudenza, segnatamente per le cause di nullità di matrimonio, si è modificata nello stile, divenuto più rispettoso della dignità umana, ma ha reagito con vivacità al tentativo di dare rilevanza giuridica al defectus amoris». U. Navarrete, affermando che la giurisprudenza resistette a tale tentativo, dice inoltre che questo testo suppone che l'amore coniugale non è considerato dalla Rota Romana un elemento giuridico che produca l'invalidità del matrimonio.

esempio: «il matrimonio è una sapiente istituzione del Creatore per realizzare nell'umanità il suo disegno d'amore»[231].

Dal punto di vista canonico invece ne fa un chiaro riferimento, confrontandolo con il consenso matrimoniale, nell'Allocuzione che egli tenne ai Prelati Uditori della Rota Romana il 9 febbraio 1976, occasione in cui, con forza, viene riaffermata la dottrina ecclesiale tradizionale, pian piano formatasi nella Chiesa.

Il Romano Pontefice in questa allocuzione riafferma sostanzialmente e chiaramente il principio che ha accompagnato buona parte del nostro cammino: *matrimonium facit partium consensus*, consenso emesso in un punto indivisibile del tempo, con la conseguenza che questo matrimonio, una volta validamente contratto dalle parti, continua ad esistere nella sua realtà giuridica anche se l'amore fosse completamente sparito[232].

Contro il fatto che il matrimonio anche nella sua realtà giuridica non sarebbe creato da un atto consensuale iniziale, ma in maniera progressiva, dovuta all'integrazione per il mutuo amore, il Pontefice sostiene, con energia e chiarezza, che una tale nozione dell'amore coniugale, che vada a diminuire e abbandonare la forza ed il significato del principio *matrimonium facit partium consensus*, non può essere accettata dalla dottrina della Chiesa, dato che questo principio è chiaramente recepito dalla tradizionale dottrina canonistica e teologica e parimenti spesso proposto dal Magistero della Chiesa come uno dei capisaldi dell'istituto matrimoniale. Specificatamente egli afferma che

> La dottrina cristiana sull'istituto familiare, [...] in nessun modo può ammettere una tale nozione dell'amore coniugale, che conduca ad abbandonare o a diminuire la forza o il significato del noto principio: *matrimonii facit partium consensus*. Principio questo di capitale importanza in tutta la tradizione teologica e canonistica e spesso proposto dal Magistero della Chiesa come uno dei principi fondamentali del diritto naturale dell'istituto matrimoniale, nonché del precetto evangelico (Cf. Mt 19,5-6; DS 643, 756, 1497, 1813, 3713, 3701)[233].

---

[231]Cf. PAOLO VI, *Humanae Vitae*, 8-9; ID., *Discorso all'Equipes Notre-Dame*, n. 9; ID., *Discorso al CIF*, nn. 1-2.

[232] PAOLO VI, «Allocuzione ai Prelati della Rota Romana», 9 febbraio 1976, 205-206.

[233] «Christianam de familiari instituto doctrinam, ut probe nostis, nullo modo talem coniugalis amoris notionem admittere posse, quae perducat ad reliquendam vel imminuendam vim ac significationem pernoti illius principii: *matrimonium facit partium consensus*. Quod quidem principium summum momentum habet in universa doc-

CAP. I: IL MATRIMONIO IN FIERI NELLA STORIA 77

Questo principio appena riaffermato con forza, dal pontefice è ribadito con chiarezza riferendosi al testo di *GS* 48, da cui si era forse partiti per una falsa interpretazione dell'amore coniugale, testo che egli riporta nel suo discorso[234].

Come debba essere inteso in generale questo principio e il consenso in particolare, Paolo VI lo esprime con queste parole:

> In base a questo principio ben noto, il matrimonio esiste nello stesso momento in cui i coniugi prestano il consenso matrimoniale giuridicamente valido. Tale consenso è un atto della volontà di indole pattizia (o «patto coniugale», che oggi è più usato della voce contratto), che senza dubbio crea il suo effetto giuridico in un istante indivisibile del tempo, cioè il cosiddetto matrimonio «in facto esse», uno stato vitale, senza che nulla possa avere più influsso alcuno sulla realtà giuridica creata[235].

Anche il fatto che il matrimonio cessi di esistere come realtà giuridica una volta venuto meno l'amore tra le parti è l'altra errata opinione dottrinale che Paolo VI affronta nel suo discorso. Per U. Navarrete questa opinione è una conseguenza della precedente, ma differisce nel fatto che nella prima si prendeva in considerazione «il momento» in cui la relazione matrimoniale si formava, in modo cioè progressivo, fino ad una totale integrazione interpersonale tra i coniugi. La seconda riguarda il fatto in cui questa relazione matrimoniale, anche se fosse pervenuta ad una sua totale e piena costituzione e solidità, potesse cessare di esistere nel caso mancasse o si estinguesse l'amore coniugale[236].

Paolo VI dà in questo modo la sua risposta:

> In tal modo è da escludere assolutamente che, venendo meno la permanenza di qualsiasi elemento soggettivo, quale, primo fra tutti, l'amore

---

trina canonica ac theologica a traditione recepta, idemque saepe propositum est ab Ecclesiae Magisterio ut unum ex praecipuis capitibus, in quibus ius naturale de matrimoniali instituto nec non praeceptum evangelicum innituntur (Cf. Mt 19,5-6; *DS* 643, 756, 1497, 1813, 3713, 3701)» (PAOLO VI, «Allocuzione ai Prelati della Rota Romana», 9 febbraio 1976, 206).

[234] Cf. PAOLO VI, «Allocuzione ai Prelati della Rota Romana», 9 febbraio 1976, 206-207.

[235] Cf. PAOLO VI, «Allocuzione ai Prelati della Rota Romana», 9 febbraio 1976, 206: «Vi huius principii, omnibus probe cogniti, matrimonium existit eo ipso temporis momento, quo coniuges matrimonialem consensum praestant iuridice validum. Talis consensus est *actus voluntatis* indolis pacticiae (vel *foedus coniugii*, ut dictione utamur, quae hodie potior habetur quam vox *contractus*), qui quidem puncto temporis indivisibili gignit iuridicum effectum, seu matrimonium "in facto esse" uti aiunt, vel vitalem statum, neque postea ullam vim habet ad realitatem iuridicam creavit».

[236] Cf. U. NAVARRETE, «Amor coniugalis», 623.

coniugale, il matrimonio non si mantenga in vita quanto realtà giuridica, creato dal consenso una volta per sempre giuridicamente efficace. Questa realtà, sul piano giuridico sussiste indipendentemente dall'amore, e permane anche se viene a spegnersi l'amore. Gli sposi infatti, dando il loro libero consenso non fanno che entrare e inserirsi in un ordine oggettivo, in una istituzione che li supera e che non dipende da essi, né nel suo essere, né nelle sue leggi.[237]

Interessante risulta anche un'altra opinione che U. Navarrete vede adombrata nell'allocuzione di Paolo VI, ma non specificatamente affrontata. Quella che riguarda la nullità matrimoniale che diversi tribunali dichiarano per incapacità da parte dei coniugi ad obbligarsi e ad instaurare quella comunità di vita e di amore, che è considerata essenziale per il matrimonio, come facente parte essenzialmente dell'oggetto del consenso; una volta dimostrata e provata la mancanza e l'incapacità a prestare un consenso che comprenda questi elementi considerati essenziali o non completamente considerati, il matrimonio veniva dichiarato nullo[238]. Proprio con questa allocuzione, il Romano Pontefice intende correggere le deviazioni e le degenerazioni dell'istituto familiare, orientandolo verso un'espressione sempre più perfetta della propria natura di consorzio coniugale e di sacramento[239].

In conclusione da quanto esposto, anche nel pensiero di Paolo VI, l'amore coniugale non è un elemento giuridico, avente un ruolo nella formazione del matrimonio, mentre egli ribadisce con forza il principio, *consensus facit nuptias*.

---

[237] PAOLO VI, «Allocuzione ai Prelati della Rota Romana», 9 febbraio 1976, 207: «Prorsus igitur negandum est, deficiente quovis elemento subiectivo, cuiusmodi est in primis amoris coniugalis, matrimonium non amplius existere ut iuridicam realitatem, quae ortum duxit a consensu semel atque in omne tempus iuridice efficaci, Haec realitas, ad ius quod spectat, esse pergit ex amore minime pendens eademque permanet, etiamsi amoris affectus plane evanuerit. Coniuges, enim, cum liberum praestant consensum, non aliud faciunt, quam ingrediuntur atque inseruntur in ordinem obiectivum, seu "institutum" quod eos superat ex eiusque minime pendet nec quoad naturam suam nec quoad legis sibi proprias».

[238] Cf. U. NAVARRETE, «Amor coniugalis», 624-625.

[239] PAOLO VI, «Allocuzione ai Prelati della Rota Romana», 9 febbraio 1976, 205: «sive ut erroribus circa institutum matrimoniale eiusque corruptioni obniteretur sive ut ipsum matrimonium eo dirigere, quo perfectius in dies et modo magis congruenti indolem suam consortionis coniugalis et sacramenti ostenderet».

6. Conclusione

Trattando il tema dell'amore coniugale abbiamo così ripercorso, a grandi linee, le tappe che riteniamo più significative del cammino, attraverso i secoli, della realtà del *matrimonio in fieri*, per cercare di evidenziare con sempre più chiarezza il momento costitutivo del matrimonio, quando cioè questo inizi ad esistere.

Abbiamo notato che, nonostante qualche eccezione, è quasi sempre il consenso delle parti ad avere un ruolo determinante nel sorgere del vincolo matrimoniale, sia nelle varie culture, e soprattutto dopo l'anno 1000, in campo sia canonico che civilistico, con l'affermarsi della teoria contrattualista.

L'importanza del consenso si riscontra nei vari autori succedutisi nel tempo, nella realtà del matrimonio presunto, importante in ordine all'istituto della *convalidatio matrimonii* e nelle riflessioni scaturite in seguito al Vaticano II.

Dopo il «trionfo» della teoria consensualista nelle sintesi di Alessandro III ed Innocenzo III, non diviene più oggetto di discussione il consenso, ma la preoccupazione più crescente è quella di regolamentare sempre più l'emissione stessa del consenso, in modo da garantirne la certezza sullo stato delle persone nella chiesa; di ciò è espressione lo stabilire la forma canonica *ad validitatem* tramite il *Tametsi* nel Concilio di Trento.

Questo fatto ebbe delle gravi conseguenze anche riguardo all'istituto della convalidazione del matrimonio: come si ebbe la preoccupazione di garantire la certezza sulla validità del matrimonio, regolamentando la forma di emissione del consenso, si ebbe la preoccupazione di garantire la stessa certezza sulla validità della convalidazione di un matrimonio invalido, regolamentando sempre più la forma per ottenerla.

Prima di percorrere la storia della *renovatio consensus* per la *convalidatio matrimonii*, ci rimane però da vedere come nei due Codici, viene espressa la realtà del matrimonio *in fieri*, l'importanza data in essi al consenso in ordine causativo; rifletteremo poi anche sul *consensus* dal punto di vista contenutistico, riguardo alla sua natura e alle sue principali caratteristiche.

CAPITOLO II

Il *consensus facit nuptias* nei due codici e la nozione di consenso matrimoniale

Abbiamo voluto trattare separatamente, rispetto al resto della storia, il matrimonio in fieri nei due codici di diritto canonico, data l'importanza dei due documenti legislativi e perché in essi il cammino della riflessione dei secoli viene riassunto ed espresso.

Affronteremo quindi i canoni dei due codici che parlano del momento costitutivo del matrimonio e di entrambi ne analizzeremo a grandi linee le fonti ed il testo, soffermandoci anche sulle variazioni che il testo stesso subisce tra il 1917 e il 1983.

Lo scopo principale che ci si propone è quindi duplice: tenteremo innanzitutto di evidenziare nei *Codex* la recezione della dottrina del consenso come causa efficiente del vincolo matrimoniale, come momento generativo dell'unione stessa e contemporaneamente cercheremo di verificare il valore del principio dell'insostituibilità del consenso stesso, basandoci sull'importanza dell'elemento volitivo (della volontà intenzionale) e facendo riferimento anche all'oggetto del contratto matrimoniale (come sua causa materiale).

Dopo aver visto il codice vigente, puntualizzeremo la dottrina riguardo alla «nozione» di consenso matrimoniale. La ricerca e gli studi riguardanti questo argomento sono molti ed esaurienti: non può a nostro avviso essere altrimenti, perché, data la sua importanza, gran parte delle ricerche inerenti il matrimonio sono «obbligate» a passare per questo argomento per potersi sviluppare nella loro completezza.

È necessario rilevare però che i suddetti studi, sono in maggioranza caratterizzati da una valenza negativa, prestano cioè molta più attenzione ai vizi e ai difetti del consenso, senza tentare una descrizione approfondita dal punto di vista positivo, di ciò che in sostanza è il consenso all'interno della realtà del contratto matrimoniale[1].

Non si pretende in questo luogo comunque di poter affrontare la tematica con originalità, né con completezza, ma si tenterà una sintesi caratterizzata da alcune puntualizzazioni, che ci serviranno per sviluppare in particolare la nostra ricerca sul requisito della rinnovazione del consenso per la convalidazione semplice del matrimonio.

1. Il can. 1081 del *Codex Iuris Canonici* '17

Il consenso come causa efficiente il matrimonio è espresso nel codice del 1917 dal can. 1081:

§1. Matrimonium facit partium consensus inter personas iure habiles legitime manifestatus, qui nulla humana potestate suppleri valet.

§2. Consensus matrimonialis est actus voluntatis, quo utraque pars tradit et acceptat ius in corpus, perpetuum et exclusivum, in ordinem ad actos per se aptos ad prolis generationem.

Essendo, come già detto, il codice del '17 una sintesi di tutta la dottrina precedente, che, nella sua vastità, viene concentrata ed espressa per la prima volta in disposizioni codiciali, riteniamo utile dare uno sguardo alle fonti di questo e poi al testo del canone stesso, per evidenziarne il contenuto.

1.1 *Le fonti del canone*

I documenti riportati nel *CIC* del '17 come fonti del can. 1081 sono molteplici; vi troviamo diversi parti del *Decretum* di Graziano, alcuni decretali del *Liber extra*, documenti di Romani Pontefici, risposte o disposizioni delle Congregazioni del S. Officio, del Concilio e di Propaganda Fide.

---

[1] Della medesima opinione risulta anche O. Giacchi il quale afferma che: «mentre una sterminata letteratura e una ricchissima giurisprudenza plurisecolare hanno indagato e approfondito da ogni parte l'aspetto negativo della volontà matrimoniale, cioè quando essa manchi o sia viziata, una determinazione positiva circa il contenuto di tale volontà è stata tentata raramente e spesso da punti di vista particolari» (O. GIACCHI, *Il consenso*, 47).

Tutte mettono in evidenza direttamente o implicitamente l'assunto *consensus facit nuptias* (o precisamente *facit matrimonium*) espresso nel canone.

Graziano nel suo *Decretum*, riportando i passi di diversi autori, scrive che «*matrimonium quidem non facit coitus, sed voluntas, et ideo non solvit illud separatio corporis, sed voluntas*»[2] e che «*non defloratio virginitatis facit coniugium, sed pactio coniugalis*»[3]; riportando un passo di Agostino, dice che se qualcuno diede il suo consenso alla moglie, non gli è consentito prenderne un'altra[4], e che prima di aver consentito, i coniugi non possono contrarre matrimonio, poiché «*ubi non est consensus utriusque, non est coniugium*»[5].

Nelle decretali raccolte nel *Liber Extra* si dice che nel matrimonio se non precedettero gli sponsali o un consenso legittimo, nessun vincolo obbligatorio è contratto[6] e che il matrimonio è contratto solo dal consenso legittimo tra l'uomo e la donna, espresso per *verba de praesenti*[7], il quale per essere valido deve essere dato libero da coazione o da timore[8]. Gli sponsali *de praesenti* non sono sciolti da un altro matrimonio

---

[2] C. 27, q. 2, c. 1.

[3] C. 27, q. 2, c. 6.

[4] C. 27, q. 2, c. 51: «Si quis alicui mulieri consensus fidem fecerit, non licet illi aliam ducere. Duobus modis dicitur fides, pactionis et consensus. Si aliquis alicui mulieri fidem fecerit pactionis, non debet aliam ducere».

[5] C. 30, q. 2, c. un. Altri testi indicati dal codice come fonti sono il testo di papa Niccolò I ai Bulgari: «Sufficiat solus secundum leges consensus eorum, de quorum quarumque coniunctionibus agitur» a cui Graziano aggiunge: «cum ergo inter istos consensus intercesserit, qui solus matrimonium facit patet hos coniuges fuisse» (C. 27, q. 2, c. 2); il testo di Giovanni Crisostomo: «Matrimonium enim non facit coitus, sed voluntas, et ideo non solvit illud separatio corporis, sed separatio voluntatis» (C. 27, q. 2, c. 4); C. 29, q. 1, c. un.: «coniugium sive matrimonium est viri et mulieris coniunctio individuam vitae consuetudinem retinens. Item consensus utriusque matrimonium facit. Quia ergo isti coniuncti sunt, ut individuam vitae consuetudinem conservarent, quia uterque consensit in alterum, coniuges sunt appellandi».

[6] X.2,13,14: «quam non praecesserunt sponsalia vel consensus legitimus, nec fuerunt etiam subsecuta, nullum inter eos obligatorium vinculum sit contractum».

[7] X.4,1,25: «quod matrimonium in veritate contrahitur per legitimum viri et mulieris consensum; sed necessaria sunt, quantum ad ecclesiam, verba consensum exprimentia de praesenti».

[8] X.4,1,14: «Quum locum non habeat consensus, ubi metus vel coactio intercedit, necesse est, ut, ubi assensus cuiusquam requiritur, coactionis materia repellatur. Matrimonium autem solo consensu contrahitur, et, ubi de ipso quaeritur, plena debet securitate ille gaudere».

seguente, anche se consumato dalla copula carnale[9] e chi ha contratto per due volte successivamente con *verba de praesenti* è tenuto a vivere con il primo coniuge, mentre se avesse con la prima contratto con *verba de futuro* e con la seconda con *verba de praesenti*, deve stare con il secondo[10].

Un'altra fonte del canone è la 18ª delle *Regulae Iuris*, in cui si afferma che il passare del tempo non può determinare la validità o efficacia in qualche cosa o azione, quando dall'inizio questa validità e efficacia non esistettero: «*non firmatur tractu temporis quod de iure ab initio non subsistit*»[11]. Considereremo più ampiamente questa regola nell'analisi delle fonti sui canoni della *convalidatio matrimonii*.

Tra i documenti dei Romani Pontefici indicati come fonti, Benedetto XII, nelle proposizioni date agli Armeni, dice che presso questo popolo non c'è nessuna forma certa di espressione a parole del consenso matrimoniale tra l'uomo e la donna, benché uno o entrambi dicano che non vogliono «copulare» matrimonialmente, tuttavia vi è il matrimonio tra loro in *faciae Ecclesiae*[12].

Eugenio IV, nel Concilio di Firenze, chiaramente dice che: «*causa efficiens matrimonii, regulariter est mutuus consensus, per verba de praesenti expressus*»[13], a cui fa eco anche Urbano VIII nella Costitu-

---

[9] X.4,4,3: «si inter virum et mulierem legitimus consensus sub ea solemnitate, quae fieri solet, praesente scilicet sacerdote aut etiam notario, sicut etiam in quibusdam locis adhuc observatur, coram idoneis testibus, interveniat de praesenti, ita quidem, quod unus alterum in suo mutuo consensu verbis consuetis expresse recipiat, utroque dicente: "ego te accipio in meam", et "ego te accipio in meum", sive sit iuramentum interpositum sive non, non licet mulieri alii nubere». Dello stesso tenore è un'altra decretale: X. 4,4,5.

[10] X.4,4,1: «Contrahens successive per verba de praesenti cum duabus, tenetur adhaerere primae. Si autem primo contraxit per verba de futuro, secundo per verba de praesenti, adhaerebit secundae». Altre fonti delle decretali sono X.4,9,4, «Si liber contraxit cum ancilla ignoranter, et, ex quo scivit, non consensit, separatur matrimonium, et cum aliis contrahere poterit», che meglio analizzeremo tra le fonti dei canoni della convalidazione, unitamente ad una decretale inerente al matrimonio tramite procuratore in VI°.1,19,9.

[11] VI°.5,12,R.18.

[12] BENEDETTO XII, a. 1341, *prop. Armenorum damn.*, prop. 100, *Fontes* 2, n. 40: «Item quod apud Armenos nulla est certa forma verborum exprimens consensum matrimonii inter virum et uxorem; immo multi per parentes et amicos coguntur venire ad ecclesiam, ut matrimonium fiat inter eos; et quamvis unus vel ambo dicant, quod nolunt inter se matrimonialiter copulari, tamen matrimonium fit inter eos in faciae Ecclesiae».

[13] EUGENIO IV (in Conc. Fiorentino), const. *Exultate Deo*, 22 novembre 1439, §16, *COD* 550 (cf. anche *Fontes* 2, n. 52).

CAP. II: IL *CONSENSUS FACIT NUPTIAS* NEI DUE CODICI   85

zione *Magnum in Christo*[14]. Al consenso Leone XIII dedica il decreto *Consensus mutuus*, in cui esprime chiaramente la causalità efficiente del consenso, che si può manifestare non soltanto tramite le parole, ma anche con altri segni esteriori[15], e in cui si danno alcune indicazioni sulla realtà dei matrimoni clandestini[16].

I documenti delle Congregazioni sono solitamente dati per la soluzione di particolari situazioni, in determinate parti della Chiesa: quelli indicate come fonti, direttamente o implicitamente, evidenziano la particolare importanza del consenso nel sorgere del vincolo matrimoniale[17], di come deve essere libero da *metu*[18] e non reso invalido da una malattia[19], o di come, in caso di conversione, si debbano istruire bene gli sposi sul valore e l'importanza del consenso[20]. Un documento riguarda gli Armeni che si presentano davanti al giudice turco per con-

---

[14] URBANO VIII, const. *Magnum in Christo*, 20 giugno 1637, *Fontes* 1, n. 217: «Magnum in Christo, et in Ecclesia Matrimonii Sacramentum, ut vitae est legitima inter Virum, et Foeminam indissolubilis societas, in qua ex pari consensu semetipsum alter alteri debet».

[15] LEONE XIII, decr. *Consensus mutuus*, 15 febbraio 1892, *Fontes* 3, n. 613: «Consensus mutuus, unde matrimonia iusta nascuntur, non verbis dumtaxat, sed aliis quoque signis exterioribus patefieri ac declarari potest».

[16] «Simul per has litteras Nostras decernimus ac mandamus, ut deinceps illis in locis in quibus coniugia clandestina pro validis habentur, a quibusvis iudicibus ecclesiasticis, in quorum foro causas eiusmodi matrimoniales agitari et iudicari contigerit, copula carnalis sponsalibus superveniens non amplius ex iuris praesumptione coniugalis contractus censeatur, nec pro legitimo matrimonio agnoscatur seu declaretur» (LEONE XIII, decr. *Consensus mutuus*, 15 febbraio 1892, *Fontes* 3, n. 613).

[17] S.C. S. OFFICII, (*Promont. Bonae Spei*), 22 luglio 1840, *Fontes* 4, n. 883: «matrimonium inter duos catholicos qui in sensu Ecclesiae contrahunt, interveniente declaratione contrahentium, esse validum et indissolubile»; S.C.S. OFFICII, 22 agosto 1860, *Fontes* 4, n. 964: «Matrimonium firmum ac validum consistere [...] mutuum sponsorum de praesenti consensum sufficienter exprimunt»; S.C.S. OFFICII, (*Victoriae Nyanzae*), 3 aprile 1889, *Fontes* 4, n. 1115: «Et haec videtur verum matrimonium, posito mutuo consensu».

[18] Cf. S.C. CONCILII, *Mutinen.*, 19 agosto 1724, 9 giugno 1725, *Fontes* 5, n. 3282, 3299: si tratta della dichiarazione di nullità di un matrimonio contratto con un vizio di consenso, per metum cadentem; cf anche S.C. CONCILII, *Parisien.*, 7 luglio, 1 settembre 1883, 7 marzo 1885, *Fontes* 6, nn. 4266; 4295.

[19] S.C. CONCILII, *Argentinen.*, 23 novembre 1907, *Fontes* 6, n. 4343: è un caso di matrimonio nullo di un amens seu furiosus.

[20] S.C. S. OFFICII, (*Pondicher.*), 3 febbraio 1892, *Fontes* 4, n. 1149: «Attentis expositis permitti posse ut tessera nuptialis vulgo Taly in ecclesia loco annuli benedicatur et imponatur, dummodo omnibus omnino superstitionibus sit expurgata, et in benedictione annuli verbis "annulum hunc" substituantur "tesseram hanc nuptialem", dummodo tamen fideles instruantur matrimonium consensu perfici».

trarre matrimonio: le loro unioni sono nulle se il consenso delle parti è diretto solo al concubinato, oppure perché anche se essi si esprimono con *verba de praesenti*, in realtà intendono contrarlo solo in seguito; in quest'ultimo caso «mancando in essi il vero ed interno consenso, e trovandosi solo disposti a celebrarlo allora quando celebreranno il matrimonio, non possono riputarsi per legittimi sposi, né può dirsi valido il loro matrimonio»[21].

Nel caso che il desiderio di vivere in concubinato, sia presente solo in uno dei coniugi, mentre l'altro ne sia all'oscuro e sia così ingannato, causa di ulteriore nullità matrimoniale, il Vicario apostolico dovrà obbligare il coniuge ingannatore a perseverare nel matrimonio e a «rinnovare l'interno necessario consenso; imperrocchè *sub mortali de novo consentire et verum matrimonium efficere tenetur*, come ne insegnano tutti i teologi e come richiede il dovere»[22].

Tra le fonti esprimenti la causalità del consenso, viene indicato anche il *Ritus celebrandi matrimonii sacramentum*, del Rituale Romano.

1.2 Il testo del canone

La realtà del matrimonio in *fieri* e il consenso come sua causa efficiente, sono espressi nel codice del 1917 con queste parole: «*Matrimonium facit partium consensus inter personas iure habiles legitime manifestatus, qui nulla humana potestate suppleri valet*» (can. 1081§1). Troviamo in questa definizione tutto ciò che abbiamo visto evolversi nella storia della dottrina sul matrimonio, evidenziata dalle fonti appena analizzate: consenso come causa efficiente, manifestato in maniera legittima esclusivamente dalle parti e non da altri, parti che devono essere abili giuridicamente.

Il testo del §1 riprende gli elementi fondamentali dell'atto giuridico, già presenti nel codice pio-benedettino al can. 1680§1[23] e can. 11[24] e

---

[21] S.C. PROPAGANDA FIDE, *Instr. ad Vicar. Ap. Costantinop.* 1 ottobre 1785, *Fontes* 7, n. 4607.

[22] S.C. PROPAGANDA FIDE, *Instr. ad Vicar. Ap. Costantinop.* 1 ottobre 1785, *Fontes* 7, n. 4607.

[23] Can. 1680/'17: «§1. Nullitas actus tunc tantum habetur, cum in eo deficiunt quae actum ipsum essentialiter constituunt, aut solemnia seu conditiones desiderantur a sacris canonibus requisitae sub poena nullitatis».

[24] Can. 11/'17: «Irritantes aut inhabilitantes eae tantum leges habendae sunt, quibus aut actum esse nullum aut inhabilem esse personam expresse vel aequivalenter statuitur».

che noi analizzeremo meglio nel corrispondente testo del *CIC/'83* (can. 124).

Il §2 ci parla della natura del consenso: «*Consensus matrimonialis est actus voluntatis, quo utraque pars tradit et acceptat ius in corpus, perpetuum et exclusivum, in ordinem ad actos per se aptos ad prolis generationem*». Sul consenso come atto di volontà tratteremo in seguito; ora analizzeremo brevemente l'oggetto essenziale (materiale) di questo atto di volontà: il concedere ed accettare il perpetuo ed esclusivo *ius in corpus*, atto alla generazione della prole.

La frase del can. 1081 presenta due elementi: il primo è che l'uomo e la donna *tradit et acceptat ius in corpus, perpetuum et exclusivum*, cioè che le parti danno ed accettano reciprocamente il loro *ius in corpus*; un impegno delle parti con una specifica finalità: lo *ius* è ordinato agli atti necessari alla generazione della prole. L'atto di accettazione e donazione deve essere di entrambi, e non è richiesto necessariamente un atto formalmente distinto[25].

Le parole *ius in corpus* esprimono l'«unico» oggetto essenziale del contratto matrimoniale[26], un *ius* esclusivo e perpetuo perché scaturente dalle proprietà essenziali del matrimonio: l'unità e l'indissolubilità. L'oggetto materiale pertanto era considerato il diritto sul corpo dell'altro coniuge, in ordine alla copula coniugale perfetta e a tutti gli atti che ad essa sono correlati[27].

Al fine primario del matrimonio, la generazione dei figli[28], devono essere aperti gli atti coniugali, a cui è ordinato lo *ius in corpus*; F. Cappello fa notare però che: «in nessun modo è richiesta per la validità del consenso matrimoniale il desiderio o la positiva intenzione della prole; anzi si può avere un vero consenso, anche quando la prole è impossibile, come per la sterilità»[29].

---

[25] Cf. F. CAPPELLO, *De Matrimonio*, 499, n. 574.

[26] Altri elementi non sono richiesti per l'essenza del matrimonio: «ideoque, salva matrimonii essentia, excludi potest ab obiecto matrimonialis contractus». (F. CAPPELLO, *De Matrimonio*, 500, n. 574). Cf. anche T. SÁNCHEZ, *De matrimonio*, II, disp. 29, n. 12.

[27] Cf. F.X. WERNZ – P. VIDAL, *Ius matrimoniale*, 545, n. 435. «In altre parole il consenso matrimoniale, nella sua realtà oggettiva, implicava la consegna e accettazione mutua (mutua traditio) di un diritto e niente più; l'oggetto su cui verteva questo diritto era la copula carnale» (A. D'AURIA, *Il difetto di libertà interna*, 35).

[28] Can. 1013 §1/'17: «Matrimonii finis primarius est procreatio atque educatio prolis».

[29] F. CAPPELLO, *De Matrimonio*, 500, n. 574.

Riguardo allo *ius in corpus* però, ottenendosi la *generatio prolis* tramite l'atto coniugale, se il diritto a questo viene escluso, viene esclusa anche la prole. Fa notare A.M. Abate che:

> tuttavia c'è da distinguere fra l'esclusione dello stesso diritto radicale all'atto coniugale e il suo esercizio. Nell'oggetto del consenso matrimoniale è necessario che sia incluso lo stesso diritto, non il suo esercizio che si aggiunge al diritto già costituito e sancito dal patto coniugale[30].

Non emette pertanto, secondo il vecchio codice, un valido consenso matrimoniale chi esclude all'altro coniuge lo *ius in corpus*, non il suo effettivo esercizio o adempimento; P. Bianchi fa notare però che

> sarebbe scorretto presentare questa definizione dell'oggetto del consenso su una linea di rottura – e non invece di continuità – con quella oggi vigente: infatti quel diritto, di cui il Codice del 1917 (quello perpetuo ed esclusivo agli atti per sé adatti alla procreazione), rientra senza dubbio nell'analisi giuridica dei contenuti del «dono di sé» di cui tratta la legislazione attuale[31].

Altro elemento del vincolo matrimoniale presente nella dottrina del tempo è la *communio tori, mensae et habitationis*[32], pur non considerata necessaria all'essenza del matrimonio, ma alla sua integrità[33].

2. Il can. 1057 del *Codex Iuris Canonici* '83

2.1 *Il lavoro di revisione del can. 1081 (CIC '17)*

Il can. 1081 corrisponde nel *CIC* del 1983 al can. 1057. La prima differenza che possiamo notare tra essi riguarda la loro collocazione: dalla parte inerente il consenso matrimoniale nel *CIC* del '17, nel nuovo codice il can. 1057 si trova tra quelli preliminari a tutta la legislazione matrimoniale. Ciò risulta importante, in quanto tentativo di evidenziare

---

[30] A.M. ABATE, *Il matrimonio*, 52. Sulla differenza dell'esclusione dello *ius* e dell'*excercitium iuris*, cf. O. GIACCHI, *Il consenso*, 97-106. In particolare egli dice che: «l'esclusione "dell'omne ius ad coniugalem actum" si identifica con la cosiddetta "intentio contra bonum prolis", poiché lo "ius coniugale" costituisce, nella dottrina agostiniana, uno dei tre bona fondamentali del matrimonio, ed è classificato appunto come bonum prolis» (*Ibidem*, 97). Cf. anche P.A. BONNET, *L'essenza*, 156-182.

[31] P. BIANCHI, *Quando il matrimonio*, 71.

[32] Cf. F. SCHMALZGRUEBER, *Ius Ecclesiaticum*, n. 316; F.X. WERNZ, *Ius decretalium*, n. 36; P. GASPARRI, *De matrimonio*, nn. 7; 873; 1013.

[33] Cf. F. CAPPELLO, *De Matrimonio*, 500, n. 574.

«positivamente» nella parte fondamentale ciò che è essenziale per il vincolo matrimoniale: la causa efficiente (consenso) e la sua natura, l'oggetto a cui il matrimonio tende. Nella parte specificatamente dedicata al consenso, vi troviamo soprattutto una trattazione «negativa», nel senso che si parla delle incapacità per emetterlo validamente e soprattutto dei vizi di esso, che sono causa di simulazione totale o parziale.

La traslazione del canone è riportata in *Communicationes* del 1977: nella riunione del 21 febbraio 1975 la commissione che analizzò il primo schema, quello elaborato dal *coetus laboris* ed inviato nel 1975 agli organi di Consultazione, dove il canone era ancora nella parte del consenso, si propose un nuovo ordine sistematico e il trasporto del canone in oggetto tra quelli preliminari[34]. La «ragione è che così l'ordine appare più logico: dopo la definizione del matrimonio naturale e delle sue proprietà, si parla del consenso come causa del matrimonio che non può essere supplita, e del suo oggetto»[35]. Dopo un'approvazione generalizzata del nuovo schema, e una seguente breve discussione, il nuovo ordine fu approvato da tutti i consultori tranne due, non d'accordo sul trasferimento[36]. Nello schema del 1980 pertanto troviamo il canone tra quelli preliminari (can. 1110) e così anche nella redazione finale (can. 1057).

Abbiamo già accennato che il §1 del canone in oggetto, non subisce alcuna variazione nel *CIC* '83, e questo si nota in tutti gli schemi. *Communicationes* riporta la discussione inerente a questo paragrafo (can. 295§1 dello schema del 1975), dicendo che pochissimi furono i suggerimenti fatti per apportare qualche mutazione al testo, ma non

---

[34] *Comm.* 9 (1977) 119: «Consultores autem, unanimi consensu, proposuerunt ut servetur ordinatio systematica prout in schemate, salva aliqua parva immutatione quae structuram substantialem non tangat. Immutatio aliqua proposita est circa ordinem canonum praeliminarium, quam Consultores considerare volunt, quaeque ab aliquo consultore ita denuo proponitur:
can. 242 = can. 242 schematis, scilicet de matrimonio sacramento;
can. 243 = can. 243 schematis, scilicet de notione matrimonii;
can. 242 = can. 295 schematis, scilicet de consensu qui matrimonium facit;
[...] Immutatio praecipua habetur per translationem can. 295 (de consensu) in canones praeliminares».

[35] «Ratio est quia ita ordo magis logicus apparet: post definitionem matrimonii naturalis eiusque proprietates sermo fit de consensu, causa, quae suppleri non potest, matrimonii, eiusque obiecto» (*Comm.* 9 [1977] 119).

[36] «Circa can. 295 alius Consultor praeferret illum in capite de consensu servare ratione integritatis illius capitis. His disceptatis, fit suffragatio circa novum ordinem canonum praeliminarium. Exitus suffragationis hic est: novus ordo omnibus placet; duobus tantum Consultoribus non placet transferre can. 295» (*Comm.* 9 [1977] 120).

erano sostanziali. I consultori dopo una breve discussione su questi suggerimenti, concordarono che il testo del paragrafo potesse andare bene così come era nello schema[37].

Sul paragrafo intervenne anche qualche conferenza episcopale africana, secondo cui il consenso matrimoniale nella cultura africana è un evento progressivo tra le parti e le famiglie e che pertanto è difficile o impossibile determinare quando esattamente questo avvenga definitivamente. Dopo alcuni studi apparve chiaro che anche se il consenso avveniva in atti successivi, solo in un momento preciso si aveva in realtà un consenso vero e proprio: tutti gli atti precedenti potevano essere considerati preparatori al matrimonio[38].

Il testo del paragrafo pertanto rimane come nel *CIC* del 1917

> §1. Matrimonium facit partium consensus inter personas iure habiles legitime manifestatus, qui nulla humana potestate suppleri valet.

Più travagliato è il cammino del §2. Già nel 1971 appare che nelle consultazioni e nelle proposte della maggior parte dei *coetus* si propone una variazione del testo inerente all'oggetto del consenso matrimoniale, che è proposto come

> actus voluntatis, quo vir et mulier foedere inter se costituunt consortium vitae coniugalis, perpetuum et exclusivum, indole sua naturali ad prolem generandam et educandam ordinatum[39].

Il testo, invariato, è quello che confluisce nello schema del 1975 (can. 295§2). U. Navarrete commenta che questo testo propone una de-

---

[37] «Circa hunc canonem paucissime quaedam suggestiones factae sunt ad inducendam aliquam mutationem. Proponitur ex. gr. ut dicatur: "Matrimonium a Deo institutum, quod iure divino regitur, facit partium consensus etc", vel "Matrimonium instauratur consensu personali et irrevocabili inter virum et mulierem iure habiles...", vel "facit partium consensus amore coniugali animatus inter personas etc." Consultores post brevem disceptationem harum suggestionum, concordant ut textus canonis retineatur prout est in schemate» (*Comm.* 9 [1977] 120).

[38] «Alia suggestio facta est ab aliqua Conferentia Episcopali Africana, secundum quam consensus matrimonialis in cultura africana est eventus progressivus inter ambas partes et familias; difficile aut impossibile est determinare quandonam definitus factus est. Animadvertitur, iuxta investigationes hac de re peractas, quod etsi dentur actus progressivi, si attente tamen res consideretur apparet clare quod in aliquo stadio verus consensus habetur, ita ut omnes actus praecedentes considerari possint tamquam praeparatorii ad matrimonium» (*Comm.* 9 [1977] 124).

[39] *Comm.* 3 (1971) 75: «Unde sequitur, inter elementa essentialia obiecti consensus, quorum exclusio consensum reddit invalidum, recensendum esse ius ad vitae communionem».

scrizione più ricca dell'oggetto del consenso matrimoniale. Tuttavia essa non mostra solo gli elementi essenziali di questo oggetto che è presentato anche come *consortium vitae coniugalis*. Spettando alla scienza canonica determinare quali elementi di questo consorzio di tutta la vita sono essenziali e quali no, sotto l'aspetto giuridico, l'autore conclude che questo testo niente altro è che una ripetizione della nota definizione inerente alla sostanza del matrimonio, mutuata dal diritto romano e che già in modo leggermente diverso era proposto in un altro testo del Codice[40].

Communicationes del 1977 riporta le considerazioni dei consultori sul testo dello schema del 1974, secondo cui, descrivendosi il matrimonio nel canone precedente, a cui segue immediatamente questo canone sul consenso, pare superfluo descrivere l'oggetto del consenso e ritiene sufficiente dire che l'oggetto del consenso è il matrimonio. Essi arrivano anche a proporre un nuovo testo del §2:

> Consensus matrimonialis est actus voluntatis, quo vir et mulier foedere irrevocabili sese mutuo tradunt et accipiunt ad constituendum matrimonium[41].

Per un consultore il paragrafo è inutile poiché non dice niente di nuovo rispetto a ciò che è detto nel §1. Il Primo consultore risponde che il canone non è superfluo, poiché in esso è indicato quale sia l'oggetto del consenso e contiene anche le nuove parole «*sese mutuo tradunt et*

---

[40] Cf. U. NAVARRETE, «Schema iuris recogniti», 636-637: «In primis apparet innovatio in vexatissima quaestione §2 canonis 1081. Proponitur modo magis divite obiectum consensus matrimonialis. Et plene huic tendentiae assentimus. Attamen fatendum est in descriptione proposita non exhiberi tantum elementa essentialia obiecti consensus. Hoc quidem praesentatur uti "consortium vitae coniugalis", perpetuum et exclusivum, indole sua naturali ad prolem generandam et educandam ordinatum", at relinquitur scientiae canonicae munus determinandi quaenam elementa ex hoc consortio totius vitae sint essentialia quaenam vero non, sub respectu iuridico. Tandem aliquando nihil aliud fit quam repetitur quoad substantiam trita definitio mutuatam ex iure romano, quaeque iam modo paulisper diverso proponitur in can. 2§1 (can. 1013§1)».

[41] *Comm.* 9 (1977) 125: «Textus canonis praebet descriptionem obiecti consensus: cum autem data sit notio matrimonii in canone praecedenti, cui immediate sequitur iste canon de consensu, iam superfluum, est describere obiectum consensus, et sufficit dicere obiectum consensus esse matrimonium; quare Consultor quidam proponit ut canon iste ita redigatur: §2. Consensus matrimonialis est actus voluntatis, quo vir et mulier sese mutuo tradunt et accipiunt ad constituendum matrimonium».

accipiunt». Alla discussione seguì la votazione sul testo che ebbe 6 *placet* e 1 *non placet*[42].

Il testo rimase invariato nello schema del 1980, mentre nella *Plenaria* vi fu un Padre che propose di mutare il testo del paragrafo nel seguente:

> Consensus matrimonialis est actus voluntatis, quo vir et mulier foedere irrevocabili sese mutuo tradunt et accipiunt in ordinem ad mutuum amorem complendum et prolem procreandam et educandam[43].

Un altro consultore disse che la locuzione «*ad constituendum matrimonium*» era vaga ed ambigua per determinare il consenso matrimoniale, mentre la descrizione fatta nello schema precedente (quello del 1975) era più chiara[44].

A queste richieste, la Segreteria rispose che per evitare la ripetizione delle cose dette nel can. 1008§1[45] e nei canoni vicini, si dica semplicemente «*ad constituendum matrimonium*»[46].

La redazione finale del can. 1057§2 risulta pertanto:

> Consensus matrimonialis est actus voluntatis, quo vir et mulier foedere irrevocabili sese mutuo tradunt et accipiunt ad constituendum matrimonium.

2.2 *Il testo del can. 1057*

Senza addentrarci ora nella specificazione del consenso come atto umano, secondo il testo del can. 1057, il matrimonio viene costituito da un «atto giuridico», chiamato consenso delle parti, che deve essere manifestato in maniera legittima (cioè secondo le determinazioni legislati-

---

[42] «Alter Consultor censet canonem istum, ita recognitum, esse inutilem quia nihil novi dicit quod non habetur in §1. Primus Consultor respondet canonem non esse superfluum, quia in ipso indicatur quodnam sit obiectum consensus et continetur aliquid novum per verba "sese mutuo tradunt et accipiunt"» (*Comm.* 9 [1977] 124).

[43] *Comm.* 15 (1983) 222.

[44] «Locutio "ad constituendum matrimonium" aliquatenus ambigua est ad determinandum consensum matrimonialem. CIC et praecedens Schema (295) praeferenda videntur, utpote clariora (Tertius Pater)» (*Comm.* 15 [1983] 222-223).

[45] Si riferisce allo schema del 1980, che corrisponderà nella redazione finale al can. 1055.

[46] *Comm.* 15 (1983) 223: «Ad vitandam repetitionem eorum quae dicta sunt in can. 1008§1, praesertim ob canonum propinquitatem, dicitur simpliciter "ad constituendum matrimonium"; nulla tamen exinde oritur ambiguitas nam quid sit matrimonium sufficienter declaratur in can. 1008§1».

ve vigenti), tra due persone giuridicamente abili (*a persona habili: requisita iure ad validitatem imposita* – cf. can. 10); essendo un atto giuridico poi a norma del can. 124§1, ai fini della validità deve essere posto con le debite solennità, (*solemnia*) ma soprattutto devono esserci tutti gli elementi essenziali (*quae actum ipsum essentialiter constituunt* – cf. can. 124§1) a scapito della sua stessa esistenza.

L'atto giuridico dell'emissione del consenso, non può essere supplito da nessuna potestà umana, ma nasce dall'insostituibile incontro tra le volontà dei nubendi. Risulta essere in sostanza l'atto umano, mancando il quale manca l'atto giuridico stesso[47].

Tutti questi elementi sono il contenuto del can. 124§1[48], praticamente ripetuti nel can. 1057 che così recita:

> §1. Matrimonium facit partium consensus inter personas iure habiles legitime manifestatus, qui nulla humana potestate suppleri valet.
>
> §2. Consensus matrimonialis est actus voluntatis, quo vir et mulier foedere irrevocabili sese mutuo tradunt et accipiunt ad constituendum matrimonium.

Il testo del Codice quindi recepisce tutta la dottrina che abbiamo visto svilupparsi nei secoli, ribadendo nel §1 il valore del consenso come causa efficiente del matrimonio *in fieri* e della sua insostituibilità, da intendersi sia nella sua forza causativa, che in riferimento al soggetto (ai soggetti) che lo attuano; nel §2 abbiamo l'esplicazione del consenso stesso, in sostanza che cosa è il consenso, la determinazione più precisa di chi sono da intendersi come parti in questo particolare contratto bilaterale[49] ed un accenno all'oggetto di questo contratto, maggiormente specificato con l'ausilio di altri canoni.

2.2.1 «Matrimonium *facit* partium consensus»

Il Codice riporta come sicura la dottrina teologica e canonica che, come abbiamo già visto in precedenza, sin dalla prima riflessione sul problema nel Medio Evo, ha interpretato il verbo *facere* del principio «*consensus facit nuptias*», nel senso tecnico di causa efficiente secondo

---

[47] Cf. V. DE PAOLIS, «I matrimoni misti», 151.
[48] Can. 124 §1. Ad validitatem actus iuridici requiritur ut a persona habili sit positus, atque in eodem adsint quae actum ipsum essentialiter constituunt, necnon sollemnia et requisita iure ad validitatem actus imposita.
[49] Le fonti a cui questo testo fa riferimento sono il can. 1081§1/'17; *GS* 48; PAOLO VI, «Allocuzione ai Prelati della Rota Romana», 9 febbraio 1976.

la divisione scolastica delle cause, come atto di volontà di natura pattizia, che produce il suo effetto giuridico, il matrimonio *in facto esse*, nel momento in cui viene legittimamente manifestato[50].

Il consenso come causa efficiente quindi «fa» il matrimonio, e il senso tecnico con cui si deve intendere «efficiente» è quello secondo la divisione scolastica delle cause: efficiente, materiale, formale e finale. La causa efficiente in particolare «*est principium cuius operatione aliquid transit de non esse ad esse*» e si distingue dalle altre, proprio perché è l'unica che «*per operationem influit esse in aliud*»[51].

Oltre che di tutta la scolastica, è merito di S. Tommaso nella sua *Summa Theologica* l'aver messo in risalto la divisione delle cause e tutti i concetti inerenti al matrimonio, soprattutto nel differenziare il consenso delle parti dalla copula carnale, affermando che il primo rappresenta l'essenza per costituire il vincolo[52] e, nel confronto con gli altri sacramenti, nel precisare che l'unione matrimoniale trova proprio nel consenso l'elemento per cui si differenzia dagli altri[53].

Per «causa» pensiamo quindi si debba intendere ciò che è origine, motivo o ragione determinante di qualcosa, ciò che realmente, ed in maniera positiva, influisce su qualcosa, in modo che da essa dipenda. Di conseguenza si può anche affermare che senza questa causa l'atto giuridico che ne consegue risulta essere nullo, una nullità che, riguardante ciò che costituisce essenzialmente l'atto, lo fa risultare addirittura «inesistente», perché ne mancano gli elementi naturali costitutivi[54].

Come già visto, la Costituzione *Gaudium et spes* ribadisce a più riprese che questa comunità di tutta la vita nasce dal consenso personale delle parti, considerato di tipo irrevocabile[55], in cui le parti stesse convergono verso un unico e medesimo obiettivo, «*cum sentono*» nel creare un'alleanza e l'unione delle proprie capacità e potenzialità per poter

---

[50] Cf. U. NAVARRETE, «Il matrimonio: patto naturale», 14-15.

[51] U. NAVARRETE, «Il matrimonio nel diritto canonico», 126.

[52] TOMMASO D'AQUINO, *Summa Theologica, Suppl.*, q.57, a.1; resp. «sed consensus est causa matrimonii; cum ergo de essentia matrimonii non sit carnalis copula, videtur quod nec consensus, qui matrimonium causat, sit in carnalem copulam. Statimque addit: Respondeo dicendum, quod consensus qui facit matrimonium, est consensus in matrimonium, quia effectus proprius voluntatis est ipsum volitum».

[53] «Posita causa, ponitur effectus; sed causa efficiens matrimonii est consensus per verba de praesenti expressus, ergo» (TOMMASO D'AQUINO, *Summa Theologica, Suppl.*, q.45, a.5, sed contra). Cf. G. KADZIOCH, *Il ministro del sacramento*, 191-192.

[54] Cf. U. NAVARRETE, «Consensus naturaliter», 376-377; G. MICHIELS, *Principia generalia*, 599.

[55] Cf. *GS* 48.

agire in modo comune, in un impegno di aiuto reciproco; con lo scambio del consenso viene instaurata una «nuova realtà», che si differenzia dalla situazione che i due vivevano in precedenza, comunemente denominata matrimonio *in facto esse*.

Come conseguenza pare opportuno affermare in maniera esplicita il principio di «insostituibilità»[56] del consenso matrimoniale e fermarsi un attimo a considerarlo.

Come sappiamo gli elementi per la validità del matrimonio sono molteplici: forma, abilità delle persone (impedimenti dirimenti) e tutte le specificazioni inerenti al consenso, ai suoi vizi e difetti.

Per quanto riguarda i primi due elementi, alle norme di carattere generale, si affiancano una serie di casi o di situazioni «particolari», che prevedono nello stesso ordinamento giuridico una diversa regolamentazione. Vi troviamo perciò la possibilità di celebrazioni particolari del matrimonio, che non rientrano nella classica forma canonica sancita dal can. 1108, come con la sola presenza dei testimoni o tramite l'assistenza alla celebrazione da parte di laici a questo deputati, come vi è la possibilità di dispensa da certi impedimenti (quelli di diritto ecclesiastico) in situazioni eccezionali, che danno la possibilità di celebrare un matrimonio valido che altrimenti non sarebbe possibile.

Dobbiamo però evidenziare che per quanto riguarda il consenso non sono previsti casi o situazioni particolari e nessuna possibilità di supplenza; riteniamo anzi che la peculiare e precisa specificazione degli eventuali vizi o difetti di questo (pur non essendo tutti causa *nullitatis*), o sulla sua totale mancanza, altro non serva che a ribadirne l'importanza e appunto l'insostituibilità. Mentre un impedimento può cessare anche naturalmente (vedi l'età, l'impotenza, un vincolo precedente, ecc.), la mancanza totale del «momento costitutivo» del vincolo non può essere sanato legislativamente o da una potestà superiore, o da altri supplito, perché mancando ciò che costituisce essenzialmente l'atto, questo risulta «inesistente» e quindi non sanabile: un «non esse» non può divenire «esse», se non tramite ciò che lo costituisce, e nel caso del matrimonio in forza del consenso stesso.

---

56 Riguardo a questo principio, P.A. Bonnet afferma che: «Un siffatto principio importa innanzitutto che la disciplina matrimoniale canonica debba essere necessariamente tesa a salvaguardare il nucleo essenziale del consenso, così che non si debba riconoscere come valido un matrimonio, ogniqualvolta non si possa individuare l'effettiva esistenza di quella peculiare realtà psicologica che è il consenso dei nubendi» (P.A. BONNET, «Il consenso», 161).

Il principio di insostituibilità viene integralmente garantito, anche quando la normativa evita di considerare come consenso matrimoniale ogni fattispecie in cui questo, per difetto, manchi realmente. In questi casi infatti la volontà risulta viziata, pur senza essere toccata nella sua realtà essenziale e risultando quindi esistente.

Scrive P.A. Bonnet che:

> ponendosi al di là dell'esistenza del consenso, il vizio non tocca con la sua presenza il principio di insostituibilità, cosicché il legislatore, nello stabilire la disciplina giuridica di queste anomalie del consenso, viene guidato essenzialmente da altri criteri, tra i quali il principio di stabilità del matrimonio che può spingere in taluni casi a non sanzionare con la nullità il vizio stesso[57].

Si deve inoltre dire che l'insostituibilità non riguarda solo l'atto in sè, ma riguarda anche i soggetti che sono chiamati a porre questo atto: le cosiddette parti, soggetti che vengono ulteriormente e necessariamente specificati nel §2 del can. 1057: *vir et mulier*[58]. Solo loro e nessun'altra potestà umana o figura può supplire il loro ruolo; il tenore del testo «*nulla humana potestate suppleri valet*», non appare comunque di carattere proibitivo, ma semplicemente segnala un'impossibilità attraverso un'affermazione che si può considerare da parte del legislatore di tipo «dichiarativo» e non «costitutivo»[59], pur senza dimenticare che il soggetto della frase risulta essere il consenso stesso e non le parti, proprio a sottolineare ancora una volta la sua importanza (a volte sembra che l'atto consensuale, essendo un prodotto della volontà delle parti, vada «quasi» ad identificarsi con esse).

Riguardo al principio di insostituibilità del consenso è importante soffermarsi anche sul verbo «supplire»: il significato di questo verbo è «completare o provvedere a colmare una mancanza, una lacuna, a sopperire ad un difetto»[60]. Nel nostro caso non si può supplire o colmare

---

[57] P.A. BONNET, *Introduzione al consenso*, 7.

[58] Per ulteriori approfondimenti si possono consultare le opere di: A.M. ABATE, *Il matrimonio*, 235ss; P.A. BONNET, *Introduzione al consenso*, 3-11; P. FEDELE, «Insostituibilità e irrevocabilità», 84-103; P. MONETA, *Il matrimonio*, 93ss; S. BERLINGÒ – E. VITALI, *Il matrimonio canonico*, 69-70. Questi ultimi fanno anche notare che: «In aggiunta al principio dell'insostituibilità, il consenso matrimoniale è retto anche dal principio dell'effettività, nel senso che la volontà manifestata all'esterno deve essersi (il più possibile) formata all'interno dell'animo del nubente che la esprime» (S. BERLINGÒ – E. VITALI, *Il matrimonio canonico*, 70).

[59] Cf. J.I. BAÑARES, «Comentario al can. 1057», 1058.

[60] Cf. Voce «supplire», in *Lo Zingarelli*, 1884b.

una mancanza di consenso, perché se non esiste l'atto, non esiste nulla e non c'è nulla che debba o possa essere completato: non si può quindi «supplire» qualcosa che di per sè è insostituibile e nessuno può «supplire» ai soggetti che soli sono *habiles* a porre in essere tale atto (sono cioè insostituibili).

Senza addentrarci in tutta la problematica inerente all'*habilitas contrahendi* o alla capacità, riguardo alle parti è importante ribadire inoltre che il principio dell'insostituibilità del consenso è legato, per l'efficacia dello stesso, anche alla necessità della manifestazione «esterna» di questo atto insostituibile e, secondo il tenore del canone, tramite una modalità legittima (*legitime manifestatus*), regolata quindi dalla legge[61].

Nella legislazione canonica non riveste alcuna importanza, ai fini della validità del matrimonio, la necessità del consenso dei genitori, nemmeno quando un soggetto è ancora minorenne. Il codice stesso riconosce ad un minorenne l'abilità a contrarre matrimonio e solo l'autorità ecclesiastica può dispensarne l'eventuale difetto di età. Il consenso dei genitori non è necessario né come fatto intrinseco, cioè come concausa efficiente del matrimonio, da prestare insieme o in sostituzione a quello delle parti, né come fatto estrinseco, quasi un «permesso» a contrarre le nozze.

Ciò si basa sul principio espresso chiaramente nel can. 1057§1, che il consenso non può essere supplito da nessuna potestà umana, ma è causa del matrimonio solo quello emesso dalle parti, dall'uomo e dalla donna che contraggono il vincolo.

2.2.2 «Est actus voluntatis»

Come ogni altro atto giuridico, anche il consenso matrimoniale deve procedere dalla libera volontà delle parti per poter produrre i suoi effetti, volontà che, una volta espressa, risulta essere essa stessa «causa» del sorgere del matrimonio e quindi un suo elemento essenziale. «Consentire» da cui deriva il sostantivo «consensus», annovera tra i suoi significati: «pensare unanimemente, convenire, essere d'accordo» e derivante dal verbo latino *sentio*, necessita di un ampliamento del significato etimologico perché possa esservi contenuta tutta la ricchezza della *voluntas* nella quale consiste formalmente il consenso[62].

---

[61] Ritorneremo su questi concetti più avanti nella trattazione delle varie accezioni del consenso: efficace, inefficace, esistente, ecc.
[62] Cf. L. VELA, «Consenso matrimoniale», 291a.

Molti sono gli autori[63] che si sono soffermati sull'importanza della volontà nel porre un atto giuridico, e in particolare sul fatto che il «consenso» è un atto intenzionale di volontà, ed è «attualizzazione espressiva di una potenza reale che, dopo una sufficiente deliberazione, si decide liberamente e spontaneamente a manifestare e a stabilire un impegno reciproco, di intima comunità di vita e d'amore esclusiva»[64].

In questa espressione troviamo contenuta sia la realtà dell'«*actus voluntatis*» originante il matrimonio, che comunemente è detto *in fieri*, che ciò che viene a crearsi da questo atto di volontà, il matrimonio *in facto esse*. Infatti questa volontà che *hic et nunc* si impegna e si manifesta, risulta essere una volontà di negoziazione che presuppone sempre una volontà precedente o antecedente, quella di «voler» contrarre il vincolo matrimoniale, e una volontà futura, nell'impegno reciproco di essere l'uno per l'altro, in quanto «altri», ora e per sempre[65]; non dimentichiamo infatti che il canone riguardo all'*actus voluntatis* parla di *foedus irrevocabile* tra l'uomo e la donna.

Ci sembra interessante soprattutto ciò che riporta a commento del can. 1057 il commentario esegetico di Navarra; sul fatto che il consenso sia un atto della volontà segnala:

a) che è proprio ed esclusivo del soggetto personale, che risulta essere anche il fondamento dell'impossibilità di supplirlo;

b) che è un atto della volontà che può essere originato solo da questa potenza, la quale ha una forza causale definitiva;

c) che è un «atto»: deve essere pertanto espressione concreta e certa di una decisione, qualcosa di nuovo ed originale, nato dalla persona; non basta quindi uno «stato di volontà» o un «abito», ma la sua forza

---

[63] Tra gli altri è da notare l'affermazione di J. García Martín, che riguardo al commento sugli elementi costitutivi dell'atto giuridico del can. 124§1 dice che: «Un elemento costitutivo generale è la *volontà* perché si tratta di atti volontari» (J. GARCÍA MARTÍN, *Le norme generali*, 433).

[64] A. D'AURIA, *Il difetto di libertà interna*, 33.

[65] Cf. J.F. CASTAÑO, «El canon 1057», 566, dove l'autore afferma anche che: «Antes de que el consentimiento esté completo en su ser de "actus voluntatis", es decir, ante de que llegue a su última perfección entitativa (acto decisorio), tiene que pasar por una serie de actos del intelecto, como son: advertir, considerar, deliberar, juzgar, estimar. En correspondencia con el principio filosófico *nihil volitum quin praecognitum*, sólo después de estos actos del intelecto, el acto decisorio, o acto humano de consentir, llegará a su plenitud».

causativa deve dirigersi concretamente verso l'oggetto del consenso, qui ed ora;

d) deve essere un atto della volontà di una pienezza proporzionata al suo oggetto[66].

Si deve notare comunque che queste caratteristiche riguardano il consenso come atto di volontà considerato positivamente, come consenso *naturaliter sufficiens*, ma che non sono indice in ambito canonico matrimoniale di «sovranità» del consenso nella sua efficacia; questo infatti a volte, a causa dell'influsso di alcune leggi irritanti o inabilitanti, non ottiene il suo effetto giuridico, è «*iuridice inefficax*»[67], facendo risultare il matrimonio invalido o nullo[68].

2.2.3 «Quo vir et mulier sese tradunt et accipiunt ad costituendum matrimonium

Vogliamo ora soffermarci brevemente a considerare la realtà dell'«oggetto» del consenso matrimoniale: anche questo passaggio risulta molto utile per la nostra ricerca, allo scopo di capire la realtà umana che viene a crearsi tra l'incontro della volontà di un uomo e di una donna.

Prima considerazione da fare: la descrizione che il can. 1057 fa riguardo alla realtà del consenso-matrimonio è indubbiamente parziale: essa deve sempre fare riferimento anche ai due canoni precedenti (cann. 1055-1056) e agli elementi che lì si evidenziano e che nello svolgersi di questo paragrafo pian piano cercheremo di prendere in considerazione. Inizialmente è necessario puntualizzare la distinzione tra oggetto integrale e oggetto essenziale del consenso matrimoniale. L'oggetto «integrale» risulta più ampio rispetto a quello «essenziale», anche se questo risulta più importante nella determinazione dell'esistenza o meno del matrimonio stesso, «nel senso che alcuni aspetti del matrimonio (la sua essenza) devono necessariamente essere conosciuti e voluti per realizzare il consenso[69], mentre altri (in particolare le

---

66 Cf. J.I. BAÑARES, «Comentario al can. 1057», 1059-1060. Tratta l'argomento anche F.R. AZNAR GIL, *El Nuevo Derecho*, 299.

67 Cf. U. NAVARRETE, «Consensus naturaliter», 365.

68 Anche in questo caso approfondiremo questi aspetti nel trattare le varie distinzioni inerenti al consenso matrimoniale.

69 Pensiamo che ci si possa riferire al can. 1096§1: «Perché possa esserci il consenso matrimoniale, è necessario che i contraenti almeno non ignorino che il matri-

proprietà) possono essere ignorati o conosciuti in modo errato, purché non vengano esclusi»[70]. Noi considereremo l'oggetto matrimoniale nel suo aspetto più ampio.

La frase del can. 1057 che ora analizziamo presenta due elementi: il primo è che l'uomo e la donna *sese mutuo tradunt et accipiunt*, cioè si danno ed accettano reciprocamente. In secondo luogo questa donazione ha una specifica finalità: *ad constituendum matrimonium*. Abbiamo in questo canone innanzitutto la specificazione del §1 riguardo alla figura delle parti, cioè una specificazione della modalità sessuata delle stesse: *vir et mulier*, l'essere femminile e maschile. Abbiamo qui quindi, nei nubendi stessi e nella loro dimensione sessuale, in quanto uomo e donna, un primo e singolare elemento dell'oggetto del consenso matrimoniale[71] anche se ovviamente non esauriente la realtà.

Oltre a questo, già nelle parole *vir et mulier*, possiamo intravedere la presenza di una legge inabilitante e quindi la specificazione di *personas iure habiles* del §1, che si riferisce sia alla persona come singola che ai due considerati come unica realtà; viene infatti escluso un matrimonio tra due persone dello stesso sesso, perché l'oggetto materiale in questo caso non è matrimoniabile, pur esistendo un eventuale cosiddetto «consenso», non esisterebbe l'atto giuridico; lo stesso discorso possiamo farlo valere per il caso della consanguineità, per esempio tra padre e figlia, che singolarmente abili al matrimonio e pur di sesso diverso, non

---

monio è la comunità permanente tra l'uomo e la donna, ordinata alla procreazione della prole mediante una qualche cooperazione sessuale».

[70] M. MINGARDI, *L'esclusione della dignità sacramentale*, 54, nota 168. L'autore nota che molti autori: «descrivono soltanto l'oggetto essenziale, e non invece l'oggetto integrale, di cui farebbe parte, per i battezzati, anche la sacramentalità. Ma in realtà praticamente tutti gli autori considerati inseriscono esplicitamente nella loro descrizione del consenso le proprietà (o usando i termini "unità ed indissolubilità", o precisando che l'impegno consensuale è "perpetuo ed esclusivo"), risulta perciò evidente che essi intendono offrire una presentazione completa del consenso, il suo oggetto integrale». Tra questi autori egli cita A.M. ABATE, *Il matrimonio*, 40-41; 59-60; 63; P.A. BONNET, *Introduzione al consenso*, 13-33; J.J. GARCÍA FAÍLDE, «Observationes novae», 190-191; J.M. SERRANO RUIZ, «L'ispirazione conciliare», 26; 35, nota 42.

[71] A proposito dell'importanza della dimensione sessuale dell'uomo, della donna e della sessualità in generale, P.A. BONNET, *Introduzione al consenso*, 21, afferma che «La sessualità è infatti un modo di essere che investe totalmente l'uomo, costituendolo normalmente in senso sostanzialmente maschile o femminile, con la conseguente inclinazione a vivere il proprio "sono" in una dinamica unitaria, che, nella reciproca complementarietà della comunione tra uomo e donna, riesce ad esaltare tutta la straripante ricchezza dei valori esistenziali che gli è propria».

lo sono come unità, per mancanza di oggetto materiale matrimoniabile[72].

Anche in questa seconda parte del canone abbiamo l'affermazione del consenso come causa efficiente del matrimonio: si dice infatti che il consenso «è l'atto di volontà *con cui* (*quo*), l'uomo e la donna...»; fa notare J. I. Bañares che

> la preposizione «quo» (tradotta in italiano da «con cui»), riferita all'atto di volontà matrimoniale, mostra adeguatamente l'efficacia causativa dell'atto consensuale e l'esclusività di questa efficacia: in effetti solo attraverso l'atto di volontà che costituisce il consenso l'uomo e la donna si danno e si accettano come sposi[73].

Il nucleo comunque dell'oggetto consensuale rimane espresso dalle parole: «*sese mutuo tradunt et accipiunt*». Questa espressione, pur non volendo essere una definizione, comprende una serie di elementi che per alcuni autori, superano certamente la semplice *traditio atque acceptatio iuris in corpus* che era indicata come oggetto materiale nel can. 1081 del *CIC* /'17 [74], per altri la nuova formulazione non denota un vero e proprio ampliamento di significato[75].

---

[72] U. NAVARRETE, «Consensus naturaliter», 388: «Se l'atto di volontà fosse completo nella sua tendenzialità soggettiva verso l'oggetto proprio del matrimonio, l'atto giuridico sarebbe inesistente se avesse come oggetto una materia non matrimoniabile né attualmente né potenzialmente, come lo sono due persone dello stesso sesso, padre e figlia, madre e figlio, ecc. ».

[73] Cf. J.I. BAÑARES, «Comentario al can. 1057», 1060: «En segundo lugar puede hacerse notar que la preposición por, referida al acto de voluntad matrimonial, muestra adecuadamente la eficacia causativa del acto consensual, y la exclusividad de esta eficacia: en efecto, sólo a través del acto de voluntad que constituye el consentimiento se entregan y aceptan como esposos la mujer y el varón».

[74] Can. 1081§2/'17: «Consensus matrimonialis est actus voluntatis quo utraque pars tradit et acceptat *ius in corpus, perpetuum et exclusivum*, in ordine ad actus per se aptos ad prolis generationem». Per approfondire Cf. F.X. WERNZ – P. VIDAL, *Ius matrimoniale*, 545, n. 435; A. D'AURIA, *Il difetto di libertà interna*, 35: l'autore fa notare che ancora in tempi recenti (1982) P. FEDELE, «L'essenza del matrimonio», 13, affermava che: «Soltanto il reciproco dovere sessuale, cioè la traditio et acceptatio dello ius in corpus [...], costituisce l'elemento necessario e sufficiente ad integrare il contenuto del matrimonio, ossia l'oggetto del consenso matrimoniale» (Vedi anche sopra 1.2.). Fedele comunque non poteva forse affermare diversamente, visto che siamo ancora prima del nuovo codice.

[75] U. NAVARRETE, «Il matrimonio: patto naturale», 19, nel chiedersi se sia stato ampliato o sia cambiato l'oggetto formale del consenso matrimoniale o il nucleo dei diritti ed obblighi essenziali del consortium totius vitae, dice che: «si deve rispondere senza esitazioni che dal testo del codice non si deduce niente di significativo al

Dato che questa *traditio-acceptatio* ha una precisa finalità, *ad constituendum matrimonium*, è la finalità stessa che aiuta a rendere più concreto il contenuto di questa donazione-accettazione: tale realtà (*matrimonium*) è ben definita nel can. 1055§1 come «*totius vitae consortium indole sua naturali ad bonum coniugum atque prolis generationem et educationem ordinatum*» tra un uomo ed una donna.

In sostanza quello che comunemente denominiamo come «matrimonio *in facto esse*»[76] risulta essere l'oggetto del «matrimonio *in fieri*», oggetto che, nel momento in cui si ha l'espressione della reciproca volontà di donazione dei nubendi, viene ad essere costituito in una nuova realtà caratterizzata dagli elementi e dalle finalità suddette; potremmo anche dire che questo riveste il ruolo di *oggetto materiale* del consenso matrimoniale, che include non solo l'aspetto biologico-sessuale, ma soprattutto, la relazione interpersonale che nasce dalla totale e mutua donazione e accettazione delle persone dei contraenti e quindi l'insieme di tutto ciò che costituisce la vita coniugale presa nel suo complesso[77]. Come oggetto invece formale potremmo individuare il patto irrevocabile del can. 1057§2[78]. M.F. Pompedda distingue

---

riguardo, in quanto tutte le frasi che adopera sono molto generali. Se veramente l'oggetto essenziale del patto coniugale è stato ampliato, tale ampliamento va cercato, più che nell'ambito del CIC, nella dottrina e nella giurisprudenza».

[76] Riguardo al matrimonio «*in facto esse*» pare interessante ciò che asserisce P. PAVANELLO, *Il requisito della perpetuità*, 35, in quanto egli considera entrambi gli aspetti che fin ora abbiamo preso in esame: «Dal can. 1055§2 si ricavano le seguenti indicazioni circa l'essenza del matrimonio in facto esse: a) è un "consortium totius vitae": elemento costitutivo del matrimonio è la "totalità" della societas coniugale sia in senso "orizzontale" (estensione nel tempo) che in quello "verticale" (intensità della donazione reciproca), che viene espressa sia dall'etimologia del termine stesso "consortium" che dalla specificazione "totius vitae"; b) è "inter vir et mulier": la dualità uomo-donna (carattere intersessuale) è il secondo elemento costitutivo del consortium, in cui consiste l'essenza del matrimonio».

[77] Cf. A. D'AURIA, *Il difetto di libertà interna*, 36.

[78] Distinguere e classificare oggetto *formale* o *materiale* non sempre risulta facile, anche perché i diversi autori usano a volte gli stessi termini per esprimere diverse realtà, o diversi termini per esprimere uguali realtà. Cf. A. D'AURIA, alla nota precedente, che definisce il «consortium totius vitae» come oggetto «materiale» del consenso, mentre P. PAVANELLO, *Il requisito della perpetuità*, 36, lo considera come oggetto «formale»; egli afferma che: «l'oggetto "formale" del consenso risulta dall'essenza del matrimonio (consortium totius vitae inter virum et mulierem ad bonum coniugum et ad prolis generationem et educationem) e dalle proprietà essenziali dell'unità e dell'indissolubilità». J.F. CASTAÑO, «El canon 1057», 573 dice che: «El objecto material, pues, del consentimiento matrimonial engloba los diversos elementos contenidos en los cánones 1055, 1056, 1057».

come oggetto materiale le stesse persone dei contraenti (*sese mutuo tradunt et accipiunt*) dall'oggetto formale, ovverosia dalla «ratio formalis», che è data dalla costituzione del matrimonio: le persone cioè in tanto donano e reciprocamente ricevono se stesse, in quanto con patto irrevocabile intendono costituire (*ad costituendum*) il matrimonio[79].

Nel dinamismo di incontro tra le due persone indubitabilmente gli atti di volontà che vengono posti sono due, ma senza dubbio il consenso che viene a formarsi è unico, come unica è la realtà di coppia: ognuno dà se stesso e accetta l'altro come sposo con il medesimo atto e attraverso l'accettazione e la donazione dell'altra parte. Non può trattarsi in nessun caso di un consenso isolato di una sola delle due parti, ma di entrambe, altrimenti la realtà non potrebbe nemmeno venirsi a creare, non si raggiungerebbe la finalità dell'*ad costituendum matrimonium*. Queste affermazioni sono anche confermate dal fatto che la legislazione prevede tutta una serie di vizi e difetti di consenso invalidanti il matrimonio, anche se si tratta di simulazione di questo da parte di uno solo dei nubendi.

Un ulteriore passo che vogliamo fare riguarda il considerare brevemente alcuni elementi dell'oggetto del consenso matrimoniale che abbiamo scelto di denominare «materiale»: l'uomo e la donna sono completamente coinvolti da un tipo di autodonazione che ha lo scopo di porre in essere un *consortium totius vitae*, per il conseguimento del proprio bene (*bonum coniugum*) e di quello dei figli, caratterizzato dall'essere aperti alla vita, dalle proprietà dell'unità e dell'indissolubilità (cf. cann. 1055§1-1056).

U. Navarrete ben distingue riguardo all'oggetto del patto coniugale che il *consortium totius vitae* è caratterizzato da un contenuto «giuridico essenziale» che è onnicomprensivo di tutti i diritti e gli obblighi che si riscontrano nella densa e complessa realtà dell'istituto matrimoniale[80], anche se dal tenore dei canoni non è facilmente definibile. Si potrà fare riferimento ai due elementi della *communio vitae* e dell'*amor coniugalis*.

---

[79] M.F. POMPEDDA «Annotazioni sul diritto matrimoniale», 115.
[80] Cf. U. NAVARRETE, «Il matrimonio: patto naturale», 19: «Fra questi diritti-obblighi, ci sono dei diritti-obblighi *essenziali*, senza i quali non può sussistere il matrimonio; altri sono diritti-obblighi *connaturali*, i quali, pur non essendo essenziali, derivano in modo del tutto naturale e ovvio dall'essenza stessa dell'istituto matrimoniale, ad esempio il diritto-obbligo alla coabitazione; infine ci sono i diritti-obblighi *accessori* derivanti dal diritto positivo umano sia canonico che civile».

Della rilevanza giuridica del secondo elemento abbiamo già parlato nella prima parte della nostra ricerca; per quanto riguarda la *communio vitae*, U. Navarrete rileva che:

> in quanto elemento essenziale contraddistinto dalla totalità dei diritti-obblighi essenziali compresi nella locuzione *consortium totius vitae*, si può dire che nonostante i tentennamenti, le incertezze e le ambiguità terminologiche, ecc., la dottrina e la giurisprudenza si sono orientate a dare rilevanza giuridica autonoma a tale elemento, visto soprattutto in quanto diritto-obbligo ad una relazione interpersonale specificatamente coniugale, non sufficientemente espressa nella somma globale dei diritti-obblighi compresi nei tre beni agostiniani[81].

Riguardo alle finalità del *consortium*, il testo del canone afferma che questo è ordinato *ad bonum coniugum atque prolis generationem et educationem*. Non vogliamo addentrarci nell'analisi di queste finalità, né sulla discussione inerente alla priorità di una sull'altra: solo vogliamo evidenziarne l'ovvia importanza al fine di una corretta comprensione di tutto l'istituto matrimoniale.

I diversi autori pongono la sistematizzazione di questi elementi in vari ambiti: chi nell'ambito di un *bonum* distinto, chi all'interno del *bonum fidei*, chi nello schema dei fini del matrimonio, chi anche nell'ambito delle proprietà essenziali[82]. Riguardo alla prole forse la comprensione risulta più facile: per il «*bonum coniugum*» invece risulta più complessa. Ci pare che comunque non si debba arrivare a considerare questo elemento come se fosse un quarto bene da aggiungere ai *bona* agostiniani, ma che si possano intendere quei fini della persona o personalistici, in cui il senso comune della parola «*bonum*» è quello comune di «bene», per segnalare in modo onnicomprensivo il perfezionamento e la felicità dei coniugi[83].

Oltre a questi elementi che riguardano le finalità e l'essenza del vincolo matrimoniale, risulta necessario considerare anche le cosiddette proprietà essenziali, che il *CIC* individua nell'unità e nell'indissolubilità (can. 1057), facenti parte dell'oggetto integrale del matrimonio. L'unità comporta che il matrimonio sia monogamico e richiede la fedeltà reciproca tra gli sposi; l'indissolubilità comporta che il matrimonio non possa mai essere sciolto dagli stessi sposi (indissolubilità in-

---

[81] U. NAVARRETE, «Il matrimonio: patto naturale», 20.
[82] Cf. A.M. ABATE, *Il matrimonio*, 43-46; P.A. BONNET, *Introduzione al consenso*, 14-33; O. GIACCHI, *Il consenso*, 350-357; P. MONETA, *Il matrimonio*, 96ss.
[83] Cf. U. NAVARRETE, «Il matrimonio: patto naturale», 22.

trinseca); il solo matrimonio rato (contratto cioè validamente) e consumato tra battezzati è indissolubile anche estrinsecamente[84] (*ratum et consummatum*).

Queste proprietà comunque, pur non costituendo l'essenza delle cose, sono necessariamente connesse con questa e da questa sono in qualche modo esigite (da qui il temine «essenziali»). Pensiamo solo al fatto che l'unità, l'unione con una sola persona, altro non va che ad essere di salvaguardia e di sostegno alla finalità del «*bonum coniugum*» e in maniera più indiretta anche della finalità inerente alla prole. Lo stesso discorso può essere fatto per l'indissolubilità[85].

Risulta importante chiedersi anche se l'elemento della «sacramentalità» faccia parte dell'oggetto del consenso, e se quindi per il matrimonio sacramentale venga richiesto un consenso più ampio che per il matrimonio non-sacramentale. Tenendo presente il principio dell'identità ed inseparabilità tra contratto e sacramento, la sacramentalità può essere equiparata all'unità e all'indissolubilità: nel campo dell'errore la sua esclusione è come quella delle altre proprietà.

3. Le varie distinzioni del consenso matrimoniale

Dopo aver posto la nostra attenzione sul consenso in quanto tale, per evidenziarne soprattutto il contenuto positivo, è opportuno e necessario analizzare alcune distinzioni che riguardano il consenso stesso, appena accennate nell'esposizione precedente: consenso esistente, inesistente, giuridicamente efficace o inefficace, ecc.

Prima di addentrarci in questa distinzione, precisiamo alcuni termini utilizzati dal Codice e alcuni concetti, per evitare errori terminologici e sostanziali.

Innanzitutto cercheremo di vedere la realtà del consenso matrimoniale e non quella del contratto matrimoniale o del matrimonio in sè. Il matrimonio (o il contratto) infatti è una realtà più ampia rispetto al consenso, anche se esso è la sua causa efficiente: nel formarsi del matrimonio hanno un ruolo importante anche altri fattori, come le leggi

---

[84] Cf. V. DE PAOLIS, «I matrimoni misti», 150.
[85] P.A. BONNET, *Introduzione al consenso*, 16, sostiene che: «si deve infine osservare che nel matrimonio le proprietà essenziali, quali ad esempio l'unità e l'indissolubilità, si predicano propriamente in relazione allo stato di vita matrimoniale. Naturalmente il consenso però che, ai sensi del can. 1057§1, ne è la causa efficiente, non può non coinvolgere necessariamente i principi potenziali dai quali poi quelle medesime proprietà sgorgano, attuandosi nel *matrimonium in facto esse*».

irritanti e inabilitanti (come impedimenti o forma *ad validitatem*), che ne possono determinare la validità o meno.

Riguardo alle categorie di validità o invalidità del matrimonio, U. Navarrete fa notare che

> nel Codice si usano indistintamente i termini *invalidum*, *irritum*, *nullum*, *dirimit*, *irritat* ed altri equivalenti per qualificare le unioni matrimoniali non valide o per indicare l'efficacia invalidante delle leggi. [...] Questi termini si adoperano indistintamente per indicare situazioni profondamente differenziate[86].

Che la causa quindi di nullità sia un impedimento, un'incapacità, una legge invalidante o un difetto di consenso, la terminologia utilizzata è la medesima: si dice quindi che un matrimonio è invalido, prescindendo dalla causa o dalla radice della sua invalidità.

Ma in realtà una distinzione esiste, anche se il Codice non la esprime chiaramente: due sono i gruppi di casi di invalidità, che U. Navarrete classifica così:

1) i casi di invalidità per mancanza degli elementi essenziali del patto o contratto matrimoniale, i quali si riducono alla matrimoniabilità o capacità naturale, attuale o almeno potenziale, dei contraenti, come oggetto del patto, e al consenso naturalmente sufficiente, come causa efficiente di esso;

2) i casi di invalidità in cui, essendo presenti gli elementi essenziali del patto coniugale, questo non è valido a causa di un fattore estrinseco, vale a dire a causa di una legge irritante o inabilitante, che rende il consenso «*iuridice inefficax*»[87].

Tra i primi e i secondi vi è ovviamente una differenza sostanziale: i primi sono invalidi, ma vengono anche detti «inesistenti», i secondi, dipendendo la loro invalidità da un fattore estrinseco, sono sì invalidi, ma vengono considerati «esistenti»[88].

---

[86] U. NAVARRETE, «Consensus naturaliter», 372.

[87] Cf. U. NAVARRETE, «Consensus naturaliter», 376.

[88] U. NAVARRETE, «Consensus naturaliter», 377: «I casi del primo gruppo sono intaccati da un'invalidità molto più profonda che quelli del secondo. In essi infatti mancano gli elementi naturali costitutivi dell'atto giuridico in se stesso. Per questa ragione, da non pochi autori tali atti vengono giustamente denominati "inesistenti". Nel codice, tali atti vengono denominati con la terminologia generale di invalidi, nulli, irriti, senza ulteriori specificazioni. I casi del secondo gruppo invece contengono tutti gli elementi essenziali costitutivi dell'atto, cioè matrimoniabilità o capacità naturale

Ora noi vedremo le varie distinzioni inerenti al consenso matrimoniale, cercando di evidenziare come queste rientrano nelle due categorie di atti che abbiamo appena accennato, anche se la nostra riflessione non si riferisce all'atto (o contratto matrimoniale), ma solamente al consenso.

3.1 Consenso esistente e consenso inesistente

Come abbiamo già affermato in precedenza il matrimonio rientra nella categoria degli atti giuridici ed è sottoposto al regime del can. 124§1 di cui in sostanza è una ripetizione; in particolare, ai fini della validità, richiamiamo che questo deve essere posto con le debite solennità (*solemnia*) ma soprattutto deve contenere tutti gli elementi che lo costituiscono essenzialmente (*quae actum ipsum essentialiter constituunt*): soprattutto questa seconda parte tocca il fatto dell'esistenza o meno del consenso. Ma quando possiamo dire che il consenso esiste e quando invece non esiste?

Risulta importante dire che il termine «esistente», participio presente del verbo «esistere», significa il fatto di «essere nel tempo e nell'attuale realtà», mentre «inesistente» come un «essere o un elemento che non esiste»[89]. Abbiamo già puntualizzato che giuridicamente questo concetto si lega a quello di «validità» dell'atto: per «valido» intendiamo «ciò che è stato posto in essere con piena osservanza delle norme giuridiche che lo disciplinano», con la conseguenza che la «validità» è «una qualità o una condizione di ciò che è valido», specialmente in relazione alla sua efficacia giuridica; invalido o invalidità risultano essere il contrario dei due termini precedenti[90].

Il richiamo a questi termini e al can. 124§1, ci dice ciò che è essenzialmente richiesto sia dalla costituzione (o meglio: dalla natura) dell'atto stesso che per disposizione del diritto. L'invalidità di un atto dipende quindi da cause diverse: si può avere un atto invalido quando per la carenza di requisiti imposti dal diritto esso non produce effetti

---

dei contraenti, attuale o almeno potenziale, e il consenso naturalmente sufficiente dei medesimi. Tuttavia un elemento estrinseco quale è una legge irritante o inabilitante, rende il consenso "iuridice inefficax"; quindi, non produce il suo effetto naturale cioè il matrimonio in facto esse. Tali atti giuridici nella terminologia accennata vengono visti come esistenti e denominati nulli. Tale terminologia non si trova nel codice, nel senso specifico con il quale viene utilizzata e non è scevra di gravi equivoci».

[89] Cf. voce «esistente», in *Lo Zingarelli*, 645a e voce «inesistente», in *Lo Zingarelli*, 895c.

[90] Cf. voce «valido» e «validità», in *Lo Zingarelli*, 1192a; voce «invalido» e «invalidità», in *Lo Zingarelli*, 936c.

giuridici oppure quando mancano gli elementi essenziali all'atto stesso. In quest'ultimo caso l'atto è invalido perché inesistente, nel primo è invalido perché impedito dal diritto di produrre effetti giuridici. Nel secondo caso l'atto invalido non è sanabile perché dal *non esse* non può nascere l'*esse*; nel primo l'atto invalido è sanabile, perché ciò che il diritto impone può pure togliere[91]. Si distingue quindi tra «esistenza» giuridica ed «efficacia» giuridica.

Applicando questo al consenso matrimoniale, possiamo dire che il concetto di consenso giuridicamente «esistente» si lega a quello di consenso naturalmente sufficiente, inteso come l'accordo delle volontà dei due contraenti a costituire il matrimonio; questo consenso «giuridicamente esistente», può essere giuridicamente inefficace se impedito da qualche elemento (impedimento o altro) di produrre il suo effetto, oppure giuridicamente efficace se non vi sono ostacoli. È invece «giuridicamente inesistente» quando il consenso è naturalmente insufficiente per la mancanza di qualche elemento costitutivo[92].

Un atto giuridicamente «esistente» quindi è quello a cui non manca nessuno degli elementi costitutivi dell'essenza dell'atto, mentre è «inesistente» se vi è questa carenza.

Riassumendo, nel matrimonio possiamo considerare come elementi essenziali:

a) la volontà intenzionale a contrarre matrimonio;
b) la debita libertà;
c) la capacità di emettere il consenso (non l'abilità; cf. can. 1095)[93];

---

[91] Cf. G. MONTINI, «La convalidazione del matrimonio», 189.

[92] Cf. J.J. GARCÍA FAÍLDE, «Nulidad matrimonial», 99. «Acto jurídicamente «existente» es el acto al que no falta ninguno de los elementos constitutivos de la esencia de tal acto. Y, en consecuencia, acto jurídicamente «inexistente» será el acto al que le falta alguno de esos elementos». In questo articolo l'autore distingue il consenso esistente come efficace «in actu primo», vale a dire che ha sempre la capacità intrinseca per produrre l'effetto giuridico: dire atto giuridicamente esistente è come dire efficace in «actu primo», mentre inesistente è dire inefficace in atto primo. L'atto esistente può poi essere impedito da un ostacolo a produrre i suoi effetti giuridici con la conseguenza che l'efficacia «in actu primo» non si converte in efficacia in «actu secundo», cioè produca di fatto l'effetto: avremo quindi un atto si, esistente, ma giuridicamente inefficace (sottinteso in actu secundo).

[93] L'abilità riguarda la questione degli impedimenti dirimenti il matrimonio che affronteremo in seguito e la validità o meno dell'atto. Ci pare che il can. 1095, pur nelle diverse distinzioni dottrinali, riguardi la vera e propria capacità umana di emettere l'atto umano del consenso, capacità che, mancando, non sembra dare la possibilità di emettere un consenso naturalmente sufficiente e quindi esistente. Cf. A.M. ABATE, *Il*

d) la sua causa efficiente e formale, che coincidono nella realtà del consenso naturalmente sufficiente;
e) la sua causa materiale, identificata con l'oggetto materiale del consenso stesso.

Riveste quindi una sua importanza anche l'oggetto del vincolo matrimoniale. E ci si chiede: sempre e in ogni caso, se l'oggetto non è matrimoniabile, il consenso è inesistente oppure potrebbe anche esistere?

Per chiarire questo è necessario ribadire la differenza tra contratto e consenso: il contratto è una realtà che presenta il consenso come uno dei suoi elementi, quello insostituibile. Bisogna infatti distinguere tra inesistenza del consenso e inesistenza del contratto.

Nel primo caso infatti se il consenso è viziato, manca anche il contratto di cui il consenso è parte integrante; nel secondo caso abbiamo la presenza del consenso (la sua esistenza), ma il contratto è inesistente quando manca l'oggetto o questo non era matrimoniabile. L'oggetto può non essere matrimoniabile per la presenza di un impedimento dirimente, soprattutto di diritto divino o naturale. A noi interessa vedere se in presenza di un impedimento è possibile emettere un consenso naturalmente sufficiente, quindi esistente, anche se il contratto risultasse invalido[94].

Senza addentrarci troppo nelle varie opinioni e distinzioni, dall'analisi che fanno molti autori e dalla dottrina comune sembra che il consenso naturalmente sufficiente, anche alla presenza di impedimenti di diritto naturale o divino positivo, in realtà possa giuridicamente esistere quasi sempre, anche se non produce il proprio effetto giuridico.

Pare che tra tutti gli impedimenti, sia impossibile emettere un vero consenso naturalmente sufficiente (inesistente) solamente in un caso: per l'impedimento di consanguineità, una situazione in cui le parti non hanno alcun diritto di creare tra di loro una società coniugale, anche se bisogna affermare che ciò risulta vero solo se le parti sono consapevoli dell'impedimento; diverso è il caso in cui le parti non sanno della

---

matrimonio, 41: «Per prestare in modo efficace il consenso coniugale, che cioè valga a "costituire", a instaurare il matrimonio, come elemento fondamentale che sta alla radice di ogni altro, si richiede che ambedue gli sposi abbiano la "capacità naturale". Con questo termine s'intende la capacità di formulare una decisione cosciente, libera, ponderata, possibile in ordine al matrimonio».

[94] Cf. U. NAVARRETE, «Consensus naturaliter», 364: «il legislatore ammette la possibilità che ci sia un consenso naturalmente sufficiente e giuridicamente inefficace anche quando l'impedimento è di diritto naturale o divino positivo».

presenza di un impedimento, caso in cui è giuridicamente possibile che si crei il consenso[95].

Negli altri casi, quelli del vincolo precedente e dell'impotenza, sembra si possa avere sempre un consenso giuridicamente esistente, si dice che ci sia un consenso *nunc pro tunc*; il consenso viene emesso oggi ma in vista di una situazione che si può risolvere tra un tempo più o meno lungo, quando per esempio la prima moglie morirà o avvenisse una guarigione: solo allora il secondo matrimonio potrà diventare valido, perseverando il consenso, anche nel caso che vi sia stata consapevolezza della presenza dell'impedimento[96]. *Nunc pro tunc*, perché l'oggetto non esiste adesso, perché adesso esiste solamente l'oggetto impedito. Però si prevede o si spera che cessando l'impedimento in futuro, l'oggetto si possa liberare.

È il contratto a rimanere invalido fino al momento in cui l'oggetto esisterà realmente e allora in quel momento il consenso, giuridicamente esistente, potrà produrre un nuovo matrimonio, finora invalido, solamente se in realtà non sia stato revocato e sia quindi perseverante[97]. Per l'inesistenza del contratto matrimoniale, la mancanza dell'oggetto materiale deve quindi essere assoluta, non basta che sia attuale, perché se è così, si ritiene che prima o poi la persona che nel momento attuale non lo è, possa divenire nel futuro oggetto matrimoniabile del contratto, tolto il fattore che ora lo impedisce[98]. Tutto questo discorso non ha valore nel caso in cui il consenso fosse stato inesistente, perché un matrimonio non potrà essere sanato se non con una nuova emissione del consenso.

Ed è inesistente

---

[95] Molti sono gli autori che negli ultimi due secoli riflettono sul rapporto consenso esistente-impedimenti matrimoniali, sia in generale che riguardo alla convalidazione del matrimonio: T. Sánchez, L. Bender, U. Navarrete, R. Quezada Toruño ed in particolare L. RODRIGO, «De relatione inter matrimonii», 49-126.

[96] A questo proposito cf. can. 1100: «Sapere o supporre che il matrimonio sia nullo, non esclude necessariamente il consenso matrimoniale».

[97] Il formarsi del vincolo non avviene però automaticamente: cf. can. 1156; can. 1161ss.

[98] Ribadiamo che il suddetto caso della consanguineità è forse l'unico ad escludere in modo assoluto l'oggetto del contratto matrimoniale: il matrimonio è inesistente e non convalidabile. Negli altri impedimenti (anche di diritto divino) sembra si possa affermare che il matrimonio è invalido ma essendo il consenso esistente, il contratto risulta sanabile, perché c'è sia il consenso naturalmente sufficiente che, almeno potenzialmente, l'oggetto materiale. Per sanarlo non è necessaria la rinnovazione del consenso, ma si può applicare anche la sanatio in radice.

se l'atto di volontà non intendesse, almeno implicitamente, la totalità degli elementi essenziali dell'oggetto, il consenso non sarebbe più consenso matrimoniale. Ma anche se l'atto di volontà fosse completo nella sua tendenzialità soggettiva verso l'oggetto proprio del matrimonio, l'atto giuridico sarebbe inesistente se avesse come oggetto una materia non matrimoniabile né attualmente, né potenzialmente, come lo sono due persone dello stesso sesso, padre e figlia, madre e figlio ecc[99].

È esistente invece quando questi elementi sono presenti, o l'oggetto è matrimoniabile almeno potenzialmente[100].

Nel caso di inesistenza del consenso, si ha anche inesistenza del contratto, che ovviamente risulta invalido. O. Robleda dice che

> la mancanza di consenso costituisce l'unica ipotesi in cui si può parlare di inesistenza del negozio o contratto matrimoniale secondo il nostro diritto, e si ha nel caso di matrimonio celebrato da 1) incoscienti o dementi; 2) per errore; 3) simulazione; 4) con impedimento di diritto naturale, perpetuo e assoluto[101];

se invece il consenso fosse esistente (naturalmente sufficiente), il contratto sarebbe valido o no, in base alla presenza di un fattore estrinseco che ne determini la validità o meno.

In realtà, oltre a queste situazioni, ve ne sono altre in cui si può parlare di consenso esistente o inesistente. Una di queste è il caso del matrimonio posto con una condizione *de futuro*: secondo il can. 1102§1, non si può contrarre validamente il matrimonio sotto condizione futura.

---

[99] U. NAVARRETE, «Consensus naturaliter», 388.

[100] Bisogna puntualizzare comunque che: «nel codice viene considerato matrimonio invalido, suscettibile di convalidazione anche il matrimonium irritum ob defectum consensus, il quale, come ovvio, nello stadio previo alla prestazione del consenso è un matrimonio inesistente. Anzi il codice non prevede solo la possibilità della sua convalidazione semplice (can. 1159), ma anche della sua sanazione in radice a partire dal momento della prestazione del consenso (can. 1161§2)» (U. NAVARRETE, «Consensus naturaliter», 379). Di fatto, a nostro avviso, nel caso di convalidazione semplice la rinnovazione del consenso (o meglio la sua prestazione) è in realtà nuova celebrazione e quindi momento in cui il vincolo viene all'esistenza grazie ad un consenso «esistente», ed anche la sanazione in radice va propriamente ad intervenire su un consenso «esistente» in un preciso istante del tempo.

[101] O. ROBLEDA, *La nulidad*, 140: «La falta de consentimiento constituye la única hipótesis en que se puede hablar de inexistencia del negocio o contrato matrimonial según nuestro derecho, y tiene ella lugar en caso de matrimonio celebrado: 1) por incoscientes o dementes; 2) por error; 3) simulación; 4) con impedimento de derecho natural, perpetuo en absoluto».

Ma nonostante la condizione, si può dire che il consenso esiste oppure è inesistente?

Non essendo possibile contrarre un matrimonio ponendo una condizione futura, in quanto la validità dell'atto dipende da un evento futuro incerto e la validità stessa rimarrebbe sospesa fino al verificarsi di questo evento, per alcuni autori (Robleda, Viladrich) il consenso sarebbe inesistente, in quanto i due non hanno la volontà di creare attualmente un'unione, ma di creare una situazione dipendente da una condizione, in virtù non di un consenso attuale, ma *de futuro*; per altri sarebbe esistente, ma solo inefficace giuridicamente e invalido per questo e per alcuni non è chiaro[102].

Altro caso in cui gli autori non si trovano concordi sono i matrimoni contratti con violenza e con timore grave (can. 1103) e per dolo (can. 1098), nei quali mancando la libertà, anche se in diversi livelli, potrebbe essere considerato inesistente il consenso, dovendo essere del tutto libero per essere esistente e naturalmente sufficiente[103].

3.2 *Consenso naturalmente sufficiente*

La terminologia di consenso naturalmente sufficiente, si trae dal noto assunto «*consensus naturaliter sufficiens, sed iuridice inefficax*», utilizzata dal Codice del 1917[104].

---

[102] A favore dell'esistenza del consenso è D. STAFFA, «De Condicione», 223-224; contro l'esistenza sono O. ROBLEDA, «Matrimonium», 388ss; P.J. VILADRICH, «Comentario al can. 1102», 1392-1393; di parere incerto è E. Davino: «Orbene, quel che mal si concilia con la natura del matrimonio cristiano, quella donazione reciproca e totale, fondata sull'amore ed elevata da Cristo a strumento di salvezza e segno della sua continuità nel mondo, è proprio la condizione "de futuro" o, meglio ancora, le conseguenze di essa, lo stato cioè di pendenza del matrimonio, che potremmo dire, c'è e non c'è. Esiste perché qualcosa è stato posto in essere dalla manifestazione del consenso, sia pur condizionato, ma, nello stesso tempo, non esiste perché questo fatto giuridico non è, in realtà, vero matrimonio finché perdura lo stato di pendenza» (E. DAVINO, «Il consenso matrimoniale», 19). Di parere non chiaro è R. COLANTONIO, «La condicio de futuro», 33-34.

[103] Cf. J.M. PUIGARNAU, *El consentimiento matrimonial*, 264-282; O. ROBLEDA, «Matrimonium», 388ss; J.J. GARCÍA FAÍLDE, «Nulidad matrimonial», 115-119; D. STAFFA, «De Conditione», 222-227.

[104] U. NAVARRETE, «Consensus naturaliter», 361: «Il codice del 1917 adoperava l'espressione "consensus naturaliter sufficiens, sed iuridice inefficax" per indicare la peculiarità di un consenso matrimoniale in se stesso integro e completo, sia quanto alla volontà e libertà sia in quanto al suo oggetto essenziale e pertanto: "naturalmente sufficiente" e idoneo a produrre un matrimonio valido, ma esso non lo produce affatto perché privato della sua efficacia giuridica da una legge positiva invalidante che non è

Abbiamo appena visto che il consenso matrimoniale si deve caratterizzare per alcuni elementi, che abbiamo detto essenziali, i quali mancando, rendono inesistente il consenso stesso.

Gli stessi elementi si presentano se si vuole parlare di consenso naturalmente sufficiente; *naturalmente* significa «secondo la natura»[105], un consenso quindi secondo la natura dell'uomo e dell'istituto matrimoniale stesso, come è stato stabilito dal diritto naturale o divino. *Sufficiente* significa «ciò che basta alla necessità, in base alla quale una cosa esiste o non esiste»[106], nel senso che presenta appunto quegli elementi che sono sufficienti a far sì che il vincolo esista o sussista in base a quello che deve essere, in base alla sua natura.

Pensiamo quindi che per questa categoria, possa valere molto di quello detto nel paragrafo precedente a proposito del consenso esistente, intendendo il consenso «naturalmente sufficiente» come l'accordo delle volontà dell'uomo e della donna, dotati di capacità naturale, atto a costituire il matrimonio. Il consenso è invece «naturalmente insufficiente» quando risulta giuridicamente inesistente per la mancanza di qualche elemento costitutivo.

Il concetto si può chiarire meglio con il prossimo punto, tra l'altro già accennato, inerente all'efficacia o meno del consenso naturalmente sufficiente.

3.3 *Consenso efficace o inefficace «giuridicamente»*

«Efficace» sta a significare una cosa o un atto che una volta posti, producono l'effetto che chi li ha posti, desidera ottenere; deriva dal latino «*efficere*», fare (*facere*) del tutto. «Inefficace» significa invece qualcosa che non è efficace, che è senza effetto in vista di un determinato scopo[107].

Appare subito più semplice affrontare il problema dell'inefficacia o dell'efficacia del consenso partendo dalla connotazione negativa dei termini, come ci è presentata dalla locuzione *consensus naturaliter sufficiens, sed iuridice inefficax*; si parla quindi di un consenso sufficiente per quanto riguarda il diritto naturale, che non manca dei suoi elementi essenziali, ma che viene reso inefficace nei suoi effetti dal diritto, dalla

---

stata osservata. Tale espressione veniva adoperata nel can. 1139 sulla sanatio in radice».

[105] Cf. voce «naturalmente», in *Lo Zingarelli*, 1157b.
[106] Cf. voce «sufficiente», in *Lo Zingarelli*, 1838a.
[107] Cf. voce «efficace», in *Lo Zingarelli*, 604b; voce «inefficace», in *Lo Zingarelli*, 894c.

legge, per determinati motivi[108]. Giuridicamente «inefficace» quindi, «si dice di un atto se questi rispecchia in tutto lo schema legale ed è in sé compiuto senza la mancanza di alcuno dei suoi elementi essenziali, ma che non produce alcun effetto giuridico per un ostacolo di natura esterna all'atto stesso»[109], quale può essere una legge inabilitante o irritante, che nel caso del matrimonio risultano essere gli impedimenti o le norme relative alla forma canonica.

Al dubbio se l'inefficacia in esame è da considerare solo come la negazione del riconoscimento nell'ordinamento canonico di un matrimonio celebrato violando una legge invalidante oppure come una vera e propria inefficacia radicale e profonda, che rende oggettivamente invalido il vincolo[110], U. Navarrete risponde che

> per quanto concerne il diritto canonico, il sistema attuale delle leggi irritanti e inabilitanti è perfettamente configurato e viene applicato in modo inequivocabile nella prassi amministrativa e giudiziaria della Chiesa. Da questa prassi oltre che dalla dottrina risulta in modo assolutamente certo che un patto coniugale celebrato con un impedimento dirimente o violando qualsiasi altra legge invalidante è oggettivamente invalido, cioè non costituisce i contraenti in marito e moglie, e quindi, se battezzati, non effettua il sacramento del matrimonio. Pertanto, la funzione delle leggi invalidanti nell'ordinamento canonico non è quella di rendere giuridicamente non «riconoscibile» dalla comunità ecclesiale l'avvenuto matrimonio, creato dal consenso in modo autonomo e sovrano, ma è quella d'impedire la costituzione stessa dell'istituto nella sua realtà ontologico-oggettiva[111].

Un caso particolare riguarda il matrimonio civile dei battezzati: certamente ai fini di una eventuale dichiarazione di nullità esso non è considerato un matrimonio invalido, ma «inesistente», in quanto in ambito canonico esso non necessita di essere dichiarato nullo perché entrambe

---

[108] Rimandiamo all'articolo di J.J. GARCÍA FAÍLDE, «Nulidad matrimonial», 91-124, per la distinzione del consenso efficace «in actu primo» e in «actu secundo», (vedi in questo capitolo 3.1, nota 92).
[109] L. CHIAPPETTA, *Prontuario di diritto*, 94.
[110] U. NAVARRETE, «Consensus naturaliter», 363.
[111] L'autore così continua: «Il legislatore canonico infatti, con le sue leggi inabilitanti e irritanti, esercita un influsso così profondo sul consenso da poter impedire l'espletamento della sua potenzialità naturale e quindi da poterlo rendere giuridicamente inefficace a produrre il suo effetto, cioè il vincolo oggettivo marito-moglie, a prescindere da un eventuale suo riconoscimento nell'ordinamento canonico» (U. NAVARRETE, «Consensus naturaliter», 368).

le parti possano liberamente contrarre nuove nozze. Ai fini però di una sua eventuale convalidazione, il matrimonio civile dei battezzati è considerato «esistente»: il consenso espresso in maniera «naturalmente sufficiente» nell'unione civile e che ora permette per esempio la *sanatio in radice*, era giuridicamente inefficace per mancanza appunto della forma canonica, un elemento determinato dal diritto stesso che fa sì che l'atto non ottenga gli effetti giuridici desiderati[112].

Lo stesso discorso può essere fatto per alcuni impedimenti dirimenti, sia di diritto divino o naturale, che ecclesiastico: il consenso è esistente perché completo nei suoi elementi essenziali, ma inefficace finché non cessa l'impedimento o a questi si dispensa. In sostanza si può ritenere il concetto di efficacia-inefficacia come una specificazione del più ampio concetto validità-invalidità, sempre nell'ambito comunque dell'esistenza dell'atto. Vediamo per chiarire meglio le idee quanto affermano due autori per esplicare questi concetti. U. Navarrete afferma che:

> anche se entrambi i contraenti prestarono un vero consenso matrimoniale, il matrimonio può essere invalido per qualche ostacolo irritante, di diritto divino o umano. In questo caso è posta senza dubbio la causa totale ed adeguata del matrimonio, cioè il consenso naturalmente sufficiente a far nascere il matrimonio, causa che, a motivo di un ostacolo estrinseco allo stesso consenso, non origina il matrimonio. Il consenso sufficiente a causare il matrimonio è reso giuridicamente inefficace[113].

Parimenti è utile la sintesi offertaci da G. Mantuano:

> l'elaborazione dei concetti precisati e la rigorosa impostazione metodologica ci consentono di identificare il *consensus matrimonialis naturaliter*

---

[112] Per approfondire la categoria di matrimonio civile, se invalido o inesistente e sulle riflessioni inerenti a questo nel lavoro di revisione del CIC/'17, cf. U. NAVARRETE, «Consensus naturaliter», 370-371; 374-376.

[113] U. NAVARRETE, *De convalidatione*, 31-32: «Etsi uterque contrahens verum consensum matrimonialem praestiterit, matrimonium potest esse invalidum ob aliquod obstaculum irritans, iuris divini vel humani. In casu, ponitur causa et quidem totalis et adaequata matrimonii, nempe consensus ad matrimonium causandum naturaliter sufficiens, at haec causa, ob obstaculum ipsi consensui extrinsecum, matrimonium non causat. Consensus qui de se sufficiens est, immo natus est ad matrimonium causandum, redditur iuridice inefficax ad illud causandum». L'autore così continua: «Sublato autem sive per cessationem sive per dispensationem, impedimento quod efficaciam iuridicam consensus naturaliter sufficientis impediebat, hic consensus dummodo perseveret seu non fuerit revocatus, effectum ad quem creandum natus erat, producit matrimoniumque simpliciter validum habetur absque ulla nova consensus praestatione vel renovatione».

sufficiens sed iuridice inefficax, nel consenso, quale atto di volontà integro (valido, libero e consapevole), che include (o almeno non esclude) l'oggetto essenziale, ma che non può *efficere* lo *status coniugii* per la mancanza (o vizio) di qualche elemento integrante la fattispecie negoziale, qual è l'*habilitas* o la forma, mentre gli altri elementi costitutivi (cioè lo stesso consenso e la causa, o *obiectum consensus*) sono compresi nella *sufficientia* del *consensus* configurato nel dato normativo[114].

3.4 *Consenso transeunte e consenso continuativo*

Abbiamo visto che il consenso risulta essere un atto di volontà di natura «contrattuale», di per sé irrevocabile come affermato dal can. 1057§2 (*foedere irrevocabili*): ciò sta a significare che una volta prestato con tutti i requisiti inerenti alla sua natura, anche se posto in un punto indivisibile nel tempo, è impossibile che possa essere privato della sua efficacia, in quanto si perde il dominio sulla realtà giuridica creata con esso[115].

In sostanza con queste parole si viene a definire che il consenso matrimoniale in ambito canonico è di tipo «*transeunte*», che cioè passa, è transitorio nella sua manifestazione, sempre nell'ambito di un consenso di natura pattizia.

Come già visto, la dottrina teologica e canonica infatti, sin dalla prima riflessione sul problema nel Medio Evo, ha affermato questo principio interpretando il verbo «*facere*» dell'assunto «*consensus facit nuptias*», nel senso tecnico di causa efficiente secondo la divisione scolastica delle cause. Il consenso è considerato un atto di volontà di natura pattizia, che produce il suo effetto giuridico, il matrimonio *in facto esse*, nel momento in cui viene legittimamente manifestato, effetto che, una volta generato, continua a sussistere nel mondo del diritto indipendentemente dalla volontà che gli diede l'esistenza[116]. L'interpretazione invece come *consensus* «*continuus*» (continuo o continuativo), inteso come necessità di un continuo atto di volontà causativo del vincolo matrimoniale e che esiste, finché vi è la volontà di stare insieme, è del tutto estranea alla dottrina teologica e canonica sul matrimonio[117].

---

[114] G. MANTUANO, «Sulle forme di convalida», 759.

[115] Cf. A.M. ABATE, *Il matrimonio*, 40; O. GIACCHI, *Il consenso*, 31; L. VELA, «Consenso matrimoniale», 291a; J.M. PUIGARNAU, *El consentimiento matrimonial*, 11.

[116] Cf. U. NAVARRETE, «Il matrimonio: patto naturale», 374-375.

[117] Assertore della teoria del consenso continuo nel diritto romano è C. Manenti, il cui pensiero abbiamo analizzato nel capitolo I, punto 4.1.

Il principio del consenso continuo verrebbe a minare l'irrevocabilità del consenso, che in realtà diventa automaticamente revocato, una volta che viene a mancare la volontà di donazione-accettazione tra gli sposi, come altresì toglierebbe valore al consenso come causa efficiente.

Sostenendo invece il consenso transeunte è anche possibile stabilire con precisione la distinzione tra matrimonio *in fieri*, il momento costitutivo, il punto in cui si pone l'atto giuridico che produce gli effetti giuridici desiderati che persevera, e la realtà del matrimonio *in facto esse*, che ne è il «prodotto». Come si può ben intendere la distinzione *in fieri-in facto esse* non sarebbe possibile nel caso di consenso continuativo, in quanto difficilmente si potrebbe identificare la realtà stessa che viene a crearsi. A questo proposito Paolo VI afferma che:

> Il matrimonio esiste nello stesso momento in cui i coniugi prestano il consenso matrimoniale giuridicamente valido. Tale consenso è un atto di volontà di natura contrattuale (o «patto coniugale», secondo l'espressione oggi preferita al termine di «contratto»), il quale produce il suo effetto giuridico, cioè il matrimonio nel suo perdurare, o come stato di vita, in un punto indivisibile di tempo, né poi ha alcun dominio sulla realtà giuridica da lui creata. Ne consegue che una volta che abbia dato origine all'effetto giuridico, cioè al vincolo matrimoniale, il consenso diviene irrevocabile e privo di capacità di distruggere ciò che ha generato[118].

Per revocare quindi un tale consenso, sorto da un atto di volontà intenzionale, è necessario emettere un atto di volontà contraria.

3.5 *Consenso perseverante e consenso revocato*

«Perseverante» si riferisce e si dice di una cosa che «si mantiene costantemente nel tempo», come participio presente del verbo perseverare[119].

Noi riferendolo al consenso, intendiamo quell'atto di volontà che una volta posto dalle parti, secondo gli elementi essenziali che lo fanno esistere, continua nel tempo perché non risulta essere stato revocato, e ciò nel caso che sia giuridicamente efficace o meno.

La permanenza o perseveranza dell'atto equivale alla volontarietà virtuale di un atto che fu dato in un momento e che, mantenendo i suoi effetti, non è stato revocato: la continuità della vita coniugale sarà in

---

[118] PAOLO VI, «Allocuzione ai Prelati della Rota Romana», 9 febbraio 1976, 206.
[119] Cf. voce «perseverante», in *Lo Zingarelli*, 1318b.

generale la più chiara espressione della perseveranza del consenso[120]. La revoca del consenso invece è un atto positivo della volontà contrario al consenso prestato inizialmente e consisterà nella volontà ferma ed ostinata di smettere di essere coniugato[121].

Subito dobbiamo notare che il *CIC* al can. 1107, sancisce la presunzione (*iuris tantum*) che il consenso, una volta manifestato, perseveri finché non consti della sua revoca, anche nel caso di nullità per impedimento o vizio di forma. La revoca quindi deve essere provata in foro esterno, con la conseguenza che in caso di nullità per un impedimento, che rende il consenso giuridicamente inefficace, tolto questo, il consenso diviene efficace se persevera. La perseveranza del consenso si lega quindi necessariamente al concetto della sua revoca: la perseveranza del consenso infatti si presume anche se i coniugi sono in discordia o non vivano più insieme.

Di consenso perseverante si parla in modo esplicito nel can. 1156§2, quando per la rinnovazione del consenso nella convalidazione semplice, si richiede il rinnovo del consenso, anche se esso fu dato e ora persevera (non si parla di convalidazione *ipso* facto o automatica) e nel can. 1163, inerente alla *sanatio in radice* del matrimonio, che può essere applicata solo se persevera il consenso tra le parti: in questo caso il consenso perseverante e naturalmente sufficiente è la causa efficiente della sanazione (la Chiesa solo dispensa dalla legge del rinnovo).

La perseveranza dà al consenso naturalmente sufficiente la possibilità di sopravvivere e di poter essere eventualmente efficace, e nell'ordi-

---

[120] A. BERNÁRDEZ CANTÓN, «De matrimonii convalidatione», 1613: «La permanencia o perseverancia del consentimiento equivale a la voluntariedad virtual de un acto que fue dado en su momento y que, manteniendo sus efectos, no ha sido revocado. La continuidad de la vida conyugal será por lo general la más clara expresión de la perseverancia del consentimiento matrimonial».

[121] Cf. J. HERVADA, «La revocación», 279-281. Interessante ciò che dice A. BERNÁRDEZ CANTÓN, «De matrimonii convalidatione», 1613: «Este acto positivo de voluntad debe ser probado como modo de destruir la presunción iuris tantum del canon últimamente citado. No sólo tiene lugar cuando se expresa de un modo expreso y categórico el ánimo de tener por cancelado el vínculo matrimonial o los derechos y deberes inherentes al mismo, sino también mediante actos o conductas claramente contradictorias con la aceptación del estado conyugal y con las cuales el sujeto hace cuanto está de su parte por dejar de ser cónyuge. No es suficiente en cambio la revocación interpretativa o presunta que se daría cuando se tuviera la sospecha, incluso la certeza, de que la parte que consintió no estaría dispuesta a renovar el consentimiento o que estaría pronta a revocarlo positivamente si tuviera conocimiento de la nulidad del matrimonio y de la posibilidad de ser declarado libre de las obligaciones matrimoniales».

ne giuridico-morale ha la capacità causativa in ordine alla costituzione del matrimonio.

Torneremo a trattare dell'argomento nella parte centrale della nostra ricerca inerente alla convalidazione e al requisito del rinnovo del consenso.

3.6 *Consenso attuale e virtuale, abituale e interpretativo*

Come abbiamo visto il consenso è un vero atto giuridico, che procede dalla volontà *intenzionale* del singolo; risulta ora necessario inserire qui un'ulteriore categoria di distinzione, che viene determinata dall'*intenzione* con cui si pone l'atto giuridico.

Ci troviamo di fronte quindi ad un consenso, da intendersi come atto di volontà, che distinguiamo[122] mosso da un'intenzione:

a) *attuale*, se è posto con un'intenzione che «qui ed ora», è presente, sia implicitamente, che esplicitamente;

b) *virtuale*, se fosse posto in precedenza con un'intenzione esplicita o implicita, non ritrattata in seguito e che in qualche modo influisce sull'atto e persiste nel suo effetto;

c) *abituale*, che si basa cioè su di un'intenzione esplicita o implicita, non ritrattata, ma che qui ed ora non influisce sul patto in relazione all'attività di chi agisce per ciò che è detto volontario;

d) *interpretativa*, quando si ha la mancanza della determinazione di un atto in concreto da compiersi, con il conseguente non esercizio della volontà stessa. Qui l'atto era possibile, ma di fatto non si è realizzato.

Molti sono gli autori[123] che adottano questa distinzione, ma è opinione comune che la volontà necessaria per porre in atto il matrimonio,

---

[122] La distinzione più chiara risulta di U. NAVARRETE, *De convalidatione*, 26: «Consensus matrimonialis est actus voluntatis. Est ergo quid a voluntate procedens seu voluntarium. Iam vero, ut notum est, voluntarium ratione intentionis, potest esse *actuale* (si ponitur ex intentione quae hic et nunc adest sive explicite sive implicite), *virtuale* (si ponitur ex intentione explicite vel implicite habita, non retractata et quae praetrea aliquo modo influit in actum), *habituale* (habetur ex intentione explicite vel implicite habita, non retractata, sed quae hic et nunc nullo pacto influit in activitatem agentis relate ad id quod dicitur voluntarium)».

[123] Tra gli autori cf. D. STAFFA, «De actu positivo», 166: «Actus iste potest esse explicitus vel implicitus, quia implicitus eosdem parit iuridicos effectus ac explicitus; neque interest utrum intentio, qua ponitur, sit actualis an virtualis, quia etiam intentio virtualis in actum influit eumque regit. Actus positivus e contra distinguitur ab inten-

debba essere almeno attuale o virtuale perché possa influire sull'atto stesso, ma non è sufficiente che questa sia solamente interpretativa o abituale. Tra tutti U. Navarrete, commenta che

> affinché il matrimonio sia causato in forza del consenso da parte di entrambi i contraenti, è necessario che entrambi emettano un atto di volontà sotto l'influsso di una intenzione attuale o almeno virtuale. L'intenzione abituale non basta[124].

4. Conclusione

Analizzando le varie distinzioni inerenti al consenso matrimoniale, abbiamo concluso la nostra analisi sull'importanza di esso nei due Codici della Chiesa latina (can. 1081/*CIC* '17 e can. 1057/*CIC* '83), evidenziando come sia considerato «causa efficiente» del vincolo matrimoniale e momento generativo della stessa unione (*consensus facit nuptias – matrimonium*); contemporaneamente abbiamo visto come esso sia insostituibile per poter porre in essere il matrimonio stesso, e come nessun altro soggetto, se non le parti, possa supplirlo (can. 1057§1).

È stato utile a questo scopo accennare alle fonti documentarie su cui si fondano le due codificazioni ed anche l'importante lavoro attuato nella revisione del Codice piobenedettino, soprattutto per la definizione più chiara inerente all'oggetto del matrimonio.

Tramite il consenso l'uomo e la donna mutuamente si danno e si accettano, con lo scopo principale di costituire il matrimonio, un consenso transeunte, emesso in un preciso momento del tempo, i cui effetti continuano in esso, indipendentemente dal mutamento della volontà

---

tione seu voluntate habituali, quae actum ipsum non determinat, neque consensum contrahentis ingreditur, ideoque consensum matrimonialem limitare non potest. Neque pariter haec positiva voluntas est voluntas proprie dicta interpretativa, quae nempe actualis fieret si de matrimonii aut eius boni exclusione agens cogitaret aut interrogaretur, sed reapse non existit nisi in animi dispositione seu habitu, quia de hac positiva voluntatis exclusione agens non cogitat. Neque nomine actus positivi vocari potest voluntas generica, etiam pluries manifestata, excludendi matrimonium vel eius bonum, quia etiam voluntas ista recidit in habitum seu dispositionem animi, quae in concreto voluntatem non afficit matrimonium determinatum intendentem»; Z. GROCHOLEWSKI, *De exclusione indissolubilitatis*; F. CAPPELLO, *De Matrimonio*, 530-532, nn. 598-598bis.

[124] U. NAVARRETE, *De convalidatione*, 26: «Ut matrimonium causetur vi consensus actu praestiti ex parte utriusque contrahentis, necesse est ut uterque actum voluntatis eliciat ex influxu intentionis actualis vel saltem virtualis. Intentio habitualis non sufficit». Cf. anche A. REIFFENSTAUEL, *Theologia moralis*, 14.1.3.36; A. CONINCK, *De matrimonio*, 24.7.56; SALMANTICENSIS, *De sacramentis*, 1.7.4.42.

delle parti, che necessariamente devono essere di sesso diverso, altrimenti l'oggetto non è considerato «matrimoniabile».

Se l'uomo e la donna sono abili ad emettere il consenso, e attualmente o almeno virtualmente intenzionate a contrarre matrimonio, il consenso sarà naturalmente sufficiente ed esistente, costituendo il vincolo matrimoniale, se manifestato legittimamente.

Nel caso invece della presenza di un impedimento dirimente o a causa della celebrazione senza la forma canonica (o in un suo difetto), il consenso emesso, anche se naturalmente sufficiente ed esistente, sarà giuridicamente inefficace a causa di questo ostacolo o legge irritante, e il matrimonio sarà da considerare nullo.

Quando invece il consenso dell'uomo e della donna sono connotati da un vizio o da un difetto (a causa di un'incapacità, di simulazione totale o parziale o di altro), il consenso sarà naturalmente insufficiente ed inesistente, con la conseguente invalidità.

In entrambi i casi di nullità, come vedremo, è possibile applicare la convalidazione del matrimonio, anche se con le debite distinzioni. Nei primi due si potrà scegliere o la *convalidatio simplex*, che presenta il requisito, la necessità, della rinnovazione del consenso, oppure la *sanatio in radice*, purché il consenso delle parti sia perseverante.

Per il caso di consenso viziato invece, vedremo che non essendo mai stato emesso un vero ed esistente consenso, sarà necessario prestarlo nuovamente: la rinnovazione, o meglio, la «prestazione» infatti è richiesta per diritto naturale.

CAPITOLO III

**Convalidazione semplice del matrimonio:
il requisito della «rinnovazione» del consenso
dagli inizi al CIC del 1917**

Per ottenere una valida ed efficace convalidazione di un matrimonio nullo, il can. 1156§2 del *CIC* '83, stabilisce che con diverse modalità, in base alle varie tipologie di nullità, le parti (una o entrambe) debbono «rinnovare» il loro consenso matrimoniale, requisito richiesto *iure ecclesiastico*[1], per nullità da impedimento o vizio di forma, *iure naturali* per nullità da vizio di consenso.

La norma codiciale attuale riprende quasi alla lettera il codice del 1917, che, come è noto, risulta essere la prima determinazione legislativa precisa riguardo alla rinnovazione del consenso come legge universale.

Questo capitolo si propone di dare uno sguardo alla storia della convalidazione del matrimonio, per vedere come attraverso i secoli, in concomitanza con lo sviluppo della dottrina canonica sul matrimonio, ha fatto la sua comparsa il requisito della *renovatio consensus*, con particolare riferimento agli ultimi tre secoli.

Vedremo pertanto in modo più approfondito le fonti dei canoni del *CIC* '17 inerenti alla *convalidatio matrimonii*, i documenti del magistero ecclesiastico e il pensiero degli autori di quest'ultimo periodo; analizzando poi i canoni del vecchio codice sulla *convalidatio simplex*, evi-

---

[1] Can. 1156§2: «Haec renovatio *iure ecclesiastico* requiritur ad validitatem convalidationis, etiamsi initio utraque pars consensum praestiterit nec postea revocaverit».

denzieremo quali circostanze abbiano portato alla determinazione della legge ecclesiastica suddetta contenuta nel can. 1133§2² del *CIC*' 17.

Concluderemo con l'analisi degli schemi dei canoni del codice pio-benedettino.

1. Dagli inizi al XVIII secolo

1.1 *I primi 12 secoli*

Nei primi due capitoli del nostro lavoro abbiamo già affrontato la problematica storica della celebrazione del matrimonio e del valore del consenso matrimoniale come sua causa efficiente. Come sappiamo la Chiesa primitiva non ebbe all'inizio una chiara e distinta legislazione riguardo al vincolo matrimoniale, soprattutto nella forma della celebrazione, ma questa si enucleò e si evolvette con l'esperienza giornaliera durante i secoli, influenzata inizialmente dalla cultura romana in cui essa si trovò a vivere[3] e poi dagli avvenimenti storici.

Il concetto di convalidazione del matrimonio fa necessariamente seguito alla determinazione e alla riflessione inerente all'invalidità del matrimonio e alle relative cause; di conseguenza, nella Chiesa solo in seguito alla graduale chiarezza riguardo alle cause di nullità o agli impedimenti matrimoniali, si inizierà a parlare di convalidazione e si arriverà ad una sua maggiore comprensione e determinazione.

Riguardo agli impedimenti matrimoniali, soprattutto la consanguineità e l'affinità, fondati nei primi gradi sul diritto naturale, essi sono sufficientemente e chiaramente contenuti nel relativo diritto e ricordati nel Levitico[4], ripresi poi anche dal diritto romano.

Queste determinazioni furono in qualche modo ratificate dalla Chiesa primitiva, che assunse la legge mosaica riguardo a questi impedimenti[5].

È noto che la Chiesa all'inizio si adeguava alla legislazione romana, cambiando solo quando questa era in contrasto con il diritto divino o con il vangelo[6].

---

[2] Can. 1133§2/'17: «Haec renovatio *iure ecclesiastico* requiritur ad validitatem, etiamsi initio utraque pars consensum praestiterit nec postea revocaverit».

[3] Cf. O. ROBLEDA, «La definizione del matrimonio», 42; U. NAVARRETE, «Influsso del diritto romano», 299-318; V. DE REINA, «La influencia romana», 179-220.

[4] Cf. Lev. 18.

[5] Cf. C. TALLARICO, *De matrimonii*, 12-15.

[6] Cf. J. RUSSEL, *The «sanatio in radice»*, 1: «Hence, for a long time, the Church felt no need to establish an indipendent legislative system; it was enough to point out to the Faithful where the Roman law conflicted whith the divine law».

Abbiamo visto che vi erano le cosiddette *nupitae iustae* e le *nuptiae iniustae*; i due concetti erano dovuti al fatto che uno avesse o meno il *connubium*, cioè il diritto a sposarsi civilmente con una persona che avesse lo stesso *connubium*: se si aveva, le nozze erano *iustae*, altrimenti erano *iniustae*. Altre cause di invalidità erano, per es., la mancanza di consenso (volontà) nelle parti[7] o dell'età richiesta, la relazione di parentela in un grado proibito, l'appartenenza di un coniuge ad un altro popolo (matrimonio tra un cittadino/a romano e uno/a straniero/a) o l'essere di classi diverse tra le quali l'unione matrimoniale non era permessa.

Nel caso si avesse un matrimonio nullo per la mancanza dell'età richiesta in uno o entrambi i contraenti, questo poteva essere convalidato se il consenso matrimoniale continuava in entrambe le parti, dopo che il minore avesse raggiunto l'età necessaria[8]; infatti il modo in cui veniva convalidato il matrimonio non era stabilito, ma pare non fosse necessario domandare un nuovo consenso alle parti, cioè rinnovarlo, ma si considerava la perseveranza del consenso precedente, come sufficiente per convalidare il matrimonio in maniera automatica.

Nel caso di nullità da impedimento, i romani non erano soliti usare la dispensa, ma il matrimonio diventava valido dopo che l'impedimento era cessato[9], mentre se era mancato il consenso, era necessario che questo fosse prestato o rinnovato. Se il matrimonio era invalido a causa della diversa classe delle persone, come per esempio tra tutore-curatore, si convalidava nel momento che il compito di tutore si concludeva in accordo con le leggi governanti questo soggetto[10].

---

[7] Si poteva avere infatti il caso in cui pur non essendoci alcun impedimento al matrimonio ed in possesso anche del *connubium*, la mancanza di volontà invalidava le nozze. Secondo R.J. Harrigan, la mancanza del *connubium* non rendeva il matrimonio nullo: Cf. R.J. HARRIGAN, *The radical sanation*, 15-16: «*Connubium* or the capacity for civil marriage was not requisite for a valid marriage. Infact, it was merely an additional requirement for *nuptiae iustae* and played no part in the validity or invalidity of *nuptiae iniustae*»; cf. anche P.E. CORBETT, *The roman law*, 102-103; W.W. BUCKLAND, *A text book*, 114.

[8] Cf. D.23,2,4; R.J. HARRIGAN, *The radical sanation*, 17.

[9] Cf. J.H. BRENNAN, *The simple convalidation*, 10: «The manner of convalidation is not mentioned except to say that the perseverance of the parties in their first intention is necessary. They did not demand another and new consent of the parties, they considered the perseverance of the former consent sufficient to convalidate the marriage»; R.J. HARRIGAN, *The radical sanation*, 17. Per l'autore era importante anche la condizione di coabitazione delle parti.

[10] Cf. D. 23,2,16;27; R.J. HARRIGAN, *The radical sanation*, 17.

Pare quindi non ci fosse nel diritto romano un atto di convalidazione vero e proprio, come il rinnovo dell'impegno matrimoniale o del consenso e nemmeno un intervento dell'autorità, ma ciò avveniva tramite la coabitazione delle parti e la cessazione della causa invalidante.

Dopo il 313, con la libertà religiosa nell'impero, la legislazione ecclesiale e matrimoniale divennero nel tempo più corpose e complicate. Pian piano aumentarono le norme inerenti agli impedimenti al matrimonio e di conseguenza anche le norme sulla dispensa. Inizialmente i tipi di dispensa considerati erano due: quella prima dell'atto (*ante factum*), e quella dopo l'atto (*post factum*), quando un atto invalido era sanato[11]. Non si trova comunque la concessione di una dispensa nella Chiesa prima della fine del IV secolo[12] e pare che la prima dispensa concessa fosse di tipo *ex-post facto*, in altre parole una convalidazione tendente a rimediare vincoli contratti contro le prescrizioni ecclesiastiche[13]. J. Brys nel suo *De dispensatione*, fa notare che fino al sec IX, nessun testo dà una definizione giuridica di dispensa, pur essendo la sua nozione presente in numerosi testi, sia di scrittori, che di Romani Pontefici[14].

È molto importante nel primo millennio, il discorso inerente agli impedimenti e alle dispense, perché esso si lega a quello della convalidazione del matrimonio[15]. Non è nostro interesse fare una storia completa

---

[11] Cf. J. RUSSEL, *The «sanatio in radice»*, 2, nota 6. Russel dice che la terminologia (ante-post factum) è stata introdotta da Rufino, un decretista, glossatore al decretum Gratiani (nel 1158 circa) ma che la distinzione in pratica esisteva fin dai primi tempi della concessione delle dispense (cf. R. NAZ, «Dispense», 1284; J. BRYS, *De dispensatione*, 95-97).

[12] Cf. C. TALLARICO, *De matrimonii*, 22 con la relativa nota 58: «in ordine ad matrimonium contrahendum Ecclesia antiqua nullam dispensationem concedebat»; J. RUSSEL, *The «sanatio in radice»*, 3.

[13] Cf. C. TALLARICO, *De matrimonii*, 22-23: «Attamen, prima dispensatio, relate ad matrimonium, data fuit post factum, seu ad ratificanda matrimonia quae contra praescripta Ecclesiae contracta fuerunt». Alla nota 58 egli dice che: «Ut primum exemplum ordinarie refertur illa concessio a Gregorio Magno (590-604) Anglis facta ut possent in tertia et quarta generatione matrimonium contrahere». Tuttavia questa concessione, dice l'autore, è comunemente ritenuta piuttosto un privilegio.

[14] J. BRYS, *De dispensatione*, 11: «Usque ad saec. IX, nullus invenitur textus qui exhibeat definitionem iuridicam, etiam sensu latiori, dispensationis. Plures tamen reperiuntur textus, tum scriptorum, tum RR. Pontificum, qui rem ipsam describunt».

[15] J.H. BRENNAN, *The simple*, 11: «First, it is to be expected that convalidation would not have been developed fully at this period; second, that the principle of dispensation to which convalidation is necessarily joined was known; third, there are

riguardo a questi due argomenti in quanto tali, ma non possiamo non fare una breve analisi, perché il loro sviluppo dottrinale e pratico, caratterizza tutto l'istituto della convalidazione del matrimonio in questo periodo, fino al XIII secolo, dove pare con evidenza che in alcuni casi la rinnovazione del consenso divenga condizione necessaria per la *convalidatio*[16].

Molti autori ammettono che «*post factum*» le dispense furono comparativamente più frequenti, mentre quelle «*ante factum*» erano molto rare o inesistenti[17]. J. Brys invece dimostra fossero frequenti anche le dispense *ante factum* (o *ad faciendum*) anche prima del sec. IX[18].

La dispensa *post factum* comunque, altro non era che l'atto di rimedio ad una situazione irregolare, l'atto di convalidazione che abbiamo genericamente descritto sopra. Data la relazione tra *convalidatio* e *dispensatio*, si potrebbe quindi identificare l'inizio della storia della convalidazione del matrimonio con quella della legislazione ecclesiastica sulla dispensa[19].

Anche se i concetti non erano ancora del tutto sviluppati e chiari, i problemi maggiori nei casi di nullità matrimoniale, erano inerenti ai matrimoni nulli per impedimento di consanguineità, matrimoni tra parenti[20] e nel caso di incesto; i Padri perciò, nei primi sinodi o concili,

---

evidence of the use of convalidating power though its exact nature is not determinate».

[16] Cf. J. RUSSEL, *The «sanatio in radice»*, 7; R. SCHERER, *Handbuch*, II, 501; J.H. BRENNAN, *The simple*, 18.

[17] Tra gli altri Z.B. VAN ASPEN, *Ius Ecclesiasticum*, II, 4; R. SCHERER, *Handbuch*, II, 172-174; J.H. BOEHMER, *Ius Ecclesiasticum*, 38.

[18] «Error quo affirmatur ante saeculum IX non fuisse concessas dispensationes ante factum [...] Proinde falsum esse contendimus non fuisse concessas dispensationes ad faciendum, seu ut quid licite fieret contra legem, sed tantum ex post, seu quibus actus contra legem positi non impugnarentur, quamvis utique admittamus plerasque dispensationes ad faciendum fuisse concessas occasione facti praeteriti» (J. BRYS, *De dispensatione*, 25-26).

[19] Di questa opinione è P. SHERIDAN, *A historical review*, 37, che tra gli altri cita F.X. WERNZ, *Ius decretalium*, IV, 943, n. 644 e I.B. RIGANTIUS, *Commentaria*, 49, il quale nella sua esposizione storica dimostra che l'interesse storico sulla dispensa inizia con il problema del loro uso ai fini di rendere valido un matrimonio nullo o sanare una situazione irregolare. Ciò si ricava evidenziando il fatto che le dispense *post-factum* con gli effetti della convalidazione, sono le prime espressioni dell'istituto della dispensa: e che queste prime manifestazioni o vestigia sono localizzate particolarmente in atti di Concili o di Papi.

[20] Tra i popoli germanici, soprattutto i Franchi, anche se convertiti, si era soliti celebrare matrimoni tra consanguinei, a volte anche incestuosi, per favorire il bene

non solo rimediarono queste situazioni ma stabilirono severe proibizioni per il futuro[21].

È difficile comunque che per quei tempi si possa parlare di convalidazione così come la intendiamo oggi, perché la natura degli impedimenti era alquanto indeterminata e perché la rinnovazione del consenso era esigita pochissimo o era addirittura non menzionata[22].

---

dell'ambito familiare ed evitare troppe intromissioni esterne. Essi non cambiarono questa loro tradizione centenaria immediatamente dopo la conversione al cristianesimo, ma vivevano in unioni non accettate dalla Chiesa (e nemmeno dal diritto naturale). Cf. C. TALLARICO, *De matrimonii*, 26; J. RUSSEL, *The «sanatio in radice»*, 3-4.

[21] C. TALLARICO, *De matrimonii*, 23-25; 29 dove l'autore riporta il can. 61 del concilio Agatense in Gallia (506), proprio contro le unioni incestuose, in cui si dichiarava la «non separazione» dei coniugi, nonostante la legge di separazione dei congiunti; la legge dispensativa eliminava questi casi dalla categoria degli incestuosi: «De incestis coniunctionibus nihil prorsus veniae reservamus, nisi cum adulterium separatione sanaverint. Incestos vero nec ullo coniugii nomine praevalendos, praeter illos quos vel nominare funestum est, hos esse censemus: Si quis relictam fratris, quae pene prius soror extiterat, carnali coniunctione violaverit; si quis frater germanam uxoris accipiat; si quis novercam duxerit; si quis consubrinae subrinaeque se societ (quod ut a praesenti tempore prohibemus, ita et ea quae sunt ante nos instituta non solvimus); si quis relictae vel filiae avunculi misceatur aut patrui, vel privignae concubitu polluatur. Sane quibus coniunctio inlicita interdicitur, habebunt ineundi melioris coniugii libertatem» (Mansi VIII, 335). Questa legislazione fu ribadita anche nel concilio di Epaone (517) (cf. *CCL* 148A, 31-32, can. 30) e in quello di Orleans (538). In quest'ultimo si fece la distinzione tra matrimoni in buona fede ed in contumacia: nel 2° tipo, i coniugi dovevano essere separati, nel 1° potevano continuare a vivere insieme. Chi perseverava in futuro in un'unione incestuosa, doveva essere disgiunto con la separazione sanante. Ciò che la Chiesa decise era per contrastare soprattutto la scandalosa unione tra le famiglie di ricchi Franchi, che così risolvevano i problemi patrimoniali: «De incestis coniunctionibus ita quae sunt statuta serventur, ut his, qui aut modo ad baptismum veniunt aut quibus patrum statuta sacerdotali praedicatione in notitiam antea non venerunt, ita pro novitate conversationis hac fide suae credidimus consolendum, ut contracta hucusque huiusmodi coniugia non solvantur, sed in futurum, quod de incestis coniunctionibus in anterioribus canonibus interdictum est, observetur, id est, ut ne quis sibi coniugii nomine sociare praesumat relictam patris, filiam uxoris, relictam fratris, sororem uxoris, consubrinam aut subrinam, relictam avunculi vel patrui. Quod si qui in hoc incesti adulterio potius quam coniugio fuerint sociati, quamdiu se non sequistraverint, a communione ecclesiastica repellantur» (*CCL* 148A, 118-119, c.11 [10]). Cf. anche G. PERRONE, *De matrimonio Christiano*, II, 153-154, J.H. BRENNAN, *The simple*, 11 e P. SHERIDAN, *A historical review*, 38.

[22] J.H. BRENNAN, *The simple*, 18: «The early councils, [...] merely issued permission to those living in invalid marriages to continue in them. They did not require a renewal of consent». Per Wernz-Vidal in questi casi non essendo chiara la distinzione e la determinazione degli impedimenti, non ci si trovava in certi casi neanche di fronte

I concili di Verberie (756) e di Compiégne (757) sanzionarono una convalidazione generale automatica di tutti i matrimoni invalidi per impedimento di consanguineità del 4° grado fino ad allora contratti, tramite la mera e continua coabitazione degli sposi[23]. Una causa frequente di nullità matrimoniale era infatti il matrimonio tra parenti: in questi concili, oltre a queste sanazioni generali, si proibì contemporaneamente di celebrare matrimoni incestuosi per il futuro, cosa ribadita nuovamente dal concilio di Mainz II (874). Non si può comunque affermare che vi fosse una prassi o una legge fermamente stabilita[24].

Si tratta comunque anche in questi casi di dispense matrimoniali *post factum*, convalidanti matrimoni invalidi le cui cause erano ordinariamente pubbliche, ma non di rado anche meramente private.

Nei secoli seguenti (X-XII), in base all'evoluzione della dottrina su impedimenti e dispensa, avviene il passaggio dalle dispense generali a quelle per casi singoli e particolari, che venivano date sia per il bene delle parti, che per il bene comune, in caso di governanti di paesi o territori. Una delle prime fu nel 990 quando il Duca William di Astarac, sposò una donna legata a lui da consanguineità; egli persistette nella sua unione nonostante sapesse che essa non poteva essere sua moglie. Il Vescovo Garcias di Auch, dispensò l'impedimento convalidando il matrimonio: pare questa la prima decisione per un caso singolo, e la prima volta che la concessione fu fatta da un vescovo[25].

---

a un matrimonio nullo e quindi non necessitava la convalidazione o la dispensa (cf. F.X. WERNZ – P. VIDAL, *Ius matrimoniale*, 797, n. 660, nota 15).

[23] Cf. anche J.H. BRENNAN, *The simple*, 12; «The actual cohabitation of the parties could be understood as a sign of the perseverance of their first consent and would be sufficient to make the marriage valid after the impediment had been removed». C. TALLARICO, *De matrimonii*, 38 dice che: «Anno 756, Concilium Vermeriense in canone 1, simpliciter declarat quod qui inventi sunt in quarta coniunctione non sunt separandi, tamen eis iniungenda est poenitentia (*Monumenta Germaniae Historica, Capitularia Regum Francorum*, Hannoverae 1893, Leges, sect. II [1], 40)». Wernz – Vidal affermano che coloro che ignorandolo contraevano matrimonio in questi gradi e per molti anni avevano poi coabitato, la Chiesa tramite dispensa o dissimulazione, rimediava alla loro unione (cf. F.X. WERNZ – P. VIDAL, *Ius matrimoniale*, 409, n. 346).

[24] Cf. J. RUSSEL, *The «sanatio in radice»*, 11. Il concilio di Mainz (Duziacense II - cf. Mansi XVII 286), cita testualmente il concilio Agatense (vedi sopra, nota 21).

[25] Cf. J.H. BRENNAN, *The simple*, 14; C. TALLARICO, *De matrimonii*, 39ss. Quest'ultimo autore fa una carrellata di esempi di dispense *post-factum* nell'XI e XII secolo date per singoli casi. Per J. RUSSEL, *The «sanatio in radice»*, 15-16, i pontefici richiamarono i vescovi ad essere decisi in questi casi, ma nello stesso tempo a temperare la severità della legge in certe circostanze. Nei sinodi di questo periodo i vescovi continuarono la lotta contro i matrimoni illeciti e mostrarono una grande severità, con

Fino al papa Alessandro III[26] (1159-1181) la dispensa era una facoltà della Chiesa locale e veniva concessa secondo l'autorità di ogni singolo vescovo, mentre da Innocenzo III in avanti la cosa fu sempre riservata alla Santa Sede[27].

A conclusione di questa parte, pensiamo che anche in questo periodo storico si possa parlare in un certo modo di «convalidazione» del matrimonio, da intendere però in maniera concettualmente diversa rispetto alla legislazione odierna. Era infatti per lo più una «ratificazione» susseguente al matrimonio celebrato invalidamente, o in alcuni casi si trattava di una dissimulazione o di tolleranza della situazione, corrispondenti al concetto stesso degli impedimenti, che senza alcuna distinzione davano invalidità al vincolo. Il matrimonio diveniva legittimo ottenuta la dispensa o la ratificazione, così che le parti potevano rimanere nel vincolo matrimoniale già contratto.

Non si accenna, se non raramente, alla rinnovazione del consenso come condizione per la «convalidazione», se non nel caso in cui questo fosse mancato fin dall'inizio.

---

poche tracce di dispensa o convalidazione. Molte coppie chiesero la dispensa ai loro singoli vescovi che dovevano attenersi alle decisioni dei sinodi e alle quali generalmente si attennero con esattezza; in alcuni casi ne uscirono però con una certa rilassatezza legislativa nella prassi, in cui si «permettevano» situazioni insanabili, soprattutto per convalidare realtà di personaggi famosi o potenti che creavano scandalo. A volte l'accordare illegittimi matrimoni era per meno degni motivi: questo era il periodo in cui il ricco faceva considerevoli regali di terra o soldi alla Chiesa, fatti soprattutto se il donatore prevedeva come risultato della sua munificenza un'approvazione episcopale al matrimonio progettato o la convalidazione di uno già contratto invalidamente (vedi anche M.A. STIEGLER, *Dispensation*, 245). I vescovi non fecero molto nei casi di matrimoni invalidi perché molti erano contratti in buona fede, o con la connivenza dei preti locali e perché erano in grande numero, dato che la consanguineità invalidava fino al 7° grado. Nel caso di convalida non si fa comunque accenno a come questa avvenisse, se legata semplicemente all'ottenimento di una dispensa e quindi senza il rinnovo del consenso o se con qualche forma di rinnovazione o altro atto.

[26] Sotto il pontificato di Alessandro III la prassi di convalidare i matrimoni nulli deve essere posta principalmente come «dissimulazione», da cui si è evoluta la dispensa vera e propria. In questo periodo soprattutto nelle faccende matrimoniali dove la separazione si temeva potesse dare grande scandalo, o il contratto matrimoniale era stato fatto in buona fede o la separazione era ormai impossibile, si usava questa prassi, perché il silenzio era da preferire ad una vera e propria dispensa.

[27] Cf. J. DAUVILLIER, *Le mariage*, 201-205; M. CONTE A CORONATA, *De sacramentis*, n. 108ss.

1.2 Dal XIII sec. al Concilio di Trento

Come abbiamo sopra espresso, risulta per noi importante tenere sempre presente l'evoluzione della dottrina inerente agli impedimenti matrimoniali. Nel periodo che analizziamo ora, secondo C. Tallarico nel suo *De matrimonii convalidatione*, «avvennero due grandi mutazioni inerenti agli impedimenti matrimoniali»[28]: in primo luogo vi fu una chiarificazione terminologica tra *impedimentum* e *obstaculum*, e poi la riduzione ed abrogazione di diversi impedimenti nella legislazione del Concilio Lateranense IV del 1215.

Fino al sec. XII i termini *impedimentum* e *obstaculum* erano utilizzati indistintamente per ogni ostacolo alla celebrazione di un matrimonio valido[29]. La chiarezza e la distinzione vennero da Bernardo Papiensis, nella sua *Summa de matrimonio* con la concettualizzazione più chiara del termine *impedimentum*, il cui concetto fu espresso con questa formula «*impedit matrimonium contrahendum et dirimit contractum*»[30]. Con il termine *obstaculum* si intese solo ciò che ostacolava il matrimonio, ma non fino al punto di impedirlo rendendolo nullo (annullando anche il contratto). Stabilire ciò con più chiarezza fu utile per vedere se una determinata situazione concreta poteva rientrare nel caso di un matrimonio invalido *ob impedimentum*.

Ciò non bastava però a risolvere il problema del gran numero di matrimoni nulli, perché l'invalidità matrimoniale derivava soprattutto dall'impedimento di consanguineità, che era molto alto (fino al 7° grado) e anche dai tre generi di affinità con i relativi gradi[31].

---

[28] C. TALLARICO, *De matrimonii*, 43.

[29] Cf. F.X. WERNZ, *Ius decretalium*, IV, n. 217; V. ANDRIANO, «Problematica generale», 55.

[30] BERNARDUS PAPIENSIS, *Summa Decretalium*, 4,14,7;13; cf. C. TALLARICO, *De matrimonii*, 43-44.

[31] «Primum genus habet VII gradus prohibitos, unde dicitur, quod aequis passibus ambulat cum consanguinitate, [...] cumque primum genus VII gradus habeat, quilibet eorum impedit matrimonium contrahendum et contractum dividit (in nota, dirimit) [...] cum enim in consanguinitate quilibet gradus dividat contractum, igitur, cum primum genus aequis passibus ambulat cum consanguinitate, quilibet graduum primi generis potest contractum dirimere. Affinitas secundi et tertii generis etiam proprios gradus habet in quibus matrimonium vetatur. Primam dicit Papiensis habere tres gradus impedientes matrimonium et dirimentes contractum; ita si in quarto autem inventi fuerint coniuncti, non separentur, et ita impedit contrahendum, sed non dirimit contractum. De secunda, duo sunt gradus qui tantum prohibent et in his non facit distinctionem; unde videtur hos matrimonium contractum non dirimere. Loquendo de affinitate superveniente, Bernardus utitur verbo "irritari" relate ad matrimonium iam contractum, ita ut, separatione facta, liceat ei qui non peccavit, aliam ducere uxorem»

Nel concilio Lateranense IV si decise che i matrimoni erano invalidi per impedimento di consanguineità fino al 4° grado e non più al 7° e si abolirono anche il secondo e terzo genere nel concetto di affinità[32]. Secondo la comune opinione la nuova normativa doveva essere applicata solo ai matrimoni celebrati da allora in avanti, ma come ci si doveva comportare per i precedenti non era chiaro. Alcuni autori del tempo, tra

---

tractum, ita ut, separatione facta, liceat ei qui non peccavit, aliam ducere uxorem» (C. TALLARICO, *De matrimonii*, 44-45).

[32] È utile ora accennare come si computavano gli impedimenti di consanguineità e di affinità prima del Lateranense IV e come mutò nel tempo la legislazione. Per questo ci rifacciamo a P.M. ANDREINI, *De matrimonio*, 122-125: «Mentre per computare in linea retta non ci sono problemi, per quella collaterale nella storia del Diritto si sono avuti due metodi diversi: metodo romano e metodo germanico. Il Computo romano è molto semplice e consiste nella regola: tot gradus quot generationes. O tot gradus quot personae stipite dempto [...] ha la caratteristica di raddoppiare i gradi, e di non avere, per ovvie ragioni, il 1° grado in linea collaterale (p.122) [...] Dal tempo di S. Gregorio I (590-604) la Chiesa latina abbandona il computo romano per accettare il computo germanico, in cui in linea retta non vi sono differenze, mentre in linea collaterale si misuravano le due tratte di linea retta e si dava il grado della più lunga con la menzione della collateralità e, se del caso, della tangenza che avesse rilevanza nella prassi giuridica (di solito il 1° o 2° grado). Così tra fratelli la consanguineità era di 1° grado collaterale; fra cugini, di 2° coll., tra zio e nipote di 2° grado collaterale tangente primo. Mentre secondo il computo romano il primo caso è di 2° coll., il 2° caso di 4° coll., e l'ultimo caso è di 3° grado. (*Ibidem*, 123) [...] Prima del Concilio Lateranense IV l'impedimento vigeva fino al 7° grado secondo il computo germanico, quindi, secondo quello romano, dall'8° al 14°. [...] Il Lateranense IV con la Costituzione *Non debet* (Cost. n.50) limitò l'impedimento al 4° grado (nel computo romano dal 5° all'8°) [...] Il Codice del 1917 lo restrinse ulteriormente al 3° grado secondo il computo germanico (*Ibidem*, 124-125)». Per il *CIC* del '17 cf. can. 1076§2: *in linea collaterali irritum est usque ad tertium gradum inclusive, ita tamen ut matrimonii impedimentum toties tantum multiplicetur quoties communis stipes multiplicatur*. Nella legislazione attuale l'impedimento di consanguineità non si moltiplica più: *Impedimentum consanguinitas non moltiplicatur* (cf. can. 1091§3). Per la storia dell'impedimento di consanguineità vedi anche F.X. WERNZ, *Ius decretalium*, IV, 245-258, n. 409. L'impedimento di affinità al tempo del Lateranense IV era di primo, secondo e terzo genere, e si aveva quando era contratta rispettivamente mediante una, due o tre persone coinvolte nella relazione di affinità. Con il Concilio furono aboliti il 2° e 3° genere, rimanendo solo il 1° sia in linea retta, che collaterale (cf. F.X. WERNZ – P. VIDAL, *Ius matrimoniale*, 430, n. 361). Per la legislazione dei codici, P.M. Andreini dice che: «Il 1° Codice stabiliva l'impedimento in tutta la linea retta ed in linea obliqua fino al 2° grado del computo germanico. Inoltre continuava la possibilità della moltiplicazione dell'affinità (can. 1077). Il codice ora vigente ha abolito l'impedimento nella linea collaterale, lasciandolo però in tutta la linea retta (can. 1092. *Affinitas in linea recta dirimit matrimonium in quolibet gradu*)» (P.M. ANDREINI, *De matrimonio*, 130).

cui Goffredo da Trani e Giovanni D'Andrea (*Novella*, 4,14,8, ad gl. *De cetero*) richiedevano un rinnovo espresso del consenso, mentre per altri come Giovanni Teutonico (*De cetero Novella*, 8,10,4,14) e Bernardo da Parma bastava una ratificazione implicita tramite la continua coabitazione[33]. J. Russel, nel suo studio sulla *sanatio in radice* prima di Trento, sostiene che la nuova normativa doveva essere applicata solo ai matrimoni celebrati da allora in avanti, mentre quelli contratti prima erano convalidati solo se la coppia rinnovava il proprio consenso[34].

Per C. Tallarico i vincoli matrimoniali contratti prima del 1215, non erano convalidati automaticamente e i coniugi illeciti dovevano separarsi; per lui «il Concilio non disse nulla su come si dovevano sanare queste situazioni»[35]; per lui la rinnovazione del consenso non era richiesta espressamente: perseverante il consenso matrimoniale, questo diveniva subito valido, senza alcuna dispensa o rinnovazione del consenso, purché quello prestato all'inizio non fosse stato revocato[36].

È utile ricordare un'altra riforma attuata nel Lateranense IV: la prescrizione delle pubblicazioni previe al matrimonio[37], prima esplicita statuizione contro la clandestinità delle celebrazioni, a cui mirò specificatamente il Concilio di Trento con lo stabilire *ad validitatem* la forma canonica.

Chiarita e meglio determinata la legislazione nel Lateranense IV, quale prassi tennero i pontefici nel concedere le dispense e nel convalidare dopo il 1215?

---

[33] Cf. anche INNOCENZO IV, *De eo qui duxit, c. propositum*, in *Les registres d'Innocent*, IV.

[34] Cf. J. RUSSEL, *The «sanatio in radice»*, 23: «According to the common opinion, this change in the law affected subsequent marriages only previously contracted marriages invalid because of consanguinity or affinity in the fifth degree were convalidated only when the couple renewed their consent». Cf. anche J. DAUVILLIER, *Le mariage*, 150.

[35] C. TALLARICO, *De matrimonii*, 48: «Fueruntne eo ipso convalidata per hoc Concilii decretum? Authomatice, certe non; nam modificatio non erat de se retroactiva, ut saltem ex ipsis verbis decreti deduci potest; unde coniuges separari debuerunt. Sed quaenam fuit in hac re legislatoris intentio? Concilium expresse nihil edixerat».

[36] «Verum cum impedimenta per decretum Concilii sublata fuerint et ex altera parte renovatio consensus non exigeretur, perdurante consensu matrimonia statim valida effecta sunt sine ulla dispensatione vel consensus renovatione, dummodo consensus semel praestitus non fuerit revocatus» (C. TALLARICO, *De matrimonii*, 48).

[37] Cf. X.3,4,3; C. TALLARICO, *De matrimonii*, 86. La prescrizione delle pubblicazioni non era comunque ad validitatem.

Immediatamente dopo la sua celebrazione e le decisioni relative, qualche dispensa eccezionalmente fu concessa, soprattutto sotto il pontificato di Innocenzo III (1198-1216)[38].

Anche Onorio III (1216-1227) concesse poche dispense seguendo l'esempio del suo predecessore, e parimenti Gregorio IX (1227-1241) ne concesse raramente se non per grave causa e nei casi di buona fede, perché diceva che l'aver ridotto i gradi degli impedimenti e aver chiarito maggiormente gli impedimenti stessi, automaticamente restringeva la possibilità di ignoranza e di dispensa[39].

Innocenzo IV (1243-1254) invece fu molto meno rigido dei predecessori: concesse infatti dispense convalidanti molto facilmente, per cause non sempre valide o per pubblica utilità, e delegando con molta facilità questa facoltà a qualcuno in sua vece[40].

Nei casi concreti di questi pontefici, ottenuta la dispensa perché il matrimonio fosse convalidato, era importante che fosse consumato e non era richiesta la rinnovazione del consenso: ciò si spiega, come abbiamo visto nel primo capitolo, perché il consenso una volta prestato si presumeva perseverare e veniva confermato tramite la copula maritale lecita, supplementare al consenso prestato[41].

---

[38] Innocenzo III usò il mezzo della *dissimulatio* per convalidare un matrimonio celebrato inconsapevolmente con il 6° grado di consanguineità, in risposta a Enrico, Arcivescovo Gnesense, che chiedeva la dispensa. Ed anche nei casi di mala fede (di contumacia), pro bono prolis, Innocenzo III convalidava nel 1207 un matrimonio invalido per il 4° grado di affinità. Nel 1213 disse che in un matrimonio contratto tra consanguinei, convalidato per una falsa causa espressa, la dispensa era invalida se non era confermata da lui; sull'operato di Innocenzo III, cf. J. DAUVILLIER, *Le mariage*, 201; C. TALLARICO, *De matrimonii*, 52-54; J. RUSSEL, *The «sanatio in radice»*, 24: «Innocent III granted 11 or 12 dispensation for individual marriages submitted to his judgment; of these 6 were ex post facto and were prompted by motives of public or private interest».

[39] Per una carrellata completa sulla prassi papale inerente alla dispensa in questo periodo cf. C. TALLARICO, *De matrimonii*, 53-70 con il relativo apparato critico.

[40] Nel 1253 egli concesse una dispensa non comune per un matrimonio nullo per impedimento di età e per 4° grado di consanguineità. Molte volte la causa principale delle dispense da lui concesse era pro bono prolis. Cf. INNOCENZO IV, Lettera del 2 maggio 1253, *Regesta*, n. 14953.

[41] C. TALLARICO, *De matrimonii*, 63: «Itaque, non obstante rubrica et conclusione sub casu modo allato, in dictis exemplis nonnisi convalidationes erui debent; nam obiective sumpta ista matrimonia iam ab initio invalide contracta fuerunt. Ideo cum dispensatio peteretur ut valerent ista consummari, hac concessa, minime exigebatur consensus renovatio; [...] Insuper necessitas renovationis consensus iuris tantum est ecclesiastici».

Nel 1281 si ebbe un caso di esplicita richiesta di rinnovazione del consenso. Il 5 settembre di quell'anno un rescritto della Sacra Penitenzeria concedeva la dispensa per un matrimonio invalido, contenendo la clausola: «*postquam de novo consenserint*»[42].

A parte questo caso di rinnovazione, in seguito la volontaria coabitazione e il volontario uso del matrimonio (soprattutto nel XV secolo) erano ancora considerati sufficienti per convalidare il matrimonio; non si può infatti concludere che la richiesta della *renovatio consensus* divenne presto universale e vincolante, ma si può dire che in questo periodo se ne trovano le prime tracce[43].

---

[42] Cf. J.H. BRENNAN, *The simple*, 18. Niccolò IV (1288-1292) nel suo pontificato concesse la dispensa ad un matrimonio nullo per consanguineità e per coazione nel consenso della donna. Il Pontefice prima che convalidasse il matrimonio e concedesse la dispensa richiese che il consenso fosse emesso nuovamente, anche se la donna conviveva nella pace dopo tanti anni nonostante la violenza iniziale. Il consenso doveva essere supplito dato che non fu dato in modo valido (il consenso infatti fa le nozze) anche se lo stesso consenso si poteva pensare fosse stato prestato con diversi atti impliciti (coabitazione o copula maritale) cf. NICCOLÒ IV, Lettera del 19 dicembre 1289, in *Regesta*, n. 16250.

[43] Non si deve dimenticare che fino al XVII° secolo il consenso era considerato sempre inesistente in presenza di un impedimento. Per questo andava sempre rinnovato: a volte si richiedeva una renovatio esplicita, altre lo si considerava tale a causa della coabitazione nel tollerare la situazione di fatto. Cf. J.H. BRENNAN, *The simple*, 18-19. L'autore afferma che: «Previous to the Council of Trent the renewal of consent was usually not necessary in dispensation that were granted by Sacred Penitentiary. In dispensation granted before the Council of Trent from the impediment of affinity arising from illicit copula, there was no clause demanding a new consent». Anche J. Russel sostiene che nel periodo classico del diritto canonico non esisteva un precetto generale che espressamente richiedesse la rinnovazione del consenso alla rimozione o sparizione di un impedimento matrimoniale. Per lui comunque la necessità della rinnovazione può essere dedotta da un certo numero di decretali; egli prende ad esempio la «*Veniens*» (X.4,7,7) dove si tratta il caso di un uomo bigamo e la cui 2ª moglie era ignara del primo matrimonio del partner. L'uomo si era poi pentito e aveva deciso di tornare dalla 1ª moglie, solo che lei nel frattempo era morta. Egli allora ritornò dalla 2ª e Innocenzo III decretò che lo poteva fare a condizione che avesse rinnovato il consenso. Russel fa notare che i commentatori spiegano la decisione sul fatto che il consenso dell'uomo con la 2ª moglie era nullo durante il tempo della vita della 1ª moglie e il consenso della 2ª moglie era parimenti nullo, anche se dato in buona fede. Dopo la morte della 1ª si presumette che essa avesse continuato nel suo primo e invalido consenso, fino a che arrivò alla conoscenza della situazione. Per convalidare quindi il loro matrimonio, fu necessaria la rinnovazione da parte di entrambi o piuttosto lo scambiarsi per la prima volta un vero consenso matrimoniale. Questo si spiega perché a quei tempi l'esistenza di un impedimento dirimente il matrimonio, viziava internamente il consenso: un consenso invalido era considerato semplicemente inesistente.

Si stima in generale, nel cosiddetto periodo post-classico, una diminuzione delle dispense matrimoniali *post-factum*, anche se era frequente la prassi di convalidare i matrimoni, soprattutto se erano stati contratti in buona fede, purché fin allora perdurasse una giusta causa. Questa notevole diminuzione si vede specialmente dopo la proibizione, sotto pena di scomunica, data da Clemente V (nel 1524)[44] per i matrimoni contratti in mala fede. Molti infatti erano i matrimoni consapevolmente contratti tra consanguinei e quelli attentati da religiosi, preti e suore: per questi Clemente V decretò che non si poteva dispensare. Per cui la convalidazione si occupò quasi esclusivamente dei vincoli contratti per ignoranza e perciò il numero delle concessioni di convalidazione diminuì[45].

Il periodo classico e post-classico comunque si caratterizzano per una più chiara definizione degli impedimenti matrimoniali ed una conseguente chiarezza nel valutare l'invalidità matrimoniale nelle varie situazioni. Vi è un inasprimento nella concessione della dispensa «convalidante» il vincolo a causa della maggiore divulgazione della dottrina matrimoniale e canonica, che ebbe come conseguenza i primi casi di richiesta di rinnovazione del consenso come clausola condizionante l'ottenimento della convalidazione del matrimonio.

1.2 Dal Concilio di Trento a Benedetto XIV (1740-1758)

Come è noto prima del Concilio di Trento, la Chiesa non impose mai alcuna forma specifica per una valida costituzione del matrimonio, fondandosi sul fatto che questo fosse un contratto consensuale[46]. Abbiamo visto che si dava valenza consensuale alla copula intervenuta tra fidanzati, anche se la Chiesa, dopo il Lateranense IV dichiarò gradualmente questa forma come «illecita», pur considerandola valida[47]: essa pretese sempre più che le nozze fossero celebrate in *faciae Ecclesiae*.

Sostanzialmente poco prima del concilio erano considerati come clandestini quei matrimoni contratti senza le prescritte solennità (con-

---

(cf. J. RUSSEL, *The «sanatio in radice»*, 95-96). Che la rinnovazione dovesse essere fatta per tutti gli impedimenti non era in questione in quel periodo, e l'unico disaccordo era il modo in cui questo doveva essere fatta (cf. *Ibidem*, 97, nota 65 – attraverso parole o un segno equivalente; per Innocenzo IV bastava la continua coabitazione).

44 Cf. P. CORRADUS, *Praxis dispensationum*, 8,3,3.
45 Cf. C. TALLARICO, *De matrimonii*, 74-75.
46 Cf. F.X. WERNZ, *Ius decretalium*, IV, 199-200.
47 Cf. F.X. WERNZ, *Ius decretalium*, IV, 200-202; F. CAPPELLO, *De Matrimonio*, 593, n. 658.

senso espresso di fronte al sacerdote che benediceva le nozze), quelli celebrati senza la presenza dei testimoni, e quelli non preceduti dalle pubblicazioni prescritte dal Concilio Lateranense IV[48].

Nel Concilio di Trento, il decreto *Tametsi* dell'11 novembre 1563, introduce nella legislazione ecclesiastica la forma canonica *ad validitatem*, per ovviare alla problematica dei matrimoni clandestini, ribadendo ed insistendo anche sulla necessità delle pubblicazioni canoniche da premettere alla celebrazione.

Nonostante questa precisa determinazione legislativa, nel periodo seguente i problemi pratici inerenti alla sua applicazione e comprensione furono diversi. Il primo era constatare dove il decreto era in vigore: esso infatti non divenne subito operativo in tutta la Chiesa, ma solo nei paesi in cui venne pubblicato. Pubblicare il decreto non era una cosa facilmente attuabile e in parecchi casi l'avvenuta pubblicazione non era facilmente constatabile: di conseguenza non sempre si poteva accertare se le parti in un determinato territorio fossero soggette al *Tametsi*, sia ai fini della celebrazione che, indirettamente, a quelli della convalidazione[49].

Un altro problema fu quello di determinare con chiarezza quale fosse il parroco «proprio» a cui doversi rivolgere per la celebrazione secondo la forma canonica, così come era richiesto dal decreto[50]. Infine la legislazione tridentina stabilì che nella forma di celebrazione richiesta ora *ad substantiam*, la presenza del parroco e dei testimoni alla manifestazione del consenso delle parti, non doveva essere attiva, ma passiva; il parroco e i testimoni avevano solo un ruolo di testi qualificati: al solo ascoltare lo scambio dei consensi delle parti, il matrimonio era contratto validamente[51].

---

[48] Cf. N. PEDERZINI, *L'apporto di Papa Benedetto XIV*, 84.

[49] Cf. J.H. BRENNAN, *The simple*, 23: «As a matter of fact, there were many parishes where it was never published due to the interference of secular rules and even of ecclesiatical authorities themselves. In other parishes it was almost impossible to know whether or not it had been published». Cf. C. TALLARICO, *De matrimonii*, 86. BENEDETTO XIV, *De synodo*, 12,5,6: «Publicatione praesumi, ubi id decretum fuerit aliquo tempore in parochia, tamquam decretum Concilii, observatum».

[50] CONC. TRIDENTINO, Sess. 24, *De ref. matr.*, cap. I, in *COD* 756: «Statitque, benedictionem a proprio parocho fieri, neque a quoquam, nisi ab ipso parocho, vel ab ordinario licentiam ab praedictam benedictionem faciendam alii sacerdoti concedi posse, quacumque consuetudine, etiam immemorabili, quae potius corruptela dicenda est, vel privilegio non obstante».

[51] P.M. Andreini afferma che: «Dalla storia del Concilio di Trento risulta che i Padri non vedevano l'assistente come ministro del sacramento, ma neppure dettero

Le conseguenze relative a questi problemi furono diverse. In primo luogo l'introduzione della forma canonica *ad validitatem*, fece sorgere un altro caso di invalidità matrimoniale, quello per vizio di forma, sia perché le parti non osservavano la forma canonica pur essendone soggetti, sia perché la osservavano, ma non di fronte al parroco competente o ad altro sacerdote debitamente delegato.

In secondo luogo si ebbero delle conseguenze anche ai fini della convalidazione sia per i matrimoni nulli da impedimento, che per vizio di forma[52]: nella concessione delle dispense *ex post facto* i nodi da sciogliere riguardavano la necessità o meno di rinnovare il consenso, in quale forma, e individuare chi ne era veramente soggetto. Il problema era quindi se e come doveva essere operata questa convalidazione, soprattutto se doveva essere rinnovato il consenso e secondo quali modalità (utilizzando o meno la forma canonica).

Il *Tametsi* non dà alcuna indicazione a questo proposito: dice solo che se il matrimonio era stato contratto con le debite solennità e dopo era stato scoperto un impedimento dalle parti o dall'autorità ecclesiastica, la dispensa poteva essere concessa solo se le parti erano in buona fede[53]; non dice nulla però riguardo all'eventuale necessità di rinnovazione del consenso.

C. Tallarico fa notare che nei casi di invalidità per impedimento, le dispense *ex post facto* prima del concilio erano concesse con le parole «*ut in contracto matrimonio remanere possint*», non richiedendo certamente una rinnovazione del consenso[54]. Questa infatti, come vedremo

---

all'assistenza una valenza giurisdizionale. Come ha scritto il Card. Pallavicino nella sua Historia Concilii Tridentini, 22, cap. 8, nn. 16-17, per garantire la pubblicità della celebrazione, si era pensato ad un notaro come teste autorizzabile, ma considerando che in molte parrocchie non è facile trovarlo, ripiegarono sul parroco il quale, quindi, fungeva solo come teste qualificato o, come si dice anche, autorizzabile, restando comunque ministro sacro del sacramentale» (P.M. ANDREINI, *De matrimonio*, 230). Sarà con il decreto *Ne temere* (1904) di Pio X, che l'assistenza avrà un ruolo più attivo, giuridicamente più rilevante: l'assistente dovrà richiedere e ricevere, a nome della Chiesa e per la validità del matrimonio, il consenso delle parti, assumendo un ruolo più giurisdizionale.

[52] Pareva chiaro a quei tempi che alla nullità per vizio di consenso, ai fini della convalidazione esso si doveva necessariamente prestare di nuovo, o si potevano applicare le già menzionate presunzioni.

[53] CONC. TRIDENTINO, Sess. 24, *De ref. matr.*, cap.V, in *COD* 758: «Si vero solemnitatibus adhibitis impedimentum aliquod postea subesse cognoscatur, cuius ille probabilem ignorantiam habuit, tunc facilius cum eo, et gratis, dispensari poterit».

[54] C. TALLARICO, *De matrimonii*, 90: «Ipse animadvertit stylum Curiae ante Concilium Tridentinum in dispensando "ex postea" usum fuisse huiusmodi verbis: ut in

nell'analisi delle fonti dei canoni e come sostiene anche Tallarico, fu gradualmente introdotta man mano che la legislazione di Trento si diffondeva e veniva applicata: sempre più nelle dispense fu aggiunta la clausola «*de novo praestito consensu*»[55].

Alcuni accenni su come venivano affrontate le varie situazioni pratiche ci vengono da J.H. Brennan, nel suo libro *The simple convalidation of marriage*, il quale sostiene che dopo Trento

> sorse una nuova necessità e un nuovo metodo nella convalidazione dei matrimoni, dovendosi convalidare un matrimonio invalido a causa della mancanza della forma appropriata nella prima celebrazione. Questa nuova regolazione riguardava solo i matrimoni di quelle persone che erano legate alla forma tridentina. Nelle regioni in cui la forma tridentina non era in vigore, la rinnovazione del consenso e la convalidazione avveniva come prima del Concilio di Trento[56].

Egli fa notare che se vi era un'invalidità dovuta ad un vizio di forma, per chi era soggetto al *Tametsi* la convalidazione avveniva tramite la rinnovazione del consenso nella forma tridentina, davanti al parroco e a due o tre testimoni, da effettuare pubblicamente, se la nullità era notoria, segretamente se non lo era. Se invece due persone soggette a Trento, emigravano in una zona non soggetta (dove cioè il *Tametsi* non era pubblicato), esse non erano tenute a ricelebrare il matrimonio e convalidavano la loro unione rinnovando il consenso personalmente, tramite

---

contracto matrimonio remanere possint "et aliis similibus", ut ex praecedentibus constat. Si haec praxis adhuc vigeret post Tridentinum, certum esset renovationem consensus non requiri».

[55] C. TALLARICO, *De matrimonii*, 90: «Attamen, reformata antiqua disciplina, serium dubium, praecise circa consensum renovandum aderat, ita ut ex discussionibus et deliberationibus decretum Tametsi subsequentibus, decisum esset in posterum addendam esse dispensationibus eiusmodi clausulam: "de novo praestito consensu"». Per i documenti – fonti dei canoni vedi questo cap. punto 2.1. Per un esempio dell'introduzione di questa clausola cf. *Appendix I*, «Circa matrimonii convalidationem», in *ASS* 2 (1865) 52-53.

[56] J.H. BRENNAN, *The simple*, 23: «Thus arose a new necessity and a new method in the convalidation of marriages, convalidating a marriage invalid because it lacked the proper form in the first celebration. This new regolation affected the marriages only of those persons who were bound by the Trindentine form. In regions where it was not in force the renewal of consent and the convalidation of marriage was effected in the same manner as before the Council of Trent». Cf. anche P. GASPARRI, *De matrimonio*, 255, n. 1194.

le parole o trattenendo relazioni matrimoniali con la debita intenzione maritale[57].

Nonostante queste ultime affermazioni, abbiamo già accennato che il cammino per stabilire come e in quali casi si dovesse rinnovare il consenso non fu facile, perché ci fu una grande incertezza anche subito dopo il decreto tridentino. Fu il Navarrus ad affrontare la problematica in un breve scritto dopo il Concilio[58].

L'autore sostiene che prima di Trento il permesso o la dispensa matrimoniale di rimanere nel matrimonio erano dati senza menzionare la necessità di rinnovare il consenso; dopo il concilio la situazione era incerta. Il dubbio fu sottoposto alla sacra Penitenzeria, a cui solitamente erano dirette le domande: era necessario per la convalidazione la presenza del prete (parroco) e dei testimoni e quindi della forma canonica? Per risolvere questo problema furono necessarie 3 sessioni plenarie della Congregazione di cui Navarrus era consultore. I canonisti papali dissero che la rinnovazione non era necessaria. Essi argomentarono che il permesso di rimanere nel matrimonio invalido era equivalente alla *dispensatio in radice* e in accordo con l'insegnamento comune, il matrimonio si convalidava senza alcuna rinnovazione. Dall'altra parte i teologi papali erano di opinione opposta, dato che per essi non vi era vero sacramento senza un legittimo consenso che poteva essere dato solo dopo la rimozione dell'impedimento. Il papa non avrebbe potuto supplire ad un inesistente consenso e le coppie dopo la dispensa avrebbero dovuto riaccordarsi. Questi argomenti convinsero l'intera assemblea che approvò la seconda prassi come necessaria[59] e la posizione della

---

[57] Cf. J.H. BRENNAN, *The simple*, 23-24. Oltre a questo se il difetto di consenso originante la nullità del matrimonio non poteva essere provato in foro esterno, alle parti era consentito esprimere il proprio consenso implicitamente, come per es. con l'uso dei diritti matrimoniali. Nel caso di impedimento, se questo era occulto, il rinnovo non doveva essere pubblico, ma se l'impedimento poteva essere provato il consenso doveva essere rinnovato pubblicamente. In quest'ultimo caso la mera coabitazione o l'unione carnale era insufficiente ad effettuare la convalidazione, non come prima di Trento dove, come abbiamo visto, la pratica era molto diversa e il matrimonio poteva essere convalidato con la mera coabitazione e con l'unione sessuale.

[58] M. DE AZPILCUETA, *Consiliarum*, Lib IV, *De sponsalibus*, cons. 14. L'episodio è ben esposto da J. Russel nel suo libro sulla *sanatio in radice*: cf. J. RUSSEL, *The «sanatio in radice»*, 98-99.

[59] M. DE AZPILCUETA, *Consiliarum*, Lib IV, *De sponsalibus*, cons. 11. Cf. J.H. BRENNAN, *The simple*, 28 in cui l'autore sostiene che l'uniformità nel richiedere il rinnovo del consenso dopo il Concilio Tridentino, deriva probabilmente dal fatto che la Chiesa desiderava rinnovare radicalmente la legge del matrimonio e sal-

Penitenzeria convinse Navarrus che la applicò sia per la *sanatio* che per la *convalidatio simplex*[60].

Le idee di Navarrus, come fa notare Russel[61], sono collegate a quelle di T. Sánchez. Egli sosteneva che per tutti i casi di nullità da impedimento matrimoniale (sia di diritto naturale che ecclesiastico), non era possibile emettere un consenso naturalmente sufficiente; questi non solo era giuridicamente inefficace a causa dell'ostacolo, ma era addirittura inesistente. Ottenuta quindi la dispensa *ex post facto*, era sempre necessario rinnovare il consenso per convalidare il matrimonio, rinnovazione necessaria *iure naturali*, e non si poteva applicare in nessun caso la sanazione in radice[62].

Queste idee erano diffuse tra gli studiosi del XVI-XVII sec. ed anche nella prassi ecclesiale del tempo; sarà Benedetto XIV a cambiare le cose, dispensando i matrimoni per impedimento di diritto ecclesiastico, ritenendo possibile la presenza di un consenso naturalmente sufficiente anche in caso di impedimento. Egli sosteneva la necessità di rinnovare il consenso nella convalidazione semplice e anche in alcuni casi l'appli-

---

vaguardare la nuova forma introdotta, la cui forza poteva essere sconfitta se le parti avessero potuto convalidare il loro matrimonio senza il rinnovo del consenso. Un matrimonio invalido per un impedimento occulto avrebbe potuto essere dissolto in ogni momento: la rinnovazione del consenso assicurava e rendeva certa la validità agli occhi della Chiesa, sebbene non ci sarà una legge «formale» ed universale fino al Codice del 17.

[60] Cf. J. RUSSEL, *The «sanatio in radice»*, 98-99.

[61] «From him this doctrine passed into the writing of Sánchez, with whose name it usually connected» (J. RUSSEL, *The «sanatio in radice»*, 99).

[62] T. SANCHEZ, *De disputationibus*, lib. VIII, disp. 35, n.2: «Ceterum omnino tenendum est id matrimonium minime convalescere, nisi novus utriusque consensus accedat: quia primus fuerit omnino ex parte utriusque invalidus, eo quod super illegitimam materiam ceciderit, denuo uterque renovandus est, nec durare potest consensus, qui nullus omnino fuit, cum enim permanentia exsistentiam supponat: consensus qui nunquam extitit, permanere nequit». Fanno riferimento a Sánchez: T.M. VLAMING, *Prealectionis*, 353, n. 764, nota 3 ; F. CAPPELLO, *De matrimonio*, 781, n. 844; I. Ubach, nella sua *Theologia Moralis*, afferma: «Contrarium opinabantur nonnulli veterum, sed eorum rationes erant infirmae. Aiebant enim "numquam convalidari quod ab initio est invalidum" (s. Alfonso), vel "invalidum esse consensum qui cadat super materiam inabilem (Sánchez, lib. VIII, disp. 35, n.2), non attendentes quod primum illud axioma intelligi debet de re natura sua, non ob solum obicem extrinsecum, invalida, fundatur enim in hoc, quod natura cuiusvis rei mutari nequeat; similiter altera ratio vera tantum est quando consensus cadit super materiam natura sua ineptam, non mero extrinseco legis statuto ineptam» (I. UBACH, *Theologia Moralis*, 626, n. 2842). Cf. anche U. NAVARRETE, *De convalidatione*, 53.

cazione della sanazione in radice senza la necessità della rinnovazione[63]. Torneremo sull'opera di Benedetto XIV più avanti.

Facendo un passo indietro, la S. Congregazione di Propaganda Fide, il 20 aprile 1607 in una sua dichiarazione decretò che tutte le volte che i missionari avessero giudicato di dispensare (convalidare) in un matrimonio contratto con qualche impedimento dirimente, procurassero che ciò avvenisse con la rinnovazione del consenso[64].

C. Tallarico, nella sua tesi, fa diversi esempi su come e quando dopo Trento si utilizzò la forma del *Tametsi* per convalidare i matrimoni e come questa prassi, in base a casi e circostanze si è evoluta. Egli nota che quando si tratta di impedimento pubblico, si deve osservare la forma canonica anche se è già stata usata.

Anche nei casi di violenza o *metu* pubblico o occulto si deve rinnovare il consenso, benché basti segretamente. Unica eccezione si ha per gli impedimenti occulti, in cui il consenso non si deve ripetere, purché sia stata usata la forma canonica nella prima celebrazione (se a questa i coniugi erano obbligati).

Riguardo ai matrimoni clandestini, l'unico modo per convalidare è l'uso della forma canonica (sempre che le persone ne siano soggette)[65].

Nei casi di impedimento *ligaminis* e anche per *crimen*, la rinnovazione del consenso deve avere luogo e nella forma tridentina, dopo aver verificato, per concedere la dispensa, che non ci sia stata la macchinazione per la morte del coniuge e anche l'adulterio. Nei matrimoni nulli per disparità di culto o per poligamia erano necessarie delle garanzie:

---

[63] BENEDETTO XIV, *Institutiones* 87, 80: «Si non agitur de impedimento erroris personae, quod refertur ad ius naturale, sed de aliis impedimentis, quae a iure scripto decernuntur, non solum de medio aufferre potest incommoda, quae iam secuta ab illo sunt, uti constat cotidiana experientia, cum in radice matrimonii legitimam prolem declarat, sed etiam ob consensum naturalem ab initio praestitum, dispensare potest, si velit, a renovando consensu». Quezada Toruño dice che: «La mayor parte de los canonistas postridentinos exigían en la dispensa en raíz la renovación del consentimiento, si deseaba revalidarse el matrimonio, ya que el consentimiento había sido inexistente debido al impedimento dirimente. Pues bien, Benedicto XIV afirma no ser necesaria tal renovación en esta dispensa» (R. QUEZADA TORUÑO, *La perseverancia*, 23). Altri luoghi in cui il Pontefice insegna che non è necessaria la rinnovazione del consenso per la sanazione in radice: BENEDETTO XIV, *Quaestio canonica,* 174; 183, n. 25; ID., *De synodo*, 13,21,7. Riporta lo stesso anche U. NAVARRETE, *De convalidatione*, 52.

[64] «Meminerint missionarii, quotiescumque necesse iudicaverint dispensare in matrimoniis contractis cum aliquo impedimento dirimente, procurandam ab ipsis esse renovationem consensus», riportato da G. PERRONE, *De matrimonio christiano*, 155.

[65] Cf. C. TALLARICO, *De matrimonii*, 101-115.

che un coniuge fosse veramente cattolico e che si permettesse la pratica della fede.

I coniugi dovevano essere debitamente istruiti della necessità di rinnovare il consenso, che in caso di pericolo di persecuzione o di scandalo era sufficiente fosse fatto in maniera privata, manifestata, per quanto possibile, al coniuge infedele la nullità del primo matrimonio. C. Tallarico affronta anche altri casi, che molto si avvicinano alla dottrina e alla prassi attuale; chiaro è per l'autore, che la clausola «*de novo consenserit*», aggiunta dalla prassi della S. Penitenzeria al *Tametsi*, fosse obbligatoria almeno per i matrimoni invalidi per impedimento pubblico[66].

Egli fa anche notare che dopo Trento, quando la clausola della rinnovazione del consenso venne sempre più utilizzata alla concessione delle dispense matrimoniali, sorse un'altra difficoltà: dovendosi infatti rinnovare il consenso, si doveva presupporre la conoscenza e la certezza del matrimonio invalido ed era necessario che la parte conscia manifestasse all'altra la causa della nullità. Vi era però il pericolo di un eventuale divorzio o l'infamazione della parte che ne veniva informata; per ovviare a questo si usava spesso la *sanatio in radice*[67].

Per concludere l'analisi storica di questo periodo consideriamo l'apporto giuridico e dottrinale di papa Benedetto XIV (1675-1758) in campo matrimoniale.

Dai suoi scritti, in particolare dall'*Institutiones* n. 87, un'istruzione ai parroci e ai confessori per risolvere alcune difficoltà inerenti al matrimonio, si ricava che il pontefice ha chiara la distinzione che intercorre tra la convalida semplice del matrimonio e la sua sanazione in radice[68] (che considera come un mezzo straordinario)[69].

Nella sanazione in radice egli non richiede la rinnovazione del consenso[70], mentre nella convalida semplice (per un matrimonio invalido ad es. per impedimento dirimente) sostiene che «secondo la disposizione del diritto comune è necessario un vero nuovo consenso di ambedue

---

[66] Cf. C. TALLARICO, *De matrimonii*, 91.
[67] Cf. C. TALLARICO, *De matrimonii*, 92.
[68] Cf. N. PEDERZINI, *L'apporto di Papa Benedetto XIV*, 199.
[69] «Bendicto XIV en la *Quaestio canonica* 87, n. 80 y en la Const. *Esti matrimonialis* contempla la sanación como medio extraordinario no sólo de legitimación, sino también de revalidación del matrimonio» (R. QUEZADA TORUÑO, *La perseverancia*, 23, nota 87).
[70] Vedi sopra, nota 61.

i contraenti»[71], una rinnovazione richiesta *ad validitatem* per legge ecclesiastica[72].

Per il pontefice se il matrimonio fu celebrato pubblicamente e pubblico è anche l'impedimento, la rinnovazione deve essere pubblica; anche nel caso di impedimento occulto la rinnovazione deve avvenire, ma basta avvenga tra i due contraenti privatamente[73], o tramite la copula coniugale[74].

Per rinnovare è necessario in alcuni casi informare la parte ignara, soprattutto nel caso di nullità pubblica, in quanto la conoscenza della nullità è condizione per poter rinnovare e convalidare il matrimonio[75].

---

[71] BENEDETTO XIV, *Institutiones* 87, n. 68: «Si quidem illud Poenitentiariae mandatum innitur iuri communi, quod pro matrimonio rite confirmando expostulat novum ab coniugibus consensum».

[72] Cf. N. PEDERZINI, *L'apporto di Papa Benedetto XIV*, 200.

[73] BENEDETTO XIV, *Institutiones* 87, n. 62: «Magno studio disceptatum olim fuit, utrum novus hic consensus, qui matrimonium reipsa constituit, coram Parocho, ac duobus testibus peragendus videretur. Attamen nulla difficultas amplius superest, si discrimen inter occulta, et publica impedimenta habeatur. Si matrimonium publice initum est coram Parocho et duobus testibus, et impedimentum quoque publice innotuerit, idem matrimonium rite confirmari nequit, nisi consensum iterum coram Parocho et duobus testibus, preaebeatur. Contra vero est, si matrimonium celebratum fuit coram Parocho et duobus testibus et impedimentum dirimens occultum servatur. Tunc novus consensus certe praestandus est, sed clam inter contrahentes; nec amplius Parochus, duoque testes requiruntur».

[74] «Omittimus quaestionem, utrum per copulam affectu maritali habitam renovari consensus intelligatur [...] Itaque vel copula affectu maritali ante dispensationem, vel post dispensationem suscipitur» (BENEDETTO XIV, *Institutiones* 87, n. 76).

[75] «Nos [...] pro ingenii nostri tenuitate iudicamus, haud probari posse illorum opinionem qui instructionem, solum, non vero conditionem indici per illam S. Poenitentiariae clausulam, arbitrantur; nam, certissimum est apud iurisperitos, quod vera conditio ex ablativo absoluto consequitur: qua de re praetermitti nullo modo potest, licet gravissima incommoda [...] interponantur. Siquidem illud Poenitentiariae mandatum innititur iuri communi, quod pro matrimonio rite confirmando expostulat novum a coniugibus consensum, et declarari impedimentum ignaro [...] ne permaneat primus consensus cum errore coniunctus, qui traditus fuit, cum matrimonium primo celebraretur» (BENEDETTO XIV, *Institutiones* 87, n. 68); «Nonnulli ex theologis asserunt pro matrimonio eiusmodi confirmando satis esse liberum illius consensum, qui ad illud ineundum coactus fuit, non autem requiri, ut qui iam prius libere assenserat, et vim alteri coniugi illatam ignoraverat, rursum ad exprimendum consensum adigatur. Clemens tamen VIII a quo super hac re consilium petitum fuit, expendens primum illum consensum pertinuisse ad materiam neque legitimam, neque idoneam, respondit pro matrimonii confirmatione novum consensum ab utroque coniuge esse tribuendum; ab eo nempe, qui matrimonium per vim contraxit, et simul ab altero, qui vim, eiusmodi ignorans, ultro ac libenter eodem se matrimonio illigavit. Insuper adiecta fuit ea con-

A questo proposito dal §68 dell'*Institutiones* n. 87, il papa inizia una lunga disquisizione sul fatto che la parte ignara della nullità del primo matrimonio debba esserne informata; egli quindi non mette in discussione la necessità della *renovatio consensus*, ma fa delle considerazioni circa le modalità dell'informazione e come si possa o si debba rinnovare il consenso stesso.

In riferimento a questo egli sostiene che in caso di impedimento occulto, non è opportuno che la parte ignara sia informata della nullità del matrimonio, ma è sufficiente che tolto l'impedimento, rinnovi il consenso la parte che è conscia di esso, poiché il primo consenso dell'altra parte (abile a contrarre) privo di effetto, a causa dell'impedimento di diritto ecclesiastico, tuttavia per diritto naturale era valido, anche se fu prestato verso una persona inabile a contrarre[76].

Benedetto XIV nel suo pontificato affronta ovviamente anche diversi casi pratici in cui evidenzia la necessità della rinnovazione del consenso: per es. nella sua Epistola *Singulari* del 9 febbraio 1749, affronta il problema della convalida di un matrimonio tra una protestante e un ebreo che poi si converte, matrimonio nullo per disparità di culto. Dopo il battesimo dell'uomo e la sua abiura, il matrimonio deve essere di nuovo celebrato di fronte al parroco e ai testimoni secondo la forma tridentina[77].

Il contributo dottrinale e legislativo di Benedetto XIV ebbe importanti conseguenze anche nel periodo seguente al suo pontificato, caratterizzato da una sempre più crescente richiesta della *renovatio consensus* nella *convalidatio simplex matrimonii*.

Nei due secoli seguenti vi sono infatti molteplici documenti pontifici e risposte da parte delle Congregazioni della Curia Romana a vescovi sparsi per il mondo, per risolvere diversi casi di nullità matrimoniale, in

---

ditio, ut maritus, qui iam libere consenserat, prius moneretur irritum fuisse matrimonium, eo quod uxor ad assentiendum coacta fuerit, cum primo celebratae sunt nuptiae: Admonitio prius de matrimonii nullitate [...] Porro id satis est ut haec opinio prae caeteris teneatur, cum de Sacramento agitur (in quo tutior sententia servanda est)» (*Ibidem*, n. 69).

[76] Cf. BENEDETTO XIV, *Institutiones* 87, nn. 68-81. Commenta questo argomento F.L. FERRARIS, *Prompta Bibliotheca canonica*, 5, 355-365; L. GAUDÈ, *Teologia Moralis*, n. 599.

[77] BENEDETTO XIV, Ep. *Singulari*, 9 febbraio 1749, *Fontes* 2, n. 394: «§20. Quamobrem ad propositum redeuntes, compertum habeas, quod postquam mulier haeresim more solito in idoneo Tribunali eiuraverit; Tu vero Hebraeum sacra baptismate initiaveris, inter illos coram Parocho matrimonium erit iterandum, a Concilio Tridentino praescripta forma servata» (vedi in questo cap., punto 2.1.4).

cui sempre più chiaramente il nostro requisito diventa una prassi comune.

Proprio l'analisi di questi documenti, che insieme ad altri sono considerati come fonti dei cann. 1133-1134 del *CIC* del 1917, sono il miglior modo per descrivere il periodo storico che va da Benedetto XIV al codice piobenedettino, lavoro che ci accingiamo ad effettuare.

2. Dal XVIII secolo al *CIC* del 1917

Come abbiamo già puntualizzato, è importante analizzare più approfonditamente il periodo che va dal XVIII secolo fino al 1917, perché precede immediatamente la formulazione della legge ecclesiastica della *renovatio consensus*, nell'ambito della *convalidatio matrimonii*, avutasi nel *Codex Iuris Canonici*, promulgato da Benedetto XV.

Vogliamo analizzare questo periodo su diversi fronti, ma tra loro inevitabilmente collegati. Partiremo dalle fonti dei canoni sulla convalidazione, in quanto sono documenti che coprono uno spazio di tempo di circa tre secoli (dal 1609 al 1882) considerando anche le Decretali, che sono ovviamente più indietro nel tempo.

In questo modo avremo la possibilità di vedere lo sviluppo della dottrina in questo campo, tramite le soluzioni adottate dai romani Pontefici dalle varie Congregazioni romane per affrontare le diverse tipologie di invalidità matrimoniale.

Il secondo fronte analizzato riguarda documenti o risposte della Sede Apostolica e decisioni episcopali del XIX secolo, che non risultano come fonti dei canoni del *CIC* '17, ma che certamente contribuiscono a chiarire lo sviluppo della dottrina e della prassi della convalidazione del matrimonio e della coabitazione matrimoniale in questo tempo.

A questo farà seguito il pensiero di alcuni studiosi ed esperti riguardo la convalidazione del matrimonio, soprattutto dopo che le determinazioni del decreto *Tametsi* si andavano pian piano estendendo, sempre con un'attenzione specifica e particolare alla *renovatio consensus*. Il loro pensiero sarà un buon commento alle fonti dei canoni.

Concluderemo questa parte con lo studio specifico degli schemi dei canoni del Codice del 1917, allo scopo di evidenziare il cammino che ha portato alla determinazione della *renovatio consensus* (can. 1133§2 del *CIC* '17).

2.1 *Le fonti dei canoni della convalidatio simplex matrimonii del CIC del '17 (cann. 1133-1137)*

I canoni della convalidazione semplice del matrimonio sono 5 e riportano in nota[78] come fonti, ben 22 documenti.

Alcune fonti sono comuni a tutti i canoni, mentre altre sono solo di uno o più canoni. Varia è la loro provenienza: 2 decretali, una *regula iuris*, un'epistola di Benedetto XIV, 10 documenti della S.C. S. Officii, 6 della S.C. Concilii, uno della S.C. de Propaganda Fide e un'istruzione della Segreteria di Stato.

Di tutti i documenti prenderemo in esame solo quella parte che si riferisce specificatamente alla convalidazione del matrimonio e alla rinnovazione del consenso.

2.1.1 C. *Veniens, De eo qui duxit in matrimonium quam polluit per adulterium* (X.4,7,7)

Il primo documento di cui trattiamo è una decretale, già menzionata sopra[79], con cui Papa Innocenzo III risolse la situazione pratica di un uomo (G. *laicus*) che mentre sua moglie era ancora viva, iniziò una storia di adulterio con una donna inconsapevole dell'esistenza del primo matrimonio dell'uomo.

Ad un certo punto l'uomo ruppe questa 2ª relazione e tornò con la prima moglie; in seguito essa morì. Dopo ciò l'uomo decise di ritornare dalla donna con cui aveva iniziato la storia adulterina.

Non essendoci stata cospirazione per la morte della prima moglie e non avendo la 2ª donna dato all'inizio un consenso adulterino, il Papa permise ai due di rimanere in questa unione, ma decise che dovevano prestare un nuovo consenso matrimoniale (rinnovare quello già dato) a questa unione.

Il consenso dato in precedenza infatti non era valido e in quel periodo era addirittura considerato inesistente, indipendentemente dal tipo di impedimento dirimente che ne aveva causato la nullità.

---

[78] Per l'elenco completo delle fonti abbiamo fatto riferimento al *Codex Iuris Canonici*, Pii X Pont. Max. iussu digestus Benedicti Papae XV auctoritate promulgatus, Typis Polyglottis Vaticanis 1917, 324-325.

[79] Vedi nota 41.

Era quindi da prestare nuovamente da parte di entrambi i coniugi, ed ovviamente in forma pubblica, anche se al momento della prima emissione la seconda donna era ignara dell'impedimento[80].

---

[80] X.IV,7,7: «Veniens ad praesentiam nostram G. laicus lator praesentium, humili nobis insinuatione monstravit, quod, quum olim in civitate Lemovicensi quandam sibi matrimonialiter copulasset, et per biennium cohabitasset eidem, ab ea demum animi levitate recedens Messanam advenit, ubi M. mulierem, insciam penitus, quod idem G. aliam haberet uxorem, sibi solemniter copulavit, ex qua duos filios dignoscitu suscepisse. Verum quum eidem poenitentia fuisset iniuncta, ut ad legitimam rediret uxorem, et ipse propter hoc in suam patriam rediisset, uxorem suam inveniens carnis debita persolvisse, ad Messanam rediit civitatem, et supra dictae M. tanquam legitimae cohabitavit uxori. Nunc autem impositam sibi pro priori excessu poenitentiam agens humiliter et devote, cohabitandi eidem M. a nobis licentiam postulavit. Licet autem praefatus G. vivente uxore legitima praedictam M. sibi copulare nequiverit in uxorem, quia tamen, uxore defuncta, utpote a lege ipsius solutus, in eandem M. de novo potuit matrimonialiter consentire, dummodo non praestiterit fidem adulterae, vel machinatus [non] fuerit in mortem uxoris: [discretioni vestrae per apostolica scripta] mandamus, quatenus, si est ita, eidem G. ut supra dictae M. affectu adhaereat coniugali, sublato cuiuslibet contradictionis et appellationis obstaculo licentiam concedatis non permittentes, eundem super hoc ab aliquibus indebite molestari». A commento di questa decretale è interessante quanto riporta P. SHERIDAN, *A Historical Review*, 12-15. Egli analizza il pensiero di alcuni autori riguardo alla *Veniens*: in primo luogo di Giovanni d'Andrea, che mostra la necessità del rinnovo del consenso e come l'azione giuridica della convalidazione da parte della legittima autorità, fu modellata da due cose: la cessazione dell'impedimento dirimente *e il nuovo consenso conseguente* la conoscenza della precedente invalidità. (Cf. GIOVANNI D'ANDREA, *In decretalium libros commentaria*: «dicebat Hostiensis quod ex quo mulier certificata, de facto consensit in copulam, statim est matrimonium [...] si vero secunda non fuisset certificata, non esset matrimonium, quod utriusque consensus requirit», riportato da P. SHERIDAN, *A Historical Review*, 12, nota 7). Anche per l'Ostiense il momento della convalida di questa unione nulla, dipende dal momento in cui la parte in buona fede è stata informata del precedente impedimento che ha reso il primo consenso invalido. Una volta che essa ha conosciuto il fatto, l'esistenza del matrimonio dipende se lei pone o no un'altra volta il consenso. Il termine con cui l'Ostiense descrive l'azione dell'autorità ecclesiale che accorda alla donna che ha conosciuto l'invalidità del primo vincolo, di emettere nuovamente il consenso è significativo: «tolerabitur» che è il termine descrittivo dell'azione di convalidazione del matrimonio nella disciplina iniziale della Chiesa. (Cf. HOSTIENSIS, *Summa Aurea*, «de eo qui duxit», riportato da P. SHERIDAN, *A Historical Review*, 12-13, nota 8). Il Panormitanus commenta questo caso evidenziando che il 2° matrimonio non si convalida «*ipso facto*» per l'estinzione del primo matrimonio a causa della morte della prima donna (Cf. PANORMITANUS, *Commentaria*, c.7: «et sic non convalescit secundum matrimonium primo extincto, nisi de novo consentiatur», riportato da P. SHERIDAN, *A Historical Review*, 13, nota 10). L'osservazione del Panormitanus dà speciale enfasi al rinnovo del consenso in questo caso e allo stesso tempo dà a noi una delle caratteristiche giuridiche della legislazione sulla convalida di questo tempo: cioè il rinnovo del consenso potrebbe esse tacito o

2.1.2 Cc. *Proposuisti nobis* e *Ad nostram, De coniugio servorum* (X.4,9,2 e 4)

La seconda delle fonti è ancora dalle decretali. Il cap. 2 concerne il caso di un uomo che aveva contratto matrimonio con una schiava, ma era ignorante sulla sua condizione di schiavitù, credendo che fosse «libera». Alessandro III decretò che questa unione fosse dissolta, a meno che l'uomo, venuto a sapere della condizione della donna, avesse poi «*consentito nuovamente*» alla loro unione alla luce di questa conoscenza[81]. Il cap. 4 riferisce un caso di Innocenzo III analogo al precedente; un uomo libero aveva contratto matrimonio con una schiava senza saperlo. Venuto a conoscenza della condizione della donna, egli non aveva più consentito all'unione con lei, né con i fatti, né con le parole. Il Papa decise che questa unione fosse dissolta e che l'uomo potesse risposarsi con un'altra donna libera[82].

---

contenuto in qualche atto equivalente e non è soggetto a qualche particolare forma per la sua valida espressione. Concludiamo con il pensiero del Navarrus, riportato da P. SHERIDAN, pag. 16-17, nota 17: «Navarrus is particularly emphatic in proclaiming the dual role of renewal of consent and of knowledge of the prior invalidity. His teaching is especially of value, because he rejects the opinion that it is enough for the impediment to cease, and he demands that both parties renew consent as a result of knowledge of the existence of the impediment which has rendered invalid their first union» (L'autore fa riferimento a M. DE AZPILCUETA, *Commentaria et tractatus*, II, 46,22: «Notandum item, quod, ut matrimonium inter ignorantem impedimentum, et facientem valere incipiat, non sufficit cessatio impedimenti, et consensu novo scientis: quia oportet, ut etiam ignorans denuo in illum consentiat»).

[81] X.4,9,2: «Proposuit nobis M. mulier, latrix praesentium, quod quum vir eius cum ea diutius permansisset, notam ei servilis conditionis obiecit, asserens, eam esse ancillam, quam liberam esse credebat, quum eam duxit in uxorem [...] quod idem vir praefatam mulierem, postquam illud audivit esse ancillam, carnaliter cognovit, ipsum monitione praemissa compellatis, ut eam sicut uxorem accipiat et maritali affectione pertractet».

[82] X.4,9,4: «Ad nostram noveris audentiam pervenisse, quod dilectus filius noster G. tituli sanctae Mariae trans Tiberim presbyter cardinalis apostolicae sedis legatus dilectum filium nobilem virum R. militem a muliere quadam propter conditionis separavit errorem. Ideoque fraternitati tuae per apostolica scripta mandamus quatenus inquiras super his diligentius veritatem et, si "tibi" constiterit, quod miles ipse ignoranter contraxit cum ancilla, ita, quod, postquam intellexit conditionem ipsius, nec facto nec verbo consenserit in eandem, propter quod per cardinalem eundem eb eius fuerit consortio separatus, contrahendi cum alia liberam ipsi concedas auctoritate apostolica facultatem».

2.1.3 Regula Iuris n.18

Un'altra fonte della legislazione sulla convalidazione è la 18° delle *Regulae Iuris*, raccolte da Papa Bonifacio VIII, nella quale si afferma che il passare del tempo non può determinare la validità o l'efficacia in qualche cosa o azione, quando dall'inizio questa validità e efficacia non esistettero: «*non firmatur tractu temporis quod de iure ab initio non subsistit*»[83].

Questa fonte esprime la posizione teorica che è alla base sia della decretale *Veniens*, che dell'attuale modo di convalidare il matrimonio, in cui l'autorità legittima rende valido e conferma la validità dell'atto, solo nel senso che la sua azione di dispensa dall'impedimento è il preludio al porre un nuovo atto quando prima ne era stato posto uno invalido[84].

Diversi autori del passato, rifacendosi proprio al principio incluso nella Regola 18, nel caso di nullità del matrimonio derivante per es. da un impedimento, domandavano sempre e ad entrambi i coniugi la rinnovazione del consenso[85].

---

[83] VI°. 5,12,R.18.

[84] P. Peckius nel suo *Ad Regula Iuris Commentaria* dice che: «Porro autem tres potissimum sunt causae ob quas actus ab initio non subsistit, ideoque, tractu temporis non firmatur, quia aut persona inidonea, aut inbabilis est quae actum facit [...] aut denique, quia forma a lege praescripta in actu aliquo non observatur [...] Et in summa, oportet ut legitime fit factum [...] Adeo hic locus foecundus est, lateque, per decisiones iuris civilis et Pontificum patet, ut licet regulariter cessante causa cesset effectus [...] tamen quando actus quidpiam est nullus propter aliquam causam etiam si postea cesset ea causa, effectus nullitatis non cessat [...] Sic et sponsalia inter impuberes propter defectum consensus, qui in eiusmodi personis esse non praesumitur, nulla plena pubertate adveniente nisi novus consensus accesserit, non convalescunt» (P. PECKIUS, *Ad Regulas Iuris*, 227). E continua: «Cum ergo eo tempore id quod agitur non subsistat, fieri non potest, ut temporis tractu convalescat, cum sit opus ex iuris constitutione, non ex tempore, in republ. negocia formari, et quod ex radice infecta seu nulla est, eius naturam a quo procedit, et ortum habet, sequatur necesse est qua amputata omnes rami et fructus decidunt, et in causato plus virtutis esse non potest, quam quod ab influenti potentia causa procedit [...] Secundo, quia tempus non est modus actum de Iure non subsistentem reparandi et confirmandi, alio extrinsecus non accidente, quia confirmatio eiusmodi idem esset, quod ipse actus [...] Adeoque Romanus sit, consil. 54, incipi. visis. quod quando actus est nullus propter solemnitatem omissam, tunc per consensum supervenientem non convalescit» (*Ibidem*, 231-232).

[85] Tra gli autori più importanti ricordiamo T. Sánchez e Navarrus ed anche G. D'ANDREA, *In quintum decretalium*, de Regulis Iuris, Regula XVIII; J.P. GIBERT, *Corpus iuris canonici*, I, pars posterius, tit. VII, c.1, n.1: «Ex post facto nequit convalescere, quod ab initio non valebat: vel quod ab initio non valuit, tractu temporis

In base a questa regola quindi si evidenzia la necessità di rinnovare il consenso: dimostra cioè che l'atto della convalidazione, la rinnovazione del consenso, deve essere ben definito, non accordando valore a ciò che potrebbe accadere nel naturale ordine delle cause e degli effetti, così che cessando la causa dell'invalidità potesse sorgere automaticamente una sorta di validità[86].

2.1.4 Benedetto XIV, ep. «*Singulari*», 9 febbraio 1749

Si tratta di una lettera di Benedetto XIV a Enrico, allora Cardinale di S. Maria in Portico, riguardante diverse questioni inerenti ad un matrimonio nullo per l'impedimento di *disparitas cultus*, celebrato tra una donna cattolica (che poi era divenuta eretica) e un ebreo.

Nel §20 il Romano Pontefice accenna al fatto che nel caso la donna abbia abiurato all'eresia in un apposito tribunale e l'altro coniuge, ebreo, abbia ricevuto il battesimo, ai fini della convalidazione il loro matrimonio deve essere celebrato nuovamente davanti al parroco, os-

---

convalescere non potest. Ex his duabus regulis una fit, quia ad idem reducuntur, nempe quod res in se irrita, rata fieri nequeat per id, quod subsequitur, nisi interveniat Superioris auctoritas [...] Reguale ratio: Iuris defectus suppleri nequit nisi a legis Conditore»; A. BARBOSA, *Collectanea doctorum*, 345: «Licet autem non convalescat illemet actus, quia principio nullus fuit, quoniam effectus nullitatis iam prosecutus numquam cessat etiam sublata causa». Forse nel pensiero di questi autori non si distingue chiaramente il consenso come esistente o inesistente, efficace o inefficace; era dottrina abbastanza comune di considerare il consenso sempre inesistente in presenza di un impedimento sempre inesistente. P. Peckius nel suo *Ad Regulas Iuris Commentaria* ci dà un'esauriente spiegazione di questa teoria (cf. P. PECKIUS, *Ad Regulas Iuris*, 225-235).

[86] P. Sheridan sostiene che: «The complete logicality of the demand of canon 1133§1, for a renewal of consent is most apparent when it is studied in the light of the essential juridical character of the sphere of authoritative action in which this "Rule of Law" places it. As a true font, this "Regula Iuris" has impressed its own juridic nature on our legislation, and as a consequence this element of convalidation which is the renewal of consent, cannot be understood unless it is seen in the context, and as a part of the juridic construction and fabrication of convalescence and validity. Natural law and positive law, that is legitimate authority, by constituting an impediment, have caused an act performed contrary to this impediment, to be infected, in the sense, that no effect proceeding from this act, nor the act itself, will be recognised by this authority as of value or as having efficacy. For these to occur then, there is needed a juridic reconstruction: it is this juridic reconstruction which is detailed throughout canon 1133» (P. SHERIDAN, *A historical review*, 22-23).

servando la forma prescritta dal Concilio Tridentino, con la necessaria rinnovazione del consenso[87].

2.1.5 S.C. Concilii, *Hispalen*, 20 giugno 1609

Il documento si riferisce ad un matrimonio nullo per impedimento di «*vis et metus*». La S.C. del Concilio sancisce che il matrimonio contratto per *metu grave*, anche se questo sia passato (sia stato purgato), non viene convalidato tramite la coabitazione e con la copula carnale tra i coniugi o altro atto, ma solo se i coniugi contraggano di nuovo secondo la forma canonica tridentina[88].

2.1.6 S.C. Concilii, *Costantinopolitana*, 2-16 dicembre 1634

In questo caso abbiamo due piccole risposte della Congregazione, date a breve distanza tra loro, in cui si sancisce che se nelle diverse parrocchie di una città si utilizzò per tanti anni il Rituale Romano, in cui per la celebrazione del sacramento del matrimonio si prevede la forma tridentina, da questo si deve sufficientemente presumere in quel luogo la pubblicazione del decreto *Tametsi* e quindi la forma canonica *ad validitatem matrimonii*. In questa situazione, i matrimoni invalidi in ragione del *metus*, non si convalidano, una volta purgato il timore, tramite la coabitazione o la copula, ma è richiesto che le parti contraggano di nuovo secondo il Rituale e la forma del Concilio, rinnovando il consenso; la risposta del 2 dicembre[89] riguarda la generalità dei casi (sia per

---

[87] BENEDETTO XIV, Ep. *Singulari*, 9 febbraio 1749, *Fontes* 2, n. 394, §20. Per il testo vedi nota 75.

[88] S.C. CONCILII, *Hispalen*, 20 giugno 1609, *Fontes* 5, n. 2378: «Sacra Congregatio Cardinalium Concilii Tridentini interpretum saepius respondit, hodie post Tridentinum Concilium, matrimonium metu contractum etiam purgato metu, per cohabitationem cum carnali copula, aliosque actus non convalidari, nisi iterum contrahatur, adhibita rursus eiusdem Concilii forma. (Liber II decretorum, p.58 a tergo)».

[89] S.C. CONCILII, *Costantinopolitana*, 2 dicembre 1634, *Fontes* 5, n. 2566: «Sacra, etc. censuit Rituale Romanum de sacramento matrimonii continens formam Decreti S. Concilii Tridentini, c. I, Sess. 24, *de ref. matrim.* observatum in singuilis Parochiis Civitatis Perae tamquam Decretum S. Concilii, seu Summi Pontificis Romani, inducere sufficientem praesumptionem publicationis eiusdem Decreti, ita ut in celebratione matrimoniorum pro illorum validitate servanda sit forma ab eodem S. Concilio praescripta; sed pro resolutione dubii videndum esse, an in facto iustificetur metum fuisse notorium tempore consensus praestiti, et quatenus fuerit occultus, an pro validitate matrimonii esset denuo adhibenda eiusdem Concilii forma».

metu notorio che occulto), mentre quella seguente si riferisce al caso particolare di Francesca e Pellegrino, nella città di Pera[90].

2.1.7 S.C. Concilii, *Poloniae*, 13 novembre 1638

In questa breve risposta, che si riferisce più direttamente al matrimonio invalido per vizio di forma, si cerca di risolvere il caso di una donna cattolica che ha contratto matrimonio con un eretico, in un luogo in cui si dubita che sia stato pubblicato il decreto del Concilio tridentino: deve essa per convalidare il suo vincolo contrarre nuovamente davanti ad un parroco cattolico? La congregazione afferma che se non consta della pubblicazione del *Tametsi* nella parrocchia dei contraenti, non sono invalidi i matrimoni contratti davanti ad un ministro eretico, mentre se la pubblicazione è avvenuta, anche se solo per poco tempo, la forma canonica è richiesta per la validità del matrimonio e quindi le parti devono nuovamente contrarre davanti ad un parroco cattolico[91].

2.1.8 S.C. Concilii, *Reatina*, 17 luglio 1725

La situazione, oggetto di questa risposta, riguarda la richiesta per ottenere la dispensa per un matrimonio contratto con diversi impedimenti. Il più importante è quello di affinità *ex copula illicita*, che dai fatti risulta pubblico e notorio. Vi sono anche altri impedimenti impedienti e dirimenti: l'adulterio dell'uomo con la sua attuale moglie, quando la prima era ancora viva e il sospetto del crimine di coniugicidio, per aver

---

[90] S.C. CONCILII, *Costantinopolitana*, 16 dicembre 1634, *Fontes* 5, n. 2567: «Sacra etc. in una Costantinopolitana censuit ex Ritualis Romani de Sacramento Matrimonii formam decreti S. Concilii Tridentini continentis observantia per tot annos in singulis Parochiis Civitatis Perae, uti Decreti eiusdem Sacri Concilii, seu Summi Pontificis Romani subsecuta, induci praesumptionem publicationis ipsius decreti ita ut in celebratione matrimoniorum servanda sit in forma ab eodem S. Concilio praescripta, ac propterea matrimoniorum contractum inter Franceschinam et Pellegrinum ab initio invalidum ratione metus, non fuisse purgato metu ex cohabitatione et copula convalidatum, sed requiri, ut denuo contrahant, adhibita eiusdem Ritualis et Concilii forma».

[91] S.C. CONCILII, *Poloniae*, 13 novembre 1638, *Fontes* 5, n. 2594: «Quaeritur: An quando mulier catholica cum haeretico vel e contra, matrimonium praesente ministro haeretico contrahat in loco, in quo habitarunt, an Sacrum Concilium Tridentinum fuerit publicatum, debeat coram Parocho catholico iterum contrahere. Sacra, etc. respondit: si non constet de publicatione S. Concilii Tridentini in Parochia contrahentium, non esse invalida matrimonia coram ministro haeretico contracta; si vero constet de publicatione S. Concilii in Parochia, saltem ex illius observantia per aliquod tempus tanquam decreti S. Concilii, ad validitatem matrimonii requiri, ut coram Parocho Catholico iterum contrahant».

avvelenato la prima donna allo scopo di poter sposare la seconda, unione che si concretizzò e da cui nacquero tre figli.

La conclusione della congregazione, dopo aver scartato, per mancanza di prove, la possibilità dell'avvelenamento e quindi del relativo impedimento, stabilisce che per convalidare il matrimonio in questione è necessaria la rinnovazione del consenso davanti al parroco e ai testimoni, e non basta quella privata (anche se afferma che tra gli studiosi questa necessaria modalità è discussa)[92].

2.1.9 S.C. Concilii, *Vigilien*, 23 giugno – 13 luglio 1725

Il caso trattato non riguarda la richiesta per la convalidazione di un matrimonio, ma si riferisce ad un matrimonio contratto invalidamente a causa del *metu* «cadente» nell'uomo, inferto a lui dal fratello «armato» della donna, in una situazione di emergenza e di pericolo di morte (per il ferimento dell'uomo). Pur avendo contratto il matrimonio davanti al parroco e ai testimoni e aver regolarmente avuto rapporti sessuali con la donna, coabitando con lei, la risposta della Congregazione stabilisce che il matrimonio contratto era invalido, in quando era presente il *metu* nell'uomo, e afferma che la sola e susseguente coabitazione non può ottenere la validità del vincolo, se non si emette un nuovo consenso, da espresso secondo la forma tridentina[93].

La congregazione dichiara quindi la nullità del matrimonio nonostante la lunga coabitazione, non attribuendole alcun valore convalidante[94].

---

[92] S.C. CONCILII, *Reatina*, 13 luglio 1725, *Fontes* 5, n. 3302: «Quatenus probationes impedimenti criminis insufficientes esse videantur ad rem, de qua nunc agitur, ita ut iisdem minime obstantibus Sacra haec Congregatio sit in sensu, quod possit esse locus executioni dispensationis super alio impedimento ex copula illicita, discutiendum remanebit, an necessaria sit renovatio consensus coram Parocho et testibus, quando etenim impedimentum, prout hic, ex copula illicita est publicum, consensus renovatio dicitur necessaria coram Parocho et testibus». Poi conclude che: «2. An consensus contrahentium sit renovandus coram Parocho et testibus in casu? Ad 2. Affirmative».

[93] S.C. CONCILII, *Vigilien*, 23 giugno-13 luglio 1725, *Fontes* 5, n. 3300: «Supposito quippe metu, et quod matrimonium contractum fuerit dependenter a metu cadente in constantem virum, subsequens cohabitatio illud validum efficere non potest, nisi novus accedat consensus, adhibita forma a Concilio Trid. praescripta, iuxta resolutionem huius Sac. Congregationis in Hispalen., 20 iunii 1609».

[94] Cf. S.C. CONCILII, *Vigilien*, 23 giugno-13 luglio 1725, *Fontes* 5, n. 3300. La risposta riporta diverse date, perché ha avuto uno sviluppo in tre tempi. Alla domanda: «An constet de nullitate matrimonii in casu?», risponde: «Die 23 iunii 1725 Sacra, etc respondit: Proponatur in prima etiam unica, et distribuantur scripturae omnibus Emi-

2.1.10 S.C. S. Officii, *ad Vic. Ap. Sutchuensem*, 12 gennaio 1769

Il documento di Clemente XIII, tratta della dispensa per un matrimonio celebrato con l'impedimento di disparità di culto. Al n. 5 si dice che sulla medesima dispensa i richiedenti devono essere istruiti sopra la necessaria rinnovazione del consenso, che per allontanare scandali o persecuzioni basta che la rinnovazione avvenga tra i coniugi privatamente, svelata tuttavia, quando ciò è possibile, la nullità del primo matrimonio alla parte infedele[95].

2.1.11 S.C. Concilii, *Rosnaviensis*, 20 agosto 1780

La lettera in risposta *ad Episcopum Rosnaviensis*, tratta di diversi casi inerenti al matrimonio tra eretici o tra un eretico e una parte cattolica, davanti ad un ministro eretico. Il vescovo aveva posto il dubbio se questi coniugi, nel caso che abiurassero all'eresia e abbracciassero la fede ortodossa, per la validità del loro matrimonio, devono o meno richiedere la dispensa al vescovo e sono costretti a convalidare (reintegrare) il matrimonio. Il documento afferma che la dispensa deve essere chiesta, che il vescovo può concederla se gode della necessaria facoltà e che le parti devono convalidare il precedente matrimonio con un nuovo consenso in *faciae Ecclesiae*[96].

---

nentissimis. Die 13 iulii 1725, Sacra etc, respondit: Affirmative». Il documento rimanda ad un altro del 22 settembre in cui si afferma: «Proposita fuit haec causa die 23 iunii atque decisa die 13 iulii 1725; in praesenti vero proponitur consuetum dubium: An sit standum, vel recedendum a decisis in casu? Die etc. Sacra, etc. respondit: In decisis, et amplius» (*Ibidem*, n. 3305).

[95] S.C. S. OFFICII, *ad Vic. Ap. Sutchuensem*, 12 gennaio 1769, *Fontes* 4, n. 822: «Ut easdem dispensationes impetrantes instruantur super necessaria renovatione consensus, quae ad persecutiones et ad scandala declinanda, sat erit ut inter solos coniuges privatim habeatur, patefacta tamen, quoad fieri poterit, etiam parti infideli prioris matrimonii nullitate».

[96] S.C. CONCILII, *Rosnaviensis*, 20 agosto 1780, *Fontes* 6, n. 3811,4: «Sed tu pergis adhuc, quid si coniugum eiusmodi uterque haeresim eiuret et fidem orthodoxam amplectatur, debetne dispensationem ab Episcopo suo accipere et ad redintegrandum matrimonium stringi? Aut si plane nolit, imo separari cupiat, ad alia vota liber pronunciari? Ad haec cum iuxta responsionem ad 2. dubium, de quo agitur, iam plane sequitur, ut, si in illo per conversionem permanere voluerint, ab eisdem dispensatio petenda sit et ab Episcopo concedenda, si necessaria gaudeat facultate, novoque consensu in facie Ecclesiae pristinum coniugium esse redintegrandum».

2.1.12 S.C. de Propaganda Fide, *Littera ad coadiut. Superior. Mission. in ora Coromandel*, 5 luglio 1788

La lettera provvede alla soluzione di situazioni concrete ricorrenti tra svariate etnie di diversi paesi (in particolare è rivolta *ab Episcopo S. Thomae*): capita che alla morte della moglie, l'uomo sposi sua sorella e poi ci sia un matrimonio invalido per impedimento di affinità. Nel caso suddetto se i coniugi vivono in buona fede si può sanare il matrimonio in radice, mentre se sono in cattiva fede, sua Santità dispensa dall'impedimento del primo grado di affinità e convalida il loro matrimonio, solo dopo che essi hanno rinnovato il consenso davanti al parroco e a due testimoni secondo la forma del Concilio tridentino[97].

2.1.13 S.C. S. Officii, *Instr. Ad Archiepiscopos Quebecensis*, 16 settembre 1824

Il documento risponde al dubbio sul matrimonio invalido per due capi di nullità: la disparità di culto e l'affinità. Si riferisce alla convalidazione nel n. 4 e specificatamente parlando del matrimonio contratto tra un uomo fedele e una donna infedele, nullo per *disparitas cultus*, per la cui celebrazione si ebbe la dispensa apostolica per l'impedimento. Ora convertita la donna, dopo il suo battesimo non si deve richiedere una nuova prestazione del consenso.

Se però il matrimonio fu celebrato senza dispensa, esso è da considerarsi nullo, anche a causa del preesistente impedimento di affinità; dopo il battesimo della donna quindi, è necessaria la dispensa per una valida e sacramentale celebrazione e, pensiamo noi, si dovrà anche emettere nuovamente il consenso[98].

---

[97] S.C. DE PROPAGANDA FIDE, *Littera ad coadiut. Superior. Mission. in ora Coromandel*, 5 luglio 1788, *Fontes* 7, n. 4622: «Si autem sunt in mala fide, Sanctitas Sua cum iis benigne dispensat super impedimento primi affinitatis gradus, eorum matrimonia revalidans, prolemque susceptam ex iis legitimam decernens, renovato tamen reciproco consensu coram parocho et testibus, iuxta formam Concilii Tridentini».

[98] S.C. S. OFFICII, *Instr. Ad Archiepiscopos Quebecensis*, 16 settembre 1824, *Fontes* 4, n. 866, ad 4: «Itaque si matrimonium a viro fideli cum infideli contractum Apostolica praecesserit dispensatio super cultus disparitate, pro valido habendum est, ideoque non iterandum, post mulieris baptismum, novi consensus praestatione; si vero absque huiusmodi dispensatione initum fuerit, quia nullum tunc fuisset et irritum, praeexistentis affinitatis impedimentum afficeret, post baptismi susceptionem, etiam mulierem, ut ipsa quoque indigeret dispensatione ad valide et sacramentaliter contrahendum».

2.1.14 Istruzione della Segreteria di Stato, 27 marzo 1830

L'istruzione si riferisce ancora al caso di matrimonio misto tra una parte cattolica ed una acattolica, verso coloro che vivono in una situazione matrimoniale nulla davanti a Dio e alla Chiesa, ma valida davanti alle leggi civili dello stato.

Si tratta del caso, riferito da Papa Pio VIII alla situazione presentata alla Sede apostolica da 4 diocesi, di matrimoni nulli perché non fu osservata la forma canonica del tridentino. Tra le cose richieste per poter concedere la convalidazione di queste situazioni matrimoniali, l'istruzione dice che nei singoli casi, i matrimoni che erano invalidi, potevano essere convalidati tramite una nuova significazione (assenso-espressione) del consenso di entrambe le parti, una significazione che sia fatta nel debito modo e che sia preceduta dalle debite cauzioni che la Santa Sede è solita esigere in questi casi.

Questa rinnovazione del consenso era richiesta per tutti i casi in cui le circostanze lo rendevano necessario, se per questa richiesta non vi fosse nessun pericolo o male: se questo vi fosse, agli ordinari era lecito sanare in radice i medesimi matrimoni [99].

2.1.15 S.C. S. Officii, 8 giugno 1836

Il documento si lega all'istruzione *ad Archiepiscopos Quebecensis*, del 16 settembre 1824 (vedi 2.1.13) e tratta del caso di un infedele poligamo che si converte e viene battezzato e quale moglie egli possa o debba trattenere: in sostanza il caso di cui al can. 1148§1 del codice attuale[100].

---

[99] SEGRETERIA DI STATO, Instr. 27 marzo 1830, *Fontes* 8, n. 6.451: «Primo scilicet, ut in singulis casibus perspiciant, an matrimonium, quod irritum erat, instaurari valeat nova per utramque partem consensus significatione, ea scilicet significatione, quae debito modo fiat, et cui cautiones praecedant, quae pro coniugiis mixtis a Sede Apostolica exigi consueverunt. Et hanc quidem consensus renovationem tunc ipsi procurent, quando, omnibus specialis cuiusque casus adiunctis diligenter perpensis, nullum gravioris mali periculum fore censuerint in ea re postulanda et perficienda; contra vero si gravia ea mala fuisse metuenda esse cognoscant, licebit eisdem matrimonium sanare in radice».

[100] Can. 1148/'83: «§1. Il non battezzato che abbia contemporaneamente più mogli non battezzate, ricevuto il battesimo nella Chiesa cattolica, se per lui è gravoso rimanere con la prima di esse, può ritenerne una qualsiasi licenziando le altre. Lo stesso vale per la moglie non battezzata che abbia contemporaneamente più mariti non battezzati».

Le specificazioni sono due: se si tratta di un vero matrimonio, inteso pensiamo come matrimonio naturalmente valido, l'infedele avente più mogli, dopo la conversione deve tenere la prima, se essa stessa abbia ricevuto il battesimo oppure almeno accetti di abitare con lui senza ingiuria al Creatore. Nell'altro caso in cui non sussista la validità né del primo, né dei matrimoni susseguenti, l'infedele convertito può scegliere una tra le sue mogli, purché scelga quella che si converte alla fede cristiana e *rinnovi il consenso con essa*, o può sceglierne anche un'altra, osservata la medesima condizione[101].

2.1.16 S.C. S. Officii, *ad Vic. Ap. Oceaniae*, 6 aprile 1843

Il documento si riferisce alla situazione di molti cristiani dell'Oceania. In particolare riguarda i matrimoni nulli a causa di «condizioni apposte» in contrasto con la sostanza del matrimonio o della sua indissolubilità, condizioni apposte che fanno mancare un consenso perpetuo[102].

---

[101] S.C. S. OFFICII, 8 giugno 1836, *Fontes* 4, n. 874: «[...] in primo quidem casu, videlicet quando agitur de vero matrimonio inito, dubium esse non posse S. Congr. existimavit, infideles plures uxores habentes, post conversionem suam debere primam uxorem retinere, si et ipsa Baptismum suscipiat, vel saltem habitare cum illo assentiatur absque iniuria Creatoris. In altero vero casu, scilicet quando non subsistit validitas nec primi nec subsequentium matrimoniorum, ita ut serio dubitari possit matrimonia huiusmodi ad instar belluarum censenda esse, posse infidelem qui ad fidem convertitur eligere quamcumque velit ex suis mulieribus, dummodo et ea ad christianam religionem convertatur, ac renovetur consensus: vel etiam posse quamcumque aliam eligere mulierem eadem servata conditione». Il documento afferma anche che: «Gregorius XVI suffragia EE.S.R.E. Cardinalium Universalium inquisitorum probavit, renovato tamen consensu, si matrimonium in prima hypothesi contrahitur cum secundo vel tertio ecc. coniuge, proptereaque primus in infidelitate permanens erit; et addita facultate dispensandi ab interpellatione coniugis primi, quoties aut fieri reipsa nequit, aut, si fieret, nullius utilitatis fore reputetur, iuxta ea quae a s.m. Benedicto XIV (lib 13, *De Synod*., cap. 21) traduntur, ubi agatur de matrimonio valido».

[102] Tra le fattispecie si trova la condizione invalidante detta «transilvanica», dei calvinisti transilvanici, che consiste nella lettura da parte del ministro protestante del brano evangelico di Mt 19,9, con gli sposi che poi si giurano e promettono fedeltà, finché essi stessi rimarranno fedeli, o che rimarranno nell'unione finché l'altro non commettesse eventualmente adulterio. Un altro caso riguarda invece due battezzati che contraggono matrimonio davanti ad un ministro protestante o al Principe, dichiarando di voler contrarre matrimonio secondo le leggi o la consuetudine della regione, nella quale per futili motivi, essi vengono solitamente annullati: ciò renderebbe tali unioni invalide. Interessante il commento: «Tametsi autem dubitandum non sit, quin validum matrimonium contrahi possit cum errore mere concomitante circa eius indissolubilitatem, quia tunc praevalet generalis voluntas contrahendi matrimonium iuxta

Per tutti questi casi la Congregazione risponde che se entrambi i coniugi divenissero cattolici e volessero rimanere uniti, in caso di nullità del loro matrimonio, essi devono rinnovare il consenso per convalidare il loro vincolo. Se vi fosse poi un impedimento canonico, il Papa concede al Vicario apostolico per dieci anni la facoltà di dispensare da tutti gli impedimenti di diritto ecclesiastico (tranne quelli per cui di solito non concede dispensa), che egli può suddelegare ai missionari del suo distretto. Se solo una parte volesse diventare cattolica, il caso si deve far rientrare nei matrimoni misti, da trattare alle condizioni richieste solitamente dalla Chiesa[103].

2.1.17 S.C. S. Officii, *ad Conchinchin. Occident.*, 12 giugno 1850

È un dubbio proposto alla Congregazione in una situazione medesima a quella presente nel documento della S.C. S. Officio dell'8 giugno 1836 (vedi 2.1.15), quella cioè di un uomo o una donna che hanno più mogli o più mariti: si chiede se dopo la conversione e il battesimo, per es. di lui, egli può ritenere come moglie, tra le diverse donne, quella che preferisce (che potrebbe essere già battezzata), e non la prima che non vuole convertirsi. Il dubbio principale riguarda la regolarizzazione dell'unione tra l'uomo e la donna che lui ha scelto: dopo il battesimo, è richiesta ad entrambi le parti infedeli la rinnovazione esplicita del

---

institutionem Christi, et generalis illa voluntas privatum errorem quodammodo absorbet, attamen ubi adhibetur formula cum explicita vel implicita illa conditione, iam fieri nequit, ut particularis error absorptus maneat a generali voluntate contrahendi iuxta institutionem Christi» (S.C.S. OFFICII, *ad Vic. Ap. Oceaniae*, 6 aprile 1843, *Fontes* 4, n. 894).

[103] S.C.S. OFFICII, *ad Vic. Ap. Oceaniae*, 6 aprile 1843, *Fontes* 4, n. 894: «In omnibus igitur supra expositis casibus possunt talia matrimonia a Vicario Apostolico irrita declarari, ac facultas tribui parti (vel partibus) conversae ad alias nuptias, nullo alio interveniente canonico impedimento, convolandi. Hic vero nonnulla pro diversitate casuum, et circumstantiarum sunt diligenter adnotanda ut omnia inserviant ad maiorem catholicae religionis profectum: 1. Si ambo venirent ad catholicam fidem, et vellent secum uniti remanere, in casu nullitatis eorumdem matrimonii, renovent consensum. Quia vero evenire potest in hoc et sequentibus casibus, ut interveniat aliquod aliud canonicum impedimentum, SSmus D. N. Vicario Apostolico concedit ad decennium facultatem dispensandi in omnibus impedimentis iuris mere ecclesiastici, exceptis his in quibus ipse Pontifex dispensare non solet etiam in terris infidelium, et tunc recurratur in casibus particularibus; porro hanc facultatem Vicarius Apostolicus possit subdelegare missionariis sui districtus, vel in eo cum eius facultate commorantibus. 2. Si una tantum pars vellet fieri catholica, altera vero renueret, vellet tamen in matrimonio manere, Vicarius Apostolicus possit dispensare in matrimoniis mixtis, cum solitis conditionibus ab Ecclesia requisitis».

consenso o è sufficiente quella naturalmente implicita tramite la copula susseguente, attuata con affetto maritale.

Risposta: la dispensa si deve dare sia per l'uomo che per la donna. Dopo il battesimo però è necessario che le parti non battezzate, infedeli, rinnovino esplicitamente il consenso e non è sufficiente la copula susseguente data con affetto maritale[104].

2.1.18 S.C. S. Officii, *Yunnan*, 20 settembre 1854

Nelle missioni della zona di Yunnan, spesso succede che i fratelli minori prendano la moglie del fratello maggiore morto. Dopo la conversione di uno o di entrambi, è difficile separare l'uomo e la donna, a causa dei figli già avuti, o per il pericolo che si allontanino dalla fede. Si richiede se dopo il battesimo, per convalidare il loro matrimonio, è sufficiente che rinnovino solamente il consenso.

Risposta: è necessaria la previa dispensa dall'impedimento di disparità di culto e per il primo grado di affinità, facoltà di cui godono i missionari, a cui deve seguire la rinnovazione del consenso[105].

2.1.19 S.C. S. Officii, *Iaponae*, 11 marzo 1868

Si tratta del caso di matrimoni di cristiani giapponesi, contratti invalidamente a causa di impedimenti dirimenti di diritto ecclesiastico e quindi soggetti a possibile dispensa. Si richiede se fosse possibile applicare la *sanatio in radice* per questi matrimoni, perché contratti in buona fede o con ignoranza riguardo agli impedimenti matrimoniali.

Si risponde che se i matrimoni erano stati contratti in buona fede, la *sanatio* si poteva applicare secondo la richiesta, mentre per quelli che non erano in buona fede, si deve curare che il consenso sia rinnovato, dopo aver concesso la dispensa. Se il consenso non può essere rinnovato, o ostinatamente non vuole essere rinnovato, purché consti con cer-

---

[104] S.C. S. OFFICII, *ad Conchinchin. Occident.*, 12 giugno 1850, *Fontes* 4, n. 910, ad 2: «Et utrum post baptismum partis infidelis requiratur consensus renovatio explicita, vel an sufficiat implicita, scilicet per copulam subsequentem cum affectu maritali [...] Locum esse dispensationi tam pro hominibus quam pro feminis. Post baptismum vero partis infidelis necessariam esse consensus renovationem explicitam, neque implicitam sufficere per copulam subsequentem cum affectu maritali».

[105] S.C. S. OFFICII, *Yunnan*, 20 settembre 1854, *Fontes* 4, n. 928: «Verum post baptismum ad convalidandum eorum matrimonium satisne est ut tantummodo suum renovent consensum? R. Praevia dispensatione ab impedimentis disparitatis cultus et primi affinitatis gradus per facultates quibus missionarii gaudent, consensum esse renovandum».

tezza della sua perseveranza morale, la grazia della *sanatio in radice* può essere concessa, in circostanze e casi particolari, per i matrimoni già contratti fino al ricevimento della presente concessione[106].

2.1.20 S.C. S. Officii, *ad Vic. Ap. Oceaniae Centr.* 18 dicembre 1872[107]

Il documento si riferisce inizialmente al caso di matrimoni tra infedeli che sono da considerare come convivenze: nel caso di conversione di uno dei due, il matrimonio (consenso) deve sempre essere rinnovato.

Nel caso di matrimoni tra infedeli su cui si dubita sia della celebrazione, che della validità, si deve protendere per essa, e se una delle due parti chiede il battesimo ed è in buona fede riguardo al suo matrimonio, anche in riferimento al matrimonio lo si deve considerare come vero coniuge, anche se per la sicurezza il consenso dovrebbe essere rinnovato.

Si passa poi ad esaminare il caso importante di un uomo che insieme o successivamente abbia avuto più mogli o donne e voglia ora tenerne una sola, magari la più bella e la più ricca, con la speranza che questa situazione si voglia osservare in perpetuo. Spesso succede che la donna che rimane con l'uomo, si converta al cristianesimo e chieda di essere battezzata. Essa promette che vuole rimanere con il suo uomo anche se egli rimane infedele e così fa il suo uomo: rispetta la scelta della donna e vuole stare con lei. La donna è in buona fede e crede che niente possa ostacolare il suo battesimo, a cui l'uomo acconsente. Sarebbe difficile tuttavia che l'uomo davanti ad un missionario o davanti a due testimoni possa esprimere un consenso matrimoniale perpetuo e c'è il pericolo che rifiutato il consenso, la moglie non rimanga più in buona fede.

Sopra questa situazione sono posti sei dubbi, ai quali come soluzione in base ai casi particolari, viene richiesta la rinnovazione del consenso,

---

[106] S.C. S. Officii, *Iaponae*, 11 marzo 1868, *Fontes* 4, n. 1004, ad. 2: «Quoad eos qui sunt in bona fide, R.P.D. Vicarius Ap. sileat omnino. Quoad eos qui in bona fide non sunt, curet ut consensus renovetur, dispensationem concedendo iuxta facultates iam ipsi factas a S.C. de Prop. Fide. Quod si consensus renovari non possit, vel obstinate nolit, dummodo certo constet de eius morali perseverantia, supplicandum SS.mo pro gratia qua idem D. Vicarius Apostolicus possit in radice sanare, inspectis circumstantiis cuiusque casus particularis, matrimonia iam contracta usque ad receptionem praesentis concessionis».

[107] S.C. S. Officii, *ad Vic. Ap. Oceaniae Centralis*, 18 dicembre 1872, *Fontes* 4, n. 1024.

soprattutto alla parte che viene battezzata, nella verifica costante che la parte non battezzata non escluda la perpetuità dell'unione[108].

Altro caso trattato è il matrimonio tra eretici battezzati (metodisti) con dubbio relativamente al loro battesimo, che però stante il dubbio debbono essere considerati validi. I metodisti predicano nella loro dottrina un errore riguardo alla indissolubilità del matrimonio, che si può ricavare dalle formule che essi utilizzano per contrarre il vincolo. Come regolarsi quindi riguardo al loro matrimonio nel caso che essi si convertano al cattolicesimo. La congregazione sancisce che nel caso fossero state utilizzate le suddette formule, allora le parti devono rinnovare il consenso, perché il loro matrimonio è sicuramente nullo, e se uno solo si converte, si deve considerare il caso di un matrimonio misto; se invece le formule non furono usate, il primo vincolo è da considerarsi valido e quindi non è necessaria la rinnovazione del consenso in caso di

---

[108] I sei dubbi sono: 1) se la donna possa essere battezzata e rinnovare il suo consenso ad un'unione perpetua, ma senza che lo faccia l'uomo e se essa possa abitare con lui dopo il battesimo e se c'è dubbio circa la validità del matrimonio. La risposta dice che se il missionario vede che le circostanze non portano ad uno scandalo e ad una convivenza pacifica, la donna può essere battezzata e in occasione della benedizione nuziale, si debba rinnovare il consenso; 2) se è necessario esigere la rinnovazione da parte dell'uomo, o se è sufficiente che il consenso sia rinnovato da ambedue congiuntamente e questa rinnovazione della parte convertita sia attestata dal missionario dopo il ricevimento del battesimo: la Congregazione risponde che si veda la risposta al primo dubbio; 3) se è sufficiente che la rinnovazione mutua del consenso avvenga prima del battesimo della parte convertita, davanti a testimoni o a parenti. La risposta è affermativa, nei modi visti per il primo dubbio; 4) se anche rinnovando il consenso le parti poi si separino, e l'uomo poi si converta senza ritornare dalla propria moglie, può egli essere battezzato e contrarre poi matrimonio con un'altra? Se si prova che anche la donna che l'uomo ha trattenuto (poi convertita) era da lui considerata come una concubina, allora egli può essere battezzato e contrarre nuovo matrimonio, ma se non si prova questo, la soluzione sia presentata nel caso specifico alla Congregazione che si pronunci singolarmente; 5) Nell'ipotesi di un matrimonio dubbio tra infedeli, se entrambi si convertono, ma il missionario visto il dubbio sulla validità del vincolo, imparta la benedizione sugli sposi dopo il battesimo, trascurando di fargli rinnovare il consenso, come deve essere considerato tale matrimonio? La Congregazione risponde che di fatto è considerato certo; 6) Stesso caso di matrimonio dubbio tra infedeli in cui la donna è stata battezzata, ma senza il consenso rinnovato dell'uomo. Trascorso un po' di tempo, a causa di una malattia, l'uomo in grave pericolo di morte fu battezzato, senza aver rinnovato il consenso. Ristabilitosi rifiutò di rinnovare il consenso per il matrimonio, continuando tuttavia la convivenza con la donna che rimase in buona fede. La Congregazione dice che si dovrà agire come nel caso enunciato nel 4° dubbio (cf. S.C. S. OFFICII, *ad Vic. Ap. Oceaniae Centralis*, 18 dicembre 1872, *Fontes* 4, n. 1024).

conversione di una o di entrambe le parti; anche in questa fattispecie, sono legate alcune ipotesi[109].

Il documento si conclude riportando alcuni dubbi relativi all'applicazione delle dispense e altri riferiti al battesimo.

2.1.21 S.C. S. Officii, *ad Ep. S. Alberti*, 9 dicembre 1874

Tra le popolazioni barbare infedeli è frequente il caso di unioni concubinarie, irregolari e molto cambievoli; il documento dice che non si può forse parlare di matrimonio naturale per le idee particolari ed instabili che essi hanno del rapporto uomo-donna; l'unione dura finché l'uomo ottiene il meglio dalla donna, ma se essa risulta pigra, morosa o ammalata viene lasciata per un'altra. La perpetuità della coabitazione non è garantita neanche dopo sette/otto anni, anche con la presenza di figli, ed è presente anche la poligamia. Per la «forma» di unione, la donna/moglie spesso viene comprata, e non si trova nessuna cerimonia.

Nel documento si dice che non sembra giusto generalizzare dicendo che tutte le loro unioni fossero assolutamente invalide (inesistenti), perché in esse i missionari videro una specie di «giusto» matrimonio, anche se invalido per errore sull'indissolubilità coniugale.

Nel caso in cui uno di essi si convertiva, non poteva essere ammesso al battesimo se prima non era separato dalla sua situazione di poligamo o avesse chiarito i rapporti con la donna con cui coabitava. Il riferimento alla necessità di rinnovare il consenso per convalidare un vincolo è così espresso:

---

[109] Le ipotesi sono: 1) nel caso che entrambi i coniugi sono battezzati con dubbio ed è dubbio anche il vincolo del matrimonio, si se converte una sola parte, si chiede se è sufficiente che il rinnovo del consenso per un'unione perpetua sia fatto da entrambi, prima che sia battezzata di nuovo la parte che si è convertita. La Congregazione risponde che non si deve premettere alla rinnovazione del consenso matrimoniale, il battesimo sotto condizione, anche per l'intenzione; 2) Qualora ci sia stato il rinnovo del consenso, prima che sia battezzata la parte convertita, mentre la parte non convertita se ne sia andata dopo un periodo di convivenza o non voglia più convivere, se non con offesa al Creatore, se la parte convertita a causa del gravissimo dubbio relativo al battesimo ricevuto in stato di eresia sia da uguagliare alla parte che si è convertita dalla condizione di infedele e per il privilegio paolino passare a nuove nozze? La Congregazione risponde: no; 3) Si deve considerare invalido in ordine al matrimonio, il battesimo dubbio, anche nel senso che non è valido un matrimonio tra un eretico battezzato con dubbio e un infedele, per l'impedimento di disparità di culto? La Congregazione risponde: sì (cf. S.C. S. OFFICII, *ad Vic. Ap. Oceaniae Centralis*, 18 dicembre 1872, *Fontes* 4, n. 1024).

E in realtà il fatto che la parte infedele ricusi di rinnovare il consenso ossia di consentire a nozze perpetue, questo è indizio di concubinato, ma non la sua dimostrazione; non si tratta infatti di fare un matrimonio ma di uno stato di fatto: e se fosse diversamente, tutte le unioni degli eretici e degli infedeli dovrebbero essere stimate come convivenze, dal momento che sono persuasi che il matrimonio può essere dissolto, e anch'essi vogliono conservare la libertà di passare ad altri patti, né quanto all'intenzione sono paragonati ai barbari di queste regioni[110].

2.1.22 S.C. S. Offici, instr. *ad Archiep. Scopiensis*, 15 novembre 1882

Il documento si riferisce ad una situazione molto particolare. Nelle regioni interessate vi sono tra tanti cattolici fedeli, molti che hanno paura di essere considerati tali pubblicamente e di dichiararsi cristiani: questo vale soprattutto per gli uomini che non si vergognano (pur considerandosi cattolici) di entrare qualche volta in alcune moschee. Le donne invece sono apertamente cattoliche, compiono opere di carità e praticano la religione cristiana e chiedono con insistenza di essere ammesse ai sacramenti. Nel documento ci si chiede:

a) se i matrimoni di tali cristiani segreti debbano essere considerati come matrimoni misti tra una parte cattolica e l'altra eterodossa;

b) se i mariti, che sono detti «cristiani segreti», si astengono dalla simulazione di pratica musulmana, si dedicano alle pratiche di pietà e le loro mogli sono apertamente cristiane essi possono unirsi in matrimonio ad esse secondo il rito della Chiesa Romana.

La Congregazione risponde che tali matrimoni non possono essere considerati «misti», ma «nulli», invalidi a causa del vizio di clandestinità. Tali coniugi possono essere ammessi a contrarre matrimonio secondo il rito Romano, a condizione che sia rinnovato il consenso matrimoniale, alla presenza del parroco e di due testimoni, senza una ce-

---

[110] S.C. S. OFFICII, *ad Ep. S. Alberti*, 9 dicembre 1874, *Fontes* 4, n. 1036, §10: «Et re quidem vera quod pars infidelis recuset renovare consensum, seu consentire ad nuptias perpetuas, hoc est concubinatus indicium, sed non probatio; non enim agitur de matrimonio coniungendo sed de coniuncto: ac si secus esset, conturbenales essent existimandae omnes infidelium et haereticorum coniunctiones, qui cum matrimonium dissolvi posse persuasum habeant, libertatem et ipsi retinere volunt ad alia vota transeundi, nec aliter sunt animo comparati ac barbari istius regionis».

rimonia solenne, con le previe «cauzioni» del marito, «cristiano segreto», inerenti all'educazione dei figli[111].

2.1.23 Osservazioni finali

L'analisi dettagliata delle fonti ci ha dato la possibilità di vedere lo sviluppo della prassi adottata dai romani Pontefici e dalle varie Congregazioni romane per affrontare le diverse tipologie di invalidità matrimoniale.

Abbiamo visto che la rinnovazione del consenso è stata per lo più richiesta per la concessione delle dispense matrimoniali allo scopo di effettuare la convalidazione del matrimonio; sono soluzioni tese soprattutto a regolare le situazioni sorte in terra di missione, quando si trattava di convalidare le unioni naturali degli infedeli convertiti al cristianesimo.

Dall'analisi svolta risulta che il criterio generale era quello di garantire la pubblicità della rinnovazione del consenso e della convalidazione del matrimonio, sia perché risultando pubblica la nullità era necessaria una convalidazione pubblica, sia perché si voleva far sempre più rientrare l'istituto familiare nella nuova dimensione cristiana della coppia e della società, perché le culture non continuassero ad influenzarlo così grandemente e la fede potesse essere maggiormente assorbita dai nuovi battezzati. In alcuni casi visti, fu data importanza anche alla copula maritale e alla coabitazione, come segno di rinnovazione consensuale.

I documenti non esplicitano mai se la rinnovazione del consenso fosse richiesta per diritto naturale o solo *iure ecclesiastico*, e pensiamo perché la dottrina prese una posizione più chiara in questo aspetto, molto gradualmente; sarà il codice del 1917 a distinguere chiaramente le varie fattispecie con la conseguente distinzione riguardo a diritto

---

[111] S.C. S. OFFICII, *Instr. ad Arch. Scopiensis*, 15 novembre 1882, *Fontes* 4, n. 1074: «In primis matrimonia occultorum christianorum, iuxta exposita, non fore censenda uti mixta, sed potius nulla, utpote clandestinitatis vitio irretita. Eiusmodi autem praetensi [sic] coniuges admittendos esse ad contrahendum iuxta ritum S. M. Ecclesiae, hac tamen lege, ut renovetur matrimonialis consensus coram parocho et testibus, omissis solemnitatibus. Insuper vir, christianus occultus, sub sanctitate iuramenti praestare tenetur necessarias cautiones de universa prole educanda in exclusiva et publica professione catholicae religionis. Vir autem, dum se ipsum sinit mahumetanum reputari, non admittatur ad sacramentorum participationem. Tandem si vir catholicus occultus renuat omnino matrimonialem renovare consensum, et cautiones superius recensitas praestare, tunc recurrendum erit ad S. Sedem, expositis omnibus adiunctis in casu concurrentibus».

naturale ed ecclesiastico, anche se già si può vedere negli autori precedenti[112].

2.2 *Alcuni documenti del 1800*

Dopo aver analizzato le fonti dei canoni sulla *convalidatio matrimonii*, passiamo a vedere alcuni documenti significativi a riguardo, emanati nell'ottocento e che non furono utilizzati come fonti alla stesura del *CIC*/'17; anche altri documenti affrontano il nostro argomento, ma abbiamo operato la scelta di questi perché ritenuti significativi e perché diversi autori nelle loro opere si riferiscono ad essi.documenti, di diversa origine, si riferiscono in parte direttamente alle modalità della *renovatio consensus*, in parte all'importanza della coabitazione e della copula carnale in ordine alla convalidazione del matrimonio o alla perdita del diritto di accusare la nullità di esso in caso di violenza o timore che viziano il consenso.

2.2.1 La Instructio card. Caprara, 25 aprile 1803

L'istruzione, che prende il nome dal suo autore, Legato *a latere* in Gallia dopo la rivoluzione francese, riguarda la *revalidationem matrimoniorum nulliter initorum*. Tanti erano i matrimoni celebrati invalidamente, sia per qualche impedimento che per vizio di forma, in quanto contratti solo civilmente o davanti ad un sacerdote privo di potestà. Il Card. Caprara dà delle indicazioni circa la prassi da adottare nei diversi casi, indicazioni pastorali agli Ordinari dei diversi luoghi.

Egli sancisce che quando non c'è pericolo o gravissima difficoltà a ricorrere ad un sacerdote avente la potestà (il proprio parroco, Superiore legittimo o altro sacerdote), nel caso di un matrimonio contratto con qualche impedimento dirimente, senza la legittima dispensa o con la dispensa nulla per mancanza della legittima potestà, il matrimonio deve essere nuovamente contratto osservando la forma canonica, che prevede la *renovatio consensus*[113].

---

[112] Vedi in questo capitolo, punto 2.3.
[113] Cf. CARD. LEGATO CAPRARA, *Instructio*, 25 aprile 1803, n. 1-2: «qui vero ita contraxerunt, sed tunc temporis, cum absque gravissima difficultate seu periculo, recursus patebat ad unum ex sacerdotibus praefatis quive matrimonium quomodocumque inierunt cum aliquo dirimente impedimento absque legitima dispensatione, aut cum dispensatione defectu legitimae potestatis irrita; matrimonium, servata forma Sancti Concilii Tridentini, denuo contrahant».

Riguardo alla necessità di informare gli sposi della nullità del loro matrimonio, il documento distingue se gli sposi in buona fede si reputino coniugi legittimi e non si possa renderli certi della nullità, senza grave scandalo o perturbazione, siano trattati secondo quanto dispongono i sacri canoni, presumiamo riferendosi alla *dissimulatio*.

Se invece i contraenti siano in mala o dubbia fede o se in buona fede possano senza scandalo o grave perturbazione essere informati della nullità, per cui si possa rinnovare il consenso matrimoniale, questo avvenga in *faciae Ecclesiae*[114].

Anch'egli opera la distinzione in base alla pubblicità o meno dell'impedimento dirimente:

> Se la nullità è occulta o comunemente ignorata, il matrimonio sia celebrato davanti al proprio parroco ed almeno due testimoni per evitare gli scandali e sia annotato nel libro segreto dei matrimoni. Se la nullità è pubblica si deve contrarre nuovamente nella forma tridentina per rimuovere lo scandalo. In particolari circostanze l'Ordinario può concedere che sia celebrato in segreto davanti al parroco e a due testimoni, purché lo scandalo pubblico possa essere tolto in altro modo e quanto prima[115].

Nel caso in cui una parte chieda la convalidazione, mentre l'altra rinuncia, se la rinuncia deriva da ignoranza o errore contro la legge, la parte sia debitamente istruita con prudenza e carità. Anche se dopo ciò rinuncia a convalidare, allora, tramite uno speciale procuratore, essa potrebbe contrarre il matrimonio o almeno esprimere il consenso *de praesenti* per lettera diretta al proprio parroco o ad un altro sacerdote ordinario o a un parroco avente la licenza, convalidando così il vincolo[116].

---

[114] Cf. CARD. LEGATO CAPRARA, *Instructio*, 25 aprile 1803, n. 3-4.

[115] CARD. LEGATO CAPRARA, *Instructio*, 25 aprile 1803, n. 6-7: «6. Si nullitas matrimonii occulta sit, seu communiter ignoretur, matrimonium coram proprio parocho, adhibitis saltem duobos testibus confidentibus, secreto ad vitanda scandala contrahendum est, adnotata deinde particula in secretorum matrimoniorum libro. 7. Si vero nullitatis publica sit, ad scandalum removendum, matrimonium publice, servata forma Concili Tridentini, celebrandum est: quod si Ordinarius, ob peculiares circumstantias, expedire iudicaverit, ut secreto coram proprio parocho et duobus testibus potius celebretur; secreto celebrari poterit, dummodo tamen publicum scandalum alia ratione removeri possit, et quamprimum removeatur».

[116] Cf. CARD. LEGATO CAPRARA, *Instructio*, 25 aprile 1803, 10-11.

2.2.2 La Instructio Austriaca, 6 aprile 1856

L'ampia istruzione è il risultato del *Conventus Viennensis Episcoporum Austriae* svolto nel 1856 ed è rivolta specificatamente ai giudici ecclesiastici per le cause matrimoniali[117]. Il documento dei vescovi austriaci afferma che in caso di nullità matrimoniale per impedimento dirimente, se si ottiene dispensa da esso, che valga per il foro esterno, occorre che le parti rinnovino il consenso davanti al parroco e due testimoni nella parrocchia in cui si ha il domicilio[118], mentre se la dispensa è concessa soltanto nel foro della coscienza, è sufficiente per la convalidazione del matrimonio che entrambe le parti rinnovino il consenso tra loro senza il parroco e i testimoni[119].

Se invece l'impedimento fosse cessato naturalmente

> ai coniugi deve essere imposto che facciano la dichiarazione del loro consenso davanti al parroco e a due testimoni, a meno che l'impedimento fosse occulto a tutti al momento della celebrazione delle nozze e non ci sia pericolo di provare la cosa: in questo caso infatti si può concedere che il consenso rinnovino tra loro[120].

Anche questa istruzione parla del matrimonio contratto con violenza e sul diritto di accusare la sua nullità da parte di chi lo ha subìto. In particolare si dice che:

> Per l'errore o la coazione ingiusta, soltanto quella parte che fu tratta in errore o a cui il consenso fu estorto con coazione, può accusare il matrimonio. Il suo diritto cade quando, dopo la conoscenza dell'errore o cessato il timore, che è sufficiente a rendere invalido il matrimonio, la parte prestò

---

117 Cf. CONVENTUS VIENNENSIS EPISCOPORUM AUSTRIAE, *Instructio Austriaca*, 6 aprile 1856, in Mansi XLVI, 393.

118 Cf. CONVENTUS VIENNENSIS EPISCOPORUM AUSTRIAE, *Instructio Austriaca*, 6 aprile 1856, §90. in Mansi XLVI, 407: «Obtenta dispensatione, quae pro foro externo valet, consensus invalide copulatorum coram parocho, in cuius parochia domicilium habent, et duobus testibus, renovetur oportet».

119 CONVENTUS VIENNENSIS EPISCOPORUM AUSTRIAE, *Instructio Austriaca*, 6 aprile 1856, §89, in Mansi XLVI, 407: «Dispensatione pro foro conscientiae tantum concessa, ad matrimonium convalidandum sufficit, ut ambae partes consensum absque parocho et testibus renovent».

120 CONVENTUS VIENNENSIS EPISCOPORUM AUSTRIAE, *Instructio Austriaca*, 6 aprile 1856, §92, in Mansi XLVI, 407: «Impedimento absque dispensatione per mutationem facti sublato, coniugibus iniungendum est, ut consensus declarationem coram parocho et duobus testibus iterent, nisi forsan, quod nuptiarum celebratarum tempore impedimentum adfuerit, omnino occultum sit, nec ullum rei probandae periculum; tunc enim concedi potest, ut consensum inter se renovent».

volontariamente e coscientemente il debito coniugale o anche, se questa circostanza si possa provare, abbia continuato volontariamente la vita coniugale per sei mesi[121].

Rispetto ai documenti già analizzati, in questo si tenta di stabilire un tempo in cui si potrebbe ipotizzare una presunzione di rinnovazione del consenso dovuta alla coabitazione pacifica e volontaria[122].

2.2.3 Appendix I, «*Circa matrimonii convalidationem*», in *ASS* 2 (1866)

Un documento importante per il nostro studio è l'*Appendix I* che si trova negli *Acta Sanctae Sedis* del 1866, che riguarda proprio la convalidazione del matrimonio nullo per un impedimento canonico e quando debba essere celebrato davanti al parroco e a due testimoni[123].

Anche qui viene fatta la distinzione del matrimonio nullo per impedimento dirimente pubblico o impedimento occulto. Benché questo sia già stato celebrato nella forma tridentina, primo caso, rimosso l'impedimento, «il vincolo non può essere convalidato se entrambi non contraggono (e rinnovano il consenso) secondo la forma prescritta davanti al parroco e ai testimoni. Nel caso invece di impedimento occulto possono, tolto l'impedimento, convalidare tramite un mutuo consenso emesso segretamente, senza che si debbano osservare le solennità tridentine»[124]. Il documento afferma che prima di Trento la sacra Penitenzeria,

---

[121] CONVENTUS VIENNENSIS EPISCOPORUM AUSTRIAE, *Instructio Austriaca*, 6 aprile 1856, §116, in Mansi XLVI, 411: «Propter errorem et coactionem iniustam, ea tantum pars, quae in errore versata, aut cui consensus coactione iniusta extortus est, matrimonium accusare potest. Iure suo excidit, quando postquam errorem agnovit, aut metus, qualis ad matrimonium irritandum sufficit, cessavit, debitum coniugale voluntarie ac scienter praestiterit, vel etiam, quin circumstantia ista probari possit, coniugale vitae consortium per sex menses voluntarie continuaverit». In nota a queste affermazioni si citano e si riportano i passi di: X.4,18,4; X.4,1,28; X.4,1,21.

[122] Soprattutto su questo documento si basa la tesi della convalidazione automatica proposta da F. Cappello nella sua disputa con P. Fedele che vedremo nel IV capitolo (cf. cap. IV, punto 2.1).

[123] Cf. *ASS* 2 (1866) 52-56. Il documento è semplicemente titolato come Appendix I, «Circa matrimonii convalidationem, quod ex aliquo canonico impedimento nullum fuit, quamvis coram parocho et testibus celebratum sit». Non è indicato nessun autore né nel testo, né nell'indice dell'annata, né si fa riferimento ad una Congregazione romana.

[124] *Appendix I*, «Circa matrimonii convalidationem», in *ASS* 2 (1866) 52: «si impedimentum sit publicum, non posse matrimonium convalidari, impedimento submoto, nisi iterum contrahatur coram Parocho et testibus: si vero sit occultum docent, pos-

che dispensava dagli impedimenti, aggiungeva ad esse la dicitura *ut in contracto matrimonio remanere possent*, ma si dubita che fosse necessario rinnovare il consenso. Dopo Trento non era chiaro se il nuovo consenso in questi casi doveva essere rinnovato davanti a parroco e due testimoni. Dopo una lunga disputa nella S. Penitenzeria, si concluse che in futuro si mutasse lo stile di queste dispense e si aggiungesse la clausola: *de novo praestito consensu*[125].

Il documento analizza poi il matrimonio nullo a causa di «*vis et metus*», riportando due documenti della Sacra Congregazione del Concilio da noi già analizzati: la *Hispalen*[126] (20 giugno 1609), e la *Costantinopolitana*[127] (16 dicembre 1634). Riferendosi ad essi il nostro testo vuole ribadire che i matrimoni invalidi in ragione del *metus* non si convalidano, una volta esso purgato, a causa della coabitazione o tramite la copula carnale, ma si richiede che le parti contraggano nuovamente secondo il Rituale e la forma stabilita da Trento.

---

se, impedimento sublato, convalidari per mutuum consensum secrete emissus, quin scilicet solemnitates a Tridentino praescriptae, denuo observentur». Il documento afferma che Navarrus sia nell'*Enchiridion* che nel *Manuale Confessariorum de VII sacram.*, cap. 22, n.70, scrive che Pio V dichiarò che non era necessaria la presenza del parroco e dei testimoni quando con sufficiente pubblicità essi contrassero e che quando si tratta di un impedimento occulto occorre che di nuovo contraggano, quando questo è possibile, senza alcuna presenza del parroco e dei testimoni. La medesima distinzione fu fatta dalla S. Congregazione del Concilio (come insegna Pignatelliu, Tom 28, consult. 27, nn. 4-5): «Itaque si res est publica, debent rursus cum trina denunciatione et omnibus aliis solemnitatibus contrahere, ut per Rot. in Hispalensi matrimonii 26 februarii 1609, et rescripsit S. Congregatio Concilii Henrico Cardinali Legato Portugalliae an 1579. Et ita quoque censuit S.C. Concilii die 25 Maii 1657 nempe: S. Congr. Em. Card. Concilii Trid., Interpr. censuit huiusmodi matrimonia esse nulla, sed praevia dispensatione Sedis Apostolicae renovanda servata forma Concilii tridentini, dummodo impedimenta sint publica» (*Ibidem*, 53).

[125] *Appendix I*, «Circa matrimonii convalidationem», 52: «Antiquitus quidem (intellige ante Tridentinum Concilium) Sacrae Poenitentieriae Stylus erat, ut cum talibus dispensaretur, ut in contracto remanere possent etc. Sed dubitatum est, an esset necessarium ut de novo consentirent. Et stante decreto Sacri Concilii Trid. Videretur etiam necessarium, quod saltem coram Parocho et duobus testibus praestaretur hic novus consensus. Post longam disputationem fere per tres Signaturas super ea quaestione habitas fuit conclusum: ut in futurum mutaretur stylus in huiusmodi dispensationibus, et adderetur haec clausula: de novo praestito consensu».

[126] S.C. CONCILII, *Hispalen*, 20 giugno 1609, *Fontes* 5, n. 2378: vedi testo alla nota 86.

[127] S.C. CONCILII, *Costantinopolitana*, 2 dicembre 1634, *Fontes* 5, n. 2566: vedi testo alla nota 87.

Riguardo alla modalità con cui si deve operare la *convalidatio*, il documento sostiene che la ratificazione di un atto invalido altro non è che un nuovo atto e afferma che «ogni forma e solennità che devono intervenire nell'atto affinché valga, devono intervenire anche nella sua ratificazione o convalidazione»[128].

2.2.4 La Instructio S.C. S. Officii, 20 giugno 1883[129]

L'istruzione del S. Officio riguarda il matrimonio nullo per difetto di consenso a causa di violenza e timore grave, incusso in una delle due parti, circa il diritto di esse di impugnare il matrimonio per dichiararne la nullità in base a questo capo. Il documento afferma che questo diritto appartiene a chi mostra subito, immediatamente la violenza e la coazione subita per contrarre, perché una volta allontanata questa condizione, colui che visse per lungo tempo nel matrimonio perde il diritto di accusare la nullità, benché non gli-le sia mancata la libertà e l'opportunità per reclamare.

Così che, una volta libero dal timore, spontaneamente sia stato nella casa coniugale, non rifiutando i doveri matrimoniali, non può più accusare il matrimonio.

Infatti se un soggetto, libero dalla coazione o dal timore, non usufruisce della facoltà od opportunità di reclamare, si può considerare (o presumere) come se avesse consentito, come se avesse ratificato ciò che al momento della celebrazione aveva compiuto con animo avverso[130].

Questo documento è importante in quanto dà alla pacifica coabitazione, susseguente ad un vincolo nato per violenza o timore, la presunzione della rinnovazione o meglio della prestazione del consenso che

---

[128] *Appendix I*, «Circa matrimonii convalidationem», in *ASS* 2 (1866) 54: «In ratificatione enim actus qui nullus fuerat, consideratur tempus ratificationis; cum ratificatio actus invalidi non aliud sit quam novus actus: ideo omnis forma et solemnitas quae debet intervenire in actu ut valeat, intervenire debet in dicta ratificatione».

[129] S.C. S. OFFICII, *Instructio* 20 giugno 1883, in S.C. DE PROPAGANDA FIDE, *Collectanea*, II, n. 1587.

[130] S.C. S. OFFICII, *Instructio* 20 giugno 1883, in S.C. DE PROPAGANDA FIDE, *Collectanea*, II, n. 1587, §36: «Circa impedimentum quod vis et metus, ante omnia advertendum occurrit, neminem a iure admitti ad matrimonium ex hoc capite impugnandum nisi qui violentiam et coactionem passus dicitur: reiici vero eum qui per longum tempus in matrimonium vixerit, dummodo eidem libertas et opportunitas reclamandi non defuerit; ita ut si liber iam a metu sua sponte in coniugali domo perstiterit, matrimonialia officia non detrectaverit, audiri amplius non debeat. Etenim qui liber a coactione metuve, facultate et opportunitate reclamandi non utitur, censetur consentire, et ratificare quod antea invitus atque adverso animo fecerat».

prima fu estorto, facendo intravedere una sorta di convalidazione *ipso facto* o automatica del matrimonio[131].

2.2.5 Decisio S.C. Concilii, 10 giugno 1876, 15 giugno e 24 agosto 1878[132]

Si tratta di una sentenza per la dichiarazione di nullità di un matrimonio irrito per *metu* grave inflitto dal padre ad una figlia. Nel *votum Theologi* si dice che per tale motivo il matrimonio non può essere convalidato a causa della coabitazione o della condormizione per un qualche spazio di tempo; ribadisce in sostanza che dopo il Concilio Tridentino, in questi casi bisognava contrarre nuovamente il matrimonio davanti al parroco e a due testimoni[133], con la necessaria rinnovazione del consenso matrimoniale.

Interessante nel documento è il fatto che il difensore del vincolo si basa sulla diuturna coabitazione dei coniugi, la copula carnale e la nascita di una figlia, per difendere appunto il vincolo, considerandolo convalidato automaticamente a causa di questi aspetti. A questo si oppone il fatto che tra le condizioni richieste per ratificare il matrimonio, c'è quella che si deve conoscere la sua nullità; chi pensa infatti che il primo vincolo sia valido, mai pensa di doverlo convalidare tramite la coabitazione o la copula carnale e in effetti non pone questi gesti al fine di una convalidazione[134]. La conseguenza è che non si può ritenere va-

---

[131] Questo documento viene utilizzato nella disputa canonica, inerente proprio alla convalidazione automatica del matrimonio, tra F. Cappello e P. Fedele, che affronteremo nel prossimo capitolo (cf. F. CAPPELLO, «La legislazione ecclesiastica», 386).

[132] Cf. *ASS* 11 (1878) 338-347.

[133] «Ad actus matrimonium subsequentes gradus faciens, ait Theologus, istos magnopere comprobare mulieris metum, quia inito matrimonio, numquam sponte, sed per vim nuptialem thalamum ingressa est, ibique retenta fuerit. Unde cum omnes isti actus per testes comprobati, tum animum contrarium comprobati, tum animum contrarium mulieris, tum timorem per patrem ipsius incussum demonstrarent, concludendum videtur matrimonium in casu cum metu contractum fuisse. Neque obiici posse matrimonium ex metu nullum revalidatum fuisse per cohabitationem et condormitionem per aliquod temporis spatium; nam S.C. Concilii declaravit necesse est, post Tridentinum Concilium, matrimonium de integro contrahi coram parocho et testibus» (*ASS* 11 (1878) 341-342). Viene in seguito citata la risposta della S.C.Concilii, *Costantinopolitana* (vedi nota 87).

[134] «Ex diuturna autem cohabitatione coniugum et ex copula maritali, per quam filia nata est, eruit vinculi defensor argumentum ad innuendum convalidatum fuisse matrimonium, utcumque vi metuque contractum. Idque verificari de iure communi etiam post Tridentinum, sub quibusdam conditionibus. Conditiones requisitae sunt, ut ratificans matrimonium sciat illud fuisse nullum; si enim ex errore, quo putabat prius

lido il primo vincolo e non si può parlare di convalidazione *ipso facto*, ma il matrimonio viene dichiarato nullo.

2.2.6 Decreto «*Consensus mutuus*» di Leone XIII, 15 febbraio 1892[135]

Il documento non riguarda in maniera diretta la materia della rinnovazione del consenso inerente alla *convalidatio matrimonii*, ma risulta importante perché con esso, alla fine dell'ottocento, si ribadisce che, in quei luoghi in cui il decreto *Tametsi* non è stato pubblicato e quindi non vige l'obbligo della forma canonica *ad validitatem* ed in cui è considerato quindi valido il matrimonio clandestino, la copula carnale susseguente agli sponsali, per presunzione *iuris et de iure*, è espressione di prestazione del consenso tra le parti.

Il documento ribadisce che il mutuo consenso, da cui nasce il vincolo matrimoniale, si può manifestare o dichiarare non soltanto tramite parole, ma anche con altri segni esteriori. Diversi pontefici, tra cui Alessandro III, Innocenzo III e Gregorio IX, decretarono che la copula carnale, se precedettero sponsali *de futuro* si considerano un vero coniugio, a meno che non ci fosse un impedimento canonico; gli sponsali *de futuro* per congiunzione carnale, possono divenire un vero matrimonio[136].

Ciò che è stabilito in questo documento si può trasporre dalla contrazione del vincolo matrimoniale, anche alla sua eventuale convalidazione.

In effetti nel caso di un matrimonio nullo per impedimento dirimente si potrebbe applicare la stessa norma: la copula carnale infatti potrebbe essere espressione di rinnovazione del consenso, in un luogo in cui non vige il *Tametsi*, a condizione però che sia cessata naturalmente o per dispensa la *causa nullitatis* e che necessariamente si sia coscienti della invalidità del vincolo, altrimenti non si avrebbe coscienza della *renovatio* e della *convalidatio*.

---

matrimonium validum fuisse, cohabitet, aut copulae maritali accedat, numquam prius matrimonium ratificabitur» (*ASS* 11 [1878] 345).

[135] LEONE XIII, decr. *Consensus mutuus*, 15 feb. 1892, in *ASS* 27 (1892) 441-442.

[136] LEONE XIII, decr. *Consensus mutuus*, 15 feb. 1892, in *ASS* 27 (1892) 441-442: «Consensus mutuus, unde matrimonia iusta nascuntur, non verbis dumtaxat, sed aliis quoque signis exterioribus patefieri ac declarari potest. Quamobrem Alexander III, Innocentius III et Gregorius IX, decessores Nostri, merito decreverunt ut carnalis copula, si sponsalia de futuro certa ac valida praecessissent, cum in iudicio tum extra iudicium pro vero coniugo haberetur, nisi impedimentum canonicum obstitisset [...] imo vix persuaderi populo posse, sponsalia de futuro per coniunctionem carnalem in matrimonium transire».

2.2.7 Risposta S.C. S. Inquisitionis, 8 marzo 1899

Il documento è in risposta ad un *dubium* (*de iteratione consensus, ut matrimonium, impedimento sublato, convalidetur*) presentato alla Congregazione l'11 gennaio di quello stesso anno e riguarda un donna protestante, che quando ancora non era battezzata si sposò con un protestate battezzato, contraendo invalidamente per *disparitas cultus*.

Dopo le nozze anch'essa ricevette il battesimo nel protestantesimo, ma visse poco tempo con il marito, da cui divorziò civilmente perché egli aveva una relazione adulterina con un'altra donna.

Ora si chiede se, stante l'ignoranza riguardo alla nullità del matrimonio, la vita maritale della donna con l'uomo convalidò automaticamente il matrimonio dopo la recezione del battesimo da parte di lei, oppure se essa è libera di contrarre nuove nozze con un cattolico[137].

La Congregazione rispose che la vita coniugale della donna dopo il suo battesimo, verificata con certezza morale l'ignoranza circa la nullità del matrimonio, non ratificò il matrimonio, in un luogo dove i matrimoni clandestini o misti sono considerati validi, e sancì che la donna poteva contrarre le seconde nozze come da sua richiesta[138].

2.3 *Alcuni autori dal 1700 al CIC del 1917*

Nel periodo in oggetto, la produzione tra gli studiosi di diritto matrimoniale riguardo alla *convalidatio matrimonii* è vasta e preziosa. Come scegliere tra i tanti compendi di diritto canonico, di teologia morale o di opere specifiche, gli autori più importanti e quelli più significativi per la nostra ricerca?

Abbiamo fatto la nostra scelta partendo dagli autori citati da F.X. Wernz – P. Vidal, nel loro compendio di diritto matrimoniale[139], e da quelli comuni riportati nelle opere dell'ultimo secolo inerenti alla

---

[137] Cf. S.C. S. INQUISITIONIS, risp. 8 marzo 1899, in S.C. DE PROPAGANDA FIDE, *Collectanea*, II, n. 2041.

[138] «Praevio iuramento ab Amalia in Curia N.N. praestando, quo declaret matrimonium contractum cum Ioanne post baptismum ipsius Amaliae, ab iisdem, scientibus illius nullitatem, ratificatum non fuisse in loco ubi matrimonia clandestina vel mixta valida habentur, et dummodo R.P.D. Archiepiscopus moraliter certus si de asserta ignorantia sponsorum circa impedimentum disparitas cultus, detur mulieri documentum libertatis ex capiti ipsius disparitas cultus» (S.C. S. INQUISITIONIS, risp. 8 marzo 1899, in S.C. DE PROPAGANDA FIDE, *Collectanea*, II, n. 2041).

[139] F.X. WERNZ – P. VIDAL, *Ius matrimoniale*, 787.

convalidatio matrimonii e da noi utilizzati per comporre prevalentemente la parte storica fino al secolo XIX[140].

Tra le opere più importanti in questo campo sicuramente si può annoverare lo *Ius Ecclesiasticum universum* di F. Schmalzgrueber (†1735), che nella 2ª parte del 4° tomo, dedica il titolo VIII al *De matrimonii invalide contracti ratificatione*[141], che ora brevemente analizzeremo.

L'autore si chiede inizialmente se per convalidare un matrimonio contratto invalidamente è richiesto un nuovo consenso, se si deve cioè rinnovare il consenso, anche se già prestato in maniera naturalmente sufficiente? «È certo, (*certum est*), che si richiede un nuovo consenso da parte di chi diede un primo consenso illegittimo, cosa che si ha dall'acquisizione della notizia del preesistente impedimento»[142].

Dopo aver espresso questo principio generale e fondamentale, egli passa ad analizzare il modo in cui la rinnovazione del consenso deve essere espressa, dato che sull'argomento l'opinione tra gli studiosi non era del tutto concorde. In primo luogo egli si chiede se la *renovatio* debba essere puramente interiore oppure esterna: egli pare protendere verso il fatto che si richieda d'obbligo un segno sensibile di questo rinnovo[143].

---

[140] Ci riferiamo alle opere di P. SHERIDAN, *A historical review*, J.H. BRENNAN, *The simple*, R.J. HARRIGAN, *The radical sanation*, C. TALLARICO, *De matrimonii*, J. RUSSEL, *The «sanatio in radice»*. Gli autori considerati sono G. BUCCERONI, *Institutiones*; A. CERCIÀ, *Lezioni di Diritto Canonico*; G. D'ANNIBALE, *Summula Theologiae*; H.J. FEIJE, *De impedimentis*; F.L. FERRARIS, *Prompta Bibliotheca canonica*; G. FRASSINETTI, *Compendio della Teologia Morale*; L. GAUDÈ, *Teologia Moralis*; P. GURY – A. BALLERINI, *Compendium*; A. LEHMKUHL, *Theologia moralis*; M. ROSSET, *De sacramento*; F. SCHMALZGRUEBER, *Ius Ecclesiasticum*; S.M. VECCHIOTTI, *Tractatus canonicus*; F.X. WERNZ, *Ius decretalium*.
[141] F. SCHMALZGRUEBER, *Ius Ecclesiasticum*, 4/II, 303-312, nn. 253-277.
[142] «Certum est, requiri novum consensum eius, cuius prior consensus illegitimus fuit, et talis fuisse apparet ex impedimenti praeexistentis, acquisita nova notitia» (F. SCHMALZGRUEBER, *Ius Ecclesiasticum*, n. 253). Dal tenore di questo brano non appare chiaro la causa della nullità del matrimonio a cui l'autore si riferisce, se fosse per vizio di consenso o per un impedimento canonico; sembra pretendere verso il vizio di consenso, quando immediatamente dopo si chiede se la nuova manifestazione del consenso debba essere esterna o meno, espressa tramite parole o altri segni: «Verba, et signa praecedentia, quibus manifestabatur consensus *fictus*, non possunt esse signa consensus veri postea secuti, cum ad hunc significamdum non apponantur» (F. SCHMALZGRUEBER, *Ius Ecclesiasticum*, n. 256).
[143] «Sed dicendum, legitimum matrimonialem consensum exprimendum necessario esse verbis, vel aliis signis externis [...] Ita S. Tommaso, Navarrus, Sánchez [...]

Un altro dubbio dell'autore è inerente al fatto se il consenso debba essere rinnovato solo da chi è a conoscenza della nullità del matrimonio e se l'altra parte debba essere informata di essa. L'opinione degli studiosi in questo aspetto non era del tutto concorde[144] e l'autore sembra distinguere tra la nullità per impedimento dirimente e quella per vizio di consenso. Egli dice che alcuni affermano[145] che

> è sufficiente che rinnovi il consenso chi era a conoscenza dell'impedimento eliminato per dispensa [...] per cui matrimoni del genere, eliminato l'impedimento, si convalidano con la perseveranza del consenso precedente dell'altro. Papa Innocenzo III [...] insieme con alcuni altri, ritengono che ciò (che la nullità sia nota ad entrambi) non sia necessario, ma che sia sufficiente che chi è informato dell'impedimento eliminato per dispensa chieda all'altro, che lo ignora, che per sua consolazione lo riprenda di nuovo come coniuge[146].

Analizzando le opinioni di Navarrus, Coninck, Sánchez, che ritenevano sempre necessaria la rinnovazione e quindi la *certioratio*, e fondando ciò su diversi punti forti, come i rescritti della Penitenzeria, che nel XIX secolo stabilivano *ad validitatem convalidationis* l'informazione della parte ignara, egli afferma che:

> con il rinnovo del consenso, perché il matrimonio sia valido bisogna dire la nullità di quello contratto precedentemente in modo non valido, anche

---

ad utrumque autem necessarium requiritur signum sensibile. [...] Verba, et signa praecedentia, quibus manifestabatur consensus fictus, non possunt esse signa consensus veri postea secuti, cum ad hunc significandum non apponantur» (F. SCHMALZGRUEBER, *Ius Ecclesiasticum*, nn. 255-256).

[144] La cosa infatti era dibattuta tra alcuni autori che dicevano che fosse sufficiente il consenso di chi era a conoscenza dell'impedimento, che unito al consenso non revocato dell'altra parte convalidava il matrimonio, mentre altri sostenevano che era necessario il consenso di entrambi e quindi la conoscenza della nullità del vincolo, perché in questi casi il difetto nel consenso precedente o l'impedimento lo rendeva nullo per entrambi e dunque non si può dire che moralmente perseveri, poiché la perseveranza suppone l'esistenza (cf. F. SCHMALZGRUEBER, *Ius Ecclesiasticum*, n. 258).

[145] Senza riportare i nomi, Shmalzgrueber si riferisce a quelli citati da T. SÁNCHEZ, *De disputationibus*, lib. II, disp. 35, n. 1.

[146] «Sufficere consensum eius, qui impedimento sublato per dispensationem, notitiam illius habet [...] iuxta quas eiusmodi coniugia, sublato impedimento, sola alterius in pristino consensu perseverantia convalescunt (F. SCHMALZGRUEBER, *Ius Ecclesiasticum*, n. 257) «Innocentius [...] cum nonnullis aliis putant, hoc non esse necessarium, sed sufficere, quod impedimenti per dispensationem sublati conscius ab altero, id ignorante petat, ut pro sua consolatione se in coniugem de novo recipiat» (*Ibidem*, n. 260).

se la causa non deve essere necessariamente nota ad entrambi [...] infatti il consenso si deve dare con l'intenzione di contrarlo una seconda volta, ma questa intenzione non può averla chi ignora che il matrimonio contratto precedentemente non è valido[147].

Egli sembra asserire in conclusione la necessità dell'informazione inerente alla nullità del vincolo matrimoniale per impedimento dirimente, non necessariamente però sulle cause di essa: «è certo (*certum est*) che non è necessario a chi lo ignora che venga rivelata la causa di nullità, ma è sufficiente che la parte che ignora l'impedimento venga informata della nullità del matrimonio»[148]. Per il caso invece della nullità a causa di un vizio di consenso egli dice che

> ci si domanda se è necessario il consenso di entrambi anche quando deve essere valido il matrimonio contratto in maniera nulla per difetto di consenso, dato falsamente o per metu o per errore. Diversi autori, (egli nomina l'Ostiense, Navarrus, Sánchez, Tamburrini, Giovanni D'Andrea e altri) ritengono che sia sufficiente che chi precedentemente non acconsentì in modo legittimo dia un nuovo consenso e perciò si ritiene che in questo caso non si richieda la conoscenza della nullità, se non da parte di chi deve dare un nuovo consenso [...] il consenso, che per dare vita al matrimonio è dato veramente una volta, moralmente rimane per sempre, finché non sia revocato[149].

---

[147] «Sed dicendum, ut matrimonium consensus renovatione convalescat, eius prius invalide contracti nullitas, non tamen causa istius utrique debet innotescere [...] nam consensus, quo revalidatur matrimonium, invalide initum, poni debet cum intentione contrahendi denuo, quam intentionem habere non potest, qui nescit matrimonium ante contractum fuisse invalidum» (F. SCHMALZGRUEBER, *Ius Ecclesiasticum*, nn. 262; 265, ad.1).

[148] «Certum est [...] non esse necessarium, ut reveletur ignoranti causa nullitatis, praesertim si ex crimine ista descendat [...] sed sufficit, si pars impedimenti ignorans certior fiat de matrimonii nullitate» (F. SCHMALZGRUEBER, *Ius Ecclesiasticum*, n. 271). Egli afferma anche al n. 265 che il rapporto fisico conseguente, in tal caso non è sufficiente, perché non avviene con lo stato d'animo di contrarre matrimonio, ma di far uso del contratto, per cui perché con il rapporto fisico si presuma il matrimonio le parti devono sapere che il matrimonio è stato contratto invalidamente.

[149] «Quaeritur 4. an consensus utriusque etiam sit necessarius, quando revalidandum est matrimonium contractum nulliter ex defectu consensus, ficte, per metum, vel errorem praestiti? Hostiensis [...] Joannes Andrea [...] Navarrus, Sánchez [...] putant sufficere, si is, qui prius legitime non consensit, novum consensum ponat, et propterea putant, hoc casu non requiri notitiam nullitatis, nisi ex parte eius, qui debet novum consensum ponere» (F. SCHMALZGRUEBER, *Ius Ecclesiasticum*, n. 266).

L'autore conclude il suo commento distinguendo le modalità della rinnovazione del consenso: per il caso di nullità del vincolo matrimoniale da impedimento pubblico, sarebbe stata necessaria la presenza del parroco e di due testimoni, perché una pubblica invalidità necessita di una relativa *convalidatio*, per evitare lo scandalo. Per il caso di impedimento segreto (occulto), anche se il matrimonio fosse già stato contratto nella forma canonica, per la convalidazione è necessario contrarre nuovamente in segreto tra le parti, per evitare un'eventuale diffamazione delle stesse[150] sia in quel momento, sia nel caso in cui l'impedimento divenisse notorio.

Altri autori trattano dettagliatamente e ampiamente la *convalidatio matrimonii* e noi cercheremo di operare una sintesi del pensiero di alcuni di loro, evidenziando la loro dottrina inerente alle tre fattispecie comuni di nullità matrimoniale: in primo luogo la nullità da impedimento dirimente, in seguito l'invalidità per mancanza o per vizio nella forma canonica ed infine per vizio di consenso.

F.L. Ferraris (†1763), nella sua *Prompta Bibliotheca canonica iuridica moralis theologica* sostiene, come F. Schmalzgrueber, che nel caso di un matrimonio celebrato pubblicamente (con la forma tridentina), ma nullo per un impedimento, l'unica discriminante rimane tra impedimento pubblico o occulto, non ponendo dubbi sul fatto della necessità della *renovatio consensus*. Se il matrimonio fu celebrato pubblicamente, davanti al parroco e due testimoni, e l'impedimento era anche pubblico, non si può rinnovare il consenso validamente se non davanti al parroco e a due testimoni. Anch'egli fa notare che la Penitenzeria per le dispense usa la formula: *servata forma Concilii*. Se invece l'impedimento era ed è occulto (ed anche non notorio), il nuovo consenso può essere rinnovato tra le parti, senza parroco e testimoni: in questo caso la S. Penitenzeria usa la formula *secrete et evitanda scandala*. L'autore insiste molto sul fatto che il parroco e testimoni servono per attestare l'avvenuta celebrazione del matrimonio e non sulla sua eventuale validità o meno, per cui anche nel caso in cui entrambe le parti erano consce dell'impedimento matrimoniale al momento della celebrazione pubblica, se l'impedimento era occulto non era necessaria una nuova celebrazione tridentina, si, se l'impedimento era pubblico[151].

---

[150] Cf. F. SCHMALZGRUEBER, *Ius Ecclesiasticum*, nn. 276-277.
[151] Cf. F.L. FERRARIS, *Prompta Bibliotheca canonica*, 357-358, nn. 3-4. Sul caso di un matrimonio nullo per impedimento occulto, l'autore espone due teorie. La prima sostiene che per convalidare un matrimonio nullo per impedimento occulto, ma già celebrato in faciae Ecclesiae, si debba andare di nuovo davanti al parroco e a due te-

Per quanto riguarda invece la convalidazione in generale, se sia necessaria per essa la conoscenza da parte di entrambi della nullità del vincolo precedente, l'autore, anche in questo caso presenta le due opinioni discordanti chi la richiede e chi no, affermando che ancora la questione non è chiara, propendendo però per l'idea che la *certioratio* non sia solo una raccomandazione, ma una vera e propria *conditio convalidationis*[152].

---

stimoni. La ragione è che la forma è considerata come requisito sostanziale del matrimonio, per cui se si vuole contrarre nuovamente il matrimonio (e quindi rinnovare il consenso), si deve farlo di nuovo nella forma precedente. La seconda teoria, per l'autore più probabile e comune, nega la precedente. La ratio è che il parroco e i testimoni non sono per attestare la validità del matrimonio, ma la pubblicità di esso, per evitare unioni clandestine, ma il nostro caso non rientra in questo perché una celebrazione pubblica c'è già stata, solo che nulla (tesi sostenuta anche da Navarrus, Fagnanus e altri): «An matrimonium sit revalidandum coram parocho et testibus, si ipsi tempore matrimonii contracti conscii fuerunt impedimenti? Affermat Sánchez [...] Negant Coninck [...] Utraque sententia est probabilis, sed secunda videtur probabilior; Concilium enim, sess. 24, cap. I, requirendo assistentiam parochi et testium, iam causam exprimit, ne quis fraudulenter plura contrahat coniugia, et minime indicat velle amplius, ut testes certiorentur de matrimonii valore» (*Ibidem*, n. 12).

[152] Cf. F.L. FERRARIS, *Prompta Bibliotheca canonica*, nn. 13-16. Per Ferraris la prima posizione è affermativa: perché questi matrimoni (quello celebrato all'inizio e quello della convalidazione) non poterono essere validi: il primo perché fu nullo dall'inizio e il passare del tempo non può renderlo valido, il secondo nemmeno, perché il consenso ivi espresso non è valido se non si ha l'animo di contrarlo, e questo non l'ha chi ignora che il primo contratto fosse nullo, per cui un uomo che consentisse nuovamente penserebbe di consentire con una donna già sua, perciò sbaglierebbe nella sostanza, per cui il consenso non varrebbe. La seconda opinione e negativa: non è opportuno che la parte ignara dell'impedimento sia informata della nullità del matrimonio ma è sufficiente che tolto l'impedimento, rinnovi il consenso la parte che è conscia dell'impedimento, poiché il primo consenso privo di effetto, a causa di un impedimento di diritto ecclesiastico, tuttavia per diritto naturale era valido, quando fu prestato da una persona abile a contrarre (egli annota che la cosa è sapientemente considerata anche da Benedetto XIV, *Institutiones 87*, 80). Per cui una volta tolto l'impedimento per dispensa, perseverante da una parte il primo consenso del coniuge ignorante, a causa dell'uso del matrimonio, della copula coniugale o di altri segni esterni che procedono dal primo consenso, e dato il consenso della parte conscia dell'impedimento, espresso almeno per segni esterni, ora il consenso di entrambi unito moralmente convalida il matrimonio. L'autore ricorda che la S. Penitenzeria appose la clausola «Ut dicta muliere de nullitate prioris consensus certiorata, uterque inter se de novo secrete contrahere valeat» ed evidenzia che c'è discussione tra gli esperti se fosse solo una raccomandazione o una vera e propria clausola. «Licet enim dicant Sánchez [...] Navarrus [...], praefatam clausulam non apponi ut conditionem, sed ut simplicem instructionem [...] attamen probabilius docet Benedictus XIV, *Inst. 87*, 68 illa esse veram conditionem, eo quod ablativum absolutum iuxta iuris peritos veram

Antonio Cercià (†1865), nelle sue *Lezioni di Diritto Canonico*, mette anch'egli come base la realtà della rinnovazione, operando delle variazioni solo nelle modalità della sua effettuazione rispetto a Ferraris e sostenendo la necessità dell'informazione della parte ignara in ogni caso[153].

S.M. Vecchiotti (†1880) nel suo *Trattato Canonico sul matrimonio*, a differenza di Ferraris attribuisce maggior valore alla funzione di parroco e testimoni, come facenti fede non solo del fatto del matrimonio, ma anche della sua nullità. Egli sostiene che la rinnovazione del consenso per convalidare i matrimoni è necessaria davanti al parroco e ai testimoni se l'impedimento dirimente che lo aveva reso nullo al momento della celebrazione era pubblico e notorio, benché questo impedimento sia tolto. Il parroco e i testimoni della celebrazione del primo vincolo infatti non sono a testimonianza del valore del matrimonio, ma della sua nullità; per questo motivo, tramite la rinnovazione del consenso, il matrimonio deve essere contratto nuovamente davanti al parroco e ai testimoni. Nel caso invece di impedimento occulto, egli evidenzia che la cosa è più controversa, distinguendosi due linee: la prima sostiene che il mutuo consenso deve essere rinnovato tramite parole, davanti a parroco e testimoni, la seconda sostiene che bastino dei segni esterni o tramite la copula coniugale, a condizione che l'impedimento sia cessato[154].

---

importat conditionem». Anche il già citato L. GAUDÈ, *Theologia Moralis*, 242, n. 1115 (l'autore commenta l'opera di S. Alfonso), chiedendosi se per la convalidazione il matrimonio nullo per un qualsiasi impedimento sia necessario, tolto l'impedimento, che entrambi i coniugi dovevano essere consci della nullità di esso, riporta la due opinioni. Il testo è simile al Ferraris, ma riporta rispetto a lui, diversi autori delle due opinioni. Per l'opinione affermativa si riferisce a Pontius, Navarrus, Covarriuvias, Sánchez, S. Tommaso, Scoto e altri, mentre per l'altra a Salmanticensis, Soto, Rodriguez, Henriquez e altri.

[153] A. CERCIÀ, *Lezioni di Diritto Canonico*, 292: «Talvolta celebrato davanti alla Chiesa può essere nullo per altri capi, e allora se è pubblica la nullità, deve celebrarsi di nuovo davanti al parroco e i testimoni, perché consti del matrimonio valido, siccome constava dell'invalido. Se nullo, ed occulta la nullità, deve rinnovarsi solo privatamente il consenso. Ciò nella supposizione che i coniugi conoscono ambedue la nullità del loro matrimonio. Ma se nullo occultamente, ed una sola parte lo sappia, deve avvertirsi la comparte inconsapevole della dispensa avutane e farle rinnovare il consenso. Benedetto XIV dichiarò essere prescrizione positiva il *certiorata parte*».

[154] Cf. S.M. VECCHIOTTI, *Tractatus canonicus*, 365-366: «Si igitur contractum quidem fuerit in faciem Ecclesiae, sed cum impedimento dirimente, quod publicum sit, et notorium, et plene probari possit, licet deinde eo impedimento sublato, clam renovetur consensus, neutiquam constabit Ecclesiae de Matrimonii illius firmitate. Pa-

G. D'Annibale (†1892) nella sua *Summula Theologiae Moralis*, oltre a ribadire il requisito della *renovatio*, insiste sul fatto che per effettuare una vera convalidazione si debba conoscere la nullità del proprio matrimonio perché «non sarebbe possibile contrarre, perché non si può volere senza conoscere»[155]. È sufficiente per l'autore che rinnovi la parte conscia; riguardo ai soggetti e alla forma con cui la rinnovazione del consenso debba essere fatta, egli dice che:

> se l'impedimento necessita di dispensa, chiesta questa, è necessario (oltre alle condizioni in essa contenute), che il consenso sia rinnovato da entrambe. E se l'impedimento è pubblico, (il consenso) deve essere rinnovato davanti al parroco e due testimoni, se è occulto, possono rinnovare senza questi. Invece debbono se il matrimonio fosse sorto da una copula illecita. Deve l'altra parte sapere che il matrimonio era nullo, nel momento che una parte lo convalida rinnovando il consenso? Bisogna vedere se nel-

---

rochus enim, et testes prius adhibiti, non essent testes valoris, sed nullitatis matrimonii; proindeque ut rite contrahatur per renovationem consensus, iterum praesentia Parochi et testium exposcitur. Tota igitur in eo dumtaxat casu vertitur controversia, quo impedimentum dirimens omnino sit occultum, nullumque timeatur periculum, quo illud in foro externo probari possit. Porro non pauci quidem fuerunt, qui hoc ipso casu ad renovationem consensus necessariam Parochi et testium praesentiam autumarent; at licet ad tollendos scrupulos consultius sit, ut, quoties id fieri sine incommodo possit, consensus coram Parocho et testibus renovetur, ad Matrimonii tamen valorem [...] satis idcirco erit, si sublato impedimento, mutuus consensus, sive verbis, sive signis, sive affectu, et copula coniugali occulte renovetur». Egli afferma anche che ciò infatti fu dichiarato da Pio V, come attesta il Navarrus nel suo manuale, come prassi della Penitenzeria della S. Sede, che nelle dispense per impedimento occulto, non solo non è necessaria una nuova presenza del parroco e dei testimoni, ma espressamente prescrive che i coniugi tra essi contraggano per evitare scandali; al contrario però contro gli impedimenti pubblici sempre espressamente esige che di nuovo contraggano in faciae Ecclesiae secondo la forma tridentina, ed anche per i matrimoni clandestini è necessaria la medesima modalità.

[155] Cf. G. D'ANNIBALE, *Summula Theologiae*, 385-386. Egli sostiene inoltre, che nel caso di nullità a causa dell'impedimento di condizione servile, una volta rinnovato il consenso di una parte, permanendo quello dell'altra, il contratto è per se ipso iure perfezionato. Alla nota 16, citando tra l'altro T. SÁNCHEZ, *De disputationibus*, lib. II, disp. 32, n. 9, egli afferma che «Sane iure communi, matrimonium senatoris cum libertina, iure canonico matrimonium liberi cum serva, irrita sunt; et nihilominus si ille post amissam dignitatem, is post cognitam mulieris conditionem, in matrimonio persisterit, convalescit. Et quae nupsit impubes, vel invita, si pubes facta sponte remanserit, aut sponte coierit, uxor efficitur» (G. D'ANNIBALE, *Summula Theologiae*, 386, nota 16).

la dispensa concessa c'è scritto: *altera parte de nullitate proprii consensus certiorata*. Se non ci fosse scritto, non si deve fare[156].

Sostanzialmente della stessa opinione è H.J. Feije (†1894) nel suo trattato *De impedimentis et dispensationibus matrimonialibus*: egli afferma, nel caso di impedimenti di diritto ecclesiastico, la necessità della rinnovazione, ma distingue solo il modo in cui il consenso debba essere rinnovato. Egli soprattutto insiste sull'informazione della parte ignara dell'impedimento, che considera *ad valorem convalidationis*[157], nel caso sia indicato nel rescritto della Penitenzeria.

---

[156] G. D'ANNIBALE, *Summula Theologiae*, 387-388: «At si impedimentum eget dispensatione, hac impetrata, necesse est (propter conditionem quae in ea continetur) consensum renovari invicem. Et, si impedimentum est publicum, renovari debet coram parocho et testibus; sin occultum absque his renovari poterit: immo debebit, si oritur ex copula illicita. At vero, cum is, qui consensum supplet renovat, scire debeat matrimonium invalidum fuisse [...]? Et videamus, utrum in litteris dispensationis insit, an minus ea conditio: altera parte de nullitate prioris consensus certiorata. Si non inest, non oportet eam certiorare».

[157] Cf. H.J. FEIJE, *De impedimentis*, 810-815. Egli infatti si chiede se nel caso che una sia conscia e l'altra ignara dell'impedimento, la seconda deve essere informata. La S. Penitenzeria solitamente pone, nel rescritto di dispensa, la clausola che si deve richiedere la prestazione di un nuovo consenso solo dopo aver reso certa la parte ignara. Questa «certiorazione» non è della causa della nullità, ma solo della nullità, e per Feije, non è una mera istruzione o raccomandazione, ma una stretta condizione *ad valorem* (812). Nella prassi egli espone il caso in cui vi sia grave pericolo di scandalo, infamia o danno per la coppia, allora non si dia l'informazione, mentre se non si corrono questi rischi si può fare. Quando non si può rendere certa l'altra parte è bene ricorrere alla Penitenzeria per la dispensa dalla clausola della *certioratio*, oppure ricorrere alla sanatio in radice. Egli si rifà a S. Alfonso (A.M. DE LIGUORI, *De matrimonio*, n. 1117) che dice che la S. Sede può mitigare la norma condizionale e al n. 1114, che può essere sufficiente il consenso della parte conscia dell'impedimento espresso tramite la copula coniugale con il consenso dell'altro virtualmente perdurante. L'autore dice che si deve tenere presente anche una recente clausola della S. Penitenzeria, che non specifica, in cui si dice «et quatenus haec certioratio absque gravi periculo fieri nequeat, renovatio consensus iuxta regulas a probatis auctoribus traditas». Egli sostiene comunque che se vi è un impedimento inerente ad entrambe le parti è dottrina comune che sia richiesto un consenso nuovo ed indipendente dal precedente, non solo della parte conscia, ma anche della parte ignara: se non è possibile renderla certa e l'impedimento è cessato, si deve ricorrere alla sanatio in radice; ma se è resa certa deve anche lei rinnovare il consenso (questa è l'opinione *comuniorem*). Ma altri autori (non cita quali) sostengono che una volta tolto o cessato l'impedimento è necessario che rinnovi solo la parte conscia di esso e il matrimonio si convalida nel momento in cui esso rinnova e si presume il consenso dell'altra parte non revocato e quindi perseverante. Di questo argomento tratta anche G. Frassinetti (†1868) nel suo compendio sulla teologia morale, ma usa un tono meno obbligante di Feije quando

Ampia ed esauriente è l'opera di M. Rosset (†1902) *De sacramento matrimonii*[158]. Egli alla fine dell'ottocento, analizzando il caso del matrimonio invalido per l'impedimento del *ligaminis*, afferma che nel caso si sia contratto un altro vincolo ancora vivente il 1° coniuge, per poter convalidare questa seconda unione, bisogna ovviamente che il coniuge sia morto, dato che l'impedimento di diritto naturale deve cessare naturalmente. Verificatosi ciò, per convalidare si dovrà rinnovare il consenso della seconda unione oppure ricorrere alla dispensa in radice (affermando in modo indiretto che nel caso di impedimento di diritto divino il consenso dato nel secondo matrimonio è esistente, ma giuridicamente inefficace). Per i matrimoni contratti invece con impedimento di diritto ecclesiastico egli sostiene che se l'impedimento ecclesiastico riguarda solo una parte, e l'altra non fosse a conoscenza della cosa, è sufficiente che la parte conscia rinnovi il consenso particolarmente. Infatti il consenso dell'altro fu vero consenso e quindi si suppone permanga. Se l'impedimento ecclesiastico riguarda entrambe le parti, ma uno solo conosce la nullità, l'altro deve essere messo a conoscenza e il consenso deve essere rinnovato da entrambi, anche se non sono poche le difficoltà a far certa la parte ignara. In questo ultimo caso gli autori dicono che, primo: la parte che ignora l'impedimento deve rinnovare il consenso[159]; secondo: essa deve essere prima informata della nullità del matrimonio[160]; terzo: si deve procedere prudentemente per la rinnovazione del consenso[161].

---

afferma che: «È più probabile che il matrimonio invalido per timore incusso o per altro impedimento si possa riconvalidare dalla parte che conosce l'impedimento, dando un vero consenso al matrimonio, senza avvisarne la parte inconscia. Tuttavia se si può manifestare, si deve manifestare apertamente. Per caso di grande necessità, si può omettere la clausola richiesta dalla S. Penitenzeria certiorata parte» (G. FRASSINETTI, *Compendio della Teologia Morale*, 261-262, n. 599-600).

[158] Cf. M. ROSSET, *De sacramento*, 105-140, nn. 2973-3014.

[159] Per Rosset sostengono che è necessario il consenso di entrambi: Navarrus, Covarriuvias, Sánchez, Potius, Reiffenstauel e altri. (cf. M. ROSSET, *De sacramento*, 125, n. 2994)

[160] Sul fatto che la parte ignara dell'impedimento deve essere informata della nullità del matrimonio prima di rinnovare il consenso, Rosset evidenzia due sentenze: a) *affermativa*: Navarrus, Sánchez, Potius, Schamalzgrueber, sostengono che è assolutamente necessario che prima che si rinnovi il consenso, entrambi sappiano della nullità del matrimonio (M. ROSSET, *De sacramento*, n. 2999); b) *negativa*: Cajetanus, Soto, Henriquez, Dicastillis, Bonacina, Trullenchus, negano essere assolutamente necessario che la parte ignara della nullità sia resa certa di essa. (*Ibidem*, n. 3000), con le motivazioni espresse soprattutto nelle *Institutiones* di Benedetto XIV, (specialmente il n. 80 dell'Istituzione 87). Importante anche qui risulta il rescritto della Penitenzeria:

Insistendo molto sulla rinnovazione da parte di entrambi, Rosset conclude la sua trattazione con un'ampia riflessione inerente al modo prudente di rinnovare il consenso, elencandone alcuni: tramite la rinnovazione bilaterale, tramite la richiesta verbale della parte conscia a quella ignara senza rivelare ad essa la nullità o tramite la copula maritale[162].

---

se pone con la clausola di rendere certa la parte, lo si dovrà fare più esplicitamente, se non pone la clausola e la parte inconscia dell'impedimento venga nel dubbio o nel sospetto della nullità del matrimonio, si ponga un nuovo consenso indipendentemente dal primo a conferma del matrimonio (M. ROSSET, *De sacramento*, n. 3009). L'autore dà poi anche delle regole pratiche su come rendere certa la parte ignara della nullità del matrimonio (*Ibidem*, nn. 3001-3006): «1) Non est detegenda causa nullitatis; 2) Certioratio est dumtaxat conditio dispensantis, sed communiter sub poena nullitatis; 3) Si absolute imponatur in rescripto certiorationis obligatio ac fieri nequeat sine gravi periculo, recurrendum est ad Maiorem Poenitentiarum; 4) Si non possit opportune recurri ad Papam, recurrendum est ad Episcopum; 5) Si impossibile sit Episcopum opportuno consulere, sacerdos uti potest epicheia; 6) Difficultates oportet narrare in supplici libello» (cf. *Ibidem*, 128-135, nn. 2999-3006).

[161] «Quia non paucis difficultatibus et incommodis scatet certiorare partem nullitatis insciam, inquirunt auctores: 1° an pars quae ignorat impedimentum debeat necessario consensum renovare; 2° an prius certiorari debeat de matrimonio nulliter contracto; et 3° quonam prudenti modo procedendum sit ad renovationem consensus» (M. ROSSET, *De sacramento*, 125, n. 2993).

[162] «Quinque ab Auctoribus proponuntur modi quibus consensus renovandus est, ne crimen impedimenti causa parti illius insciae innotescat. Primus modus: "Impedimenti conscius libere declaret, haud rite matrimonio consensisse, cum primo celebratum fuit; ideoque oportere consilio confessarii, atque internae, tranquillitatis causa, ut ambo consensum renovent, seque id libenter facturum ostendat. Quod si alter coniux eamdem voluntatem patefaciat, id satis erit, ut novus consensus iuxta praescriptam normam elicitus intelligatur. [...] Secundus modus: Qui impedimenti conscius est, dicat comparti: "Dic, quaeso, si nullum fuisset nostrum matrimonium, nonne iterum me accipere intendis, ut in posterum ab omni sollicitudine animi metuque religionis liberemur?". [...] Tertius modus: conscius impedimenti dicat comparti: "Angor scrupulis de nostri matrimonii valore, ideoque renovemus consensum, ut omnem sollicitudinem et formidinem depellamus, et plane quieti simus". Si certioratio non sit imposita, atque ponatur consensus independens a primo, videtur revalidatum matrimonium. [...] Quartus modus. Si pars conscia impedimenti dicat: "Diligis me ita, ut, si inter nos non adesset matrimonium, contraheres; et ex nunc vis me in coniugem, perinde ac si non fuisset validum matrimonium prius inter nos contractum?" et respondeat altera: "Ita volo". [...] Quintus modus. Exponitur hic modus. Si, ob gravissimas difficultates, nullus alius suppetat modus, pars impedimenti conscia, impedimento sublato, accedat ad compartem et cum ea habeat copulam affectu maritali, intendendo sic exprimere novum consensum ad matrimonium de novo contrahendum; nam ab altera parte inscia impedimenti iam exercetur copula eodem affectu ex primo consensu praestito et us-

Di opinione differente rispetto a Rosset sulla necessità che in ogni caso anche la parte ignara della nullità del suo matrimonio debba rinnovare il consenso e di conseguenza essere informata della nullità stessa, erano prima di lui P. Gury (†1866) e A. Ballerini (†1881), i quali, nel loro *Compendium Theologiae Moralis*, sostengono che in caso di nullità per un impedimento ecclesiastico, almeno quando questo riguarda solo la parte conscia del medesimo, nella convalidazione «ordinaria» vi sono tre regole:

> *1ª regola*: se entrambi i coniugi sono consci dell'impedimento, entrambi sono tenuti a rinnovare il consenso ottenuta la dispensa dell'impedimento. La ragione è che la scienza della nullità del matrimonio a causa di un impedimento noto, necessariamente esclude un vero consenso nel precedente matrimonio contratto. *2ª regola*: se solamente una parte conosceva l'impedimento, quella certamente è tenuta a rinnovare il proprio consenso, almeno quella. *3ª regola*: la parte ignara *non deve* necessariamente rinnovare il consenso, se l'impedimento concerne solo l'altra parte. La ragione è che il consenso dato validamente dalla parte si presume perseveri: perciò è sufficiente la rinnovazione della parte che era inabile[163].

Per la convalidazione anche per questi due autori è comunque necessaria la conoscenza della nullità del matrimonio, almeno in una parte; la ragione è che per rinnovare il consenso è indispensabile l'intenzione di *efficere* (fare) il matrimonio[164]. Se non si sapesse di convalidare, non si convaliderebbe veramente.

---

que tunc perseverante in effectu» (M. ROSSET, *De sacramento*, 134-140, nn. 3007-3014).

163 P. GURY – A. BALLERINI, *Compendium*, 674-675, n. 707: «Iª regula. Si uterque coniux sit conscius impedimenti, uterque tenetur consensum renovare obtenta dispensatione ad matrimonium revalidandum. Ratio est, quia scientia nullitatis matrimonii ob notum impedimentum dirimens necessario verum consensum in praecedenti matrimonii contractu excluserat. IIª regula. Si una tantum pars impedimentum cognoverit, illa certo tenetur consensum renovare, saltem sola seorsim. Sequitur ex modo dictis. IIIª regula. Pars ignara impedimenti non deberet necessario renovare consensum ad matrimonii validitatem, si impedimentum alteram tantum partem respiceret. Ratio est, quia consensus illius fuit ab initio validus et proinde perseverat; ergo sufficeret renovatio consensus partis inhabilis». Essi non distinguono invece bene nel caso che l'impedimento riguardi una parte, che però ne è ignara, mentre ne è conscia la parte che non ne è interessata.

164 P. GURY – A. BALLERINI, *Compendium*, n. 709. Sul fatto che la rinnovazione debba avvenire davanti al parroco e due testimoni, anche qui si distingue tra impedimento pubblico o occulto (cf. anche i nn. 710-711).

Questi autori, come altri, non distinguono specificatamente tra consenso esistente o inesistente, ma come abbiamo già evidenziato, era opinione abbastanza diffusa nel 1700-1800, sostenuta soprattutto da T. Sánchez, nel suo *De disputationibus de sancto matrimonii sacramento*[165], che qualsiasi tipo di impedimento, sia naturale che ecclesiastico, non solo rendesse inefficace il consenso matrimoniale, ma addirittura inesistente, per cui in ogni caso di nullità la parte eventualmente ignara, doveva essere informata della nullità del suo primo vincolo ed entrambi i coniugi dovevano rinnovare[166], con un segno esterno assoluto ed indipendente dal precedente. Gury e Ballerini sembra invece protendano per un'esistenza del consenso anche in presenza di un impedimento, con le relative conseguenze inerenti alla convalidazione e alla rinnovazione.

A. Lehmkuhl (†1918), nella sua *Theologia moralis* in particolare riflette sui casi di convalidazione di chi è soggetto alla forma Tridentina e di chi non lo è. Nel primo caso, nelle nullità per impedimento, per la convalidazione si è soggetti alla forma prescritta da Trento, soprattutto se questo è pubblico; se invece non si è soggetti alla forma canonica, le

---

[165] T. Sánchez sostiene la necessità di un rinnovo bilaterale nel caso di qualsiasi impedimento. Cf. T. SANCHEZ, *De disputationibus*, lib. II, disp. 36, n. 5.

[166] Gury e Ballerini riconoscono che vi sono due sentenze riguardo a questo tema: la 1ª è generalmente affermativa. La ragione è perché l'impedimento toglie esistenza al consenso fin al principio; perciò rimane anche inefficace, e quindi non può produrre nessun effetto, quando persevera nel medesimo modo in cui fu prestato. L'altra ragione è perché nel rescritto della sacra Penitenzeria aggiunge solitamente alle dispense: altera parte de nullitate prioris matrimonii certiorata. La 2ª sentenza nega questa necessità. La ragione è perché il primo consenso, benché non ebbe il suo effetto a causa dell'impedimento, naturalmente fu valido e fu contratto da una persona abile per natura a contrarre. Il consenso è valido, ma solo inefficace e la forza naturale di questo consenso prevale sull'inefficacia a livello di diritto ecclesiastico. Nella prassi si utilizza la prima modalità, se non si è ottenuta la sanatio in radice (P. GURY – A. BALLERINI, *Compendium*, 674, n. 708). Della stessa opinione è G. Bucceroni (†1918); egli sostiene che se entrambi sono consci dell'impedimento, entrambi devono rinnovare, se una parte sola è conscia, l'altra non deve rinnovare perché il suo consenso persevera. Egli si chiede: «An autem renovandus sit consensus etiam a parte ignara impedimenti, cum hoc utramque attingat? Duplex datur sententia – Prima sententia affirmat. Ratio est, quia impedimentum tollit efficaciam consensus a principio; ergo remanet inefficax, et proinde nullum effectum producere potest, cum perseveret eodem modo, quo datus est. [...] Secunda sententia negat. Ratio est, quia prior consensus, licet effectu suo caruerit ob impedimentum a iure positivo appositum, tamen de iure naturae fuit validus, cum fuerit praestitus a persona de iure naturale habili erga personam de iure naturae habilem ad contrahendum» (G. BUCCERONI, *Institutiones*, 441, n. 1050).

parti convalidano il loro matrimonio e sono veri coniugi se, conoscendo la nullità del vincolo, protraggono liberamente la vita coniugale con animo maritale. Essi infatti in un luogo in cui non si è soggetti al *Tametsi*, non sono tenuti a porre il consenso con un atto formalmente determinato, ma la rinnovazione del consenso si può effettuare anche tramite il comportamento maritale[167].

Concludiamo questa prima fattispecie con il pensiero di F.X. Wernz († 1914) tratto dal suo *Ius decretalium*. Per lui il matrimonio invalido per inabilità delle persone costituita per diritto divino, come l'impedimento *ligaminis* o l'impotenza perpetua, anche cessato l'impedimento, solamente per assoluto e nuovo consenso, prestato legittimamente, può convalidare il matrimonio per via ordinaria. La necessità di rinnovare il consenso in questi casi non è *iure naturali*, ma *iure ecclesiastico*[168]. Anche se l'impedimento è solo *iure ecclesiastico*, cessato o ottenuta la dispensa si richiede la rinnovazione del consenso di entrambi i coniugi se questo è pubblico[169].

---

[167] Cf. A. LEHMKUHL, *Theologia morali*, 608, n. 1151.

[168] F.X. WERNZ, *Ius decretalium*, 550, n. 650: «Matrimonium invalidum propter inhabilitatem personarum iure divino constitutam v. g. impedimentum ligaminis vel impotentiae perpetuae etiam sublato impedimento per miraculum vel operationem chirurgicam cum mortis periculo, tantum per absolute novum consensum legitime datum via ordinaria convalidari potest. Quae necessitas renovandi consensum etiam in hoc casu ex iure ecclesiastico, non ex iure divino et naturali est repetenda». A questo proposito si deve accennare ad una risposta del S. Uffizio del 2 marzo 1904, secondo la quale non si può sanare in radice un matrimonio invalido a causa di un impedimento di diritto naturale o divino: «Matrimonium contractum cum impedimento iuris naturalis vel divini non posse sanari in radice» (S.C. S. OFFICII, 2 marzo 1904, in *Fontes* 4, n. 1270). La ragione data per questa risposta dai Consultori è che non si può avere un consenso matrimoniale se nel matrimonio vi è un impedimento di diritto divino, sia conosciuto che sconociuto. (cf. U. NAVARRETE, «Ecclesia sanat», 358: «Ratio, qua fere unice Consultores pro sententia negativa – quam et S. Officium secutum est – insisterunt fuit: haberi non posse consensum matrimonialem, si matrimonio obstat impedimentum dirimens iuris divini sive cognitum sive ignoratum». Vedi anche P. GASPARRI, *De matrimonio*, nn. 813; 1217). Data questa risposta, si può capire perchè Wernz, in questi casi, richieda il consenso di entrambi i coniugi (vedi sopra in questa nota).

[169] «Si inhabilitas personae ex qua nullitas matrimonii contracti orta est, nitatur solo iure ecclesiastico ad convalidandum matrimonium imprimis requiritur, ut petatur et obtineatur dispensatio a competente auctoritate ecclesiastica super impedimento dispensabili. [...] Ista condicio dispensationi ex iure mere canonico, non ex iure naturali necessario apposita difficultatem non facit, si impedimentum sit publicum aut utrique coniugi cognitum» (F.X. WERNZ, *Ius decretalium*, 551, n. 651).

Il problema che l'autore pone è ancora quello dell'informazione del coniuge eventualmente ignaro della nullità: se l'impedimento era pubblico esso deve essere informato, se invece fosse occulto e noto ad una sola parte, si deve considerare la condizione essenziale *ad valorem dispensationis* della *certioratio coniugis ignari*[170]. Anche Wernz fa notare che, a causa delle difficoltà che a volte si incontrano nell'informare la parte ignara, in quel tempo (siamo alla fine 1800) la S. Penitenzeria mutò la clausola sulla *certioratio* utilizzata fino ad allora, richiedendo l'informazione solo se nell'operare ciò non vi è grave pericolo, anche perché è una clausola di diritto meramente canonico[171].

Passiamo al secondo caso: il matrimonio invalido per vizio o mancanza della forma canonica. Per questa fattispecie l'opinione degli autori analizzati è pressoché concorde: se si tratta di un matrimonio clandestino, deve essere celebrato nuovamente nella forma Tridentina, se le parti vi erano soggette, la differenza sarà solo nella pubblicità o meno, per la salvaguardia della fama di esse o per evitare dei danni[172]. Rosset

---

[170] Wernz fa riferimento alla clausola della certioratio e ai cinque modi per poterla effettuare che erano consigliati dall'autorità, che noi abbiamo visto analizzati da Rosset, che anche Wernz cita come riferimento (F.X. WERNZ, *Ius decretalium*, 551, nota 9).

[171] F.X. WERNZ, *Ius decretalium*, 551-552, n. 651: «Quae dispensatio in forma ordinaria ea conditione dari solet, ut post executionem dispensationis factam et cognitam nullitatem matrimonii ab utroque coniuge renovetur consensus. Ista conditio dispensationi ex iure mere canonico, non ex iure naturali necessario apposita difficultatem non facit, si impedimentum sit publicum aut utrique coniugi cognitum. At graves non raro oriuntur difficultates ex illa clausula apposita, si impedimentum sit occultum, uni tantum coniugi notum atque adeo forte ex delicto ortum. Eo enim in casu renovatio consensus ex utraque parte in sese iam satis difficilis est; crescit vero difficultas, quod vi clausulae tanquam conditio essentialis valoris dispensationis requiratur etiam praevia certioratio alterius coniugis ignari de nullitate matrimonii. Quae difficultates nostra aetate multum sunt imminutae, cum S. Poenitentiaria antiquam clausulam immutarit et novam hisce verbis conceptam apponere soleat: "Et quatenus haec certioratio absque gravi periculo fieri nequeat renovatio consensus iuxta probatos auctores"».

[172] Cf. M. ROSSET, *De sacramento*; 120, G. BUCCERONI, *Institutiones*, 439-440, n. 1049; A. LEHMKUHL, *Theologia*, 608, n. 1151. Interessante la casistica operata da P. Gury – A. Ballerini, i quali affermano essere certo che un matrimonio clandestino, deve essere fatto davanti al parroco e ai testimoni a meno che non ottenga la dispensa dal Sommo Pontefice. Questa legge obbliga sempre, è una *conditio sine qua non*, richiesta in ogni caso per la validità del matrimonio, a meno che il ricorso al Parroco non sia impossibile. Se entrambi i coniugi non rinunciano a presentarsi davanti al parroco, davanti ad esso sarà convalidato il matrimonio, sia pubblico che occulto, in base a come fu la nullità. La prima ragione è rimuovere lo scandalo se ci fu e la seconda è che sia conservata la buona fama degli sposi. E se una parte o entrambe acconsentono

fa notare che se i coniugi, anche se soggetti alla forma canonica, uniti con un vincolo clandestino in cui espressero però un consenso naturalmente sufficiente, emigrassero in un luogo dove non vige il *Tametsi*, essi vivendo la loro vita con affetto e spontaneamente, convaliderebbero automaticamente la loro unione[173].

F.X. Wernz, nello *Ius decretalium* riveduto ed ampliato nel 1911, dopo il decreto *Ne temere* (2 agosto 1907) che estende le determinazioni tridentine sulla forma canonica a tutta la Chiesa Latina, richiede sia per i matrimoni clandestini che per quelli in cui non è stata osservata la forma sostanziale, si attui la convalidazione tramite una nuova celebrazione davanti al parroco proprio e a due testimoni, da effettuare segretamente o meno in base alla notorietà della nullità[174]; questo a conseguenza del fatto che in riferimento al luogo non si distingue più chi è soggetto o meno alla forma canonica *ad validitatem matrimonii*.

---

ad emettere il consenso davanti al parroco, ma rinunciano ad andare in Chiesa? Essi sostengono che il parroco vada nella loro casa o in un altro luogo ad essi congeniale, ed essi rinnovino in modo che questa convalidazione possa essere pubblica se ciò fosse necessario a togliere lo scandalo, soprattutto se la nullità precedente era notoria. E se uno rinuncia a presentarsi davanti al parroco? Se vuole lo stesso rinnovare il consenso può nominare un procuratore che consenta a suo nome o almeno esprima il consenso *de praesenti* tramite una lettera diretta al proprio parroco o ad un altro sacerdote ordinario o ad un parroco avente la licenza (si riferisce alla Instructio del card. Caprara del 1803). E se una parte non è disposta nemmeno a contrarre tramite procuratore? Si addivenga alla convalidazione tramite la sanazione in radice». Dal tono degli autori questa sembra che sia proprio l'ultima spiaggia: se è possibile sia rinnovato il consenso. La necessità della rinnovazione non viene messa mai in discussione. E se nessuno dei due vuole rinnovare? Il parroco frequentemente insista perché la loro situazione concubinaria si risolva: altra insistenza sulla necessità di rinnovare il consenso (cf. P. GURY – A. BALLERINI, *Compendium*, 673, 704-706).

173 Cf. M. ROSSET, *De sacramento*, 120, n. 2988; «Si tamen coniuges qui vere consenserunt, sed non observaverunt formam Tridentini, migraverint ac domicilum acquisiverint ubi non viget decretum *Tametsi*, nullitatemque sui matrimonii scientes vitam coniugalem ibi affectu maritali ducant ambo sponte, eo ipso revalidatur eorum matrimonium».

174 F.X. WERNZ, *Ius decretalium*, 549-550, n. 649: «Matrimonium invalidum propter non servatam formam substantialem decreti "Ne temere", sive propter impedimentum clandestinitatis convalidandum est in loco et matrimonio formae ecclesiasticae subiecto per novam celebrationem coram parocho proprio et duobus saltem testibus. Quae celebratio secrete fieri potest, si occulta sit nullitas matrimonii; at publica requiritur renovatio consensus si matrimonii nullitas sit publice nota, neque aliis modis scandala vitari possint. Si una ex partibus, neque per se neque per procuratorem parata sit denuo contrahere matrimonium coram parocho et testibus, in favorem partis innocentis confugiendum est ad sanationem matrimonii in radice».

Riguardo alla terza tipologia di nullità matrimoniale, quella per difetto di consenso, gli autori concordano sul fatto che questo debba essere rinnovato o meglio nuovamente prestato, in quanto la rinnovazione è richiesta *iure naturali*. Non è necessario che entrambi rinnovino il consenso se il vizio si ebbe da una sola parte, mentre lo è se il vizio fu bilaterale. La ragione è perché il consenso prestato validamente, si presume perseveri se non consta revocato, e perché non è necessaria la simultaneità temporale, ma basta quella morale[175].

Ci chiediamo infine che valore dessero i nostri autori alla coabitazione. Per essi in alcuni casi, la *cohabitatio* può certamente essere segno o presunzione di rinnovazione del consenso e di non revoca del consenso prestato. Di questo ci dà testimonianza F. Schmalzgrueber, quando si chiede se il matrimonio estorto per timore grave sia valido per prolungata coabitazione di entrambi i coniugi, conseguente al contratto matrimoniale iniziato per timore. Egli sostiene che «si deve ricavare una

---

[175] Cf. F.X. WERNZ, *Ius decretalium*, 548-549, n. 648; H.J. FEIJE, *De impedimentis*, 809; A. LEHMKUHL, *Theologia*, 609, n. 1151; G. BUCCERONI, *Institutiones*, 439, n. 1048; P. GURY – A. BALLERINI, *Compendium*, 672, n. 703; L. GAUDÈ, *Teologia*, 235, n. 1109; A. CERCIÀ, *Lezioni*, 291. M. Rosset nel suo *De sacramento*, non fa problema sul fatto che il consenso si debba rinnovare, o si può meglio dire prestare, ma sul modo in cui questo debba avvenire. Egli si chiede se per convalidare un matrimonio basta un consenso meramente interno e conclude: «Quia iam satisfacta est Ecclesia per consensum ficte quidem, tamen externe prolatum antea per verba de praesenti, ideo ad revalidationem sufficit, ut consensus eliciatur interne, si verus ac liber sit. 2ª ratio ipsa sat dictitat, non esse necesse, ut novus consensus externe prodatur; nam in matrimonio contracto oportet supplere id quod deest: porro non externus, sed interum tantum deficit consensus». L'autore continua chiedendosi se è necessario che rinnovino entrambi il consenso nel caso che uno solo finse o nel caso di errore o di metus. L'autore (nn. 2980-81) espone due sentenze: a) *sentenza affermativa*, sostenuta da Felinus, Covarruvias, Wiestner, Schmalzgrueber, Dans, Zallinger, i quali dicono che la rinnovazione è necessaria per entrambi i coniugi, benché uno solo non emise un vero consenso. La spiegazione è sacramentale: essendo forma e materia del matrimonio il consenso, deve essere espresso nuovamente da entrambi, per avere una convalidazione del matrimonio, che esprime questa sacramentalità. Il consenso sia fatto davanti al parroco e due testimoni, ma se vi fosse scandalo sia emesso in segreto. b) *sentenza negativa communior ac probabilior*, sostenuta da S. Tommaso, S. Bonaventura, Soto, Navarrus, Sánchez, Coninck, Salmanticensis, S. Alfonso, D'Annibale, Lehmkuhl e altri, i quali si fondano sulla perseveranza del consenso, non revocato e quindi non necessitante di rinnovazione e sulla ragione che per la validità del matrimonio non è richiesta la simultaneità fisica del consenso di entrambi, ma è sufficiente morale e certamente il consenso dell'altra parte persevera fino a quando la parte che non consentì internamente, esprime poi un nuovo consenso (cf. M. ROSSET, *De sacramento*, 110, n. 2975-2981).

risposta del tutto affermativa; infatti generalmente dalla coabitazione prolungata un anno e mezzo si presume che il consenso sia stato rinnovato. E si deve ripetere la distinzione fatta e si deve dire che la coabitazione continuata per tanto tempo deve essere accettata come ratifica del consenso, non diversamente che se fosse spontanea e libera»[176].

Gli altri autori non affrontano specificatamente l'argomento in riferimento alla *convalidatio matrimonii*; sul tema della coabitazione e del suo valore abbiamo comunque visto diversi richiami nei documenti analizzati come fonti dei canoni[177].

2.4 *I canoni della convalidatio simplex (cann. 1133-1137) del CIC del 1917: schemi e redazione finale*

Con la promulgazione del *Codex Iuris Canonici* del 1917, si opera il tentativo di rendere più organico e praticamente più utilizzabile la grande produzione legislativa che si era avuta nella Chiesa dopo il *Corpus Iuris Canonici*.

Vogliamo ora analizzare con cura gli *schemata*[178] e la redazione finale dei canoni del *Codex Iuris Canonici* del '17 inerenti alla *convalidatio*

---

[176] Cf. F. SCHMALZGRUEBER, *Ius Ecclesiasticum*, I, n. 419: «Quaeritur 8. An matrimonium, gravi metu extortum, convalescat per diuturnam cohabitationem utriusque coniugis, subsequentem ad matrimonialem contractum metu initum? Si textus cap. ad id. 21 hoc tit. inspiciatur, videtur absolute tenenda affirmativa; nam ibi generaliter, per annum, et dimidium continuata, consensus praesumitur esse renovatus [...] cohabitationem, per tantum tempus continuatam, non aliter acceptandam pro ratificatione consensus, quam si spontanea et libera fuerit».

[177] Vedi questo cap., punto 2.1.

[178] Ogni parte del Codex Iuris Canonici del 1917 ha una sua particolare e specifica elaborazione e un numero diverso di schemata, in base alla diversità e complessità dell'argomento trattato dalle varie commissioni speciali di consultori o nei Congressi speciali dei Cardinali. Riguardo agli schemata J. Llobell – E. De León – J. Navarrete nel loro saggio di studi e documenti sulla formazione del libro «De processibus» nella codificazione del 1917 dicono che: «Si considerano schemata le successive redazioni o bozze dei canoni di una materia, realizzate, in un primo momento, dalle commissioni speciali dei consultori, e successivamente dai Congressi speciali dei Cardinali. Dopo la discussione dei primi vota di ogni materia, si provvedeva ad una nuova redazione introducendo le indicazioni e le osservazioni fatte nel corso del primo dibattito. Questa nuova redazione veniva stampata e distribuita tra i consultori prima della lettura successiva perché questi potessero fare di nuovo osservazioni od anche proposte di nuova redazione di uno o più canoni. Ed ogni discussione dava luogo, normalmente, ad un nuovo schema; però non era prefissato il numero delle discussioni necessarie per arrivare allo schema definitivo, né il livello di approfondimento con il quale ogni canone doveva essere esaminato dalla commissione; ciò dipendeva fondamentalmente

matrimonii (cann. 1133-1137), perché, come già detto, risultano la prima e chiara determinazione giuridica della legge ecclesiastica della *renovatio consensus*. La nostra analisi viene fatta sugli schemi ritrovati nel fondo del P. Ojetti, professore gesuita, presente nell'Archivio della Pontificia Università Gregoriana.

Gli schemi trovati nei vari fascicoli del fondo sono cinque (1905, 1909, 1913^1, 1913^2, 1916) e spaziano nell'arco di tempo che va dal 1905 alla promulgazione del Codice. Nel materiale si trova anche una copia di tutto il Codice non ancora rilegata e datata 1916, data forse ad Ojetti perché la rilegga nella sua totalità e che presenta qualche piccola variazione rispetto alla redazione finale (che chiamiamo 6° schema).

Ogni schema presenta lo stesso numero di canoni e per la loro analisi procederemo considerandoli uno ad uno nei diversi schemi, per evidenziarne le principali caratteristiche e le eventuali differenze. Anche se la nostra ricerca è inerente specificatamente alla legge ecclesiastica della *renovatio consensus* (can. 1133§2/*CIC* del 1917 – can. 1156§2/*CIC* del 1983), prenderemo in considerazione tutti i canoni della convalidazione semplice, che riguardano la natura e le modalità specifiche della rinnovazione del consenso in base alle diverse tipologie di nullità.

2.4.1 Il can. 1133: la legge della renovatio consensus

La parte del codice sulla convalidazione del matrimonio si apre con il canone che sancisce la legge della rinnovazione del consenso. Nel primo schema, quello del 1905[179], ha questa formulazione:

> can. 57§1. Ad convalidandum matrimonium irritum ob impedimentum dirimens, requiritur cessatio seu dispensatio impedimenti, et renovatio consensus matrimonialis ab utraque parte.
>
> §2. Haec renovatio iure ecclesiastico requiritur etiamsi initio utraque pars verum consensum praestiterit, nec postea revocaverit.

---

dal giudizio del Presidente della commissione speciale dei consultori, ossia dal Gasparri o dal De Lai. Inoltre, tutti gli schemata passavano per le mani del Gasparri per essere inviati ai consultori della "grande commissione", di cui accettava o respingeva le osservazioni che riteneva opportune prima di far pervenire lo schema al Congresso dei Cardinali, al quale Gasparri era sempre presente, poiché prima di essere Cardinale era già Segretario del medesimo» (J. LLOBELL – E. DE LEÓN – J. NAVARRETE, *Il libro «De Processibus»*, 80-81).

[179] A.PUG, Fondo OJETTI, Fascicolo n. 1974. *N.B.*: nei vari schemi le parti in corsivo si riferiscono ai cambiamenti avvenuti rispetto allo schema precedente.

La cosa degna di nota in questo schema è che il §1 sancisce che la rinnovazione del consenso deve essere fatta da entrambe le parti, senza distinzione sulla conoscenza o meno della nullità matrimoniale.

Il secondo schema è del 1909[180], e presenta solo qualche piccola variazione rispetto al precedente:

> can. 428§1. Ad convalidandum matrimonium irritum ob impedimentum dirimens, requiritur cessatio seu dispensatio impedimenti, et renovatio consensus matrimonialis ab utraque parte.
>
> §2. Haec renovatio iure ecclesiastico requiritur *ad validitatem* etiamsi initio utraque pars consensum praestiterit nec postea revocaverit

In questo schema la novità è nel §2: si inserisce la clausola che la rinnovazione del consenso, richiesta per diritto ecclesiastico, cosa specificata fin dal primo schema, è *ad validitatem*.

Il testo non subisce alcuna variazione nei due schemi seguenti: il 3°[181], il 4° del 1913[182].

Nel 5° del 1916[183] non si ha più alcuna specificazione sui soggetti che debbono operare la rinnovazione del consenso: sparisce l'*ab utraque parte*.

> can. 1136§1. Ad convalidandum matrimonium irritum ob impedimentum dirimens, requiritur cessatio aut dispensatio impedimenti, et renovatio consensus matrimonialis.
>
> §2. Haec renovatio iure ecclesiastico requiritur ad validitatem, etiamsi initio utraque pars consensum praestiterit nec postea revocaverit.

---

[180] A.PUG, Fondo OJETTI, Fascicolo n. 1976, 164 ss.

[181] A.PUG, Fondo OJETTI, Fascicolo n. 1979. La scheda di descrizione dice che sia stato redatto tra il 1910 e il 1913 e i fogli non riportano una numerazione. Appaiono in questo schema anche le fonti in nota ad ogni canone, che risultano sostanzialmente quelle della redazione finale.

[182] A.PUG, Fondo OJETTI, Fascicolo n. 1984. Il fascicolo in esame porta l'intitolazione: S.D.N. PII PP.X *Codex Iuris Canonici*, (*Schema CIC sub secreto pontificio*) cum notis Petri Card. Gasparri. *Liber Tertius – De rebus*. Romae Typis Polyglottis Vat. 1913, e lo schema è alle pagine 170-171. Tra i fascicoli risulta anche uno schema sempre del 1913 (fasc. n. 1987), che è uguale nel testo dei canoni rispetto al 4° schema, ma che ha una numerazione differente: in quest'ultimo i canoni sulla convalidatio simplex vanno dal 418 al 422, mentre nel fascicolo n. 1987 vanno dal 412 al 416. Pensiamo che il cambiamento si possa attribuire all'eliminazione di canoni precedenti.

[183] A.PUG, Fondo OJETTI, Fascicolo n. 2053, che così è titolato: CODEX IURIS CANONICI, (*Schema CIC sub secreto pontificio* di tutti i canoni) cum notis Petri Card. Gasparri. Romae Typis Polyglottis Vat. 1916, 477-478.

Un ulteriore cambiamento del canone si ha in un documento che risulta essere già il testo completo del Codice, ma non ancora rilegato. Il documento è del 1916 e, come abbiamo visto sopra, può essere considerato ancora uno schema (il 6°), in quanto differisce sia dallo schema precedente (il 5°) sempre del 1916, sia dalla redazione finale promulgata nel 1917. Per questo canone si ha tale formulazione:

> can. 1133§1. Ad convalidandum matrimonium irritum ob impedimentum dirimens, requiritur cessatio aut dispensatio impedimenti, et renovatio consensus matrimonialis *ex parte impedimenti conscia*.
>
> §2. Haec renovatio iure ecclesiastico requiritur ad validitatem, etiamsi initio utraque pars consensum praestiterit nec postea revocaverit[184].

Il cambiamento è nel §1: i soggetti della rinnovazione del consenso che nello schema precedente non erano specificati, ora lo sono: la *renovatio* è richiesta solo a chi fosse conscio dell'impedimento, *ex parte impedimenti conscia*, senza nominare l'altra, eventualmente ignara della nullità. La redazione finale, pochi mesi dopo opererà un'ulteriore modificazione, richiedendo la rinnovazione non solo alla parte conscia dell'impedimento ma, «almeno» alla parte consapevole («*saltem*» *pars impedimenti conscia*), non escludendo a priori la necessità o la convenienza che rinnovi anche l'altra parte (soprattutto in caso di pubblicità dell'impedimento).

Pertanto la redazione finale del canone presente nel codice è:

> can. 1133§1. Ad convalidandum matrimonium irritum ob impedimentum dirimens, requiritur ut cesset vel dispensetur impedimentum et consensum renovet *saltem pars* impedimenti conscia.
>
> §2. Haec renovatio iure ecclesiastico requiritur ad validitatem, etiamsi initio utraque pars consensum praestiterit nec postea revocaverit[185].

Nessuna modifica subisce invece, fino alla redazione finale, il §2 che a noi interessa particolarmente: il requisito della *renovatio consensus*, è richiesto specificatamente per legge ecclesiastica fin dal primo schema, mentre dallo schema del 1909 è richiesto *ad validitatem*.

---

[184] A.PUG, Fondo OJETTI, Fascicolo n. 2058, dal titolo: CODEX IURIS CANONICI, Pii X Pontificis Maximi iussu digestus, Benedicti Papae XV Auctoritate promulgatus, Romate Typis Polyglottis Vat., 1916, 287-288. È il testo completo del Codice e contiene anche voti e studi del P. Ojetti.

[185] Can. 1133/'17.

2.4.2 Il can. 1134: la natura della rinnovazione del consenso

Il canone 1134 riguarda la natura dell'atto della rinnovazione del consenso, richiesto per convalidare il matrimonio. Bene specifica lo schema del 1905, che questo atto non deve essere una mera ratificazione del consenso precedentemente dato, ma un nuovo atto di volontà, distinto ed indipendente dal precedente, che entrambi debbono dichiarare: in questo schema infatti ad entrambi viene richiesta la rinnovazione.

> can 58. Renovatio consensus debet esse non mera ratihabitio prioris consensus, sed novus voluntatis actus, a priori distinctus et indipendens, quo utraque pars rursus declaret se velle matrimonium[186].

Gli schemi seguenti semplificano molto il testo del canone, insistendo soprattutto sulla rinnovazione come nuovo atto di volontà, per convalidare il matrimonio nullo fin dall'inizio.

> can. 429. Renovatio consensus debet esse novus voluntatis actus, quo utraque pars rursus declaret se velle matrimonium *ab initio nullum*[187].

Nello schema del 1916 (5°) non è più richiesta la rinnovazione del consenso *ab utraque parte*, ma solo della parte a cui consta della nullità iniziale del vincolo matrimoniale.

> can. 1137. Renovatio consensus debet esse novus voluntatis actus, *in* matrimonium *quod constet* ab initio nullum *fuisse*[188].

Il testo rimane invariato anche nel 6° schema e nella redazione finale.

2.4.3 Il can. 1135: le modalità per la rinnovazione del consenso

Analizziamo ora gli schemi relativi alla modalità con cui il consenso deve essere rinnovato nel caso di nullità per impedimento dirimente, in base alla pubblicità o meno di esso e alla conoscenza o no da parte dei contraenti il vincolo.

Schema del 1905:

> can. 59§1. Si impedimentum sit publicum, consensus ab utraque parte renovandus est in legitima forma.
>
> §2. Si sit occultum, sed utrique parti notum, satis est ut renovetur privatim et secreto.

---

[186] A.PUG, Fondo OJETTI, Fascicolo n. 1974.
[187] A.PUG, Fondo OJETTI, Fascicolo n. 1976, can. 429. Questo testo è uguale anche nel 3° schema (tra 1912 e 1913) al can. 420 e nel 4° (1913) al can. 419.
[188] A.PUG, Fondo OJETTI, Fascicolo n. 2053.

§3. Si sit occultum et uni parti ignotum, satis est ut sola pars impedimenti conscia consensum privatim et secreto renovet[189].

Il primo canone di questo schema (can. 57)[190] non operava alcuna distinzione sulla conoscenza o meno della nullità matrimoniale o dell'impedimento, ma sanciva che entrambe le parti erano tenute a rinnovare il consenso. La distinzione viene operata nel canone ora in esame: se l'impedimento è pubblico (§1), entrambi gli pseudoconiugi sono tenuti a rinnovare nella forma legittima, non distinguendo l'eventualità che uno solo ne fosse informato. Se uno ne fosse stato ignaro, nel caso di impedimento pubblico ne doveva essere informato. Il §2 chiaramente sancisce che se fosse noto ad entrambi, ma fosse occulto, le parti potevano rinnovare *privatim et secreto*. Nel §3 invece, se l'impedimento occulto era noto ad una sola parte, bastava che essa rinnovasse segretamente.

Ojetti fa notare il cambiamento e la determinazione chiara che il codice opera riguardo all'informazione del coniuge ignaro della nullità occulta del matrimonio, generalmente necessaria fino al 1917 (a parte i casi delicati); in una postilla egli dice che il §3 «modifica il diritto vigente, che presenta gravissime difficoltà pratiche, esigendo l'informazione della parte ignara e la rinnovazione del consenso di ambedue le parti»[191].

Lo schema nel 1909 subisce delle variazioni e così si presenta:

can. 430§1. Si impedimentum sit publicum, consensus ab utraque parte renovandus est in forma *iure praescripta*.

§2. Si sit occultum *et* utrique parti notum, satis est ut *consensus ab utraque parte* renovetur privatim et secreto.

§3. Si sit occultum et uni parti ignotum, satis est ut sola pars impedimenti conscia consensum privatim et secreto renovet, *dummodo altera in consensu praestito perseveret*[192].

---

[189] A.PUG, Fondo OJETTI, Fascicolo n. 1974.

[190] A.PUG, Fondo OJETTI, Fascicolo n. 1974, can. 57§1. Ad convalidandum matrimonium irritum ob impedimentum dirimens, requiritur cessatio seu dispensatio impedimenti, et renovatio consensus matrimonialis *ab utraque parte*.

[191] A.PUG, Fondo OJETTI, Fascicolo n. 1974, postilla al can. 59§3. Da notare anche che nel CIC '17 si parla di conoscenza dell'impedimento matrimoniale e quindi della nullità del vincolo, mentre abbiamo notato nell'analisi degli autori come si insisteva maggiormente sulla conoscenza della nullità, senza necessariamente conoscerne la causa (Cf. F. Schmalzgrueber e altri autori al 2.3).

[192] A.PUG, Fondo OJETTI, Fascicolo n. 1976.

Il §1 specifica che la forma in cui si deve rinnovare il consenso è quella *iure praescripta,* mentre il 1° schema diceva *legitima.* Il §2 rende più chiaro che per impedimento occulto e noto ad entrambi, le parti debbono rinnovare, perché consce dell'impedimento. Il §3 aggiunge una condizione alla possibilità data al solo coniuge conscio di un impedimento occulto: può rinnovare *privatim et secreto,* purché l'altra parte perseveri nel consenso prestato all'inizio[193]. Il canone non subirà alcuna variazione negli schemi fino alla redazione finale.

2.4.4 Il can. 1136: il matrimonio nullo per difetto nel consenso

Nel matrimonio nullo per difetto di consenso, gli schemi ed il *CIC* del 1917 operano la distinzione tra difetto interno ed esterno, ed in questo tra pubblico ed occulto. Lo schema del 1905 è così formulato:

> can. 60§1. Matrimonium irritum ob defectum consensus convalidatur, si pars quae non consenserat, iam consentiat, dummodo causa propter quam consensus defuerat, cessaverit et consensus, ab altera parte praestitus preseveret.
>
> §2. Si defectus consensus fuit mere internus, satis est, ut pars quae non consenserat, interius consentiat et vitam sponte prosequatur coniugalem.
>
> §3. Si fuit etiam externus, necesse est consensum interne ponere et exterius manifestare in legitima quidem forma, si defectus fuit publicus, si vero fuit occultus, etiam alio modo privato et secreto[194].

Il §1 sancisce il principio generale che il soggetto che aveva emesso un consenso viziato, deve emetterne uno nuovo, principio che vale per ogni distinzione susseguente. Le condizioni a questo principio sono: a) la causa che generò il difetto deve essere cessata; b) il consenso valido dato dall'altra parte deve perseverare. A nostro parere è implicito il fatto che se il consenso era viziato da entrambe le parti, entrambe devono consentire nuovamente.

Per un difetto di consenso solo interno, la parte può consentire anche internamente e proseguire spontaneamente la vita coniugale (§2), mentre se è «esterno pubblico», il consenso si deve manifestare nella forma

---

[193] Qui si devono tenere presenti tutte le considerazioni inerenti all'eventuale revoca del consenso e alla presunzione *iuris tantum* che vige in questi casi, e che il CIC '17 sanciva al can. 1093: «Etsi matrimonium invalide ratione impedimenti initum fuerit, consensus praestitus praesumitur perseverare, donec de eius revocatione constiterit».

[194] A.PUG, Fondo OJETTI, Fascicolo n. 1974.

legittima, se fosse «esterno occulto» anche in un altro modo privato e segreto (§3).

Nello schema del 1909 abbiamo una trasformazione dal punto di vista soprattutto formale e non sostanziale. Sparisce solo nel §1 la puntualizzazione che per prestare il nuovo consenso deve cessare o essere dispensata la causa del difetto consensuale. Questo il testo:

> can. 431§1. Matrimonium irritum ob defectum consensus convalidatur, si pars quae non consenserat, iam consentiat, dummodo consensus, ab altera parte praestitus preseveret.
>
> §2. Si defectus consensus fuit mere internus, satis est, ut pars quae non consenserat, interius consentiat et vitam sponte prosequatur coniugalem.
>
> §3. Si fuit externus *et publicus*, necesse est consensum interne ponere et exterius manifestare in forma *iure praescripta*; si *fuerit quidem externus sed* occultus, *satis est ut renovetur* etiam alio modo privato et secreto[195].

Non si hanno variazioni nel 3°[196], nel 4° del 1913[197], mentre nel 5° schema al §3 cambia nella sua redazione grammaticale ma non sostanziale. Questo il testo:

> can. 1139§3. Si fuerit etiam externus necesse est consensum etiam *exterius manifestare vel forma iure praescripta* si defectus fuerit publicus, vel alio modo privato et secreto si fuerit occultus[198].

Il canone rimane invariato fino alla redazione finale.

> can. 1136§1. Matrimonium irritum ob defectum consensus convalidatur, si pars quae non consenserat, iam consentiat, dummodo consensus, ab altera parte praestitus perseveret.
>
> §2. Si defectus consensus fuerit mere internus, satis est ut pars quae non consenserat, interius consentiat.
>
> §3. Si fuerit etiam externus, necesse est consensum etiam exterius manifestare, vel forma iure praescripta, si defectus fuerit publicus, vel alio modo privato et secreto si fuerit occultus.

---

[195] A.PUG, Fondo OJETTI, Fascicolo n. 1974.
[196] A.PUG, Fondo OJETTI, Fascicolo n. 1979: can. 422§1.
[197] A.PUG, Fondo OJETTI, Fascicolo n. 1984: can. 421§1.
[198] A.PUG, Fondo OJETTI, Fascicolo n. 2053.

2.4.5 Il can. 1137: il matrimonio nullo per difetto di forma

È il canone che nei vari schemi subisce meno variazioni, se non nella numerazione ed in alcune formalità grammaticali.
Nel 1° schema del 1905 il testo risulta:

> can. 61. Matrimonium nullum ob defectum formae, ut validatum evadat, contrahi debet legitima forma[199]

mentre così è la redazione finale:

> can. 1137. Matrimonium nullum ob defectum formae, ut validum *fiat*, contrahi *denuo* debet legitima forma.

3. Considerazioni conclusive

Invalidità, dispensa, convalidazione: tre concetti e tre istituti che nella prassi e nella legislazione ecclesiale sono venuti fuori pian piano fin dall'inizio della sua storia, e nel tempo sono stati compresi, chiarificati e legati sempre più, fino al codice del 1917.

Le dispense concesse quasi prevalentemente *ex post facto*, sortivano la convalidazione del matrimonio, risultante nullo per svariate cause: per impedimenti o per vizio di consenso e, dopo il *Tametsi*, anche per vizio o per la mancanza della forma canonica.

Pian piano, fin dal XIII secolo, si incominciò a chiedere con maggior frequenza che le parti, ottenuta la dispensa, se necessaria, rinnovassero il loro consenso matrimoniale allo scopo di convalidare il matrimonio invalidamente contratto. Soprattutto nella prassi delle Congregazioni romane, vista analizzando le fonti dei canoni del *CIC* '17 sulla *convalidatio*, in alcuni documenti pontifici e nel pensiero degli autori (iniziando da Benedetto XIV), abbiamo visto che la rinnovazione del consenso di una o di entrambe le parti venne richiesta sempre più con maggiore chiarezza ed insistenza.

Il codice piobenedettino raccogliendo i molti secoli di storia legislativa e di pensiero degli autori, universalmente sancì *ad validitatem* (*convalidationis*) la legge di diritto ecclesiastico della *renovatio consensus*, stabilendone la diversità di attuazione in base alle diverse fattispecie di invalidità (per impedimento o vizio di forma), preoccupato di garantire che essa avvenisse nella forma canonica, in caso di «pubblici-

---

[199] A.PUG, Fondo OJETTI, Fascicolo n. 1974.

tà» della nullità. In caso di nullità «occulta», fu sancita invece la sufficienza della rinnovazione *privatim et secreta*.

Per il caso di nullità per vizio di consenso si codificò la necessità della «prestazione» del consenso *naturalmente sufficiente*; anche in questo caso le modalità furono determinate dai criteri di pubblicità o meno del vizio.

Importante a nostro avviso fu la chiara esplicitazione nel codice che la *renovatio consensus* dovesse essere nuovo atto di volontà a contrarre matrimonio, con tutte le caratteristiche che abbiamo evidenziato nel capitolo precedente.

Su questo e su altre questioni gli autori dopo il 1917 rifletterono ampiamente e non mancarono le divergenze di idee, che analizzeremo nel prossimo capitolo.

CAPITOLO IV

Convalidazione semplice del matrimonio:
il requisito della «rinnovazione» del consenso tra i due codici

Dopo aver visto il cammino storico del requisito della rinnovazione del consenso nella *convalidatio matrimonii*, dall'inizio della Chiesa fino alla sua determinazione giuridica nel codice del '17, passiamo a vedere come questa realtà fu affrontata nel periodo tra i due codici.

In questo capitolo quindi analizzeremo il pensiero degli autori di questo periodo (circa 60 anni) allo scopo di avere il miglior commento ai cann. 1133-1137 del *CIC* del 1917 e per evidenziare con chiarezza le novità codiciali.

Affronteremo poi alcune dispute canoniche inerenti al nostro tema, avvenute in quel periodo tra alcuni studiosi e specificatamente riferite alla riflessione sull'eventuale introduzione della convalidazione *ipso facto* (o automatica) del matrimonio, argomento che troviamo anche nel lavoro di due Commissioni, sempre di questo periodo (una del 1938 e quella per la revisione del *CIC* '17).

Concluderemo questa parte analizzando le fonti e gli schemi dei canoni sulla *convalidatio matrimonii* contenuti nel *CIC* '83.

1. Gli autori

La novità e l'importanza da attribuire nel campo legislativo al *Codex Iuris Canonici* del 1917 è ormai universalmente riconosciuta, soprattutto per il riordino della legislazione precedente e per la sua sistematicità: ciò lo riscontriamo con chiarezza anche nel nostro tema, soprattutto per la soluzione di alcune questioni non molto chiare nella prassi e anche nella dottrina della *convalidatio matrimonii*.

Dopo la promulgazione del codice, molti autori commentarono con precisione i canoni e ora, proprio a commento di essi, vogliamo analizzare il pensiero di alcuni di loro: ne abbiamo scelti circa venti[1], di varia provenienza, cultura e lingua e affronteremo il loro pensiero, seguendo l'ordine dei canoni stessi: convalidazione del matrimonio nullo per impedimento dirimente, per difetto di consenso e per vizio di forma.

Dobbiamo premettere che il pensiero di questi autori è pressochè concorde, soprattutto per quanto riguarda la necessità della rinnovazione del consenso: qualche piccola differenza si può trovare nel pensiero inerente alle modalità della rinnovazione.

Certamente la novità del codice, come abbiamo già ampiamente ricordato, consiste nella chiara determinazione legislativa della rinnovazione del consenso e sul fatto che questa, nelle nullità per impedimento e vizio di forma, sia richiesta *iure ecclesiastico* e *ad validitatem*.

1.1 *I requisiti per la convalidazione*

Il §1 del can. 1133 così stabilisce:

> Ad convalidandum matrimonium irritum ob impedimentum dirimens, requiritur ut cesset vel dispensetur impedimentum, et consensum renovet saltem pars impedimenti conscia.

P. Gasparri, nel suo *Tractatus canonicus de matrimonio*, ci fornisce il più autorevole commento al *CIC* essendone stato il grande regista. Due sono quindi i requisiti per poter applicare la convalidazione semplice: che sia rimosso l'impedimento e che rinnovi il consenso almeno la parte conscia dell'impedimento: per quanto riguarda il primo, la rimozione si ha tramite cessazione dell'impedimento o per dispensa, concessa dal legittimo superiore[2], sempre che la rimozione possa avvenire[3].

---

[1] J.A. ABBO – J.D. HANNAN, *The sacred Canons*; A. BOGGIANO PICO, *Il matrimonio*; D.F. BLANCO NÁJERA, *El código*; A. BLAT, *Commentarium*; F. CAPPELLO, *De matrimonio*; G. CHELODI, *Ius matrimoniale*; M. CONTE A CORONATA, *De sacramentis*; C. DE CLERCQ, *Des sacraments*, A. DE SMET, *De sponsalibus et matrimonio*; M. FALCO, *Corso di diritto*; N. FARRUGIA, *De Matrimonio*; H.J. FEIJE, *De impedimentibus*; P. GASPARRI, *De matrimonio*; T.A. IORIO, *Theologia moralis*; U. NAVARRETE, *De convalidatione*; G. PAYEN, *De matrimonio*; E.F. REGATILLO, *Cuestiones canónicas*; V.T. SCHAAF, «Is convalidation»; G. UBACH, *Theologia Moralis*; T.M. VLAMING, *Prealectionis*; G. VROMAT, *De matrimonio*; F.X. WERNZ – P. VIDAL, *Ius matrimoniale*; L.A. BOGDAN, *Renewal of consent*.

[2] P. GASPARRI, *De matrimonio*, 255-256, nn. 1195-1196.

CAP. IV: LA *RENOVATIO CONSENSUS* TRA I DUE CODICI 203

Il pensiero degli altri autori su questo primo requisito è praticamente uniforme; oltre a ciò, E.F. Regatillo, nella sua opera *Cuestiones canónicas*, specifica che il matrimonio da convalidare, si intende sia quello putativo[4], celebrato cioè in buona fede, sia quello celebrato in mala fede, quando le parti intendano riconciliarsi con Dio e con la Chiesa[5]: ovviamente nel caso di un impedimento di diritto naturale, come il *ligaminis* o l'impotenza, questo deve cessare naturalmente (morte o miracolo o per operazione chirurgica straordinaria), perché non è possibile alcuna dispensa[6].

Il secondo requisito per la *convalidatio* è che rinnovi il consenso *saltem* (almeno) la parte conscia della nullità. Due sono gli elementi richiesti: la rinnovazione del consenso e la conoscenza della nullità del vincolo precedente.

Il primo è meglio precisato nel §2 del can. 1133, in cui si dice che

Haec renovatio iure ecclesiastico requiritur ad validitatem, etiamsi initio utraque pars consensum praestiterit nec postea revocaverit.

---

[3] A riguardo F. Cappello afferma che la rimozione nel caso di consanguineità in linea retta (e aggiungerei anche in alcuni gradi della linea collaterale) non può essere in nessun caso attuata: «agitur de impedimento quod uno aliove removeri potest; nam si remotio esset impossibilis, ex. gr. si agererur de consanguinitate in linea recta, nullatenus matrimonium convalidari potest» (F. CAPPELLO, *De matrimonio*, 780, n. 844); cf. anche L.A. BOGDAN, *Renewal of consent*, 32.

[4] Questo aspetto è evidenziato anche da Matteo Conte a Coronata il quale sostiene che perché si abbia una vera convalidazione, ci deve essere stata prima una «specie» di vero matrimonio, pensiamo da intendere come un'unione più o meno ufficiale, non la mera coabitazione o convivenza tra due persone: «Non habetur proinde proprie dicta convalidatio nisi habeatur saltem species veri matrimonii» (M. CONTE A CORONATA, *De sacramentis*, 933, n. 673).

[5] E.F. REGATILLO, *Cuestiones canónicas*, 604, n. 579: «Tiene lugar principalmente cuando el matrimonio es putativo, es decir, ha sido celebrado con buena fe por uno al menos de los contrayentes; no se exluye, sin embargo, el matrimonio en que ha habido mala fe por parte de los dos esposos, con tal que tenga especie y figura, o lo que es lo mismo, aparencia de verdadero matrimonio y los contrayentes deseen reconciliarse con Dios y con la Iglesia».

[6] «Cuando un matrimonio es inválido por existir entre los contrayentes un impedimento dirimente, puede suceder que dicho impedimento sea de derecho divino [...] cuando v. gr. existe el impedimento ligaminis o impotentiae absolutae, como no puede dispensar en ellos, ni siquiera el Romano Pontífice, es necesario que dicho impedimento cese, por muerte del cónyuge en el ejemplo propuesto de ligamen, o por milagro o alguna operación quirúrgica extraordinaria en el caso de impotencia» (E.F. REGATILLO, *Cuestiones canónicas*, 604, n. 581).

F. Cappello nel suo trattato canonico-morale *De matrimonio*, commenta che la rinnovazione del consenso è per la validità della convalidazione e il non compierla non si può scusare né con la buona fede, né con l'ignoranza o l'impossibilità; perciò se la rinnovazione del consenso non può essere fatta per qualsiasi motivo, la convalidazione semplice non si può effettuare, rinnovazione da compiere in qualsiasi caso, sia che l'impedimento sia cessato, sia che sia stato dispensato[7], anche se un consenso naturalmente sufficiente fu dato dalle parti all'inizio del matrimonio, ed ora perseveri.

Un aspetto importante, desunto dai canoni e ribadito da tutti gli autori, è che la rinnovazione *ad validitatem convalidationis* è richiesta *iure ecclesiastico* e non *iure naturali*[8]. Il consenso naturale posto una volta e perseverante fino al momento della convalidazione, è rimasto sospeso perché giuridicamente inefficace a causa dell'inabilità canonica delle parti: avuta la dispensa o cessato l'impedimento, potrebbe sortire il suo effetto e il vincolo matrimoniale diverrebbe immediatamente valido[9].

---

[7] F. CAPPELLO, *De matrimonio*, 781, n. 844: «Consensus renovandus est ad validitatem. Unde non excusat bona fides, ignorantia, impossibilitas, etc. Proinde si renovatio qualibet de causa fieri nequit, convalidatio simplex non habet locum. [...] Consensus renovari debet quolibet in casu, sive impedimentum cessaverit sive dispensatum fuerit». Anche altri autori ribadiscono la rinnovazione del consenso *ad validitatem convalidationis*. Cf. P. GASPARRI, *De matrimonio*, 254, n. 1191; A. BOGGIANO PICO, *Il matrimonio*, 609, n. 943; L.A. BOGDAN, *Renewal of consent*, 24.

[8] F. CAPPELLO, *De matrimonio*, 780, n. 844 «Renovatio consensus non iure naturali, sed solum iure ecclesiastico necessaria est»; G. CHELODI, *Ius matrimoniale*, 199; T.A. IORIO, *Theologia moralis*, 770, n. 1280: «Iure ecclesiastico requiritur; nam ex natura rei "scientia aut opinio nullitatis matrimonii consensum matrimonialem necessario non excludit"». C. De Clercq dice che: «De droit naturel, il suffit pour revalider un mariage que le consentement matrimonial persévère même implicitement; la nécessité d'un consentement renouvelé présentement est de simple droit ecclésiastique. Le can. 1133§1 l'exige dans un but de sécurité, lorsqu'il s'agit d'un empêchement dirimant disparu de lui-même ou par dispense, de la ou des parties conscientes de l'empêchement, et le can. 1134 veut en outre que cette ou ces parties se rendent compte que le mariage a été nul jusqu'alors» (C. DE CLERCQ, *Des sacraments*, 408-409).

[9] T.M. VLAMING, *Prealectionis*, II, 353, n. 764: «(renovatio) Non requiritur iure naturali. Consensu enim naturali semel praestito nec postea revocato, ideoque usque ad momentum convalidationis perseverante, ex natura rei non repugnant, eundem, qui hucusque nonnisi ob partium canonica inhabilitatem inefficax et veluti suspensus remanserat, ea per dispensationem sublata, illico effectum suum intrinsecum sortiri et matrimonium sinere statim fieri validum. Sed requiritur iure positivo Ecclesiae et quidem ad ipsius convalidationis valorem». Cf. anche F.X. WERNZ – P. VIDAL, *Ius matrimoniale*, 792-793, n. 656: «At ex positiva iuris ecclesiastici dispositione consensui

La Chiesa spezza questo automatismo, stabilendo per diritto positivo la rinnovazione del consenso.

G. Ubach, nella sua *Theologia Moralis*, fa notare che d'altra parte se la *renovatio consensus* fosse richiesta per diritto naturale, la Chiesa non avrebbe previsto né attuato la dispensa da essa, come nel caso della *sanatio in radice*, né sancito l'eccezione del can. 1133§1, che non richiede alla parte ignara di rinnovare il consenso[10].

Abbiamo già visto che diversi erano gli autori, prima del *CIC* '17, ad affermare che la rinnovazione del consenso fosse richiesta per diritto naturale. Tra questi T. Sánchez, il quale per tutti i casi di nullità da impedimento matrimoniale (sia di diritto naturale, che ecclesiastico), sosteneva la necessità della rinnovazione del consenso, perché questo non solo era giuridicamente inefficace, ma addirittura inesistente. Per cui per convalidare era sempre necessaria la rinnovazione del consenso[11].

Altri autori, tra cui H.J. Feije[12] e Z. Zitelli[13], ritenevano la rinnovazione necessaria per diritto naturale, nel caso che l'impedimento fosse

---

naturaliter valido et perseveranti post cessationem impedimenti vel ordinariam ipsius dispensationem iuridica efficacia denegatur et ad hoc ut matrimonium convalidetur exigitur consensus novus»; A. DE SMET, *De sponsalibus et matrimonio*, 618, n. 727.

[10] Cf. G. UBACH, *Theologia Moralis*, II, 626, n. 2842: «De cetero, tum ex repetitis S. Sedis concessionibus sanationis in radice, quae nullam consensum renovationem exigunt, tum in ipsa Codicis exceptione paulo superius memorata, quae pariter consensu pristino partis impedimenti ignarae contenta est». Cf. anche D.F. BLANCO NÁJERA, *El código*, 398-399.

[11] T. SANCHEZ, *De disputationes*, lib. VIII, disp. 35, n.2. Fanno riferimento a Sánchez: T.M. VLAMING, *Prealectionis*, 353, n. 764, nota 3, F. CAPPELLO, *De matrimonio*, 781, n. 844 e A. BOGGIANO PICO, *Il matrimonio*, 609, n. 946, che afferma: «Il Codice, con questo chiaro e tassativo precetto, pone la parte o le parti in mora di fronte all'accertata nullità del vincolo, peraltro affermando, che l'esigere ad validitatem il nuovo consenso, è prescrizione di Diritto Ecclesiastico, col che tronca una questione a lungo dibattuta, sotto l'impero dell'antica legislazione, sostenendosi da alcuni ed autorevoli scrittori, che una siffatta rinnovazione era richiesta per diritto naturale», e alla nota relativa cita Sánchez. G. UBACH, *Theologia Moralis*, 626, n. 2842, afferma: «Contrarium opinabantur nonnulli veterum, sed eorum rationes erant infirmae. Aiebant enim "numquam convalidari quod ab initio est invalidum" (s. Alfonso), vel "invalidum esse consensus qui cadat super materiam inabilem (Sánchez, lib. VIII, disp. 35, n.2), non attendentes quod primum illud axioma intelligi debet de re natura sua, non ob solum obicem extrinsecum, invalida, fundatur enim in hoc, quod natura cuiusvis rei mutari nequeat; similiter altera ratio vera tantum est quando consensus cadit super materiam natura sua ineptam, non mero extrinseco legis statuto ineptam».

[12] H.J. FEIJE, *De impedimentiubus*, 606, n. 82: «Si vero agatur de impedimento iuris naturae vel divini, consensus quidem naturalis exstat, sed nullus est quoad omnem effectum etiam futurum, quia aut agitur de re contraria substantiae matrimonii, aut

stato di diritto naturale, (come il *ligaminis* o l'impotenza) a causa della particolare efficacia che esercita un impedimento di diritto divino sul medesimo consenso; non la ritenevano necessaria *iure naturali* in caso di impedimento di diritto ecclesiastico.

Il fatto che la rinnovazione sia richiesta per diritto ecclesiastico, porta con sé tutte le conseguenze per le persone che non sono soggette alle leggi ecclesiastiche, come fanno notare J.A. Abbo e J.D. Hannan nel loro *The sacred Canons*: in virtù della presente legge le persone non battezzate, che non sono soggette al diritto ecclesiastico, non sono tenute a rinnovare il consenso quando l'impedimento che invalidava il loro matrimonio cessa, ma è sufficiente che il loro consenso continui ad esistere in quel momento, e si ha così la convalidazione[14]; lo stesso discorso

---

non est in terris potestas quae effectum consensui tribuere possit». Fanno notare tutto ciò diversi autori di quelli analizzati, tra cui F.X. WERNZ – P. VIDAL, *Ius matrimoniale*, 792, nota 10: «Feije, Zitelli, aliique putaverant ex ipso iure naturali requiri renovationem consensus propter singularem efficaciam, quam exerceat impedimentum iuris divini in ipsum consensum. Quae sententia in sua generalitate solida ratione erat destituta; nam non obstante impedimento ligaminis consensus naturalis existere potest, qui tamdiu manet, quamdiu non vere fuit revocatus; remoto igitur impedimento ligaminis ex natura rei nihil amplius obstat, quominus ille consensus etiam fiat efficax sive vim iuridicam habeat ad efficiendum vinculum matrimoniale»; E.F. REGATILLO, *Cuestiones canónicas*, 606, n. 581, nota anche lui l'opinione di Feije, ma anche come, sia prima del Codice autori come Suarez, Gasparri e Wernz, che dopo il codice tutti gli autori, sono concordi nell'affermare la necessità della rinnovazione solo per diritto ecclesiastico; cf. M. CONTE A CORONATA, *De sacramentis*, 936, n. 675.

[13] Z. ZITELLI, *De dispensationibus*, 103. L'autore distingue chiaramente una differenza di obbligo nel rinnovo del consenso: se l'impedimento causante la nullità era di diritto divino necessariamente entrambi devono rinnovare, anche se una parte ne fosse stata ignara, se invece era di diritto ecclesiastico, bastava anche la rinnovazione unilaterale: «Matrimonium irritum propter impedimentum iuris divini si quando validari potest, per novum utriusque partis consensum post cognitam nullitatem convalidari debet. [...] Quoad impedimentum iuris ecclesiastici animadvertendum est, quod si utraque pars sit impedimenti conscia, utraque tenebitur ad consensum renovandum; si una tantum pars cognoverit, illa saltem seorsim tenetur».

[14] J.A. ABBO – J.D. HANNAN, *The sacred Canons*, 401, nota 4: «In view of the present law unbaptized person, who are not bound by ecclesiastical law, are not bound to renew their consent continue to exist at the time of the impediment affecting their marriage ceases; it suffices that their consent continues to exists at the time the impediment comes to an end». Lo stesso osserva G. Vromat: «Quoad convalidationem matrimonii paganorum: si matrimonium fuerit ob impedimentum iuris naturalis (ex. gr. ligaminis) et utraque pars consensum matrimonialem praestiterit nec postea revocaverit: infidelium matrimonium, remoto impedimento, statim convalidatur, sine renovatione consensus, nisi auctoritas civilis formam aliqua antea omissam, uti essentialem praescripserit. Consensum enim renovatio iure tantum ecclesiastico urgetur ad

CAP. IV: LA *RENOVATIO CONSENSUS* TRA I DUE CODICI   207

vale per le persone dubbiamente battezzate[15]. Anche i battezzati acattolici, nel caso di nullità per impedimento dirimente, non sono tenuti alla legge meramente ecclesiastica della rinnovazione del consenso, e ovviamente, secondo F. Cappello nemmeno alla forma canonica: una volta cessato l'impedimento, il matrimonio tra due acattolici si convaliderebbe *eo ipso* se il loro consenso persevera; se la nullità dipendesse invece da un difetto di consenso, anch'essi dovrebbero prestarlo nuovamente[16].

C. De Clercq fa comunque notare che nell'ambito del matrimonio tra acattolici non c'è uniformità di opinione tra gli autori[17].

Il secondo requisito analizzato dagli autori è che «*renovet saltem pars impedimenti conscia*». Questa determinazione viene a mitigare la legislazione precedente: non è più necessario, come prima del *CIC* '17, che entrambi i coniugi rinnovino il consenso e che sappiano della nulli-

---

validitatem» (G. VROMAT, *De matrimonio*, 254-255, n. 281). Dobbiamo notare che anche se questi autori non lo sottolineano, questa è la dottrina comune. Cf. anche F. CAPPELLO, *De matrimonio*, 783, n. 845: «partes non baptizatae, cum Ecclesiae iurisdictioni non subsint, praefato prescripto de consensu renovando non tenetur».

[15] M. CONTE A CORONATA, *De sacramentis*, 936, n. 675: «Unde facile deduces hanc renovationem consensus non obligare infideles ante Baptismum [...] hoc autem quod dicimus de infidelibus valet cum si duo infideles invalide inter se contraxerint, tum etiam si infidelis contraxerit cum coniuge de cuius Baptismo valde *dubitatur*, quia in casu lex dubia non obligat». Parla dei casi di non o dubbiamente battezzati anche V.T. Schaaf, il quale dice che: «Now in the opinion of some a doubtfully baptized person is not bound by merely ecclesiastical laws, because according to canon 15 (CIC '17) a doubtful law does not oblige» (V.T. SCHAAF, «Is convalidation», 91-96).

[16] Cf. F. CAPPELLO, *De matrimonio*, 783-784, n. 845: «Ex una parte videtur affirmandum eos quoque teneri, quia in can. 1133 nulla fit exceptio in favorem acatholicorum; ex altera parte videtur negandum, quia renovatio consensus in casu requiritur ut simplex conditio ex lege mere ecclesiastica seu elementum extrinsecum; ideoque videtur reducenda ad formam celebrationis matrimonii, quae forma plura sane complectitur. Hinc exempti a forma videntur immunes quoque a lege de renovando consensu. Haec sententia solido fundamento nititur». Cappello riporta l'esempio di un matrimonio tra un calvinista ed una protestante nullo per impedimento di età nella donna. Il matrimonio si convalida eo ipso al momento del raggiungimento nella donna dell'età necessaria, a condizione ovviamente che perseveri il consenso prestato in modo naturalmente sufficiente. Cf. anche M. OWEN, «Automatic sanation», 18-40.

[17] C. DE CLERCQ, *Des sacraments*, 409: «Le cas de deux acatholiques ayant contracté un mariage civil, qui aurait normalement été valide aux yeux de l'Eglise (can. 1099§2) mais ne l'a pas été par suite d'un emèpêchement canonique dirimant, est discuté. Certains auteurs estiment que les can. 1133-1135 ne sont pas applicables, et que le mariage devient valide par le seul fait de la disparition de l'emèpêchement, même s'il a été public, pourvu que le consentement persévère implicitement».

tà del matrimonio, dato che deve rinnovare solamente (o almeno) la parte conscia dell'impedimento, non entrambe, escludendo la necessità (*ad validitatem convalidationis*) dell'informazione del coniuge ignaro della nullità[18].

Diversi autori, tra cui E.F. Regatillo, fanno notare che prima del Vaticano I vi era invece la condizione essenziale che: «*Dicta muliere vel viro de nullitate prioris consensus certiorata, sed ita caute ut latoris delictum numquam detegatur*», ma visti i grandi inconvenienti che portava, su petizione degli stessi padri conciliari, la Penitenzeria cambiò la formula nel 1885 in «*et quatenus haec certioratio absque gravi periculo fieri nequeat, renovato consensu iuxta probatos auctores*»[19], il che rendeva più facile la convalidazione stessa[20]. M. Conte a Coronata sostiene che l'informazione della parte ignara dell'impedimento non è vista necessaria *ad valorem convalidationis*, ma solo *ad liceitatem*, e che invece, se entrambe le parti sono consce dell'impedimento, la rinnovazione del consenso di entrambe è certamente richiesta *ad valorem*[21].

---

[18] M. CONTE A CORONATA, *De sacramentis*, 935, n. 675: «Bene notanda est dictio Codicis requirentis renovationem consensus ad valorem convalidationis saltem in parte nullitatis seu impedimenti conscia, qua dictione mitigatum fuit ius anterius quo renovatio consensus semper in utraque parte requirebatur, dum hodie sufficere declaratur renovatio ex parte coniugis impedimenti conscii [...] Ante Codicem non solum utriusque coniugis renovatio consensus necessaria erat, sed pars impedimenti non conscia erat etiam certioranda de nullitate matrimonii, quod non parvam difficultatem afferabat in concedendo seu applicando remedio convalidationis simplicis». Cf. anche L.A. BOGDAN, *Renewal of consent*, 33.

[19] E.F. REGATILLO, *Cuestiones canónicas*, 609, n. 582: «Una notable diferencia existe entre lo prescrito en el Código y la disciplina antigua. Antes, al conceder la Sagrada Penitenciaría la dispensa del impedimento, solía imponer como condición esencial que se hiciera sabedora la parte ignorante de la nulidad del matrimonio: "*Dicta muliere vel viro de nullitate prioris consensus certiorata, sed ita caute ut latoris delictum numquam detegatur*". Esto en la práctica tenía gravísimos inconvenientes por el peligro que había de que se creyera engañada la parte ignorante y se negase a renovar su consentimiento. En vista de esto, la Sagrada Penitenciaría a petición de los PP. del Concilio Vaticano, cambió la fórmula o cláusula, desde el año 1885, en esta otra: "*Et quatenus haec certioratio absque gravi periculo fieri nequeat, renovato consensu iuxta probatos auctores*"». Portano le stesse ragioni storiche F.X. WERNZ – P. VIDAL, *Ius matrimoniale*, 793, nota 11, specificando che furono soprattutto i vescovi tedeschi a chiedere meno rigidità nella clausola della *certioratio*.

[20] Cf. F. CAPPELLO, *De matrimonio*, 780, n. 844, fa notare che non importa se la parte o le parti fossero state all'inizio in buona o cattiva fede: «consensus debet renovari vel ab utraque parte vel saltem a parte conscia impedimenti sive bona sive mala fide contraxerit»; cf. anche N. FARRUGIA, *De matrimonio*, 488-489, n. 340.

[21] M. CONTE A CORONATA, *De sacramentis*, 938, n. 676.

CAP. IV: LA *RENOVATIO CONSENSUS* TRA I DUE CODICI

Legato a questo aspetto gli autori evidenziano la necessità della conoscenza della nullità del proprio matrimonio, per poter effettuare una vera e propria convalidazione del vincolo: inevitabilmente qui entra in gioco anche la riflessione inerente alla natura dell'atto di rinnovazione. Il punto di partenza è ciò che viene stabilito nel can. 1134:

> Renovatio consensus debet esse novus voluntatis actus in matrimonium, quod constet ab initio nullum fuisse

T.M. Vlaming, nel suo *Praelectiones iuris matrimonii*, sostiene che perché si possa parlare di rinnovazione, si richiede un nuovo consenso esplicito e non bastano atti o parole che solamente confermano il consenso precedente; questo consenso deve essere dato con la conoscenza della nullità del matrimonio, senza la quale non è possibile un nuovo consenso matrimoniale vero e proprio[22]. Anche F. Cappello fa notare che si richiede un atto nuovo e distinto dal primo, formale e positivo; non è sufficiente una semplice conferma delle parole o dei fatti nel primo consenso: esso infatti era giuridicamente inefficace. Per operare ciò è necessario che il consenso sia rinnovato con la conoscenza della nullità del proprio matrimonio, altrimenti non si ha un secondo consenso; il timore o il dubbio sulla nullità non sono sufficienti. Perciò se qualcuno, con timore (pensando cioè: «ho paura che il mio matrimonio sia nullo») o dubbio (sulla nullità del proprio vincolo), rinnova il consenso, la rinnovazione non è sufficiente alla convalidazione[23]. Perciò

---

[22] T.M. VLAMING, *Prealectionis*, 354, n. 765: «requiri novum consensum explicitum nec sufficere consensum quibusvis verbis aut actibus nonnisi priorem consensum (inefficacem) confirmantibus. Requiri proinde quod consensus detur cum scientia nullitatis matrimonii, sine qua consensus novus in matrimonium non concipitur».

[23] F. CAPPELLO, *De matrimonio*, 781-782, n. 844: «requiritur novus actus voluntatis a priore distinctus, formalis quidem et positivus, i.e. novus consensus in matrimonium de quo agitur, ita ut nequaquam sufficiat confirmatio verbis aut signis facta prioris consensus: hic enim est iuridice inefficax. Necesse est ut consensus praestetur cum scientia nullitatis matrimonii, secus novus consensus in matrimonium, a priore distinctus, non concipitur. Timor vel dubium (a fortiori ignorantia) de nullitate matrimonii non sufficiunt. Unde si quis, stante timore vel dubio, renovaret consensum, huiusmodi renovatio satis non esset ad matrimonii convalidationem». Cf. anche L.A. BOGDAN, *Renewal of consent*, 43-48. M. CONTE A CORONATA, *De sacramentis*, 936-937, n. 676, evidenzia il pensiero di Cappello e di Vlaming e continua: «Verum actus formalis voluntatis, a praecedente consensu prorsus independens, expresse per verba declarantis se velle praesentem virum aut mulierem accipere in maritum aut uxorem, si id per actum voluntatis formalem intelligatur non videtur necessarius; nec item videtur necessarius actus voluntatis explicitus, si per explicitum actum intelligatur, ut supra, expressa declaratio per verba facta novi consensus. Cum enim quolibet signo valida positio consensus matrimonialis in ordinaria celebratione matrimonii sufficiat,

G. Chelodi nel suo *Ius matrimoniale*, ribadisce che qualsiasi rinnovazione del consenso, parole o gesti, fatta da chi ignora la nullità, è considerata mera confermazione del precedente e perciò non ha nessun valore circa la convalidazione[24].

Anche G. Payen, nel suo *De matrimonio*, ci dice cosa non sono la convalidazione e la rinnovazione: non sono la conferma di un matrimonio già contratto e neanche la restituzione di una precedente validità, con il recupero di una validità eventualmente persa[25], mentre D.F. Blanco Nájera, nel suo trattato *El código de derecho canónico*, evidenzia che la mera conferma del primo consenso, fatta con le parole o con i fatti, sarà giuridicamente inefficace, poiché essendo quello nullo nel diritto, per forza sarà nulla anche la conferma[26].

1.2 *Modalità della rinnovazione del consenso*

Passando alle modalità della rinnovazione del consenso, per il caso di nullità da impedimento dirimente, i vari autori si limitano semplicemente a commentare concordemente il can. 1135:

> §1. Si impedimentum sit publicum, consensus ab utraque parte renovandus est forma iure praescripta.
>
> §2. Si sit occultum et utrique parti notum, satis est ut consensus ab utraque parte renovetur privatim et secreto.

---

lida positio consensus matrimonialis in ordinaria celebratione matrimonii sufficiat, nulla est ratio aliquid amplius exigendi in renovatione consensus pro matrimonii convalidatione».

[24] G. CHELODI, *Ius matrimoniale*, 199, n. 164: «E contra quaecumque renovatio consensus, verbis aut actibus, ab ignorante facta censetur mera confirmatio prioris, et ideo nullius valoris quoad convalidationem». Cf. anche A. DE SMET, *De sponsalibus et matrimonio*, 622, n. 734; E.F. REGATILLO, *Cuestiones canónicas*, 608, n. 581.

[25] G. PAYEN, *De matrimonio*, 863, n. 2542: «Quid non sit. Itaque convalidatio non est confirmatio matrimonii iam validi, quasi fiat matrimonium iam validum; neque est restitutio matrimonii in pristinum valorem, quasi convalidatione, matrimonium recuperaret amissam validitatem; nam matrimonium, quod convalidatur, ne uno quidem temporis puncto validum constitit [...] Matrimonium revalidare, est illud ex integro, denuo, contrahere». Cf. anche M. FALCO, *Corso di diritto ecclesiastico*, 285.

[26] D.F. BLANCO NÁJERA, *El código*, 399: «Se requiere, pues un acto nuevo de la voluntad distinto del primero, formal y positivo, es decir, un nuevo consentimiento intentando contraer y consentir segunda vez en el matrimonio que se trata de revalidar; la mera confirmación del consentimiento primero, hecha de palabra o de obra sería jurídicamente ineficaz, pues siendo aquél nulo en derecho, por fuerza había de ser nula también la confirmación».

§3. Si sit occultum et uni parti ignotum, satis est ut sola pars impedimenti conscia consensum privatim et secreto renovet, dummodo altera in consensu praestito perseveret.

In caso di impedimento pubblico, che quindi si può provare in foro esterno[27], si richiede pubblica rinnovazione del consenso[28], nella forma prescritta dal diritto[29], anche se di fatto fosse «non notoria»[30] o fosse nota ad una sola delle parti: nel caso si volesse applicare la convalidazione semplice, la parte ignara andrebbe informata.

Se questo provocasse un grave danno bisognerebbe ricorrere alla *sanatio in radice*.

G. Ubach fa notare che la ragione per cui la convalidazione è esigita nella forma canonica è perché, in un secondo tempo, non si possa impugnare la validità del matrimonio[31].

Nel caso invece in cui la nullità del matrimonio o meglio l'impedimento sia occulto, non provabile in foro esterno, se fosse nota ad entrambe le parti, esse possono rinnovare privatamente e in segreto, anche non simultaneamente[32], se fosse nota ad una sola parte, solo essa è te-

---

[27] F.X. WERNZ – P. VIDAL, *Ius matrimoniale*, 793, n. 657, evidenziano che è pubblico quando è noto ad almeno due testimoni che lo possano provare, pubblico per sua natura o di fatto: «Si impedimentum est publicum aut natura sua aut facto, quia saltem est notum duabus personis quae illud in foro externo probare possint».

[28] Cf. G. CHELODI, *Ius matrimoniale*, 199, n. 164; N. FARRUGIA, *De matrimonio*, 490, n. 342; L.A. BOGDAN, *Renewal of consent*, 48-51.

[29] F.X. WERNZ – P. VIDAL, *Ius matrimoniale*, 793-794, n. 657, specificano che: «tametsi publica illa forma, ubi aliud non exigat ratio scandali auferendi, etiam occulto modo (v. gr. aliis praeter parochum et testibus exclusis) de licentia Ordinarii poni possit». Per P. Gasparri la forma può essere anche diversa, scritta nel rescritto di dispensa: «modus verus servandus in hac renovatione, determinatur in clausulis rescripti quo conceditur convalidatio sedulo servandis» (P. GASPARRI, *De matrimonio*, 256, n. 1198).

[30] T.M. VLAMING, *Prealectionis*, 354, n. 766.

[31] G. UBACH, *Theologia Moralis*, 629, n. 2851: «Convalidatio facienda est in forma canonica, quando matrimonium fuit nullum ob vitium aliquod natura sua vel de facto publicum [...] ratio cur convalidatio exigatur in forma canonica est, ne validitas matrimonii impugnari possit».

[32] P. GASPARRI, *De matrimonio*, 257, n. 1199: «Privatim, idest sine parocho et testibus, seu sine forma sive substantiali sive accidentali iure praescripta; secreto, ita nempe ut alii consensus renovationem penitus ignorent; sufficit igitur ut partes sibimet dicant: *tu es mea uxor, tu es meus maritus*, et matrimonium convalidatum est. Nec est necesse ut renovatio consensus utriusque partis sit simultanea». Cf. anche F.X. WERNZ – P. VIDAL, *Ius matrimoniale*, 793-794, n. 657.

nuta alla rinnovazione in tale maniera³³, a condizione che l'altra perseveri nel consenso prestato antecedentemente.

J.A. Abbo e J.D. Hannan, sostengono che una rinnovazione implicita è sufficiente se la legge non richiede una forma giuridica specifica, ma è necessario che le parti rinnovino il consenso implicitamente conoscendo l'invalidità del matrimonio, rinnovazione implicita che per loro è contenuta nell'atto sessuale compiuto con affetto maritale; è necessaria invece una rinnovazione esplicita se le parti dubitano della validità del matrimonio³⁴.

U. Navarrete nel suo *De convalidatione matrimonii* fa notare che la parola «*satis*» del can. 1135§2 indica il minimo richiesto, ma sufficiente per convalidare il matrimonio; rimane però la possibilità di rinnovare il consenso secondo la forma prescritta dal diritto³⁵. Egli sostiene pure

---

³³ G. CHELODI, *Ius matrimoniale*, 199, n. 164, specifica che «renovatio alterius partis autem fieri potest per actum mere internum vel per obsequia coniugalia». T.M. VLAMING, *Prealectionis*, 356, n. 766: «consensus renovari potest per simplicem copulam animo maritali habitam (Benedetto XIV, *Inst. 87*, n. 68). Consensus renovatio per partem impedimenti conscia hoc in casu fieri potest actu voluntatis mere interno vel per obsequia coniugalia». Gasparri ci dice che: «pars vero impedimenti conscia consensum debet renovare, sed ipsum renovare potest etiam per actum mere internum, aut per copulam animo maritali positam, aut per obsequia coniugalia hac mente praestita» (P. GASPARRI, *De matrimonio*, 257, n. 1200). Navarrete osserva che: «sufficit renovatio implicita in copula vel aliis officiis coniugalibus affectu maritali positis. Immo in hoc casu sufficit renovatio consensus mere interna [...] talis renovatio fieri poterit in ipsa confessione, in qua forte impedimentum detegitur; securitatis causa, confessarius potest exquirere consensus renovationem adhibendo similem interrogationem ac quae adhibetur in celebratione matrimonii» (U. NAVARRETE, *De convalidatione*, 75).

³⁴ «Implicit renewal suffices if the law does not require renewal according to the specified juridical form; but it is necessary that the party renewing the consent implicitly shall know of the invalidity of the marriage. An explicit renewal is necessary if the party merely doubts about the validity of the marriage». (J.A. ABBO – J.D. HANNAN, *The sacred Canons*, 402, n. 1134). Essi riportano il pensiero di F. Cappello, facendo notare che egli non considera sufficiente la rinnovazione implicita, ma richiede un formale e positivo atto di volontà e di T.M. Vlaming, che richiede lo stesso, ma per loro pare ammettere la sufficienza delle relazioni matrimoniali se l'invalidità del matrimonio è conosciuta da entrambi. Di entrambi abbiamo già analizzato questo discorso (vedi sopra note 22-23): «Cappello does not admit that an implicit renewal suffices, since he demands a formal and positive act of the will. Vlaming requires an explicit act of the will but he seems to admit the sufficiency of marital relations if the invalidity of the marriage is known» (*Ibidem*, 402, nota 7). Cf. T.M. VLAMING, *Prealectionis*, 354, n. 765; F. CAPPELLO, *De matrimonio*, 781, n. 844.

³⁵ U. NAVARRETE, *De convalidatione*, 73-74: «verbum "satis est" indicat id minimum quod requiritur quidem sed sufficit ad convalidandum matrimonium. Vi verbo-

CAP. IV: LA *RENOVATIO CONSENSUS* TRA I DUE CODICI 213

che nel caso che la nullità sia nota ad entrambi, la rinnovazione anche se da fare privatamente ed in segreto, si compia generalmente davanti ad un sacerdote o al confessore[36].

Il codice non contempla il caso dell'impedimento occulto ma formalmente ignoto ad entrambi: la soluzione prospettata da alcuni autori è che, dove è possibile, almeno una parte debba essere informata della nullità ed ammonita a rinnovare il consenso, con la modalità prescritta nel can. 1135§3, altrimenti il matrimonio rimarrebbe invalido; se invece c'è timore di danno si può applicare la *dissimulatio* o la *sanatio in radice*[37] a cui si può ricorrere anche se una o entrambe le parti si opponessero alla rinnovazione, purché sia presente un consenso naturalmente sufficiente[38].

Subito dopo la promulgazione del *CIC* '17 sorse tra gli studiosi[39] il dubbio se la promulgazione del codice sanasse automaticamente i ma-

---

rum, tamen, non praescribitur ut consensus in casu semper privatim et secreto renovetur. Manet per se possibilitas renovandi consensum forma iure praescripta. Si quidem nullus modus determinatus renovandi consensum praescribitur, hic renovari potest quolibet signo externo. Non sufficit renovatio mere interna. Aliquo modo externe manifestanda est. Etsi enim Legislator expresse non requirat renovationem externam consensus, tamen cum in hoc casu renovatio debeat esse reciproca, haec vix concipi potest nisi aliquo modo externe manifestetur».

[36] «Generatim oportebit ut renovatio consensus fiat, etsi privatim et secreto, coram sacerdote aut confessario, qui partes interroget, plus minus iuxta formam Ritualis» (U. NAVARRETE, *De convalidatione*,, 74).

[37] Cf. G. UBACH, *Theologia Moralis*, 630, n. 2854: «Si impedimentum est occultum et illud (saltem formaliter) utraque pars ignorant, debet, obtenta impedimenti dispensatione, una pars moneri ut renovet consensum, secus matrimonium maneret invalidum; nisi timor sit, ne aliqua pars discedat, et tunc prudentia suadet utramque in bona fide relinquere vel sanatione in radice obtinere»; U. NAVARRETE, *De convalidatione*, 76: «Canon non contemplatur hypotesim impedimenti occulti et utrique parti ignoti. Si occurrat, ut possibile est, sufficit ut alterutra pars moneatur et consensum renovet ad normam in can. 1135§3 statutam. Si tamen hoc fieri nequeat, recurratur ad sanationem in radice, potius quam ad dissimulationem, dummodo constet de perseverantia consensus naturaliter sufficientis».

[38] «Quodsi utraque vel alterutra pars renuat consensum renovare, aliud remedium non est quam matrimonium in radice sanare, si certo constiterit consensum naturaliter sufficientem praestitum antea fuisse et adhuc perseverare» (U. NAVARRETE, *De convalidatione*, 74).

[39] Tra questi Cf. E.F. REGATILLO, *Cuestiones canónicas*, 610, n. 583: «De donde se infiere que los matrimonios nulos por mediar algún impedimento dirimente que haya sido abrogado por el nuevo Código, v.g. el impedimento de consanguinidad en cuarto grado colateral, no se convalidan por la sola promulgación del Código, sino que necesitan dispensa, sanación, etc.». Anche Conte a Coronata sostiene che: «Norma haec de cessatione impedimenti sine dispensatione practicam applicationem habuit

trimoni invalidi a causa di impedimenti dirimenti abrogati dal codice stesso.

La Commissione Pontificia per l'Interpretazione del Codice il 2-3 giugno 1918, diede a questo proposito una risposta autentica:

> Circa quei matrimoni che erano nulli a causa degli impedimenti ora abrogati dal nuovo Codice: sono quei matrimoni validi per la stessa promulgazione del Codice o necessitano di dispensa o di sanazione. Risp. Negativa alla prima parte, affermativa alla seconda[40].

Alla luce di questo pronunciamento quindi il vincolo si dovrà e si potrà sanare, sia tramite la rinnovazione del consenso che tramite la sanazione in radice, perché il codice non ammette convalidazione *ipso facto*, istituti che si potranno applicare senza che si debba ottenere la dispensa dall'impedimento, perché ora non esiste più. Non per tutti gli autori però l'interpretazione è chiara[41].

Per i matrimoni invalidi a causa di un vizio del consenso delle parti, la rinnovazione o la «prestazione» del nuovo consenso, si richiede non solo per diritto ecclesiastico, ma per diritto naturale. Commentano queste affermazioni in particolare G. Payen[42], P. Gasparri[43] e F. Cappello[44].

---

in matrimoniis ante Codicem invalide contractis ob aliquod impedimentum quod Codicem abrogatum fuit, e.g. ob impedimentum consanguinitas in quarto gradu, ob affinitatem ex copula illicita, ob disparitatem cultus pro christianis acatholicis etc. Matrimonia cum huiusmodi impedimentis contracta ante Pentecostem anni 1918 invalida sunt nec valida evaserunt post illum diem, quia Codex vim retroactivam non habet» (M. CONTE A CORONATA, *De sacramentis*, 934, n. 674).

[40] «Quid dicendum de matrimoniis, si quae nulla sint ex capite impedimentorum a novo Codice abrogatum: fiuntne matrimonia illa valida ipsa promulgatione an indigent dispensatione, sanatione, etc? (canon 4,10). Resp. – Negative ad primam partem, affirmative ad secundam» (*AAS* 10 (1918) 344-345, n. 7).

[41] Secondo l'Interpretazione del 1918 infatti sembra si debba ottenere la dispensa dall'impedimento (affirmative ad secundam partem). Secondo Regatillo e altri commentatori di Sal Terrae, questa non sarebbe necessaria in quanto si andrebbe a dispensare un impedimento che già non esiste più. Cf. E.F. REGATILLO, *Cuestiones canónicas*, 611-612, n. 583: « Si se quiere hacer válido sin renovar el consentimiento de las partes (sino únicamente por la perseverancia del consentimiento antes dado) hace falta dispensa de renovar el consentimiento o sanación in radice, pero si se quiere revalidar renovando el consentimiento de los cónyuges, *no hace falta* dispensa del impedimento, pues ya está abrogado». M. Conte a Coronata sostiene che: «Unde resultat in talibus casibus dispensationem non esse necessariam, convalidationem vero necessariam ad normam canonum quos nunc commentamur» (M. CONTE A CORONATA, *De sacramentis*, 935, n. 674).

[42] G. Payen dice in sostanza che la rinnovazione del consenso è necessaria per diritto naturale se il matrimonio è nullo per difetto di consenso, nullo per diritto natura-

Il Codice si riferisce ad una o ad entrambe le parti, con le parole:

> Matrimonium irritum ob defectum consensus convalidatur, si pars quae non consenserat, iam consentiat, dummodo consensus ab altera parte praestitus perseveret (can. 1136§1)[45].

Sono invece di diritto ecclesiastico le modalità della prestazione del consenso[46], distinte in base alle caratteristiche del difetto, riportate dai successivi paragrafi del can. 1136:

> §2. Si defectus consensus fuerit mere internus, satis est ut pars quae non consenserat, interius consentiat.

---

le. Se mancò infatti il consenso richiesto per diritto naturale, cioè se fu negato tutto il consenso o se fu prestato un consenso non naturalmente sufficiente (per *metu grave* o altro), è chiaro che la rinnovazione del consenso è necessaria *ex iure naturae*: se così non fosse, si potrebbe anche applicare la *sanatio in radice*, cosa che non è possibile nel caso di vizio di consenso. Questo il testo: «Necessitas ex iure naturae. Haec renovatio, ex iure naturae, si matrimonium est, ob defectum consensus, ex iure naturae irritum. Si defecit consensus, iure naturae requisitus, id est si fuit denegatus omnis consensus aut si praestitus est consensus naturaliter non sufficiens, clarum est necessariam esse ex iure naturae consensus renovationem. Itaque, si censeas metum grave obstare, ex iure naturae, quominus consensus sit naturaliter sufficiens, colligas requiri ex iure naturae renovationem consensus» (G. PAYEN, *De matrimonio*, 871, n. 2555).

43 P. GASPARRI, *De matrimonio*, 253, n. 1190: «Si vero contractus matrimonialis celebratus fuit absque utriusque debito consensu interno, licet hic consensus fuerit rite manifestatus, ad matrimonii validitatem necesse omnino est, ipso attento naturae iure, ut hic consensus internus praestetur, qui in casu non renovatur, si proprie loqui velimus, sed praestatur; hoc autem praestito, nil deesset, attento iure naturae, ad matrimonii validitatem».

44 F. CAPPELLO, *De matrimonio*, 784, n. 846: «Matrimonium nullum ob defectum consensus non convalidatur nisi novo et valido consensu (can. 1136§1), qui suppleri nequaquam potest per dispensationem Ecclesiae aut alio modo. Unde contrahentes iique soli possunt hunc defectum supplere per consensus renovationem».

45 Nell'evidenziare nuovamente la condizione che l'altra parte perseveri nel consenso prestato, sottostà l'idea che non serve una simultaneità fisico-temporale nell'emissione del consenso, ma basta quella morale. Analizza bene la questione R. Quezada Toruño, che in un passo della sua tesi afferma che: «Todos los canonistas que se ocuparon de nuestro problema están unánimamente de acuerdo en afirmar que no es necesaria la coexistencia física del consentimiento, bastando la simultaneidad moral para que el consentimiento sea mutuo y pueda producir el vínculo matrimonial» (R. QUEZADA TORUÑO, *La perseverancia*, 105).

46 Fa notare questo T.M. VLAMING, *Prealectionis*, 361, n. 773: «Quid, praeter consensum novum, ad convalidationem requiritur iure Ecclesiae? Ecclesia iure suo positivo id tantum requirit quo de matrimonio convalidato possit, quantum opus, constare in foro externo».

§3. Si fuerit etiam externus, necesse est consensus etiam exterius manifestare, vel forma iure praescripta, si defectus fuerit publicus, vel alio modo privato et secreto, si fuerit occultus.

Gli autori concordemente commentano il canone e le relative differenze di situazione che esso riporta. In caso di difetto meramente interno basta (*satis*), che la parte che non consentì, lo faccia internamente[47]; il difetto esterno invece necessita di una manifestazione esterna, nella forma prescritta se il difetto era pubblico (per salvaguardare la buona fama delle parti, la forma prescritta poteva avvenire anche solo con parroco e testimoni, non in modo notorio), nella forma privata e segreta se il difetto era occulto[48] (considerando i termini nel loro significato più

---

[47] Cf. N. FARRUGIA, *De Matrimonio*, 491, n. 343; A. BLAT, *Commentarium*, 697, n. 550; F.X. WERNZ – P. VIDAL, *Ius matrimoniale*, 790, n. 654; G. PAYEN, *De matrimonio*, 876-877, nn. 2561-2564, e gli altri già analizzati.

[48] G. Chelodi evidenzia che se il difetto fu manifestato esternamente, nello stesso modo deve essere manifestato il nuovo consenso, e se almeno due testimoni possono provare in foro esterno la nullità, per diritto positivo è necessaria una nuova celebrazione in forma pubblica. Certamente tale matrimonio è nullo davanti alla Chiesa e in qualsiasi momento e dissociabile se questo è chiesto ad un giudice. Questo si trova anche nella giurisprudenza, in cui sono stati dichiarati nulli matrimoni anche dopo 20 o 30 anni senza dare nessun valore di privata rinnovazione del consenso alla copula nella diuturna coabitazione: cf. G. CHELODI, *Ius matrimoniale*, 199, n. 165. Anche Conte a Coronata riporta alcune idee sul matrimonio nullo per difetto esterno di consenso (p. es. *metu grave*) e la susseguente coabitazione pacifica per diversi anni, concludendo che: «at de facto Ecclesia talem legem (nel senso di soluzione) nondum tulit» (M. CONTE A CORONATA, *De sacramentis*, 944-945, n. 681). G. Ubach nel suo trattato dice che, nel caso di difetto esterno, la nuova manifestazione del consenso deve essere esterna e la convalidazione deve essere pubblica se il difetto fu esterno e pubblico e che in questo caso si devono premettere addirittura le pubblicazioni. Egli afferma: «Sed, si defectus consensus fuerat etiam externus, novi consensus manifestatio externa requiritur; quae quidem fieri debebit publice (id est, praemissis publicationibus, et coram parocho et testibus), si defectus consensus fuerit publicus (v. gr. una pars contraxerat compulsa metu gravi et aliis facta satis nota sunt)» (G. UBACH, *Theologia Moralis*, 630-631, n. 2855). Interessante risulta anche un altro caso evidenziato da U. Navarrete, quello del casus occultus, quando cioè il difetto di consenso è pubblico, può cioè essere provato giuridicamente in foro esterno, ma è de facto occultus (non divulgatus nec divulgandus). L'autore afferma che «si defectus est notum tantum parti quae defectus causa fuit, haud raro, ne turbetur pax coniugalis et bona fides alterius partis, oportebit petere dispensationem a forma vel sanationem in radice cum obligatione ut pars, quae defectus causa fuit, renovet consensum privatim et secreto. Non videtur posse valide applicari norma quae statuitur pro defecto occulto, scilicet manifestatio privatim et secreto, sine ullo interventu auctoritatis ecclesiasticae» (U. NAVARRETE, *De convalidatione*, 83).

comune). Un'uniformità di pensiero dettata dalla chiarezza e precisione della formulazione del codice.

Passando alla convalidazione relativa all'ultimo caso di nullità matrimoniale, il Codice del 1917 ne tratta al can. 1137:

> Matrimonium nullum ob defectum formae, ut validum fiat, contrahi denuo debet legitima forma.

I coniugi devono contrarre nuovamente secondo la forma legittima, rinnovando il consenso, se non è richiesta la *sanatio in radice*, cosa che diversi autori suggeriscono. G. Chelodi dice che il matrimonio è celebrato di nuovo se si rinnova il consenso nella legittima forma, a meno che non si tratti di persone esenti o si chieda la dispensa dalla legge delle solennità o la *sanatio*. All'una o all'altra si concede, in favore della parte innocente, se l'altra parte ricusi la nuova celebrazione, purché tuttavia mantenga il consenso. Se una parte rinuncia solo alla celebrazione pubblica, l'Ordinario può permettere che sia fatta in segreto davanti al parroco e ai testimoni, purché non vi sia scandalo[49].

N. Farrugia distingue meglio la nullità in pubblica e occulta. Per la nullità pubblica, si esige la rinnovazione nella stessa forma, per togliere lo scandalo, davanti a parroco e a due testimoni. Se si può togliere lo scandalo in altro modo, si può rinnovare in segreto nella forma legittima (l'autore cita la istruzione del Card. Caprara). Se le parti non vogliono andare in chiesa, si può fare in altro luogo, se una non vuole e l'altra sì, si può contrarre tramite procuratore e se entrambi rinunciano alla forma legittima, si può sanare in radice. In caso di nullità occulta, la rinnovazione del consenso può essere segreta, solamente davanti a parroco e due testimoni[50].

---

[49] G. CHELODI, *Ius matrimoniale*, 201, n. 166: «Matrimonium iterum celebrandum est renovato consensu in legitima forma, nisi agatur de personis exceptis, vel petenda dispensatio a lege solemnitatis, aut sanatio in radice. Alterutrum conceditur, in favorem partis innocentis, quando altera pars recusat novam celebrationem, quin tamen retractet consensum. Si vero tantummodo renuit publicam celebrationem, Ordinarius permittere potest ut secreto coram parocho et testibus fiat, nisi obstet ratio scandali».

[50] N. FARRUGIA, *De matrimonio*, 493, n. 345: «1) Si nullitas matrimonii publica est, ut reparetur scandalum, publica renovatio consensus ab utraque parte facienda est in forma legitima coram parocho et duobus testibus. Attamen etiamsi nullitas publica est, propter speciales circumstantias poterit Ordinarius indulgere, ut secreto adhibeatur forma legitima, dummodo publicum scandalum alia ratione removeatur (Instr. A. Card. Caprara, Legato a latere in Gallia, 25 aprile 1803). 2) Si alteruter ad ecclesiam pergere renuat, poterit renovari consensus in quolibet loco, preasentibus testibus et parocho. 3) Si una pars coram parocho comparere consentiat, altera renuat, conandum est, ut haec per procuratorem contrahere velit. 4) Si utraque pars formam legitima

F. Cappello fa notare che prima del decreto *Ne temere*, i coniugi che contraevano clandestinamente nei luoghi soggetti al tridentino, potevano convalidare il matrimonio vivendo ivi maritalmente, se si consideravano, senza frode, non soggetti in quel luogo a detta legge. *Ex iure positivo* questa rinnovazione tacita del consenso convalidava il matrimonio soltanto dopo la conoscenza della sua nullità[51].

2. Convalidazione «ipso facto» del matrimonio: ipotesi di introduzione

Nel periodo intercodiciale vi furono alcuni esperti canonisti, che a più riprese, avanzarono in diversi loro scritti l'ipotesi di una riforma del *CIC* del '17 nell'ambito della convalidazione del matrimonio. Il tentativo, in sintesi, fu quello di introdurre una sorta di convalidazione automatica del matrimonio da potersi applicare in alcuni casi, in base ad alcune circostanze esterne, che da sole sarebbero bastate ad eliminare la necessità della rinnovazione del consenso. Altri autori reagirono a queste idee «riformiste», ribadendo la dottrina contenuta nel codice. Questo scambio di opinioni vuole essere oggetto ora della nostra analisi.

L'argomento della *convalidatio ipso facto matrimonii* (o automatica) trovò una sua collocazione anche all'interno del lavoro di due Commissioni: una istituita da Pio XI nel 1938 e in quella per la revisione del codice del 1917, di cui vedremo le conclusioni.

2.1 P. Felice Cappello – Pio Fedele

Tra le dispute più interessanti che possiamo trovare riguardo al nostro argomento, si deve certamente considerare quella tra P. Felice Cappello, gesuita e professore all'Università Gregoriana e Pio Fedele, professore laico dell'Università di Perugia.

In una serie di articoli apparsi sulla rivista *Il diritto Ecclesiastico* negli anni 1942-1945, essi discutono sull'eventuale convalidazione *ipso*

---

adhibere renuat [...] quamvis Ecclesia sanationem in radice absolute concedere potest. 5) Si nullitas matrimonii est occulta, sufficit ut secreto coram parocho et duobus testibus renovetur consensus ad praecavendam infamiam coniugum». Cf. anche le soluzioni in U. NAVARRETE, *De convalidatione*, 74-86.

[51] F. CAPPELLO, *De matrimonio*, 787, n. 849: «Ante decretum "Ne Temere" coniuges qui in loco legi tridentinae subiecto contraxerant clandestine, poterant matrimonium convalidare, si in locum dictae legi non obnoxium se conferentes, sine fraude legis, ibi maritaliter vivebant. Quae tacita renovatio consensus, ex iure positivo, nonnisi post cognitam nullitatem matrimonii eficax erat (S.C. S. OFFICII, 31 agosto 1887)».

iure di un matrimonio invalido per determinati *caput nullitatis*, non richiedendo la *renovatio consensus* (o almeno presumendola da determinati fatti), sulla limitazione per l'*accusatio matrimonii* e su altre questioni marginali. Il prof. Fedele, in un articolo apparso nel 1975 nella stessa rivista[52], racconta di questa disputa, pur non introducendo particolari novità sulla questione in oggetto. Riferendosi indirettamente alla legge ecclesiastica della rinnovazione del consenso, oggetto del nostro studio, questa riflessione è importante ai fini di una comprensione generale dell'argomento nelle sue varie specificazioni.

2.1.1 Articolo di P. Cappello del 1942

Come abbiamo già visto nel *codex* del 1917 il legislatore per la convalidazione del matrimonio richiese, *iure ecclesiastico* e *ad validitatem*, la rinnovazione del consenso matrimoniale (can. 1133), per cui non si poteva più avere una convalidazione *ipso iure*[53] del matrimonio, cioè senza la rinnovazione del consenso.

P. Cappello in un suo articolo sulla rivista *Il Diritto Ecclesiastico* del 1942, propone che in alcuni casi di matrimonio invalido, la legislazione stessa sia perfezionata, sia cioè cambiata, soprattutto per quanto riguarda la legge della rinnovazione del consenso; egli non la ritiene necessaria, non essendo questa richiesta per diritto divino, soprattutto se il consenso fosse già stato prestato in maniera naturalmente sufficiente.

In particolare egli si riferisce al matrimonio contratto invalidamente per timore grave (can. 1087§1), sul tempo utile per poterlo accusare e sulla sua eventuale convalidazione. Il problema per l'autore sorge sull'eventuale diritto che le parti hanno di accusare il loro matrimonio invalido anche dopo molti anni di convivenza pacifica come veri coniugi, convivenza da vedere per lui come segno chiaro della sparizione del timore. Dalla convivenza pacifica egli presumeva la prestazione tacita di un consenso valido e naturalmente sufficiente, base per poter considerare automaticamente validi questi matrimoni. Dice il nostro autore:

> non si vede la ragione per cui debba sussistere il diritto di accusare un simile matrimonio: tanto più che nelle circostanze predette, il consenso ma-

---

[52] P. FEDELE. «In tema di convalida», 487-513.

[53] Anche se gli autori usano il termine «ipso iure», in realtà questo non è del tutto esatto: è più giusto usare «ipso facto». Non è infatti il diritto che opererebbe la convalidazione automatica, bensì il consenso stesso non più impedito dal diritto. È a quest'ultimo significato che indistintamente ci riferiamo nell'usare entrambe le formule.

trimoniale necessario e sufficiente per diritto divino già esiste, e se la Chiesa non esigesse l'osservanza della forma canonica, e certamente potrebbe farlo, come lo fa in altri casi (cann. 1099, 1135§§2.3, 1136§3), il matrimonio potrebbe anche *ipso iure* convalidarsi[54].

Per avvalorare le sue affermazioni l'autore fa riferimento all'Istruzione del S. Uffizio del 1883 e all'Istruzione Austriaca, che noi già abbiamo trattato nel capitolo precedente, dichiarando che gli stessi princìpi e la stessa normativa potrebbero essere adottati anche oggi nella disciplina canonica[55].

P. Cappello giunge alle stesse conclusioni per quanto riguarda il matrimonio invalido per l'intenzione o la condizione apposta, matrimoni inficiati da un vizio di consenso (cann. 1086§1 e 1092), affermando che si potrebbe arrivare a considerare la convalidazione «*ipso facto*» di questi matrimoni nelle stesse condizioni del caso precedente, limitando l'*accusatio matrimonii* nel caso di una convivenza pacifica e duratura[56].

2.1.2 Articolo del prof. Fedele del 1943

L'anno seguente il prof. Fedele risponde sulla stessa rivista alle tesi di P. Cappello in maniera completamente contraria, manifestando il suo «netto dissenso», anche riguardo alle due Istruzioni sopraricordate; dopo aver in un primo tempo evidenziato l'improprietà del termine *convalidatio* nell'uso comune in campo giuridico, l'autore insiste soprattutto sulla limitazione ad accusare il matrimonio affermata dal suo interlocutore. Per P. Fedele infatti la presunzione riguardo alla presenza di consenso naturalmente sufficiente sorto da una lunga e pacifica convivenza, non può essere considerata una *praesumptio iuris et de iure*, ma solo una presunzione *hominis tantum*,

> che ammetterebbe la prova contraria. Orbene questa sarebbe evidentemente fornita dal coniuge che agisce in nullità; e pertanto, lo *ius accusandi* non potrebbe essere negato, contrariamente a quanto vorrebbe il Cappello[57].

L'autore afferma inoltre che a maggior ragione se la parte che aveva subito il timore, non fosse a conoscenza della nullità del suo matrimonio, non si potrebbe parlare di nessuna presunzione e né di rinnovazio-

---

[54] F. CAPPELLO, «La legislazione ecclesiastica», 386.
[55] Cf. F. CAPPELLO, «La legislazione ecclesiastica», 386-387.
[56] Cf. F. CAPPELLO, «La legislazione ecclesiastica», 387.
[57] P. FEDELE, «A proposito di eventuali perfezionamenti», 78.

ne tacita del consenso, poiché può rinnovarlo solo colui che fosse a conoscenza della nullità del proprio matrimonio.

Riguardo al secondo caso introdotto da Cappello, Fedele afferma che la pacifica e duratura convivenza come veri coniugi:

> mentre in caso di matrimonio nullo per *vis et metus* potrebbe valere come argomento di presunzione, sia pure *hominis tantum*, in caso di matrimonio nullo *ex capite intentionis o conditionis appositae*, non ha nessun valore, in quanto non può certo far presumere il recesso dall'intenzione o dalla condizione apposta[58].

2.1.3 Articolo di P. Cappello del 1943

La risposta di Cappello si fa attendere solo pochi mesi[59]. Egli ribadisce innanzitutto che la limitazione dello *ius accusandi matrimonium* riguardo al caso del *metus* che lui auspica, non si riferisce ai casi in cui una delle parti rimane sotto l'influsso del timore, alla quale rimane sempre questo diritto di accusare la nullità matrimoniale, ma riguarda coloro che vivono pacificamente, come marito e moglie e come veri coniugi, instaurando una convivenza maritale che non si concepisce senza il dovuto consenso, anche se giuridicamente inefficace, ma valido per diritto divino naturale.

> E questo consenso matrimoniale *naturaliter sufficiens* ma *iuridice inefficax*, per usare la precisa espressione del Codice, può aversi non soltanto quando il matrimonio sia nullo, ma anche quando si abbia l'intima persuasione e la conoscenza della nullità di esso, come dice esplicitamente il can. 1085. In tali circostanze il consenso può legittimamente *presumersi*. [...] E dispensando dall'osservanza della forma canonica, la Chiesa può considerare come valido un tale matrimonio con presunzione *iuris et de iure*[60].

L'autore insiste anche sul fatto che la legge della rinnovazione del consenso, essendo solo di diritto ecclesiastico (can. 1133), può essere dispensata in determinate circostanze, come già fa in realtà nella *sanatio in radice*. Inoltre Cappello asserisce che nel Codice si parla del rin-

---

[58] P. FEDELE, «A proposito di eventuali perfezionamenti», 78. L'autore conclude: «Pertanto, qui l'esclusione dello ius accusandi, ove non trovasse la sua base sul dolo o sulla colpa di uno dei coniugi sarebbe priva di ogni fondamento, sia pure del tutto indiziario, e verrebbe manifestamente violato il diritto naturale che hanno i coniugi di accusare la nullità del loro matrimonio».
[59] F. CAPPELLO, «Per la difesa della verità», 286-290.
[60] F. CAPPELLO, «Per la difesa della verità», 287.

novo del consenso solo riferendosi al matrimonio nullo *ob impedimentum dirimens* e non per il caso di un matrimonio nullo *ex metu gravi* che rientra in quelli *ob defectum consensus*, e di conseguenza forse non dovrebbe essere soggetto alla legge della rinnovazione del can. 1133.

Per quanto riguarda il secondo caso preso in esame nella disputa (*ex capite intentionis et conditionis*) P. Cappello ribadisce che solo la convivenza pacifica, duratura e come veri coniugi, come nel caso precedente, potrebbe far decadere il diritto ad accusare il matrimonio, in quanto in coscienza dovrebbero separarsi se le cose non stessero in questo modo. L'autore però appare molto risoluto quando, in risposta al prof. Fedele, afferma che:

> si dovrà dunque conchiudere che le dette parti possano a piacimento vivere unite, e dopo parecchi anni di pacifica convivenza maritale, sopravvenendo un dissenso qualunque o fremito di passione brutale, possano chiedere la dichiarazione di nullità, e che la Chiesa *debba* (si noti la parola) prestarsi alla loro richiesta e riconoscere il diritto di accusa? No assolutamente[61].

L'autore passa poi a fare le sue considerazioni sul consenso matrimoniale, dando una grossa importanza alla convivenza (semplice prestazione del debito coniugale), visto come un modo per prestare il consenso matrimoniale, affermando inoltre che questo «può manifestarsi in parecchie maniere, non solo con le parole, ma anche con lo scritto, coi segni, coi gesti, coi fatti»[62]. Per dare credito a quanto detto, Cappello richiama la disciplina del matrimonio presunto, stabilita nella Chiesa e in vigore per molti secoli, di cui due autori (Wernz e Ojetti) avevano auspicato il ripristino, disciplina però che Fedele non appoggiava, soprattutto per il tipo di presunzione su cui si fondava, fino ad affermare che in questi casi verrebbe manifestamente violato il diritto naturale.

2.1.4 Articolo del prof. Fedele del 1944 e breve risposta di P. Cappello

Dopo un anno, il prof. Fedele, riprende il dialogo con il suo interlocutore, sempre sulla rivista *Il Diritto Ecclesiastico*. Rifacendosi al discorso del Papa Pio XII agli Uditori della Rota Romana del 1941, egli evidenzia come il Pontefice ribadisca l'insopprimibile diritto di ogni fedele di accusare la nullità del proprio matrimonio, diritto che egli ve-

---

[61] F. CAPPELLO, «Per la difesa della verità», 289.
[62] F. CAPPELLO, «Per la difesa della verità», 289.

de connesso al diritto stesso al matrimonio, e, inerente al nostro argomento, afferma che le parole sapienti del discorso:

> escludono che il consenso possa essere dato o rinnovato senza un atto positivo della volontà, il quale non può essere posto in essere dalla parte che ignori la nullità del matrimonio, che il consenso dovrebbe sanare[63].

Il nostro autore critica il fatto che Cappello sostiene che in base ad un comportamento esterno, il legislatore debba stabilire la convalidazione *ipso iure* del matrimonio basandosi sulla presunzione *iuris et de iure* sul comportamento esterno di convivenza che corrisponderebbe all'*animus maritalis*. Per Fedele queste cose, che egli applica ad entrambi i casi che Cappello prende in considerazione, cioè *ob vim et metus* e *ob intentionem vel conditionem appositam*, non sono affatto ovvie ma afferma che deve essere dimostrato sia che esista la *scientia nullitatis* (se manca la *scientia nullitatis* non si può parlare di nessuna presunzione, né *iuris et de iure*, né *hominis tantum*), presupposto necessario per la rinnovazione del consenso (da parte del coniuge che ha subito il timore), sia che la convivenza sia caratterizzata dall'*animus maritalis*. Egli ritiene che in questo caso si corre il rischio di considerare valido in foro esterno un matrimonio che potrebbe non esserlo, «venendo a porre implicitamente come principio normale la possibilità della difformità della valutazione del rapporto in foro esterno e in foro interno»[64]. Riportando un passo di V. Del Giudice, nota:

> il diniego della possibilità della prova nel processo per la mancanza dell'*intentio* o dell'esistenza della volontà condizionata, se non può reagire sul rapporto sostanziale, nel senso di rendere valido il matrimonio in sé non valido (non potendo alcun potere supplire alla deficiente volontà delle parti), aggraverebbe sotto un aspetto generale, la discrepanza della situazione del matrimonio nel foro interno e nel foro esterno[65].

Al fatto che la Chiesa dispensa dalla rinnovazione del consenso nel caso di sanazione in radice del matrimonio, Fedele obietta che questa rinnovazione è richiesta *ad validitatem* solo nel caso di nullità *ob impedimentum dirimens*, e non nei casi *ob defectum consensus* dove è richiesta *ex iure naturae*. La *sanatio* infatti si può applicare se sia esistito ed esista ancora un consenso naturalmente sufficiente anche se giuridicamente inefficace, altrimenti la Chiesa non ha il potere di dispensare.

---

[63] P. Fedele, «Per la difesa dell'attuale legislazione», 28.
[64] V. Del Giudice, *Nozioni*, 201.
[65] V. Del Giudice, *Nozioni,*, 237.

«Ora di consenso naturalmente efficace non si può parlare nei casi di nullità *ex capite vis et metus* o *intentionis vel conditionis appositae*»⁶⁶. In questi casi cioè non si dovrebbe parlare di legge ecclesiastica del rinnovo del consenso, ma di vera e propria nuova prestazione.

Riguardo alle idee di Cappello sul matrimonio presunto, che egli chiama in aiuto per sostenere le sue tesi, Fedele è dell'idea che i casi delle Decretali Gregoriane su cui si fonda questo istituto non hanno niente a che vedere con i temi che Cappello stesso considera, in quanto sono quelli relativi alla copula posteriore agli sponsali *de futuro*, che con presunzione *iuris et de iure* veniva considerata come sponsali *de praesenti*.

Secondo Fedele si potrebbero intravedere delle analogie, ma i casi sono veramente molto diversi; egli, richiamando un articolo del Prof. Pio Ciprotti, conclude che l'abolizione del matrimonio presunto, istituto che è stato «per troppo tempo fonte di innumerevoli conflitti tra foro interno e foro esterno e disconosciute le conseguenze che si sarebbero dovute trarre dal principio dell'insostituibilità del consenso dei contraenti»⁶⁷, viene a dare conferma della linea certa che la dottrina pian piano ha assunto e che egli sostiene, mentre il suo ripristino, auspicato da Cappello, riaprirebbe questi problemi e rischi.

Nella pagina seguente della rivista Cappello⁶⁸ risponde brevemente, rifacendosi all'Istruzione del S. Offico del 1883, in cui si parla della limitazione in alcuni casi del diritto all'accusa di nullità matrimoniale; passa poi all'Istruzione della Congregazione di Propaganda Fide del 1929, che riferendosi al matrimonio contratto con impedimento di *vis et metus* stabilisce che:

> (il caso) di colui che per visse per lungo tempo nel matrimonio, benché fosse conscio della sua nullità e non gli mancasse l'opportunità e la libertà di reclamarla, così che, libero dal timore, abbia continuato ad abitare spontaneamente nella casa coniugale, non sottraendosi ai doveri matrimoniali, non abbia più la possibilità di essere preso in considerazione⁶⁹.

---

⁶⁶ P. Fedele, «Per la difesa dell'attuale legislazione», 29.

⁶⁷ Cf. P. Fedele, «Per la difesa dell'attuale legislazione», 31. Vedi anche P. Ciprotti, «Il matrimonio presunto», 464.

⁶⁸ F. Cappello, «Breve risposta», 32-33.

⁶⁹ S.C. de Propaganda Fide, 19 febbraio 1929, in *Collectanea* II, n. 1587: «Eum qui per longum tempus in matrimonium vixerit, dummodo eidem matrimonii nullitatis conscio libertas et opportunitas reclamandi non defuerit, ita ut si liber iam a metu sua sponte in coniugali domo perstiterit, matrimonialia officia non detractaverit, audiri amplius non debeat».

L'autore riporta poi, per dare forza a ciò che le due Istruzioni stabiliscono e che Fedele negherebbe, l'opinione di alcuni canonisti, anche se brevemente e omettendone molti altri, che però cita nella sua breve risposta.

2.1.5 Articolo del prof. Fedele del 1975

Nel 1975 il prof. Fedele rilegge la disputa avuta con il P. Cappello anche alla luce dei lavori della Commissione per la revisione del codice del 1917.

Prima porta alla luce i termini della discussione rifacendosi sommariamente agli articoli pubblicati 30 anni prima, poi accenna brevemente alle tesi di Bartoccetti e alle controidee di Bender[70].

In seguito esamina i lavori della Commissione della Congregazione per i Sacramenti istituita nel 1938 da Pio XI pochi mesi prima della sua morte, riportando le conclusioni a cui essa arrivò a favore della convalidazione *ipso iure* del matrimonio, e del ruolo seguente di Pio XII, che non accettò il lavoro fatto. Oltre a ciò commenta anche il lavoro della Commissione per la revisione del *CIC'17* e di come, ai tentativi di introdurre la convalidazione *ipso iure* del matrimonio, essa abbia scelto di non operare questa scelta ma di ribadire la legislazione contenuta nel codice piobenedettino (cosa che analizzeremo in seguito).

L'autore ribadisce il principio fondamentale ed insostituibile del *consensus facit matrimonium*, contrapponendolo in maniera forte al tentativo, appoggiato anche, secondo lui, da Cappello, di introdurre il detto: «*matrimonium facit concubitus o cohabitatio*», «principio inderogabile che postula che al centro dell'istituto della convalidazione del matrimonio in diritto canonico vi sia l'esigenza, parimenti inderogabile, della rinnovazione del consenso matrimoniale, nei casi di nullità per vizio o per difetto di consenso»[71], dove in realtà il consenso non va rinnovato per diritto ecclesiastico, ma va prestato per diritto naturale. Per Fedele, Cappello aveva la preoccupazione di far salvo il vincolo matrimoniale e di renderlo più saldo, sacrificando il principio immutabile dell'insostituibilità del consenso.

Nel commento al can. 1136 evidenzia come in entrambi i casi, che il difetto sia pubblico od occulto, sia necessaria la nuova prestazione del consenso, differenziandosi solo nella modalità. Egli sostiene che:

---

[70] Vedi sotto, punto 2.2.
[71] P. FEDELE, «In tema di convalida», 498.

il can. 1136 parla soltanto di «*defectus consensus*», non anche di vizio di consenso, e, con riferimento al caso di «*defectus externus*» del consenso, distingue tra «*defectus publicus*» e «*defectus occultus*», disponendo che nel primo caso, ai fini della convalidazione del matrimonio, l'esterna manifestazione del consenso deve esser fatta «*forma iure praescripta*», e nel secondo caso «*alio modo privato et secreto*». In ogni caso è sempre esclusa la possibilità della *convalidatio ipso iure*[72].

Ulteriore puntualizzazione che l'autore fa è per il difetto di consenso «*mere internus*», del can. 1136§2, giungendo alla medesima conclusio-

---

[72] P. FEDELE, «In tema di convalida», 501-502. L'autore afferma: «Anche *de iure condendo*, come *de iure condito* (can. 1136), non si fa distinzione, in tema di convalida del matrimonio, tra difetto e vizio del consenso matrimoniale, ma si parla soltanto di *defectus consensus*, e, come si è già accennato, alla distinzione, posta da quel canone tra *defectus mere internus* e *defectus externus* del consenso matrimoniale, la Commissione per la revisione del *Codex* ha sostituito la distinzione tra difetto occulto, cioè che non si può provare, e difetto pubblico, cioè che si può provare, del consenso matrimoniale; nel quale caso, perché si possa avere la convalida del matrimonio, «*necesse est ut consensus forma canonica praestetur*. Ma sostanzialmente la seconda distinzione coincide con la prima, tanto è vero che, con riferimento al can. 1136§3, si è affermato che l'esterna manifestazione dei consenso "debet fieri in forma publica si matrimonii nullitas est publica seu in foro externo probari possit, v. gr. per duos testes qualitatibus requisitis praeditos", e si è affermato altresì, il che vale contro le innovazioni proposte dal Cappello, cioè contro la *convalidatio ipso iure* del matrimonio nullo *ex capite vis et metus* ovvero *ex capite intentionis o conditionis* contra matrimonii substantiam: "Quae nova celebratio, adhibita iterum forma iuridica, iure positivo merito exigitur: secus in foro externo constaret matrimonii initi nullitas et in eodem foro non constaret convalidatio ideoque valor matrimonii et legitimitas maritalis vitae, quam coniuges publice ducunt" (alla nota 33 riporta F.X. WERNZ – P. VIDAL, *Ius matrimoniale*, n. 654, dove si legge anche che "inde explicatur quod matrimonia, quae ex publico metu iniusto vel errore substantiali inita fuere etiam post plurimos annos liberae cohabitationis et maritalis vitae nulla passim declarantur in tribunalibus ecclesiasticis, non obstante privata et diuturna ratihabitione», ed in nota si citano tra l'altro, tre sentenze rotali nelle quali fu dichiarata la nullità del matrimonio rispettivamente dopo ventidue, ventitre e trentadue anni di coabitazione. Queste sentenze sono anteriori al Codex. Ciò sta a significare che la tesi della convalidatio ipso iure del matrimonio nullo ex capite vis et metus, fondata sulla presunta volontà matrimoniale del metum passus ricavata dalla coabitazione dopo la cessazione del metus o dalla copula carnale, tesi che il Cappello considera «dottrina comune dei canonisti» prima del Codex ma che dopo il Codex nessuno più ha sostenuto e non era condivisa dalla giurisprudenza. Dunque, l'esigenza di eliminare questo conflitto tra foro esterno e foro interno, cioè quel conflitto che per tanto tempo l'istituto del matrimonio presunto aveva determinato, postula la prestazione del consenso matrimoniale nella forma prescritta, quale immancabile presupposto della convalidazione del matrimonio nullo per difetto o per vizio del consenso, quanto dire l'impossibilità della sua convalidatio ipso facto (cf. F. CAPPELLO, «Breve risposta al prof. Fedele» 33).

ne che non si può parlare di convalidazione automatica del matrimonio derivante dalla libera e pacifica coabitazione[73]; ciò vale anche nel caso di un difetto esterno ma occulto, perché

> la soluzione del problema della possibilità o meno di *convalidatio ipso iure* non ha alcuna pratica rilevanza, posto che trattandosi di difetto o vizio di consenso occulto, esso non è suscettibile di prova nel foro esterno, e quindi il matrimonio, pur essendo nullo nel foro interno, è valido nel foro esterno[74].

2.2 *Vittorio Bartoccetti – Ludwig Bender (1953-1956)*

Un'altra disputa di autori fu tra Mons. Vittorio Bartoccetti, che sarà Decano della Rota Romana e Segretario della Segnatura Apostolica, e P. Ludwig Bender, studioso domenicano. Rispetto alla precedente i toni sono molto più sfumati ed in qualche caso gli autori sono anche concordi. Questa divergenza di opinioni è ricordata anche da Pio Fedele nell'ultimo articolo che abbiamo analizzato[75].

---

[73] P. FEDELE, «In tema di convalida», 503: «Con riferimento al "defectus mere internus", di cui al §2 di questo canone, qualche autore sembra ammettere la possibilità della *convalidatio ipso iure* affermando essere sufficiente per la convalida del matrimonio che la parte "quae vere non consenserat suum novum consensum ponat etiam mere interne vel per exercitium officii maritalis aut liberam cohabitationem aliisve mediis, quae inter coniuges animi maritalis signum esse solent", giacché "externa manifestatio in prima matrimonii celebratione facta, si ipsi nunc accedat ideoque ipsi respondeat verus internus consensus, satis est ex natura rei ut nunc habeatur internus animi consensus externe manifestatus, quo matrimonium perficitur"; ma soggiunge che "id nonnulli antiquiores canonistae negabant" (F.X. WERNZ – P. VIDAL, *Ius matrimoniale*, 790). Ora non si riesce a vedere quale rilevanza giuridica possa avere la convalidazione rispetto ad un matrimonio nullo per un difetto od un vizio di consenso che, essendo "mere internus", non può essere provato in foro esterno. Poiché in questo caso la convalidazione è giuridicamente inutile essendo il matrimonio giuridicamente valido, è inutile discutere se possa o non possa aversi una sua convalidatio ipso iure, derivante dall'"exercitium officii maritalis" o dalla "libera cohabitatio" o da altri indizi di "animus maritalis"». Ci pare che quest'ultima opinione di Fedele non sia sostenibile.
[74] P. FEDELE, «In tema di convalida», 504.
[75] Cf. P. FEDELE, «In tema di convalida», 490: «Questi i termini essenziali della disputa tra me ed il Cappello. Ma già vari anni prima di essa una posizione analoga a quella del dotto padre gesuita era stata assunta, da Mons. Bartoccetti, autorevole ed intrepido esponente della tendenza estremamente rigorista in tema di nullità di matrimonio». Alla nota 14, p. 492 dice: «Contro la tesi, sostenuta dal Bartoccetti, della convalidatio ipso iure del matrimonio nullo per difetto di consenso, cf. L. BENDER, *Convalidatio matrimonii et defectus consensus*, Mon. Eccl., 1956, pag. 482ss».

Diversi sono gli articoli in cui Mons. Bartoccetti affronta l'argomento della *convalidatio matrimonii*; tra questi sembra il più completo ed importante quello che appare sulla rivista *Revue de droit canonique*, nel 1953[76].

L'articolo affronta diversi aspetti della legislazione matrimoniale canonica. Tra questi, si riferisce alle leggi che tendono a garantire una maggiore stabilità del matrimonio, per la sua «corroborazione»; secondo l'autore, l'attuale legge inerente alla convalidazione del matrimonio, con la necessità, in caso di invalidità, di essere legati in diversi casi all'uso della forma tridentina, non sembra favorire la corroborazione e la stabilità del sacramento. Anch'egli, come Cappello, sostiene che non sia giusto che i coniugi possano accusare, come se niente fosse, il proprio matrimonio, nonostante un'eventuale lunga e pacifica convivenza[77].

Tra gli argomenti che V. Bartoccetti riporta a favore della sua posizione vi è l'istituto del matrimonio presunto e il suo ruolo importante avuto nella prassi matrimoniale della Chiesa[78]. Primariamente lo riferisce al can. 1067 riguardante l'età e l'abilità a contrarre matrimonio ad essa connessa. Secondo il codice se un uomo ha 15 anni più 363 giorni non è abile a contrarre matrimonio, ma lo è se ne ha 15 più 366. Egli conclude che tuttavia *iuxta rei veritatem* l'abilità di entrambi è la medesima: ma nel primo caso si ha sull'inabilità della persona una presun-

---

[76] V. BARTOCCETTI, «Circa ius matrimoniale», 259-277.

[77] «Notandum est etiam quod in lege matrimoniali, sicut et in ceteris, nonnunquam norma quae lata est a legislatore ad aliquem finem consequendum, in praxi, decurrente tempore, posse ad finem diversum imo et oppositum ducere. Sic in re matrimoniali multiplicitas et insanabilitas impedimentorum dirimentium et inderogabilis necessitas formae etiam pro convalidatione, statutae sane ad matrimonii certitudinem et puritatem melius tuendas, nonnunquam facile medium compararunt coniugi ad novas feliciores nuptias ineundas, post probatam nullitatem sui prioris coniugii, quod nunquam sanatum est, etsi conviventia, per decennia, pacifica forsan extiterit, quia nunquam petita est dispensatio impedimenti forsan ignorati, nec nunquam nova celebratio in forma tridentina locum habuit. In hoc casu intentio legis directa ad corroborandam certitudinem et stabilitatem matrimonii fefellit» (V. BARTOCCETTI, «Circa ius matrimoniale», 260, n. 3).

[78] «Legimus nonnunquam apud tractatistas Ecclesiam debere in rebus matrimonialibus tenere rei veritatem, nec ei licere praesumptiones iuris et de iure statuere, praecludere probationem nullitatis etc. Quae quidem minus fundata apparent non modo si consideretur disciplina antiqua, puta matrimonii praesumpti, quae a saeculo XII saltem usque ad decimum nonum obtinuit, sed et si attendatur ad ipsas vigentes normas Codicis Iuris Canonici» (V. BARTOCCETTI, «Circa ius matrimoniale», 261, n. 6).

zione *iuris et de iure*, che non ammette prova contraria diretta, quindi il matrimonio è da celebrare nuovamente[79].

Altro argomento riguarda il can. 1074§1, che si riferisce al matrimonio per *raptum mulieris*[80]. La donna, rapita da un uomo a scopo matrimonio, che in seguito si fosse innamorata di lui, vivendo tranquillamente e unendosi all'uomo con copula carnale, se vuole che il suo vincolo con l'uomo sia valido, è obbligata a celebrare nuovamente il matrimonio *coram Ecclesia*, poiché con una presunzione *iuris et de iure*, ella è stata forzata alle nozze. Non è essa libera di provare il contrario, anche se il loro legame dura da quarant'anni[81].

L'autore poi, rifacendosi all'articolo di F. Cappello del 1942 e riferendosi ai relativi canoni del *CIC*, parla della *convalidatio matrimonii* e dell'eventuale introduzione della convalidazione automatica. Analizzandoli sotto quest'ultimo aspetto Bartoccetti considera severi i canoni inerenti alla *convalidatio simplex* rispetto a quelli inerenti alla *sanatio in radice*, visti come più liberali.

In primo luogo parla del matrimonio invalido per vizio di forma e di come, anche solo per la mancanza di giurisdizione del sacerdote celebrante, per l'eventuale convalida si debba contrarre nuovamente, secondo la forma legittima. Rileva come per l'art. 130 del Codice civile italiano, la coabitazione per un anno, basti a sanare ogni vizio di forma. All'autore sembra assurda la rigidità del can. 1137, in questi casi di nullità che possiamo dire «burocratica», e pare assurdo che uno dei nubendi possa in qualsiasi momento della sua vita accusare il matrimonio,

---

[79] Cf. V. BARTOCCETTI, «Circa ius matrimoniale», 261, n. 6: «Attamen iuxta rei veritatem habilitas utriusque eadem est: habetur ergo hic aliquid simile praesumptioni iuris et de iure, quae probationem directam in contrario non admittit».

[80] Can. 1074§1/'17: «Inter virum raptorem et mulierem raptam intuitu matrimonii, quamdiu ipsa in potestate raptoris manserit, nullum potest consistere matrimonium».

[81] «Sequitur quod etsi mulier, quae rapta est, processu temporis, dum manet in potestate raptoris, eius amore capta est, adeo ut ardenter velit cum illo copulari, praesumitur, praesumptione iuris et de iure, coacta ad nuptias, nec ei datur possibilitas probandi quod econtra libenter viro nupsit, sed obligatur ad noviter celebrandum, si vult legitime ligari coram Ecclesia cum viro» (V. BARTOCCETTI, «Circa ius matrimoniale», 262, n. 7). Al n. 23 l'autore afferma: «Idem dicas de nullitate ex raptu, etsi mulier, libera effecta, per quadraginta annos voluntarie convixerit, matrimonium non convalidatur» (V. BARTOCCETTI, «Circa ius matrimoniale», 270, 23). Sul ratto della donna a scopo matrimonio, considerato alla stregua del metus, cf. B. TESTACCI, *La difesa della libertà*.

anche dopo anni di convivenza pacifica, magari con la nascita di diversi figli[82], solo per un errore formale.

Egli sostiene che una qualche convalidazione automatica nel caso appena trattato debba essere stabilita, come è ammesso per il «beneficiato», dopo la possessione di qualcosa in buona fede per un triennio[83].

Un'altra categoria affrontata è quella dei matrimoni invalidi a causa di un impedimento dirimente dispensabile: il can. 1133 stabilisce la necessità della dispensa per ottenere la convalidazione, che il consenso debba essere rinnovato almeno dalla parte conscia dell'impedimento e che questo rinnovo, anche se *iure ecclesiastico*, è *ad validitatem*[84]. All'autore sembra razionale che nel foro canonico sia ammessa una qualche convalidazione automatica dopo un notabile tempo di pacifica convivenza (per es. per tre anni) almeno per gli impedimenti facilmente dispensabili. Come è nel codice civile italiano all'art. 117: «nei casi in cui si sarebbe potuta accordare la dispensa [...] il matrimonio non può essere impugnato dopo sei mesi dalla celebrazione».

Esclusione dal codice canonico di qualsiasi tipo di convalidazione *ipso facto* e per qualsiasi causa di nullità equivale, per Bartoccetti, a privare di qualsiasi effetto sanante la volontaria convivenza dei coniugi

---

[82] Cf. V. BARTOCCETTI, «Circa ius matrimoniale», 267-268, n. 18: «Equidem ut habeatur convalidatio sequentia requiruntur in tribus cathegoriis nullitatum: Incipio pro commoditate ab ultima, nempe a vitio formae. In hoc capite quaelibet convalidatio excluditur radicitus, etiam si vitium formae omnino occultus fuit pro partibus, puta carentia iurisdictionis in celebrante: etiam tunc "matrimonium contrahi denuo debet legitima forma". Ita fit ut nonnulli coniuges qui se legitimos putaverunt in terra, in alio mundo se invenient invalide copulatos fuisse, eo quod sacerdos assistens (ipsis omnino nescientibus) caruit iurisdictione: ita ipsi etiam privati manserunt gratia sacramentali. Rationabilior pluribus videbitur sanatio civilis Codicis Italici Art. 130, quae possessioni status conformi celebrationi pacifice per annum habitae, agnoscit effectum sanandi omnia vitia formae».

[83] «Aliqua convalidatio authomatica statuenda videretur in hoc casu, sicut admittitur pro beneficiato post triennium possessionis bonae fidei (Can. 1416)» (V. BARTOCCETTI, «Circa ius matrimoniale», 268, n. 19).

[84] «Quod rationabile apparet, licet forsan posset et in foro canonico admitti aliqua dispensatio authomatica post notabile tempus pacificae conviventiae (puta post triennium) saltem pro impedimentis quae facilius dispensantur, uti statuitur, ad augendam certitudinem validitatis celebrati matrimonii, a Codice Civili Italico Art. 117: " Nei casi in cui sì sarebbe potuta accordare la dispensa [...] il matrimonio non può essere impugnato dopo sei mesi dalla celebrazione". Sed canon ulterius procedit requirens ut "consensum renovet saltem pars impedimenti conscia". Haec renovatio consensus quae "requiritur iure ecclesiastico ad validitatem, etiamsi initio utraque pars consensum praestiterit nec postea revocaverit"(§2 can. eiusdem)» (V. BARTOCCETTI, «Circa ius matrimoniale», 269, n. 20).

CAP. IV: LA *RENOVATIO CONSENSUS* TRA I DUE CODICI 231

dopo la celebrazione del matrimonio, mentre il diritto antico e l'istruzione del 1883 del S. Uffizio riconosceva valore a questa volontaria coabitazione, cosa riconosciuta anche da diversi codici civili. La legislazione canonica infatti, rende instabile il matrimonio anche dopo 30 anni dalla celebrazione e la nascita di diversi figli, come era discutibile il giorno dopo la celebrazione[85]. Il risultato di questa legislazione è quindi l'esclusione di qualsiasi effetto giuridico al consenso e alla volontaria coabitazione susseguente la celebrazione del matrimonio; la seconda, per Bartoccetti, vale maggiormente di qualsiasi dichiarazione orale fatta davanti alla Chiesa, poiché «un fatto» spesso ha più peso che le parole[86].

L'autore conclude affrontando la categoria dei matrimoni nulli per difetto di consenso, evidenziando come, in questi casi, vi sia maggior rigore. Richiamando il can. 1136, afferma che nulla si dice sulla natura del consenso richiesto in questi casi, ma per analogia si deve osservare il dettato del can. 1134. Anche qui, elencando diversi tipi di invalidità per vizio di consenso, egli ribadisce secondo la legislazione attuale, l'inefficacia giuridica della coabitazione lunga e pacifica ai fini della

---

[85] V. BARTOCCETTI, «Circa ius matrimoniale», 269-70, n. 21: «Quod etiam aequivalet privationi cuiusque effectus sanativi voluntariae conviventiae coniugum post celebrationem. Ius autem antiquum Ecclesiae (necnon Instructio anni 1883, Sancti Officii) quod transivit et in codicibus civiilibus, recte agnoscebat magnum momentum tali voluntariae cohabitationi, quia revera ut ait S. Thomas "nil expressius consensum maritalem exprimere valet quam copula quae sequitur celebrationem". Haec exclusio est magni momenti, quia vulnerabile et discutibile reddit quodlibet matrimonium post vel triginta annos a celebratione, post puta nativitatem plurium filiorum, sicut erat discutibile die sequenti celebrationem». Al numero seguente l'autore affronta il caso dell'impedimento *aetatis*. Afferma che in molti codici civili, rifacendosi alla prassi delle decretali, per questo caso si hanno a disposizione diversi mesi od un semestre per accusare il matrimonio e che una volta raggiunta l'età necessaria per essere abili a contrarre e trascorso il tempo suddetto, questo si sana automaticamente. Prima dei 16 anni l'uomo non è abile di emettere un valido consenso, ma una volta raggiunta questa età, un vero consenso anche se non fatto verbalmente, potrebbe essere dato di fatto da una convivenza volontaria. È ancora più assurdo per l'autore che dopo 40 o 50 anni di matrimonio, uno possa ricevere la nullità del matrimonio *ex defectu aetatis*.
[86] «Quae graviora in hac disciplina apparent sunt duo: 1) Omnimoda exclusio effectus iuridici pro consensu supervenienti celebrationi [...]; 2) Expoliatio eiusque effectus iuridici voluntariae cohabitationis post celebrationem canonicam; dum voluntaria cohabitatio magis in immensum valeat quam quaelibet declaratio oralis coram Ecclesia prolata, quia factum plus quam verba ponderatur» (V. BARTOCCETTI, «Circa ius matrimoniale», 271, n. 23).

convalidatio, soprattutto escludendo quella automatica, che egli invece auspica[87].

In un altro articolo[88], lo stesso autore affronta nuovamente l'argomento, commentando le conclusioni della Commissione del 1938 istituita da Pio XI per lo studio di alcune questioni matrimoniali: affronteremo entrambi in seguito.

Controbatte direttamente alcune idee di Bartoccetti, Ludwig Bender, in un suo articolo del 1956 su *Monitor Ecclesiasticus*[89].

Dopo aver evidenziato che le ragioni che spingono Bartoccetti a sostenere queste innovazioni sono la preoccupazione di diminuire le cause che portano alla nullità e quella di promuovere la convalidazione del matrimonio contratto invalidamente[90], Bender prende la posizione contenuta nel codice su questo istituto, dove si impedisce la convalidazione di un matrimonio la cui nullità non è nota a nessuno, perché per qualsiasi convalidazione si esige o l'intervento del superiore (per la *sanatio*) o un atto positivo della parte conscia della nullità: il codice ignora la convalidazione automatica o *ipso facto*, impedita per diritto positivo, anche dopo la cessazione della causa di nullità del matrimonio[91].

L'autore fa due affermazioni: si produrrebbe convalidazione automatica o senza alcun atto positivo, data la natura sia delle cose, sia del contratto in sè che del matrimonio, se togliendo la causa di invalidità, fosse contemporaneamente presente (dato e non revocato) il consenso naturalmente sufficiente per il matrimonio. Non solo il consenso attuale infatti, ma anche quello virtuale è causa adeguata per un matrimonio

---

[87] «Maior quoque rigor habetur quoad matrimonium irritum ob defectum consensus. Requiritur enim ex can. 1136 §1 "ut pars quae non consenserat consentiat, dummodo consensus ab altera parte praestitus perseveret". Nil dicitur de natura istius novi consensus, sed per analogiam eidem applicata est semper in foro descriptio can. 1134» (V. BARTOCCETTI, «Circa ius matrimoniale», 271, n. 24). Per approfondire cf. anche i nn. seguenti.

[88] V. BARTOCCETTI, «Codicis J.C. emendatio», 9-23.

[89] L. BENDER, «Matrimonii convalidatio», 102-116.

[90] «Duae immutationes menti hoc problema pervolventi se sponte offerunt scilicet: 1. Diminure causas nullitatis; 2. Promovere matrimoniorum invalide contractorum convalidationem» (L. BENDER, «Matrimonii convalidatio», 104).

[91] Cf. L. BENDER, «Matrimonii convalidatio», 104: «Leges Codicis hoc istitutum regentes omnino impediunt convalidationem matrimonii invalide contracti, cuius nullitas est nemini nota. Nam ad quamlibet convalidationem exigunt aut interventum superioris (sanatio in radice) aut actum positivum partis nullitatis consciae. Ius Codicis omnino ignorat *convalidationem ipso facto seu automatice* oriundam post tempus iure deteminatum. Consulto dico: impediunt. Automatica convalidatio enim, oriunda post cessatam causam nullitatis, iure positivo impeditur».

valido; se perciò non constasse qualche impedimento (in senso largo), si produrrebbe il matrimonio (questo vale per es. per gli infedeli che non sono tenuti alle leggi ecclesiastiche[92].

Se invece la convalidazione «*ipso facto*» dovuta al solo passare del tempo, non fosse aliena alla natura del contratto matrimoniale, ma le fosse addirittura consona, proprio a causa di se stessa, essa non può essere evitata dal diritto, pur nella diversità delle situazioni a cui potrebbe essere applicata o meno[93].

Riguardo al riferimento di Bartoccetti ai Codici civili, egli sostiene che i due regimi non si possono facilmente paragonare e conclude che «la Chiesa non può imitare facilmente tutte le cose che la società civile rettamente compie per il solo bene comune esterno»[94].

L'autore analizza poi l'ipotesi della convalidazione automatica, limitandosi alla nullità *ob defectum formae* e *ob impedimentum dirimens*. Per il primo, rifacendosi al can. 1137 del *CIC* '17, egli distingue tra un matrimonio invalido per difetto di forma noto alle parti, per la sua totale o parziale mancanza, come per un matrimonio civile e quello invalido a causa dell'eventuale mancanza di delega al sacerdote celebrante, solitamente ignota alle parti, ai testimoni e in pratica a tutti, ma in cui la forma canonica sia stata osservata e il matrimonio sia stato annotato nei registri parrocchiali.

---

[92] L. BENDER, «Matrimonii convalidatio», 105 «Natura rei, natura scilicet contractus et proinde etiam natura matrimonii, efficit convalidationem automatice seu absque ullo actu positivo, dummodo consensus naturaliter sufficiens ad matrimonium adsit (semel datus sit et non revocatus) et causa invaliditatis sit sublata ut fusius probavimus et explicavimus in opere nostro "*Praelectiones Iuris Matrimonii*", 523 ss. Non solum enim consensus actualis, sed etiam consensus virtualis est ipsa causa adaequata matrimonii validi et ideo nisi obstet aliquod impedimentum (in sensu largo) ipsa sola efficit matrimonium. Haec est ratio qua actus positivus voluntatis de qua agit canon 1134, nullatenus requiritur quoties agatur de convalidatione matrimonii duorum infidelium».

[93] «Si autem convalidatio solo decursu temporis efficienda seu automatica est a natura contractus minime aliena, imo proprie ei consona, ipsa non est in iure vitanda propter seipsam. Et utile esse videtur studio subiicere quaestionem utrum legislatio Codicis, quae quamlibet convalidationem automaticam prorsus impedit (pro personis quae legibus ecclesiasticis tenentur, ut per se patet), sit retinenda an forsitan propter rationes practicas immutanda. Sane, nam propugnat immutationem ita generalem et absolutam ut pro quolibet matrimonio invalido, quin ratio habeatur cum indole causae nullitatis, statuatur automatica convalidatio, post aliquod tempus lege determinatum sequenda» (L. BENDER, «Matrimonii convalidatio», 105).

[94] «Ecclesia non tam facile omnia imitare potest quae societas civilis propter solum bonum externum recte facit» (L. BENDER, «Matrimonii convalidatio», 106).

Per il primo caso, in cui ci sia stata una forma esterna comunemente invalida, soprattutto per colpa dei contraenti e con gli stessi consci di questo, il nostro autore non dà nessun valore al tempo e il matrimonio rimane invalido per tutta la vita, con il pericolo di grave danno spirituale sia per gli sposi che per i figli e non considera in queste circostanze una convalidazione automatica dovuta alla convivenza o alla eventuale copula carnale *animo maritali posita*[95]. Nel secondo caso invece, quando la forma canonica era stata osservata ma viziata, pare che l'autore dia una certa importanza al decorrere del tempo e ammetta una certa convalidazione *ipso facto* quando afferma che

> non è vista contraria ai fini della legge della forma canonica per questi matrimoni, una qualche convalidazione automatica, ottenuta con il solo decorso del tempo. Si potrebbe stabilire, per esempio, che il matrimonio può divenire valido se i coniugi, dopo 3 mesi (o dopo un anno) dalla celebrazione, non istruirono una causa di nullità[96].

Per l'invalidità in caso di impedimento considerare la possibilità di convalidazione automatica è più complicato, per due ragioni: primo

---

[95] L. BENDER, «Matrimonii convalidatio», 110: «Matrimonia invalida ob defectum quo laboravit forma externe servata et communiter invalida praeter culpam contrahentium et ipsis insciis, non remanebunt invalida per longum tempus vel per totam coniugum vitam, sicut hodie fere semper fit. Hanc invaliditatis persistentiam esse malum obiectivum et pro posse vitandum nemo negabit. Sed hoc malum obiectivum causat etiam coniugibus gravia damna, quod redundat etiam in prolem. Nam coniuges per totam vitam privantur gratiis sacramenti, ipsis utilibus, ad proprium bonum et ad sustinenda onera vitae coniugalis, inter quae eminet educatio prolis».

[96] Cf. L. BENDER, «Matrimonii convalidatio», 109: «Quapropter non videtur fini legis de forma canonica servanda contrarium, si institueretur pro his matrimonis aliqua convalidatio automatice seu vi solius decursu temporis secutura. E.g. si statueretur haec matrimonia fieri valida, si coniuges post tres menses (vel post annum) a momento celebrationis non istituerint causam nullitatis. Dico non videtur fini legis de forma servanda contrarium. Etenim, huismodi convalidatio automatica semper probari potest in foro externo. Practice huiusmodi convalidatio numquam causabit quod aliquod matrimonium est validum et tamen eius validitas probari nequit e registris ecclesiaticis». Cf. anche L. BENDER, «Convalidatio matrimonii et defectus consensus», 484: «Cum autem lex de forma servanda sit lex positiva, hoc obstaculum a legislatore amoveri potest, sive ante sive post consensum praestitum, sive pro aliquo determinato matrimonio sive pro multis matrimoniis simul, sive haec matrimonia singulatim cognoscantur et designentur sive designentur indicatione alicuius circumstantiae quae si adsit in casu, dispensatio conceditur ipso facto. Exemplum est aliqua lex, vel decretum, quo statueretur: lex de forma servanda non amplius obstat aut, aliis verbis, defectus formae non amplius obstat validitati matrimonii, quoties consensus invalide datus ob defectum formae, per tres menses perseveraverit. In hoc casu instituta esset automatica convalidatio matrimonii post tres menses a celebratione informi sequenda».

perché vi sono molti e diversi tipi di impedimenti e secondo, per il mutamento che a volte subiscono gli impedimenti facilmente dispensabili: un'eventuale soppressione di alcuni impedimenti risolverebbe anche il problema della convalidazione *ipso facto*[97].

Ma l'autore, classificando gli impedimenti perpetui mai dispensabili o difficilmente dispensabili ed impedimenti dispensabili, intravede la possibilità di una convalidazione automatica solo nei casi di impedimenti di diritto divino cessati naturalmente, come il precedente vincolo matrimoniale e per impedimenti che la Chiesa facilmente dispensa: come consanguineità (oltre il 2° grado) e affinità in linea collaterale, pubblica onestà, crimine o coniugicidio e *cognatio spiritualis*[98].

Bender sostiene che la convalidazione *ipso facto* di un matrimonio invalido per impedimento di vincolo, esistente al tempo della celebrazione e in seguito cessato, sia per la morte del coniuge (caso più frequente), che per la dissoluzione del vincolo (per esempio per il privilegio della fede) può essere stabilita dalla Chiesa con certezza; essa infatti niente altro farebbe che abrogare la legge positiva[99].

Per i matrimoni invalidi per impedimenti facilmente dispensabili, l'autore vede utile introdurre la convalidazione automatica, conseguita dopo uno spazio di tempo stabilito dalla legge, a condizione che essi siano stati celebrati nella valida forma canonica, perché se così non fos-

---

[97] L. BENDER, «Matrimonii convalidatio», 110: «Quaestio de utilitate immutandi ius vigens circa convalidationem matrimonii invalidi ob impedimentum dirimens et statuendi pro his matrimoniis aliquam convalidationem automaticam, est magis complicata, duplicem ob causam. Primo, quia dantur multa impedimenta valde diversa. Deinde quia responsio ad quaestionem, intime cohaeret cum immutationibus forsitan afferendis in ipsa legislatione qua constituta sunt impedimentia dirimentia, de quorum abrogatione vel immutatione in articulo praecedenti scripsimus. Etenim, si ius de impedimentis immutaretur et quidem sive impedimentorum in quibus hodie facile dispensatur totali suppressione sive eorum mutatione in impedimenta mere impedientia, videtur iam soluta ipsa quaestio de automatica convalidatione istorum matrimoniorum».
[98] Cf. L. BENDER, «Matrimonii convalidatio», 111-112.
[99] «Convalidationem automaticam pro matrimonio invalido ob impedimentum vinculi, tempore celebrationis existens et deinde cessatum, sive morte coniugis (casus frequentior) sive solutione vinculi (e.g. vi privilegii fidei) Ecclesia certissime statuere potest. Ecclesia enim nihil aliud faceret quam abrogare legem positivam, quae ad convalidationem plus requirit quam lex naturalis» (L. BENDER, «Matrimonii convalidatio», 112).

se non si potrebbe applicare l'automatismo, inutilizzabile in caso di difetto di forma[100].

In conclusione egli arriva anche a fare qualche proposta per la variazione dei canoni della convalidazione del matrimonio, sollecitando l'introduzione della convalidazione *ipso iure*, in caso di nullità per *impedimentum vinculi* naturalmente cessato e per vizio di forma in un matrimonio già celebrato in *faciae Ecclesiae*[101].

In un altro articolo, Bender affronta la convalidazione del matrimonio *ob defectum consensus* ed afferma che l'opportunità di mutare il diritto e di introdurre la convalidazione automatica in questo caso deve essere trattata con la massima cautela e circospezione, perché non si tratta di un elemento umano che il legislatore può regolare con grande libertà, ma di un difetto di quegli elementi che per la natura delle cose sono necessari ed essenziali in ogni matrimonio e che solo può essere emesso da entrambi gli sposi, non da un altro al loro posto[102]; un con-

---

[100] Cf. L. BENDER, «Matrimonii convalidatio», 115: «Ad invaliditatem ob impedimenta quae sub n. 6 designantur quod attinet dicendum videtur quod pro istis impedimentis utiliter induceretur convalidatio automatica, secutura post aliquod temporis spatium lege statutum. Hoc nisi, ut iam diximus, haec impedimenta aut prorsus abrogentur aut saltem priventur vi dirimendi matrimonium. Huiusmodi convalidatio automatica simpliciter lege statuta ipso facto restringeretur ad illla matrimonia, quae non sunt invalida etiam ob formam canonicam prorsus neglectam a personis, quae ad formam servandam tenentur (can. 1099§1) a. v. ad illa matrimonia quae non sunt invalida etiam propter illum defectum formae, pro quo non commendatur convalidatio automatica».

[101] «Si mutationes propugnatae essent afferendae, ius matrimoniale in Codice contentum sic esset mutandum: canones de convalidatione matrimonii (Caput XI a. 1) omnes serventur, sed ad canonem 1133§1 addantur verba: "nisi aliud iure expresse caveatur". Post canonem 1135 addantur: "Matrimonium invalidum contractum ob impedimentum vinculi, inter personas de quibus in can. 1099 § 2, ipso facto convalidatur momento quo impedimentum cessat, dummodo perseveret partium consensus". Canon 1137 sic immutetur: "Matrimonium nullum ob neglectam prorsus formam canonicam, ut validum fiat, contrahi denuo debet legitima forma. Matrimonium autem celebratum in facie Ecclesiae, sed invalidum ob defectum in ipsa forma, ipso iure convalidatur post tres menses post celebrationem elapsos, nisi partes interim consensum revocaverint aut matrimonium de nullitate accusaverint coram iudice ecclesiastico"» (L. BENDER, «Matrimonii convalidatio», 115-116).

[102] L. BENDER, «Convalidatio matrimonii et defectus consensus», 482: «Quaestio de opportunitate immutandi ius de convalidatione matrimonii et inducendi automaticam convalidationem, cum maxima cautione et circumspectione tractanda est, si agatur de invaliditate ratione defectus consensus. Nam in his casibus causa invaliditatis non est obstaculum lege humana statutum, prout est impedimentum iuris canonici, quod a legislatore tolli potest quoties non iam ex se cessaverit et prout est etiam praescriptum de forma iuridica servanda, cuius praescripti vis tolli et restringi potest

senso vero e naturalmente sufficiente, attuale o virtuale, che sarebbe causa stessa del matrimonio, qui è causa di invalidità, l'ostacolo che impedisce al consenso stesso di produrre il suo effetto, necessario per diritto naturale[103]. Addentrandosi in una distinzione tra il difetto di consenso la cui causa è nell'*obiecto consensus*, e quello la cui causa è in *virtute volendi seu consentiendi*, egli conclude che in entrambi i casi non è facile che questo difetto di consenso possa cessare o possa essere sanato da un consenso rinnovato almeno implicitamente[104], a causa delle ragioni dette sopra.

Pertanto per Bender in questi casi non può essere introdotta la convalidazione *ipso facto*; il legislatore si esporrebbe troppo al pericolo con una legge per convalidare il matrimonio, la cui convalidazione per diritto naturale o per la natura delle cose non può essere fatta, poiché manca il consenso, fondamento e causa di qualsiasi convalidazione, anzi causa propria del matrimonio e «*qui nulla humana potestate suppleri valet*»[105].

---

ab eodem legislatore humano, sed agitur de defectu illius elementi quod natura rei est essentiale et necessarium in quolibet matrimonio».
[103] Cf. L. BENDER, «Convalidatio matrimonii et defectus consensus»,, 484-485: «Ad defectum consensus quod attinet res aliter se habet. De hac nullitatis causa non valet: causa invaliditatis est obstaculum, quod impedit quominus consensus seu ipsa propria causa matrimonii, etsi vere praestitus, suum producat effectum. Minime. Hic defectus est vitium ipsius causae matrimonii; hic ipsa causa laborat defectu. Ipsa causa deficit sive ex toto (fictio) sive ex parte (e.g. consensus datus ex errore vel metu gravi). Cum autem non vi iuris positivi, sed vi iuris naturalis, a.v. ex ipsa natura rerum ad validitatem requiratur verus et sufficiens consensus, consensus scilicet sive actualis sive virtualiter perseverans (virtualis autem consensus non datur nisi prius elicitus fuerit consensus actualis, ut patet), totum problema de convalidatione matrimonii invalidi ob defectum consensus intime cohaertet cum iure naturali, a.v. pro maxima parte est quaestio iuris naturalis».
[104] «Ex his expositis deducitur: in casibus in quibus matrimonium invalide celebratum est ob defectum consensus, non facile iste defectus consensus cessat seu sanatur consensu saltem implicite renovato. Proinde raro habebitur fundamentum naturaliter requisitum ut possibilis sit convalidatio automatica» (L. BENDER, «Convalidatio matrimonii et defectus consensus», 490).
[105] «Quae sunt exposita iustificare videntur conclusiomem convalidationem automaticam non esse inducendam pro matrimoniis invalidis ob defectum consensus. Legislator nimis se exponeret periculo lege positiva convalidandi (melius: faciendi conatus convalidandi) matrimonium, cuius convalidatio iure naturali seu natura rei fieri nequit, quia deest fundamentum et causa cuiuslibet convalidationis, scilicet illa propria causa matrimonii, quae est consensus, de quo ipse declarat: "quod nulla humana potestate suppleri valet". In hac igitur parte seu in quantum agit de convalidatione matrimoniorum invalidorum ob defectum consensus nequimus consentire cum Bartoc-

A conclusione del suo articolo, nelle *notae criticae speciales*, Bender riprende alcune idee di Bartoccetti, dando la sua opinione. Tra queste riprende il discorso che in alcuni Codici Civili un matrimonio celebrato con timore o con violenza non può essere impugnato dalla parte, se, liberata da queste cose, abbia coabitato per un mese. Per Bender non si tratta di convalidazione vera e propria, ma di un diritto di impugnazione della validità o di azione, perché i Codici Civili non considerano solitamente il diritto naturale, né si curano molto delle esigenze intrinseche del matrimonio, ma si riferiscono esclusivamente a leggi positive: il diritto positivo non vale per la convalidazione del matrimonio una volta che manchi un vero consenso matrimoniale[106].

Bartoccetti aveva criticato il fatto che anche dopo decenni di coabitazione pacifica e volontaria, le parti potessero istruire una causa di nullità matrimoniale, Bender risponde che non si nega che questa cosa dia scandalo, e che si debbono impugnare altri mezzi più idonei; se questi non si possono trovare, si deve tollerare il male. Gli abusi da soli non sono sempre una ragione valida per mutare una legge e conclude: «*Lex abusu legis, aliquando contingente sequitur solummodo legem esse mutandam, si hoc fieri possit quin evocentur alia mala graviora*»[107].

---

cetti, propugnante convalidationem automaticam» (L. BENDER, «Convalidatio matrimonii et defectus consensus», 490-491).

[106] Cf. L. BENDER, «Convalidatio matrimonii et defectus consensus», 491: «Ni fallor, in Codicibus Civilibus sermo est de iure impugnandi validitatem seu de actione; non de convalidatione vera. Codices civiles non solent considerare ius naturale neque multum curare de natura matrimonii eiusque indigentiis intrinsecis. Codices civiles imbuti sunt spiritu iurispositivismi, quo tenetur id esse ius quod legibus positivis continetur et statuitur, quin requiratur ut hoc ius non sit iuri divino seu naturae rei (naturae matrimonii) contrarium. [...] Canonista autem et legislator ecclesiasticus sciunt doctrinam veram esse aliam; illam scilicet quam modo exposuimus. Ipsi sciunt ius positivum ad convalidandum matrimonium nihil valere, quoties desit verus consensus matrimonialis. Appellatio igitur ad exemplum iuris civilis in favorem convalidationis automaticae non habet magnam vim».

[107] L. BENDER, «Convalidatio matrimonii et defectus consensus», 492. Egli afferma anche: «Hoc esse aliquod malum et causam scandali non raro gravis, nemo negabit. Ex hoc tamen non sequitur hoc malum esse praeveniendum quolibet medio. Impugnandum est mediis aliis, magis idoneis. Si haec inveniri nequeunt malum tolerari debet. Abundant leges, quibus in aliquibus circumstantiis subditi abuti possunt et aliquando abutuntur, cum gravi aliorum scandalo. Hic abusus solus non semper est ratio mutandi legem» (L. BENDER, «Convalidatio matrimonii et defectus consensus», 492).

2.3 La Commissione pontificia del 1938: Vittorio Bartoccetti – Ermanno Graziani

Mons. Vittorio Bartoccetti, in un suo articolo del 1961, ritorna a parlare di convalidazione automatica del matrimonio: è uno scritto inserito in *Melages en l'honneur de S. E. le Card. A. Jullien*, dal titolo «*Codicis emendatio a S. P. Pio XI circa leges et causas matrimoniales disposita – Anno 1938*». Nel suo lavoro, Bartoccetti vuol porre in luce, a suo dire, un fatto fino ad allora del tutto ignoto: il tentativo da parte di Pio XI di riformare il *CIC* in materia matrimoniale, per arginare soprattutto gli abusi nell'ambito delle dichiarazioni di nullità matrimoniale. A questo scopo, il Romano Pontefice avrebbe costituito nel 1938 una Commissione per operare questa riforma: nell'udienza del 25 ottobre incaricò il Card. Jorio, prefetto della Congregazione dei Sacramenti, di studiare insieme ad altri alcune norme restrittive circa le leggi matrimoniali, soprattutto circa le cause di nullità e le dispense per il matrimonio rato e non consumato[108]. La Commissione venne costituita il 5 gennaio 1939, ed ebbe tre riunioni tra gennaio e maggio di quell'anno: Bartoccetti ne era il Segretario.

La *Commissio*, nel suo lavoro riguardo alla *convalidatio*, sarebbe stata imperniata su alcune proposizioni o voti, che risultano:

1) Sono da eliminare le cause di nullità di simulazione libera e di condizione;

2) Le convalidazioni sono da stabilire *ipso iure* desunto da un consenso tacito, vale a dire da coabitazione non forzata, in tutti i casi di nullità, non esclusa la violenza o il *metus*;

3) La legge deve essere applicata anche ai matrimoni celebrati precedentemente[109].

---

[108] Cf. V. BARTOCCETTI, «Codicis J.C. emendatio», 10-11. Secondo l'autore: «Hoc papa iussit: "sua sponte et post maturam ponderationem in illum finem ut limitetur numerus quotidie maior talium causarum et dispensationum cum manifesto fidelium scandalo" (ut legitur in relatione audientiae).

[109] «Uti patet potissima pars studii Commissionis directa fuit circa causas formales nullitatis matrimonii et ad rem votum valde elaboratum conscriptum est a Commissario summae notae qui postea ad S.R Purpuram est evectus, cuius nomen mihi liceat modo tacere, sperans idem in proximum futurum me pandere posse. Voti italice scripti, versionem latinam fere ex integro redactam invenies in alligato C. Idem ad has deveniebat conclusiones:

1) Eliminandae sunt causae nullitatis universae simulationis liberae et conditionum;

Bartoccetti afferma che alla morte del Pontefice (10 febbraio 1939), il successore Pio XII confermò la Commissione nel suo incarico. Questa presentò al Papa, nel 1942, il suo lavoro (un decreto con alcuni allegati), che poi non fu mai promulgato nella sua totalità a causa della 2ª guerra mondiale e della successiva malattia del Pontefice, avvenimenti che non permisero di continuare la riforma iniziata da Pio XI[110]. Per l'autore però la questione rimane aperta e perciò dopo tanti anni, in un periodo in cui già era stata annunciata la revisione del *CIC* del '17 (siamo infatti nel 1961), egli vede l'urgenza di trovare una soluzione alla problematica proprio tramite la riforma del codice, con l'introduzione della convalidazione *ipso iure* (o automatica) del matrimonio.

Dopo questa introduzione storica nell'allegato A, egli riporta il testo stesso del decreto, il quale decide che:

I. Il matrimonio, celebrato secondo la forma stabilita dal diritto, si presume assolutamente e debitamente celebrato, così che *ex capite conditionis appositae* o per simulazione del consenso non può essere accusato;

II. Il matrimonio nullo per difetto di consenso, per qualunque capo sia per condizione o simulazione, sia per errore o qualsiasi altra causa, per presunzione *iuris et de iure*, si deve considerare come valido o convalidato legittimamente, se le parti coabitarono con affetto maritale per sei mesi, benché il difetto fosse esterno e pubblico;

III. Questo prescritto vale anche per il matrimonio contratto con violenza o timore grave, di cui al can. 1887, se i coniugi, una volta «purga-

---

2) Convalidationes statuendae sunt ipso iure ex consensu tacito nempe ob cohabitationem non coactam, in omnibus nullitatis capitibus non excluso vi et metu;

3) Lex applicanda est etiam matrimoniis antea celebratis» (V. BARTOCCETTI, «Codicis J.C. emendatio», 13-14).

[110] Cf. V. BARTOCCETTI, «Codicis J.C. emendatio», 15-16: «Malo fato bellum fere universale quod anno 1939 deflagravit impedivit quominus peculiaris attentio praeberetur huic problemati et solummodo in Audientia die 14 decembris anni 1942 Em.mus Cardinalis Jorio Summo Pontifici f.r. Pio XII decretum propositum una cum alligatis praesentavit. Res bellicae autem in peius verterunt: Italia et Roma dire vexatae sunt et ab hostibus occupatae. Post pacem adeptam problemata gravissima mentem occupaverunt Summi Pontificis, qui postea etiam viribus coepit destitui morbisque fatigari. Quaestio proinde aperta hucusque remanet, imo post tot annos eius urgentia non modo a viris doctis et in iure versatis persentitur».

CAP. IV: LA *RENOVATIO CONSENSUS* TRA I DUE CODICI   241

to il *metus*», coabitarono pacificamente per un semestre. Il *metus* si presume purgato dopo un anno di coabitazione[111].

Al decreto sono annesse delle osservazioni di Bartoccetti (allegato B, in lingua italiana), che ricapitolano la discussione all'interno della Commissione Pontificia e che sono portate a ragione delle decisioni del decreto. Tra le più interessanti leggiamo che

> dai papi Alessandro III (*Veniens, de sponsalibus*); Innocenzo III (*Tua nos*) e Gregorio IX (*Is qui fidem*) fu esplicitamente confermato il principio già vigente di fatto che la copula avuta dopo gli sponsali dai promessi sposi si giudicava *animo maritali habita* e che contro tale presunzione non veniva ammessa prova, nonostante la eventuale contraria *protestatio* dei fidanzati prima della prova stessa[112].

Il testo afferma poi che con lo stabilire *ad validitatem* della forma canonica nel Concilio di Trento, giuridicamente perse di valore la copula susseguente agli sponsali come celebrazione matrimoniale, forma canonica che dava al consenso espresso in tale forma più valore e autorità rispetto a prima[113].

---

[111] V. BARTOCCETTI, «Codicis J.C. emendatio», 17: «Itaque in exsecutione Apostolici mandati, Sacra Congregatio de Sacramentis Decreto praesenti ea quae sequuntur, constituit ac decernit:
I. Matrimonium, forma iure statuta initum, ita preasumitur absolute ac rite celebratum, ut ex capite conditionis appositae vel simulati consensus accusari nequeat.
II. Matrimonium irritum ob defectum consensus, quocumque ex capite, sive ex conditione vel simulatione sive errore vel alia qualibet causa, praesumptione iuris de iure habendum est uti validum seu legitime convalidatum, licet defectus fuerit externus et publicus, si partes affectu maritali cohabitaverint per sex mensens.
III. Hoc praescriptum valet etiam de matrimonio invalide contracto propter vim et metum gravem, de quo in can. 1887, si coniuges metu purgato, per semestre pacifice simul cohabitaverint. Metus praesumitur purgatus post annum a cohabitatione».
[112] V. BARTOCCETTI, «Codicis J.C. emendatio», 18.
[113] «Il concilio tridentino per rendere maggiore la certezza del vincolo matrimoniale stabilì *ad validitatem* la forma legittima in cui il consenso matrimoniale doveva essere manifestato. Con ciò, e solo nei paesi soggetti al tridentino, perdette necessariamente valore giuridico di equivalente celebrazione del matrimonio la copula susseguente gli sponsali, ma la nuova prescrizione tridentina venne a dare al consenso ritualmente espresso *coram Ecclesia* un valore ed un'autorità molto maggiore che certo non poteva raggiungersi dalla preesistente presunzione iuris et de iure sorgente dalla copula sopravvenuta agli sponsali. Tuttavia, anche dopo il tridentino, e nei paesi soggetti al medesimo, la copula matrimoniale fornì spesso la presunzione di recesso da condizione (cfr. l'Istruzione Austriaca che all'art. 54 così si esprime: *qui ante conditionis implementum matrimonium consummat eo ipso conditioni nuntium mittit*)» (V. BARTOCCETTI, «Codicis J.C. emendatio», 19).

Bartoccetti però afferma che a tutela del matrimonio stesso la Chiesa aveva prescritto che la copula susseguente agli sponsali facesse sorgere una presunzione senza prova contraria a favore del sorgere del matrimonio; per lui ora, anche dopo Trento, il legislatore dovrebbe considerare una tale presunzione anche nel caso in cui il vincolo sia stato contratto con la forma canonica, benché invalida per qualche vizio, in cui gli sposi espressero il loro consenso in *faciae Ecclesiae*, confermato poi da una lunga e pacifica coabitazione[114].

Egli a questo proposito conclude che

> solo tornando ad adottare i classici principi rigidamente applicati per più secoli dalla Chiesa circa l'irrilevanza in foro esterno dei vizi di consenso e circa la convalidazione per volontaria coabitazione di matrimoni inizialmente affetti da *vis et metus* o da vizi di forma ecc., si potrà tutelare validamente la santità ed indissolubilità del matrimonio, elevato da N.S. Gesù Cristo alla dignità di sacramento, e verrà evitato che la perpetua fermezza dei matrimoni canonici divenga di fatto, per la cattiva volontà dei nubendi, una vana formula, e cioè che il matrimonio cristiano divenga il contratto meno sicuro e meno stabile, eternamente discutibile, con evidente iattura della stabilità familiare, della pubblica moralità e del decoro stesso della Chiesa[115].

Alla luce di quanto evidenziato, ci pare si possa affermare che Bartoccetti, schierandosi a favore dell'introduzione della convalidazione automatica del matrimonio, oltre allo scopo di rendere più stabile il vincolo matrimoniale, aveva l'intenzione sottintesa (o meno) di eliminare tanti processi di nullità matrimoniale, restringendo lo *ius accusandi matrimonium*.

---

[114] «Se per tutelare la dignità del *Magnum Sacramentum* e mettere al sicuro la compagine familiare, sempre purtroppo insidiata, la Chiesa non ha esitato a prescrivere da secoli che dalla semplice copula avuta dopo gli sponsali sorgesse una presunzione così forte a favore del matrimonio da non ammettere in modo alcuno prova in contrario, che non vede quanto più meritatamente dovrà sorgere assoluta presunzione iuris et de iure di validità in foro esterno del consenso espresso dai coniugi non già clandestinamente ma con tutte le solennità della legge, specie quando questa solenne manifestazione della volontà è stata confermata da una coabitazione pacifica degli stessi sposi, e cioè non da una ma da numerose copule che dalla *communi hominum* opinione sono ritenute non già fornicationis peccatum ma animo maritali habitae quali matrimonii legitimi usus. In altri termini chi potrà non concludere che molto ferma e giuridicamente inattaccabile dovrà essere la presunzione sanzionata nel canone 1086§1?» (V. BARTOCCETTI, «Codicis J.C. emendatio», 20).

[115] V. BARTOCCETTI, «Codicis J.C. emendatio», 22.

All'articolo di Bartoccetti reagisce con forza il Prof. Ermanno Graziani, Professore dell'Università di Pisa ed avvocato concistoriale nel suo articolo «*Codicis emendatio o codificatio mendorum*»[116]. Graziani vede nelle proposizioni della Commissione del 1938 un chiaro tentativo di

> sostituzione della formula, ora contenuta nel can. 1081§1 (ma se i nostri lontani ricordi istituzionali non sono errati, enunciati parecchi e parecchi secoli prima!), secondo cui «*matrimonium facit partium consensus... qui nulla humana potestate suppleri valet*», con la formula «*matrimonium facit concubitus*», «*matrimonium facit cohabitatio*»![117].

Egli rileva inoltre che nelle osservazioni per sostenere questo cambiamento viene portata a fondamento la decretale *Tua nos* di Innocenzo III, che invece secondo lui contiene la più chiara enunciazione del principio che senza consenso non si può perfezionare alcun patto matrimoniale[118].

Riguardo al lavoro della Commissione del 1938, egli non può accettare che le conclusioni a cui è arrivata non siano state recepite a livello ufficiale solo per cause di forza maggiore, come la morte di Pio XI, la guerra e la seguente malattia del suo successore, anche perché Graziani ritiene che Pio XII, che nel suo pontificato si interessò molto di tutti i problemi umani, che pronunciò diverse Allocuzioni in ambito matrimoniale e giuridico, «vorrebbe ora falsamente rappresentarsi come colui che, assorto in altre cure o accasciato dal peso dei malanni, si sia completamente disinteressato d'un argomento vitale qual è quello del matrimonio cristiano!»[119].

---

[116] E. GRAZIANI, «Codicis emendatio», 57-61. Riporta la discussione tra Graziani e Bartoccetti anche P. Fedele nel suo articolo riassuntivo della disputa con Cappello: cf. P. FEDELE, «In tema di convalida», 490-492.

[117] E. GRAZIANI, «Codicis emendatio», 58.

[118] «Chi poi desideri maggiori notizie circa il fondamento dogmatico e storico, che legittimerebbe tale sostituzione, favorisca leggere le osservazioni, "quasi recapitulatio discussionum in Commissione habitarum", contenute nell'all. B. Potrà agevolmente rilevare come ivi si parta dalla *Tua Nos* di Innocenzo III – cioè proprio da quella che contiene la più chiara enunciazione del principio "sine consensu nequeunt cetera foedus perficere coniugale"! – per giungere, e ivi soffermarsi più lungamente ad alcune osservazioni di due moderni giuristi, il Ferrara e lo Schiappoli, senza dubbio maestri insigni e di venerata memoria, ma i cui rilievi critici al sistema matrimoniale canonico partono da posizioni concettuali e si conformano ad esigenze pratiche, le une e le altre (ahimè!) troppo lontane dai principi che informano l'ordinamento giuridico canonico» (E. GRAZIANI, «Codicis emendatio», 58).

[119] E. GRAZIANI, «Codicis emendatio», 59.

L'autore, concludendo, sostiene che

assai più verosimile è che Pio XII, nella sua squisita sensibilità giuridica ritenne la legge matrimoniale canonica non emendabile nel senso proposto dai commissari. Onde il «*decretum de peculiaribus normis quoad causas matrimoniales servandis*» è rimasto un abbozzo di quella Commissione[120].

2.4 *La Commissione per la revisione del CIC '17*

Anche la commissione per la revisione del *CIC* del '17 si interessò di convalidazione *ipso facto* del matrimonio, come si legge nella comunicazione inerente ai suoi lavori sul primo schema[121]. Vi furono diverse proposizioni su questo tema. Le principali furono che:

a) il diritto inerente alla convalidazione sia semplificato e si introduca un determinato tempo di coabitazione volontaria, passato il quale, il matrimonio nullo per diritto positivo si convalidi «*ipso iure*»;

b) la rinnovazione del consenso non è necessaria se alla validità del matrimonio si oppone soltanto un impedimento dirimente; se l'impedimento cessa o è dispensato di per se è sufficiente per convalidare il matrimonio in cui perseveri il consenso;

c) sia mantenuta invece la sostanza del diritto contenuta nel can. 1133, che richiede la cessazione dell'impedimento e la rinnovazione del consenso; questa infatti è considerata necessaria e fortemente opportuna.

La Commissione votò che nulla fosse mutato nel can. 1133§§1-2[122], e quindi non accolse l'ipotesi di introduzione dell'automatismo.

---

[120] E. GRAZIANI, «Codicis emendatio», 59.

[121] Cf. *Comm.* 5 (1973) 88-90.

[122] Cf. *Comm.* 5 (1973) 88-89: «Primum quaedam sententiae propositae sunt de convalidatione simplici in genere; quarum praecipue sunt: a) ius illud ad simpliciorem formam redigatur et introducatur determinatum tempus cohabitationis coniugalis voluntariae, quo elapso matrimonium nullum ob causam iuris positivi ipso iure convalidetur; b) renovatio consensus non est necessaria si validitati matrimonii obstat tantum impedimentum dirimens; si impedimentum cessat vel dispensatur per se suffict ad matrimonium convalidandum ut consensus perseveret; c) substantia iuris servetur prout est in canone 1133, ubi requiritur cessatio impedimenti et renovatio consensus; haec enim est necessaria vel valde opportuna. Quibus discussis placuit nihil mutandum esse in canone 1133 CIC §§1 et 2». Cf. per un commento P. FEDELE, «In tema di convalida», 494.

In riferimento al matrimonio nullo *ex capite vis et metus* o *doli*, la Commissione pensò di introdurre anche un testo il quale proponeva che se non fosse stata istituita un'azione di richiesta di nullità matrimoniale o di separazione, un matrimonio nullo per violenza o per *metus* o per dolo, si sarebbe convalidato *ipso iure*, se fosse seguita una coabitazione libera per tre anni dopo la cessazione del timore o la conoscenza del dolo[123].

Diverse furono le obiezioni avanzate a questo testo: a quella che la legge non può supplire il consenso neppure in caso di convalidazione del matrimonio e che sarebbe difficile altresì determinare in quale momento il matrimonio diventa valido e per ciò stesso sacramento, la Commissione ha risposto che le condizioni poste nel testo riportato sopra per la convalidazione del matrimonio, sono tali da dimostrare che vi è stata rinnovazione, almeno tacita, del consenso e che con la proposta *convalidatio ipso iure* del matrimonio si eviterebbero alcuni casi di dichiarazione di nullità che provocano scandalo.

All'altra obiezione, che la coabitazione non costituisce un argomento sicuro per dimostrare che si è avuta una tacita rinnovazione del consenso ma è soltanto un fatto dal quale può argomentarsi la presunzione che il consenso è stato rinnovato, ed all'obiezione che non si comprende perché sia richiesta una coabitazione di tre anni ed il matrimonio non si consideri convalidato non appena è cessato il *metus* o è stato scoperto il dolo, si è risposto che si deve aver riguardo alla psicologia dei coniugi, i quali, cessato il m*etus* o scoperto il dolo, arrivano gradualmente alla *communio vitae,* e che si deve parlare di convalidazione derivante da consenso tacito piuttosto che di *convalidatio ipso iure*[124].

---

[123] «De convalidatione ipso iure introducenda textus propositus fuit huius tenoris: Nisi actio ad petendam nullitatem vel separationem sit instituta, matrimonium nullum ob vim et metum aut ob dolum convalidatur ipso iure per liberam cohabitationem quae per tres annos duret a momento cessationis metus vel detecti doli» (*Comm.* 5 [1973] 90).

[124] «Obiectum fuit: lex nequit supplere consensum neque in casu convalidationis; difficile esset determinare in quonam momento matrimonium validum fit ideoque sacramentum. Responsum fuit condiciones appositas sufficienter innuere renovationem consensus saltem tacitam locum habuisse; praeterea evitarentur certi casus declarationis nullitatis qui scandalum faciunt in Ecclesia. Insistitur autem cohabitationem non esse signum certum renovationis consesus, neque tacitae, quia ex solo facto cohabitationis probari nequit partem habuisse intentionem renovandi consensum, quae intentio tamen semper requiritur; non habetur nisi praesumptio renovationis consensus. Praeterea non liquet cur spatium trium annorum requiratur et matrimonium non censeatur convalidatum ipso iure statim ac cessaverit impedimentum. Responsum fuit psychologiam attendendam esse coniugum, qui cessato metu vel dolo nonnisi pedetentim ad

Come abbiamo già riferito, la Commissione non approvò un tale istituto, neanche per alcuni casi di difetto di consenso, concludendo che:

> Omnibus perpensis non placuit introducere convalidationem huiusmodi. Cum autem sermo fuisset de praesumptione renovationis consensus ex facto cohabitationis cessato metu vel dolo, quaesitum fuit an placeret introducere praesumptionem convalidationis ex praesumpta renovatione consensus; quod non placuit[125].

Le altre conclusioni della Commissione inerenti ai restanti canoni della *convalidatio matrimonii*, saranno meglio analizzate nello studio dei relativi schemi, che affronteremo nella prossima parte.

2.5 *Osservazioni finali*

Riguardo a questi tentativi di introduzione della convalidazione *ipso facto* del matrimonio, espressi nelle divergenze di opinione tra gli autori e nei lavori delle due Commissioni, vorremmo fare ora alcune osservazioni generali.

A nostro avviso nella discussione tra Cappello e Fedele, quest'ultimo ci pare non abbia compreso totalmente la posizione di P. Cappello riguardo alla problematica della convalidazione automatica proposta dal gesuita.

A noi pare che la proposta di Cappello aveva (ed ha) un fondamento, soprattutto quando affronta il caso riguardante l'invalidità matrimoniale

---

communionem vitae perveniunt; potius autem quam convalidatio ex iure dici deberet convalidatio ex tacito consensu» (*Comm.* 5 [1973] 90).

[125] *Comm.* 5 (1973) 90. P. Fedele commenta le conclusioni della Commissione: «La conclusione negativa di questa Commissione in tema di *convalidatio ipso iure* del matrimonio, nonostante che sia stata esplicitamente riferita al caso del matrimonio nullo *ex capite vis et metus o doli,* cioè al caso di matrimonio nullo per vizio di consenso, vale anche, ed a maggior ragione, per il caso del matrimonio nullo *ex capite defectus consensus,* con particolare riferimento al caso del matrimonio nullo *ex capite intentionis o conditionis contra matrimonii substantiam.* Il che, del resto, si desume chiaramente dal fatto che detta Commissione non ha ritenuto di apportare alcuna modifica al §1 del can. 1136, secondo quanto si legge nel seguente passaggio della più volte richiamata comunicazione: «Can. 1136§1 de convalidatione matrimonii irriti ob defectum consensus placuit uti est in CIC» (P. FEDELE, «In tema di convalida», 496). E vale anche quella conclusione in tutti i casi di nullità di matrimonio, avendo, come s'è visto, la Commissione per la revisione del *Codex* ribadito la necessità della rinnovazione del consenso matrimoniale almeno da parte del coniuge che è consapevole dell'esistenza dell'impedimento che rende nullo il matrimonio, secondo quanto dispone il can. 1133§1 del *Codex,* al quale si è ritenuto di non apportare alcun mutamento».

dovuta a *metus* e sulla limitazione dello *ius accusandi* per questo capo di nullità.

Il vincolo matrimoniale tra due battezzati, celebrato nella forma canonica, anche contratto invalidamente per timore grave (sia nel caso di difetto meramente interno, che esterno: can. 1087§1), può avere, una volta scomparso il *metus*, nella convivenza pacifica e duratura (con la relativa vita maritale) un segno chiaro della prestazione del consenso valido e naturalmente sufficiente (richiesta per diritto naturale), base per poter considerare convalidati questi matrimoni. La forma canonica richiesta dalla Chiesa è già stata prestata al momento della celebrazione, come succede per altre fattispecie[126].

La preoccupazione di Fedele era quella di vedere limitato il diritto del singolo di poter accusare la nullità del proprio matrimonio, con la relativa diminuzione della prassi processuale.

Non siamo d'accordo quando Fedele «accusa» Cappello di voler introdurre il detto: «*matrimonium facit concubitus o cohabitatio*», sacrificando il principio immutabile dell'insostituibilità del consenso, per lui «principio inderogabile che postula che al centro dell'istituto della convalidazione del matrimonio in diritto canonico vi sia l'esigenza, parimenti inderogabile, della rinnovazione del consenso matrimoniale, nei casi di nullità per vizio o per difetto di consenso»[127].

P. Cappello ha ben chiaro questo principio: egli vede nella convivenza pacifica e nell'affetto maritale il segno dell'avvenuta prestazione di quel consenso che *facit nuptias*.

Anche il lavoro della Commissione del 1938 (punto 2.3.) si può legare alle motivazioni che mossero poi Cappello ad ipotizzare una riforma dell'istituto della convalidazione del matrimonio. Ci dà ragione di questo soprattutto l'insistenza di Bartoccetti riguardo al valore della coabitazione, come espressione tacita di prestazione del consenso matrimoniale, attuante la convalidazione del matrimonio nullo.

Anche per lui la *cohabitatio* libera è espressione di sparizione del vizio e prestazione del *consensus qui facit nuptias* e non il tentativo di dare valore in sè alla coabitazione tra un uomo ed una donna; Graziani e Fedele temevano forse che in questo modo potesse essere favorita la coabitazione fuori dal matrimonio e che essa potesse essere intesa o diventare la causa efficiente di esso. Cappello e Bartoccetti infatti appli-

---

[126] Cf. F. CAPPELLO, «La legislazione ecclesiastica», 386.
[127] P. FEDELE, «In tema di convalida», 498.

cavano la loro ipotesi ai matrimoni già contratti nella forma canonica tra due battezzati, non alle convivenze extraconiugali.

È nella «disputa» tra Bartoccetti e Bender, che emerge il caso di nullità per vizio nella forma canonica, per cui le idee di introduzione dell'automatismo possono essere valide.

Sia Bartoccetti che Bender, distinguendo il difetto di forma per totale mancanza della forma canonica, a cui non applica la convalidazione *ipso facto* e la nullità per un vizio formale nella celebrazione «canonica» che invece potrebbe essere sanata *ipso iure*, con la determinazione di un tempo in cui si possa accusare questa nullità, ci forniscono un'interessante ipotesi di perfettibilità legislativa.

Lo stesso discorso vale per le nullità da impedimento dirimente: l'ipotesi di convalidazione *ipso iure* operata sia da Bartoccetti che da Bender, sugli impedimenti facilmente dispensabili (o normalmente dispensati) e quelli cessati naturalmente appare certamente più complessa, anche se per alcuni di questi, specialmente quello di età, si potrebbe ipotizzare come fanno questi autori, di fissare un periodo prudenziale di tempo, entro il quale, se i coniugi vivono in buona fede e con affetto maritale, cessato o dispensato l'impedimento, il matrimonio venga convalidato *ipso facto* e non si ammetta l'accusa di nullità per questo capo.

Su quest'ultima fattispecie e sul lavoro della Commissione per la revisione del Codice del 1917 preferiamo ritornare nel prossimo capitolo, analizzando la legislazione attuale.

3. I canoni della *convalidatio simplex matrimonii* nel *CIC* del 1983

3.1 *Le fonti*

Confrontando le fonti relative alla convalidazione del matrimonio nel *CIC* del 1917 e quelle riportate nel *CIC* del 1983, notiamo che il nuovo codice riporta praticamente l'indicazione dei canoni corrispondenti nel precedente codice, con i relativi documenti.

Solo il can. 1156§1 (ex 1133§1) fa riferimento ad una risposta della Congregazione del S. Ufficio del 19 luglio 1955, che però non siamo riusciti a rintracciare in nessuna raccolta di documenti[128].

---

[128] Non riporta il documento né *AAS*, né X. OCHOA, *Leges Ecclesiae*, né altra Collezione di documenti della Congregazione del S. Officio. Da X. Ochoa nel suo *Leges Ecclesiae*, viene riportato un documento della stessa Congregazione datato 9 luglio

3.2 Gli schemi e la redazione finale

Abbiamo già precedentemente preso in considerazione i cann. 1133 e 1136, nel lavoro della Commissione per la revisione del *CIC* '17 inerente all'ipotesi di introdurre nella legislazione la convalidazione *ipso facto* del matrimonio. Ora ci proponiamo di analizzare l'iter di revisione di tutti i canoni della *convalidatio matrimonii*, desunto dai vari schemi e dalle relative osservazioni dei consultori.

Il primo canone, can. 1133, nei vari schemi subisce poche variazioni. Nello schema del 1975[129], il can. 352§1 risulta identico al can. 1133§1 del *CIC* del 1917:

> §1. Ad convalidandum matrimonium irritum ob impedimentum dirimens, requiritur ut cesset vel dispensetur impedimentum, et consensum renovet saltem pars impedimenti conscia.

In *Communicationes* del 1978 leggiamo alcune considerazioni su questo canone: alcuni dubbi furono avanzati da qualche consultore circa il verbo *renovet* (il consenso), poiché si tratterebbe di dare in questo caso un nuovo consenso valido, quando il primo consenso fu invalido a causa di un impedimento. Si fa notare che la maggioranza dei consultori non si fermò su tale suggestione, poiché sapeva di troppa sottigliezza. La Commissione fa notare inoltre che si potrebbe togliere la parola «*dirimens*» in quanto sono stati aboliti gli impedimenti impedienti, e non sarebbe più necessaria tale specificazione[130], ma la cosa non fu attuata.

La redazione del paragrafo sarà inalterata sia nello schema 1980 che nello 1982 (tranne nella forma grammaticale[131]), nella *Relatio* non è ricordato (come nessun altro canone sulla *convalidatio*), e rimarrà tale anche nella redazione finale, ritornando alla medesima forma grammaticale del canone del *CIC* '17.

1955, ma il contenuto, pur riguardando il matrimonio, non si riferisce al nostro argomento (cf. X. OCHOA, *Leges Ecclesiae*, II, n. 2150, col. 3397-3398).

[129] Lo schema è quello pubblicato da *Il Regno* doc. 19 (1 aprile 1974) 192-203 ed inviato agli organi di Consultazione nel 1975; lo riporta e lo commenta U. NAVARRETE, «Schema iuris recogniti», 654-655.

[130] *Comm.* 10 (1978) 121: «Crisis facta est ab aliquibus de verbo *renovet* (consensum), quia in casu agitur de dando consensu valido, cum primus consensus fuerit invalidus ratione impedimenti. Consultores non immorantur circa talem suggestionem, quae nimiam subtilitatem sapit. In §1 deletur verbum "dirimens", attenta suppressione impedimentorum impedientium».

[131] Schema 1980: «can. 1110§1. Ad convalidandum matrimonium irritum ob impedimentum dirimens, requiritur ut cesset impedimentum vel ab oedem dispensetur, et consensum renovet saltem pars impedimenti conscia».

Anche il §2 del can. 1133, inerente alla rinnovazione del consenso, non subisce particolari variazioni, se non l'esplicitazione del «*ad validitatem*» riportato nel *CIC* '17, il cui testo era:

> can. 1133§2. Haec renovatio iure ecclesiastico requiritur ad validitatem, etiamsi initio utraque pars consensum praestiterit nec postea revocaverit.

Già nello schema 1975, fino alla redazione finale, viene specificato che la rinnovazione è *ad validitatem convalidationis*.

> can. 1156§2. Haec renovatio iure ecclesiastico requiritur ad validitatem *convalidationis*, etiamsi initio utraque pars consensum praestiterit nec postea revocaverit[132].

Riguardo alla definizione sulla natura dell'atto di rinnovazione del consenso, riportata dal can. 1134, in seno alla Commissione di revisione vi furono diverse proposte:

a) il consenso rinnovato deve avere le medesime qualità richieste nella celebrazione del matrimonio;

b) non si tratta solo di un matrimonio che consti essere nullo fin dall'inizio, ma anche di quello che si dubita essere nullo;

c) alcuni dissero che il canone è una semplice spiegazione del canone precedente, poiché la rinnovazione del consenso è sempre un nuovo atto di volontà;

d) altri dissero che lo scopo del canone è che chi rinnova il consenso sia conscio della nullità del matrimonio, in modo che sia libero di convalidare il vincolo o di recedere da esso[133].

La Commissione considerò queste proposte, e il testo del can. 1134 che era:

---

[132] Le parti in corsivo si riferiscono ai cambiamenti rispetto allo schema precedente.

[133] *Comm.* 5 (1973) 89: «De definitione actus renovationis consensus in canone 1134 variae fuerunt sententiae: consensus renovandus easdem qualitates habere debet ac ille qui requiritur in celebratione matrimonii; non agitur tantum de matrimonio quod constet ab initio nullum fuisse, sed etiam de quo dubium est utrum nullum sit; alii censent canonem esse simplicem explicationem canonis praecedentis, quia renovatio consensus semper est novus actus voluntatis; alii respondent hic determinari modum renovationis, mentem autem canonis esse ut renovans consensum sibi conscius sit nullitatis ideoque libertatis convalidandi matrimonium aut ab eo recedendi».

> Renovatio consensus debet esse novus voluntatis actus in matrimonium, quod constet ab initio nullum fuisse

fu trasformato, fin dallo schema 1975, in questa stesura:

> Renovatio consensus debet esse novus voluntatis actus in matrimonium, quod pars *renovans sciat aut opinetur* ab initio nullum fuisse.

Il testo non subirà più variazioni fino alla redazione finale.

Il can. 1135§1, come risulta dalla relazione della Commissione di revisione, subisce alcune variazioni dovute all'introduzione del nuovo can. 1037 (che sarà il can. 1074 nel *CIC* '83[134]) il cui testo sanciva che:

> Publicum censetur impedimentum, quod publico ex facto oritur vel quod alio modo probari in foro externo potest; secus est occultum.

In conclusione al §1 del can. 1135 che era:

> Si impedimentum sit publicum, consensus ab utraque parte renovandus est forma iure praescripta

fu aggiunta la specificazione che potevano essere esclusi dalla forma canonica alcuni casi di matrimonio misto. Il testo risulta immutato dallo schema 1975, fino alla redazione finale:

> Si impedimentum sit publicum, consensus ab utraque parte renovandus est forma canonica, *salvo praescripto can. 1099,§3*[135].

Le osservazioni allo schema 1975, fanno notare che nella nuova stesura di questo paragrafo si pensò di sostituire la formula «*publico*» con «*probari potest*» e che si dicesse «*forma iure praescripta*» anziché «*forma canonica*», ma il canone rimase nella sua formulazione iniziale[136].

I restanti due paragrafi del can. 1135, i §§2 e 3, furono riuniti in uno solo fin dal primo schema. Il testo nel *CIC* '17 era:

> §2. Si sit occultum et utrique parti notum, satis est ut consensus ab utraque parte renovetur privatim et secreto.

---

[134] Il testo finale del can. 1074 risulta: «Publicum censetur impedimentum, quod probari in foro externo potest; secus est occultum».

[135] Per questo paragrafo U. Navarrete nota che: «mutationes inductae tendunt potius ad clariorem reddendum textum praecedentem, vel ad illum accomodandum ad normas novas iam inductas. v. gr. quod spectat facultatem dispensandi a forma canonica in matrimoniis mixtis» (U. NAVARRETE, «Schema iuris recogniti», 655).

[136] *Comm.* 10 (1978) 122: «Suggestum fuit ut dicatur "probari potest" loco "publicum" et ut dicatur "forma iure praescripta" loco "forma canonica". Consultoribus magis placet canon prout est».

§3 Si sit occultum et uni parti ignotum, satis est ut sola pars impedimenti conscia consensum privatim et secreto renovet, dummodo altera in consensu praestito perseveret.

Il testo modificato nello schema 1975, opera anche la trasformazione di «*occultum*» in «*probari nequeat*»; questo rimase tale in tutti gli schemi, fino alla redazione finale:

§2. Si impedimentum *probari nequeat*, satis est ut consensus renovetur privatim et secreto, et quidem a parte impedimenti conscia, dummodo altera in consensu praestito perseveret, vel ab utraque parte, si impedimentum sit utrique parti notum.

Si pensò inizialmente anche di aggiungere al can. 1135 un 3° paragrafo che aveva questo testo:

Haec renovatio fieri potest vel expressis verbis vel per spontaneam consuetudinem maritali affectu habita.

Alla Commissione non piacque questa proposta che fu ritenuta superflua, poiché nel caso è sufficiente l'intenzione di rinnovare il consenso e non importa come questo atto viene dedotto[137].

Passando al canone seguente, il 1136, la Commissione non apportò modifiche al §1, mentre nei §§ 2 e 3 si distinse solamente tra difetto di consenso pubblico ed occulto (riferendosi al suddetto nuovo can. 1037), omettendo la distinzione tra difetto «meramente interno» e «difetto anche esterno»[138]. La loro formulazione iniziale (schema 75) pertanto risultò:

§2. Si defectus consensus probari nequeat, satis est ut pars, quae non consenserat, privatim et secreto consensum praestet.

---

[137] *Comm.* 5 (1973) 89: «Propositum fuit addere § 3am novam, scilicet: Haec renovatio fieri potest vel expressis verbis vel per spontaneam consuetudinem maritali affectu habitam. Non placuit utpote superflua; in casu requiritur et sufficit intentio renovandi consensum et non refert modus quo haec ad actum deducatur».

[138] *Comm.* 5 (1973) 89: «Canon 1136§1 de convalidatione matrimonii irriti ob defectum consensus placuit uti est in CIC. In §§ 2 et 3 visum fuit distinguere tantum defectum consensus publicum et occultum – ad mentem can. 1037 – omissa distinctione inter defectum mere internum et defectum etiam externum». U. NAVARRETE, «Schema iuris recogniti», 655, afferma che: «Recte etiam, ut putamus, Commissio vitat in can. 1136 terminum "publicum.occultum" necnon terminum "internum-externum" applicatum ad consensum, quia ille definitus est in can. 1037 quoad impedimenta, non vero quoad alia nomina substantiva, hic autem est valde confusionibus obnoxius. Certo criterium "possibilitas probationis" habet etiam haud parvas difficultates, sed videntur esse minores quam quae crearentur adhibito quolibet alio criterio».

§3. Si defectus consensus probari possit, necesse est ut consensus forma canonica praestetur.

Questa non subì particolari variazioni in nessuno degli schemi, tranne la sostituzione nel §3 di «*possit*» con la parola «*potest*». A commento del canone, nelle osservazioni allo schema 1975 si ribadisce che alcuni consultori pensarono che i §§2-3 fossero inutili e potessero essere soppressi; altri consultori però erano di parere opposto, in quanto essi evidenziano che l'utilità di queste norme si può chiaramente capire solo nell'eventualità che si manifestino le cause di nullità di questi matrimoni[139].

Riguardo al matrimonio invalido per difetto di forma il can. 1137 del 1917 diceva:

> Matrimonium nullum ob defectum formae, ut validum fiat, contrahi denuo debet legitima forma.

La Commissione per la revisione non mutò sostanzialmente il testo, e si limitò ad aggiungere alla fine «*salvo praescripto can. 1099§3*»[140] riferendosi al caso dell'eventuale dispensa per i matrimoni misti (cambiò di volta in volta solo la numerazione del canone di riferimento).

Alcuni consultori nelle osservazioni allo schema 1975 proposero che nel testo si dicesse «*forma canonica*» al posto di «*legitima forma*». La *propositio* fu approvata da tutti[141] e così si mutò il testo fin dallo schema 1980, rimanendo tale fino alla redazione finale:

> Matrimonium nullum ob defectum formae, ut validum fiat, contrahi denuo debet *forma canonica*, salvo praescripto can. 1127§3[142].

---

[139] *Comm.* 10 (1978) 122: «Aliquis Consultor censet §§ 2-3 esse inutiles ac supprimi posse, contradicentibus vero aliis Consultoribus, qui dicunt utilitatem harum normarum clare innotescere quando de his matrimoniis causae nullitatis forte moveantur».

[140] *Comm.* 5 (1973) 90: «Servandum vero visum fuit canonem 1137 de convalidatione matrimonii invalidi ob defectum formae, addito in fine "salvo praescripto can. 1099§3"».

[141] *Comm.* 10 (1978) 122: «Aliquis Consultor proponit ut dicatur "forma canonica" loco "legitima forma". Propositio omnibus placet».

[142] Da notare che nel codice promulgato ufficialmente negli *AAS*, in questo canone si rimanda al «can. 1127§3» (cf. *AAS* 75 [1983-II] 202). In *AAS* 75 (1983) 324, appare la correzione a questo canone, con la formulazione esatta «can. 1127§2». Lo stesso vale per il can. 1058§1/*CIC* '83.

4. Conclusione

Per l'istituto della *convalidatio matrimonii* il periodo intercodicale presenta come abbiamo visto diverse realtà. Il pensiero degli autori nei loro manuali dopo la promulgazione del codice del 1917 è pressochè concorde: la chiara determinazione legislativa operata con esso (rispetto al periodo precedente), soprattutto per il requisito della rinnovazione del consenso e le relative modalità di espressione, produsse molteplici commenti ed opere. Ma solo pochi decenni dopo, iniziarono a presentarsi alcuni interrogativi sull'argomento, da cui scaturirono le prime ipotesi di introduzione di convalidazione *ipso facto* riguardo a certe fattispecie di nullità matrimoniale, operate dalle Commissioni Pontificie e da alcuni autori (Cappello, Bartoccetti, Bender), che rivestono a nostro avviso un certo interesse anche per la legislazione attuale.

La revisione del codice del 1917, tesa a rinnovare la legislazione della Chiesa alla luce della sua natura e della natura dei suoi istituti, non introdusse in questo campo alcuna novità legislativa; nonostante la commissione di revisione ipotizzasse l'introduzione della convalidazione *ipso facto* per alcuni casi, la nuova formulazione dei canoni non introdusse delle sostanziali novità rispetto al 1917, ribadendo e rafforzando anzi la necessità della rinnovazione (o prestazione) del consenso nelle diverse modalità, rinnovazione che fu confermata *ad validitatem convalidationis*.

CAPITOLO V

La rinnovazione del consenso
nella legislazione attuale

Dopo aver analizzato il cammino storico della *convalidatio matrimonii*, con particolare riferimento al requisito della rinnovazione del consenso, sancito legislativamente per la prima volta con il *CIC* del 1917, vogliamo ora analizzare la legislazione attuale, contenuta nel nuovo *Codex Iuris Canonici* del 1983.

Vedremo pertanto in particolare i cann. 1156-1160, alla luce delle uguaglianze e delle differenze rispetto alla legislazione piano-benedettina, con l'ausilio degli studiosi che dopo la promulgazione del codice hanno affrontato l'argomento[1].

1. Il requisito della rinnovazione del consenso

1.1 *Il can. 1156§1*

Come abbiamo potuto vedere nella parte precedente, il §1 del canone di apertura della parte inerente alla *convalidatio simplex matrimonii*, non subisce alcuna modificazione rispetto alla legislazione precedente. Il testo pertanto risulta

> can. 1156§1. Ad convalidandum matrimonium irritum ob impedimentum dirimens, requiritur ut cesset impedimentum vel ab eodem dispensetur, et consensum renovet saltem pars impedimenti conscia.

---

[1] Oltre agli autori dopo il CIC'83, in alcuni punti ci riferiamo anche a U. NAVARRETE, *De convalidatione*, che nonostante sia prima del nuovo codice, risulta ancora attuale.

Per convalidare un matrimonio nullo a causa di un impedimento dirimente (di cui ai cann. 1083-1094), si stabilisce, come prerequisito *ex natura rei*, che l'impedimento o sia cessato se di diritto divino, naturale o positivo, oppure sia concessa una dispensa da parte dell'autorità competente (cann. 1078-1080) nel caso di un impedimento di diritto ecclesiastico[2].

La parola «convalida o convalidazione», nel dizionario della lingua italiana, risulta essere «l'atto e l'effetto del convalidare», dove per convalidare si intende «rendere definitivamente valido o efficace, da parte del soggetto competente, un atto, un provvedimento amministrativo o un negozio giuridico»[3] che risultava essere nullo (*irritum*), cioè «non valido, che presenta la condizione di nullità»[4].

Riguardo alle premesse sull'atto di convalidare, G. Montini fa notare che

> tale operazione giuridica dovrà senz'altro rispettare alcuni principi basilari: *factum fieri infectum non potest:* non potrà cioè darsi che un accadimento, naturalmente con la sua qualificazione giuridica, venga posto nel nulla (cfr. can. 9); *infectum fieri factum non potest:* non potrà cioè darsi che un accadimento, naturalmente con la sua qualificazione giuridica, venga supposto se non avvenuto (cfr. can. 9). Lo stesso procedimento della *suppletio* (cfr. can. 144) permette di rendere valido un atto che per sé dovrebbe essere invalido, rispettando i principi suddetti[5].

Premesso ciò, il vincolo matrimoniale nullo si convalida specificatamente tramite la *rinnovazione del consenso matrimoniale* da parte di uno o dei due coniugi, in base alla conoscenza o meno della nullità del matrimonio (*saltem pars impedimenti conscia*), cosa maggiormente specificata nel can. 1158§2[6]: non è richiesta la conoscenza bilaterale e

---

[2] Ricordiamo che tra gli impedimenti non sono dispensabili il *ligamen*, la consanguineità in linea retta e fino al 2° grado della linea collaterale e l'impotenza *coeundi*.

[3] Voci «convalida» e «convalidare», in *Lo Zingarelli*, 447b.

[4] Voce «nullo», in *Lo Zingarelli*, 1186a. P.M. ANDREINI, *De matrimonio*, 301 nota che: «Convalidare significa rendere valido qualcosa che apparentemente è come dovrebbe essere, ma di fatto è nullo. Ciò che nemmeno all'apparenza è fatto bene non si può convalidare: può solo porsi in atto. Ciò che è valido, anche se apparentemente è nullo, non si convalida, ma più propriamente si chiarisce. Applicando il principio al matrimonio, si convalida un matrimonio putativo, non un matrimonio valido o un matrimonio inesistente».

[5] G. MONTINI, «La convalidazione del matrimonio», 188.

[6] Can. 1158§2: «Si impedimentum probari nequeat, satis est ut consensus renovetur privatim et secreto, et quidem a parte impedimenti conscia, dummodo altera in

quindi non si deve necessariamente informare la parte ignara della nullità. Nel caso in cui fossero entrambi consapevoli di essa, entrambi debbono rinnovare il consenso[7].

Essendo infine la rinnovazione del consenso un atto giuridico, questa deve essere posta rispettando tutti gli elementi espressi nel can. 124: persona abile giuridicamente, gli elementi essenziali, le formalità e i requisiti *ad validitatem*.

C'è da notare anche che è soggetto alla rinnovazione del consenso colui che è tenuto ad osservare la forma canonica (can. 1117[8]): il matrimonio pertanto si convalida tramite la rinnovazione della sola parte soggetta ad essa.

1.2 Il can. 1156§2

Per quanto riguarda specificatamente il nostro requisito della rinnovazione del consenso, il §2 del can. 1156 precisa che

> Haec renovatio iure ecclesiastico requiritur ad validitatem convalidationis, etiamsi initio utraque pars consensum praestiterit nec postea revocaverit.

Inizialmente evidenziamo che per «rinnovazione o rinnovo» si intende «l'atto o l'effetto del rinnovare», vale a dire nel nostro caso «ripetere, fare di nuovo»[9].

La rinnovazione del consenso matrimoniale, caratteristica della convalidazione semplice rispetto alla *sanatio in radice*, nel caso di nullità per impedimento dirimente è richiesta, come specifica il canone, per *diritto ecclesiastico* e *non per diritto naturale*; è richiesta quindi anche nel caso in cui il matrimonio sia nullo non a causa di un consenso naturalmente insufficiente, ma solo per la sua inefficacia giuridica[10].

---

consensu praestito persevaret, aut ab utraque parte, si impedimentum sit utrique parti notum».

[7] Nel caso però in cui vi sia una inconsapevolezza di entrambi, si può ricorrere anche alla *sanatio in radice*, a meno che la nullità non derivasse da un vizio di consenso, o se non si potesse sanare, alla *dissimulatio*.

[8] Can. 1117: «Statuta superius forma servanda est, si saltem alterutra pars matrimonium contrahentium in Ecclesia catholica baptizata vel in eandem recepta sit neque actu formali ab ea defecerit, salvis praescriptis can. 1127§2».

[9] Voci «rinnovazione» e «rinnovare», in *Lo Zingarelli*, 1548b.

[10] Cf. P. BIANCHI, «Il pastore d'anime», 213: «Tale rinnovazione del consenso è richiesta dal diritto positivo ecclesiastico, anche nel caso il matrimonio sia nullo non già per naturale insufficienza del consenso medesimo, ma solo per sua inefficacia giuridica (cf. can. 1156§2) e consiste in un atto della volontà indirizzato alla costituzione

L'obbligo di rinnovare il consenso *iure naturali*, esisterebbe infatti unicamente quando il consenso coniugale fosse mancato o fu viziato, oppure, anche se già prestato nella sua completa struttura, fosse stato in seguito revocato. Qui invece si richiede la sua rinnovazione, anche se il consenso fosse stato prestato all'inizio in modo naturalmente sufficiente e non fosse stato revocato in seguito, e fosse quindi perseverante al momento della convalidazione[11].

Tra gli autori, la spiegazione comune di questa determinazione giuridica, è che la legge ecclesiastica della *renovatio consensus* sia una norma data a «cautela», per mettere al sicuro la validità del matrimonio[12], e si sottolinea anche il rispetto della Chiesa qui manifestato verso la libertà delle parti di convalidare o «annullare» il proprio matrimonio[13], come pure la particolare considerazione che induce in questo campo un'impegnativa proprietà del matrimonio, qual è l'indissolubilità[14].

---

del matrimonio, che si conosce (con certezza) o almeno si ritiene (probabile) sia stato invalido (cf. can. 1157)».

[11] Per i concetti di consenso «naturalmente sufficiente, revocato, perseverante, ecc.», si veda il cap. II. J. Hendriks giustamente nota che: «Il can. 1107 stabilisce che si presume la perseveranza del consenso, anche se non abbia condotto a un matrimonio valido a motivo di un impedimento o di un difetto di forma, ragion per cui rimane possibile la sanazione. Una revoca del consenso infatti deve essere dimostrata (cann. 1584-1585)» (J. HENDRIKS, *Diritto matrimoniale*, 317).

[12] A.M. ABATE, *Il matrimonio*, 176: «Pertanto per diritto naturale, la rinnovazione del consenso non sarebbe richiesta se ambedue le parti abbiano prestato il consenso con tutti i suoi elementi costitutivi e non l'abbiano successivamente revocato. Tuttavia il medesimo obbligo si estende anche ai casi in cui il consenso fu prestato da ambedue le parti, senza successiva revoca e il matrimonio è nullo per un impedimento o per difetto di forma. È una norma data a cautela, per mettere al sicuro la validità del matrimonio»; F. POSA, «Note in tema di convalidazione», 243: «Ed invero, sebbene di per sé la rinnovazione del consenso sia indispensabile unicamente nell'ipotesi in cui esso sia mancato, il can. 1156§2, con disposizione puramente ecclesiastica, estende l'obbligo ai casi di matrimonio nullo per impedimento dirimente o per difetto di forma»; cf. anche A. MARTÍNEZ BLANCO, «Una configuración nueva», 269.

[13] Cf. *Comm.* 5 (1973) 88-89. Il testo parla, come già visto in precedenza (cap. IV, 2.4), della proposta della Commissione di inserire nel codice la convalidazione automatica del vincolo, in seguito a coabitazione o al cessare naturale di un impedimento; la proposta non fu accettata, perché si ritenne la rinnovazione del consenso come opportuna e necessaria, anche per garantire la scelta.

[14] Cf. G. MONTINI, «La convalidazione del matrimonio», 197, nota 28. L.A. BOGDAN, «Simple Convalidation», 513, nota che: «In certain cases one or both parties might decide not to convalidate a particular union. The need to renew consent therefore affords the parties to an invalid union such an option». Ci si può chiedere se la 2ª motivazione è del tutto chiara: a nostro parere se si volesse veramente lasciare alle

Ribadire ancora la legge ecclesiastica della rinnovazione del consenso, esclude necessariamente ogni possibilità di convalida *ipso facto* del matrimonio, come lo intendeva la Commissione per la revisione del *CIC* '17[15].

Tra i diversi autori recenti, la maggioranza evidenzia semplicemente la legislazione del codice sull'esclusione dell'automatismo convalidante: tra essi P. Bianchi[16], G. Mantuano[17] e altri[18]. F. Posa così si esprime:

> il legislatore ha ritenuto più consono all'economia complessiva del negozio matrimoniale canonico, inimitabilmente radicato nel consenso dei coniugi, il rigetto di qualsiasi forma di ratifica automatica in ordine a situazioni e fatti (quali la convivenza, la congiunzione, la nascita di figli), che, per quanto rivelatori della possibile esistenza del consenso, non sono mai sicuramente univoci né sono in grado di soppiantare interamente la volontà matrimoniale[19].

Pur evidenziando la legislazione vigente, G. Mantuano ritiene che una forma di sanatoria «automatica» dovrebbe essere prevista dalla legislazione[20] e con lui anche altri ritengono che la convalidazione *ipso*

---

parti la libertà di convalidare o annullare il vincolo, quella ignara dovrebbe essere informata della nullità, in modo che anch'essa abbia la possibilità di scelta.

[15] Cf. *Comm.* 5 (1973) 88-91. Vedi cap. IV, 2.4.

[16] P. BIANCHI, «Il pastore d'anime», 213: «La legge canonica non prevede una forma per così dire "automatica" di convalidazione del matrimonio, come per esempio potrebbe verificarsi (se previsto ovviamente dalla legge) qualora i coniugi proseguissero nella vita comune per un certo tempo dopo aver appreso della nullità del loro matrimonio, confermando implicitamente di voler sanare un consenso iniziale naturalmente sufficiente ovvero solo inefficace. Al contrario l'ordinamento canonico richiede per la convalidazione degli interventi positivi e specifici: o da parte dei diretti interessati ovvero dell'autorità ecclesiale».

[17] G. MANTUANO, «Sulle forme di convalida», 748 dice che: «quello che la tradizione canonistica ha sempre rifiutato, invece, è l'efficacia sanante che si vuole attribuire al mero decorso del tempo, cioè ad un mero fatto giuridico che svilisce, e quindi screditа la rilevanza del consenso, dato che non si può ravvisare, neppure presuntivamente (e neanche con presunzione iuris et de iure), la volontà, anche se tacita, di confermare il negozio matrimoniale, nel mero tractus temporis».

[18] J. VERNAY, «La convalidation du mariage», 357-358; K.R. HENNES, *Die einfache Gültigmachung*, 125-126; L.A. BOGDAN, «Simple Convalidation», 514-515; ID, *Renewal of consent*, 24-31.

[19] F. POSA, «Note in tema di convalidazione», 242.

[20] G. MANTUANO, «Sulle forme di convalida», 739: «Uno dei poli del dibattito riguarda l'esistenza dell'obbligo di rinnovare il consenso. Se infatti non esistesse tale obbligo si potrebbe prospettare la possibilità di una convalida automatica, quando sia venuto meno ogni elemento tale da ostacolare la validità del matrimonio ed il negozio si sia, di conseguenza, integrato e completato. Del resto non pochi sono gli esempi

facto potrebbe essere ipotizzata. Tra essi A. Martínez Blanco[21] e G. Montini[22].

Il primo, che scrive nel periodo di revisione del *CIC* del '17, auspica che il nuovo Codice non sia rigoroso come il precedente, perché la storia ci fa chiaramente vedere che non sempre è stata necessaria la rinnovazione, essendo una prassi relativamente recente, ma che essa sia solo una conseguenza delle tendenze formaliste sorte dopo il Concilio di Trento[23].

Egli prevede la convalidazione *ipso facto* per ogni causa di nullità, e per ognuna vede grossi vantaggi: per il difetto di forma i coniugi non permarrebbero per tutta la vita in un'unione invalida, con la grave conseguenza della privazione della grazia sacramentale, si eviterebbero molti processi e dichiarazioni di nullità che provocano scandalo, ma soprattutto prevarrebbe la realtà del consenso naturalmente sufficiente sull'eccessivo formalismo canonico[24].

Per la nullità da impedimento, una volta cessato naturalmente, la possibilità di convalidazione automatica per Martínez Blanco è evidente: con questa si darebbe valore alla coabitazione coniugale e con essa alla realtà della copula carnale, come conferma di un consenso prestato in maniera naturalmente sufficiente all'inizio e che ora, cessato l'impedimento, ritrova la sua efficacia giuridica piena[25].

---

tratti dallo Ius Decretalium (X.4,2,9; X.4,7,7). Una simile forma di sanatoria dovrebbe essere legislativamente prevista: né sarebbe difficile configurarne alcune ipotesi». Le ipotesi sono riportate alla nota 6.

[21] Cf. A. MARTÍNEZ BLANCO, «Una configuración», 267-275.

[22] Cf. G. MONTINI, «La convalidazione del matrimonio», 195-197.

[23] A. MARTÍNEZ BLANCO, «Una configuración», 269-270.

[24] Cf. A. MARTÍNEZ BLANCO, «Una configuración», 270: «En cuanto a la conveniencia de una sanación automática del matrimonio nulo por defecto de forma podría argüirse en contra que su admisión equivaldría a una abrogación de la ley sobre la forma sustancial, o por lo menos a su reducción a ley prohibente, pues esta ley ha sido establecida para que se tenga certeza jurídica de la celebración del matrimonio, certeza que se desvanecería si mediando sólo consentimiento, sin acto público eclesiástico alguno, y por el solo transcurrir del tiempo los cónyuges pudieran quedar unidos en válido matrimonio [...] Los beneficios de esta convalidación automática serían notables».

[25] «Siendo suceptibles de cesación o dispensa todos o los demás impedimentos, aun de derecho natural [...] y pudiendo coexistir con un consentimiento natural suficiente, la posibilidad de sanación automática es evidente. Los argumentos a favor de esta sanación automática son, además de los citados, la privación en otro caso, de todo efecto jurídico a la voluntaria cohabitación, que ciertamente vale más que cualquier declaración hecha ante la faz de la Iglesia (que lleva consigo normalmente la cópula, y así se presume) que fue en la historia del derecho canónico elemento de perfección

Nel caso di un vizio di consenso, egli parte dall'idea che il consenso naturalmente sufficiente possa coesistere con un vizio di consenso: quando esso sarà cessato, si avrà tramite la convalidazione automatica un matrimonio immediatamente valido senza necessità di un nuovo atto di volontà, dando valore alla coabitazione protratta nel tempo[26].

G. Montini, dopo la promulgazione del nuovo *CIC*, a sua volta afferma che

> la scelta del legislatore di non ammettere la convalidazione automatica appare per alcuni versi inficiata da eccessivo giuridismo, in quanto impone al consenso (che è causa unica ed efficiente del vincolo matrimoniale) una rigida modalità per ottenere efficacia giuridica, lasciando nell'inefficacia molti consensi espressi, ad esempio, in forma confirmatoria[27].

---

del matrimonio y por la que siempre se ha consumado, y que viene a confirmar el consentimiento inicialmente prestado» (A. MARTÍNEZ BLANCO, «Una configuración», 271-272).

[26] «Siendo el consentimiento la causa eficiente, suficiente pero insustituible del matrimonio, parece en principio difícil sanar automáticamente un matrimonio nulo por defecto de consentimiento. Pero creemos haber demostrado más arriba que un consentimiento natural suficiente puede coexistir con un vicio del consentimiento [...] Cesado el vicio ¿qué puede impedir una eficacia de ese consentimiento natural suficiente? En cambio, a través de una sanación automática, muchos matrimonios celebrados con estos vicios, cobrarían validez inmediatamente, sin necesidad de un nuevo acto de voluntad con conocimiento de la nulidad, como ahora se exige, y que no es de presumir se preste debido al desconocimiento por las partes de esta compleja mecánica jurídica del Codex [...] La pacífica convivencia pseudoconyugal durante un largo periodo de tiempo, el hecho de engendrar unos hijos, son tan sólo circumstancias que avalan la conveniencia de una sanación automática sin necesidad de renovación» (cf. A. MARTÍNEZ BLANCO, «Una configuración», 272-273).

[27] G. MONTINI, «La convalidazione del matrimonio», 197. L'autore prosegue: «Se il diritto (e in particolare il diritto canonico) ha come suo ideale di aderire il più strettamente possibile alla realtà delle cose, nell'attuale normativa sulla convalidazione ciò viene particolarmente disatteso. Anche il richiamo alla forma canonica ed al suo obbligo non è pertinente. Infatti se è pur vero che la forma canonica ha introdotto un notevole giuridismo spezzando il principio puro del matrimonio basato sul consenso e relegando nell'inefficacia giuridica una (oggi) notevolissima messe di consensi matrimoniali espressi in forme diverse, è pur vero che tale principio ed obbligo non richiede positivamente la convalidazione esplicita. E ciò anche solo per il fatto che, come si è visto sopra, una qualche forma pubblica, quando non (come nella maggioranza dei casi) una qualche forma canonica, c'è già stata. Le stesse obiezioni avanzate contro la convalidazione automatica non sono cogenti: a) *«lex nequit supplere consensum»*. Nel caso però della convalidazione automatica il consenso permarrebbe la causa del matrimonio convalidato, in quanto esso sarebbe contenuto implicitamente nella libera coabitazione protrattasi per un certo tempo, di cui sarebbe espressione. D'altronde, come il canone 1101 prevede che si possa dimostrare che le parole del

Una delle conseguenze del fatto che l'obbligo del rinnovo del consenso è una legge «*iure ecclesiastico*» secondo il can. 11, è che sono tenuti ad essa solo i battezzati nella Chiesa cattolica o in essa accolti, non quindi i battezzati in altra comunità cristiana, né i non battezzati. Alla rinnovazione sono quindi tenuti tutti coloro che sono obbligati alla forma canonica del matrimonio.

Pertanto il matrimonio di non cattolici e non battezzati si potrebbe convalidare automaticamente in forza del consenso perseverante al momento della cessazione o dispensa dell'impedimento, a meno che la legge civile non prescriva la rinnovazione entro i limiti della sua competenza[28].

---

consenso non corrispondano alla volontà dei soggetti, allo stesso modo ci sarebbe la possibilità di dimostrare che alla libera coabitazione non ha corrisposto in realtà una volontà matrimoniale tacita; b) «*difficile esset determinare in quonam momento matrimonium validum fit ideoque sacramentum*». Tale momento sarebbe da individuare là dove scade il tempo previsto per la presunzione. D'altronde, allo stesso modo in cui l'espressione verbale del consenso nel matrimonio può essere preceduta da altre informali espressioni del medesimo consenso, e pure la norma canonica decide che l'efficacia giuridica nella formazione del vincolo è di quella espressione determinata del consenso e non di altre; allo stesso modo nella convalidazione automatica sarebbe il consenso (abituale) presente allo scadere del tempo previsto ad avere forza giuridica per la formazione del vincolo e perciò del sacramento. In questo campo mi pare che più che la certezza giuridica e la preoccupazione per questa, sia prevalso lo spirito pastorale della Chiesa, volto a poter dare soluzione a quei casi di matrimoni falliti che possono appellarsi ad un difetto nella celebrazione iniziale del matrimonio stesso, senza considerare in alcun modo le vicende reali della volontà seguenti alla invalida celebrazione. Permane comunque in tal modo il reale pericolo di dichiarazioni di nullità che producano scandalo e ammirazione fra i fedeli».

[28] Cf. U. NAVARRETE, *De convalidatione*, 63; F. CAPPELLO, *De matrimonio*, 783-784, n. 845; M.F. POMPEDDA «Annotazioni sul diritto matrimoniale», 141-143; J. PEREZ LLANTADA – C. MAGAZ SANGRO, *Derecho canonico*, 303; T.P. DOYLE, «Convalidation», 824; L.A. BOGDAN, «Simple Convalidation», 516-518. Nel suo articolo J.J. O' Rourke fa notare che: «1917 CIC canon 1133, §2 has the same wording as 1983 CIC canon 1056, §2. However, the older canon applied to a greater variety of cases than the new one. According to 1983 CIC canon 11 only those who were baptized in the Catholic Church or who were received into it are bound by ecclesiastical laws unless express mention is made of a wider application in the law; it is implicit in 1917 CIC canon 12 that all the baptized are bound by the provisions of ecclesiastical laws unless express mention is made to the contrary. Thus, for example, a marriage between second cousins who were baptized non-Catholics would have been invalid according to the provisions of 1917 CIC canon 1076, §2; the marriage of first cousins when both are baptized non-Catholics would not be affected by 1983 CIC canon 1091, §2. Thus the renewal of consent in a marriage that was invalid by reason of a diriment impediment now applies only to marriages of parties of whom at least one

La specificazione «*ad validitatem convalidationis*» del can. 1156§2, fa rientrare la legge tra quelle irritanti (cf. can. 10). Espressamente è sancita la nullità dell'atto quando non si compie qualcosa di essenzialmente necessario e quando non si osservano le formalità richieste per ottenerne piena validità giuridica (can. 124); con questa specificazione, pertanto già presente nel *CIC* '17, si viene a ribadire l'esigenza di effettuare la rinnovazione del consenso, anche se stabilita solamente per diritto ecclesiastico: se non si rinnova il consenso, la convalidazione non avviene, è invalida, lasciando immutata la situazione[29].

Si chiarirà maggiormente questo requisito, nella successiva analisi del can. 1157, sulla natura dell'atto di rinnovazione del consenso.

1.3 *Natura della rinnovazione del consenso (can. 1157)*

Nel *CIC* '83, il canone inerente alla natura della rinnovazione del consenso, cambia rispetto alla formulazione precedente, così che essa non è richiesta solo a chi consti o sa con certezza che il matrimonio sia stato nullo dall'inizio (*constet ab initio nullum fuisse*), ma anche a chi suppone o ritiene probabile questa nullità iniziale (*aut opinatur*). Dalla formulazione codicale del can. 1157 risulta che:

> Renovatio consensus debet esse novus voluntatis actus in matrimonium, quod pars renovans scit *aut opinatur* ab initio nullum fuisse.

Abbiamo già visto che prima del *CIC* '83 tra gli autori[30] la conoscenza «certa» della nullità era richiesta come condizione per poter rinnovare il consenso e applicare la convalidazione del matrimonio. Il nuovo Codice prende quindi una nuova posizione: nelle parti è richiesta minimamente una conoscenza che «suppone» la nullità del matrimonio[31].

---

party is Catholic. It is scarcely conceivable that a non-Catholic party would be aware of an impediment not known to the Catholic party save possibly that arising from an earlier marriage whose existence was not revealed» (J.J. O' ROURKE, «Considerations», 388).

[29] Sulle leggi irritanti cf. F.J. URRUTIA, *De normis generalibus*, 46; G. MICHIELS, *Normae generales*, 319-345; A. GARCÍA MARTÍN, *Le norme generali*, 83-85.

[30] Cf. F. CAPPELLO, *De matrimonio*, 780-782, n. 844; T.M. VLAMING, *Prealectionis*, 352-353, n. 763; P. GASPARRI, *De matrimonio*, 253-254, n. 1191; F.X. WERNZ, *Ius decretalium*, 548-549, n. 648.

[31] Cf. L.A. BOGDAN, «Simple Convalidation», 513-515. Egli afferma inoltre che: «Apart from the ecclesiastical law which requires knowledge or suspicion of nullity for a valid renewal of consent in a simple convalidation, this is needed in the pratical or psychological order of human activity as well. A person has to know what he or she is doing or intends to do when convalidating an invalid marriage. If a person

La rinnovazione del consenso inoltre si applica indipendentemente dal fatto che il matrimonio si sia celebrato in buona o in mala fede, anche se si sapeva o si aveva il sospetto della nullità del vincolo fin dall'inizio, cosa che non esclude un vero consenso matrimoniale[32].

Legato a questo discorso si conclude che *ex canone* la rinnovazione del consenso, deve essere un atto positivo della volontà, identico a quello emesso al momento della contrazione del matrimonio. La scienza e l'opinione che il precedente vincolo sia nullo è vista come condizione[33] perché il nuovo atto sia «vero», «conforme» alla sua natura e

---

judges or suspects the marriage is null and void, that individual has a reason to rectify the situation by positing legally efficacious marital consent anew either absolutely or conditionally. Without such knowledge or suspicion of nullity, in practice a person would not be motivated to convalidate a marriage. To put in another way, in virtue of a person's prior simple apprehension about a given situation, subsequent volitional acts by that person are logically modified. If a man perceives something other than an actual marriage in observing the prescribed formalities of a simple convalidation because he already considers himself to be married, it is difficult to see how he would have elicited the new marital consent required for a simple convalidation. Even the prior to the 1917 code a similar observation about practical necessity of having knowledge or suspicion of the nullity of a marriage was made by Schmalzgrueber (Ius Ecclesiasticum, n. 263)». J.J. O' Rourke nota che: «1983 CIC canon 1157 differs somewhat from 1917 CIC canon 1134. The older canon directs attention to the marriage "quod constet ab initio nullum fuisse"; the new law has "quod pars renovans scit aut opinatur nullum fuisse". Thus the new law places greater enphasis on the party is not altogether certain than the marriage was null. Obviously the party would have to have a strong reason for being of the opinion that the marriage was null» (J.J. O' ROURKE, «Considerations», 389).

[32] A. BERNÁRDEZ CANTÓN, «De matrimonii convalidatione», 1608: «La nueva fórmula codicial admite claramente la convalidación del matrimonio en el caso, no ya de certeza sino de opinión acerca de la nulidad del matrimonio. Y si bien en el caso de duda – la opinión más o menos fundada no excluye la duda – se ha de estar por el valor del matrimonio (can. 1060) también en el fuero interno (y aquí puede que radique la razón de la fórmula anterior, por no ser necesaria la convalidación mientras subsista la duda), el vigente CIC ha tenido en cuenta que la convalidación puede tener también la finalidad de tranquilizar la conciencia de forma más segura y al margen de las presunciones al uso. A este respecto conviene recordar que la "certeza o la opinión acerca de la nulidad del matrimonio no excluye necesariamente el consentimiento matrimonial" (can. 1100). Este "no excluir necesariamente" no quiere decir que sea imposible que de hecho se excluya, como también pueden surgir dudas acerca de la suficiencia de un consentimineto prestado por parte de quien conocía a sabiendas o al menos sospechaba que el matrimonio había de resultar inválido por razón de un impedimento. De ahí la oportunidad de la nueva redacción de este precepto».

[33] G. MONTINI, «La convalidazione del matrimonio», 197, nota 30, osserva: «Più che una condizione supplementare alla rinnovazione del consenso, si deve ritenere

non si confonda con una conferma o con un rinnovo rituale (o liturgico)[34].

Per quanto riguarda questo nuovo atto di volontà, P. Bianchi fa notare che

> insufficiente ai fini della sostanza della convalidazione sarà quindi la convinzione che si tratti di operare una mera regolarizzazione formale del consenso già prestato, ovvero di una sua conferma o rafforzamento. La parte tenuta al rinnovamento deve invece essere consapevole che è posta di fronte alla necessità di un autentico rinnovamento del proprio consenso matrimoniale e che l'alternativa a esso è il permanere nella situazione di nullità (conosciuta o ritenuta) del proprio matrimonio[35].

Non si tratta quindi di confermare il consenso precedente, né di prolungare il consenso già dato, né di rafforzare un consenso già dato tramite un giuramento più impegnativo o per mezzo di una celebrazione sacramentale, né di ricevere solo una benedizione sul proprio matrimonio (due sposati civilmente che accettano di rinnovare il consenso come pura formalità per dare al loro vincolo un carattere religioso): ci si troverebbe in questi casi di fronte ad un'invalida convalidazione che alcuni canonisti ritengono essere un nuovo capo di nullità matrimoniale[36].

La rinnovazione del consenso, è quindi un nuovo e distinto atto della volontà, necessariamente attuale (non è sufficiente che sia virtuale, presunta o interpretativa), con tutte le qualità richieste all'atto iniziale (can. 1057§1), sia nell'oggetto del consenso, sia nella volontà, nella libertà, che nell'abilità delle persone: un atto «*in matrimonium*», un atto veramente coniugale[37].

---

questa come la condizione psicologica necessaria, secondo la natura delle cose, perché si possa emettere un nuovo atto del consenso».

[34] Cf. P.M. ANDREINI, *De matrimonio*, 302.

[35] P. BIANCHI, «Il pastore d'anime», 213-214. Cf. anche A.M. ABATE, *Il matrimonio*, 16.

[36] Cf. G. MONTINI, «La convalidazione del matrimonio», 197, il quale riporta alla nota 32: E. WALKER, «The invalid convalidation», 325-336. Cf. anche L.G. WRENN, «Invalid convalidation», 253-256; L.A. BOGDAN, *Renewal of consent*, 51-52.

[37] Cf. A. BERNÁRDEZ CANTÓN, «De matrimonii convalidatione», 1607: «Esto significa sencillamente que ha de producirse un acto de querer, es decir, una decisión voluntaria de carácter actual y se formula en ese momento concreto. Se trata, pues, de una voluntariedad o intencionalidad actual, que se formula en un momento dado, sin que sea suficiente – en nuestra consideración – la voluntariedad virtual, o sea, la que se produjo con anterioridad, persevera en sus efectos y no ha sido revocada. Que no basta la voluntariedad virtual se deduce, además, de lo establecido en el precepto anterior: "esta renovación del consentimiento se requiere [...] aunque ya desde el primer

Possiamo dire che *renovatio consensus facit matrimonium convalidatum*; a questo proposito U. Navarrete dice che la causa efficiente del matrimonio convalidato non può essere altra che quella del matrimonio stesso e cioè il consenso delle parti, che nessuna potestà umana può supplire, il quale deve esercitare la sua causalità in ogni caso di convalidazione: sia quando viene rinnovato nella forma canonica (e quindi da entrambi i coniugi), sia quando è rinnovato da una sola parte, sia quando non avviene alcuna rinnovazione[38].

1.4 *Renovet, praestet o contrahi denuo*

La convalidazione del matrimonio presenta diverse tipologie di nullità e si rende necessaria una chiarificazione dei diversi termini usati nei canoni, per vedere se vi è tra essi una differenza «sostanziale» oppure si tratta solo di una differenza terminologica.

In riferimento al consenso infatti per il caso di nullità da impedimento, si usa la parola «*renovari*», cioè rinnovare il consenso, in caso di nullità per vizio di consenso, si usa «*praestari*», cioè prestare[39] il consenso, mentre nella nullità per difetto di forma si usa il termine «*contrahere denuo*», cioè contrarre[40] di nuovo, in questo caso riferito al matrimonio.

Alcuni autori (tra cui L.A. Bogdan, G. Damizia e L. Bender), sostengono che nonostante si parli di rinnovazione del consenso solo nel canone riferito alla nullità per impedimento, esso si debba intendere in realtà per tutte e tre le tipologie di nullità[41]. Questa affermazione non spiega però la differenza terminologica.

---

momento ambos contrayentes hubieran dado su consentimiento y no lo hubiesen revocado posteriormente". Con mayor motivo sería insuficiente, en orden a la convalidación, la voluntad interpretativa o la presunta».

[38] Cf. U. NAVARRETE, *De convalidatione*, 23: «Causa efficiens matrimonii convalidati non potest esse alia quam illa quae est causa efficiens unica et adaequata matrimonii, nempe consensus partium qui a nulla umana potestate suppleri potest. Patet ergo hunc consensum causalitatem suam exercere debere aliquo modo etiam in convalidatione quae fit per renovationem consensus unius tantum partis vel absque ulla consensus renovatione».

[39] Voce «prestare», in *Lo Zingarelli*, 1409a: «concedere, porgere o dare, per esempio, un giuramento».

[40] Voce «contrarre», in *Lo Zingarelli*, 441c: «stabilire concordemente un patto, un matrimonio».

[41] Cf. L.A. BOGDAN, *Renewal of consent*, 24-25. L'autore osserva inoltre che la necessaria rinnovazione del consenso si debba applicare a tutte e tre le categorie della convalidazione semplice, è confermato anche da una decisione della Rota Romana:

U. Navarrete afferma che il Codice non è redatto accuratamente in questa cosa, e che la legge della rinnovazione del consenso non è una norma generale stabilita dal legislatore per qualsiasi convalidazione, ma piuttosto una norma particolare da applicare soltanto al matrimonio invalido per impedimento[42].

J. Hervada sostiene che i canoni sulla convalidazione del matrimonio regolano tre modalità di essa: la *convalidatio simplex*, la *sanatio in radice* e la «nuova celebrazione del matrimonio», che non considera una vera e propria convalidazione[43]. Nella fattispecie della nuova celebrazione, il commentario fa rientrare tutti i casi della *convalidatio simplex* in cui si deve osservare la forma canonica: quando si ha un difetto di forma (can. 1160), per un impedimento pubblico (can. 1158§1) e nel caso di un vizio di consenso pubblico (can. 1159§3), anche se si usano i diversi termini: *renovari*, *praestari* e *contrahere denuo*[44], «in sostanza

---

«Quamvis consensus maritalis semel praestitus praesumatur perseverare donec de eius revocatione constiterit (can. 1093), attamen positivi iuris dispositio exigit renovationem consensus pro convalidatione simplici matrimonii a baptizato invalide contracti ob impedimentum dirimens, vel ob defectum consensus, vel denique ob defectum formae (coram Wynen, *RRD*, 32 [1940] 432)». Anche G. DAMIZIA, «Convalidazione dei matrimoni», 93-98 e L. BENDER, *Forma iuridica*, 218, hanno più o meno direttamente confermato che la legge richiede la rinnovazione del consenso non solo nel primo caso, ma in tutte e tre le categorie.

[42] Anche se Navarrete si riferisce ai canoni del 1917, la sua affermazione vale anche per il codice attuale: «Codex non accurate hac in re redactus est. nam ex can. 1133, 1134 videretur lex de renovando consensu non esse norma generalis statuta a legislatore pro qualibet convalidatione, sed esse potius norma particularis applicanda tantum in casu matrimonii invalidi ob impedimentum dirimens» (U. NAVARRETE, *De convalidatione*, 60). Egli tuttavia aggiunge che: «tamen lex de renovando consensu ex clara mente legislatoris applicatur omnibus casibus convalidationis (simplicis et sanationis in radice), ita ut in can. 1138 describens ipse legislator institutum sanationis in radice dicat sanationem secumferre dispensationem a lege de renovando consensu» (U. NAVARRETE, *De convalidatione*, 61).

[43] Cf. J. HERVADA, «La convalidazione», 826: «Questo capitolo tratta delle modalità previste dal CIC per annullare i vizi di nullità matrimoniale, tratta cioè della convalidazione o trasformazione di un matrimonio nullo in matrimonio valido. Due sono precisamente le modalità di trasformare un matrimonio nullo in valido: la convalidazione semplice e la sanazione in radice. A queste due modalità se ne aggiunge un'altra che a rigor di termini non è una convalidazione: la nuova celebrazione del matrimonio. I cc. seguenti regolano le tre modalità indicate: convalidazione semplice, sanazione in radice e nuova celebrazione. [...] Quando si esige la forma per rinnovare il consenso, non c'è convalidazione, bensì nuova celebrazione».

[44] Can. 1158§1. Si impedimentum sit publicum, consensus ab utraque parte *renovandus* est forma canonica, salvo praescripto can. 1127§3.

ogni qualvolta il vizio di nullità possa acquistare una rilevanza esterna, in modo da averne sicuro riscontro e da evitare ogni supposizione o presunzione sull'esistenza di questo essenziale requisito»[45].

Anche A. Bernárdez Cantón, rifacendosi ad J. Hervada, considera il caso di convalida per *defectus formae* non una convalidazione, ma una nuova celebrazione[46], mentre sostiene il contrario la sentenza rotale *coram* Funghini del 30 giugno 1988[47].

Ribadisce il concetto anche G. Mantuano, dicendo che:

> in queste ipotesi, più che di convalida, si deve parlare di ripetizione del negozio matrimoniale, con tutte le implicazioni giuridiche relative, di un nuovo rapporto di coniugio che si costituisce validamente soltanto con il *consensus renovatus forma canonica*: nessun riferimento e nessuna rilevanza giuridica può acquistare il precedente negozio matrimoniale nullo, quando il motivo di nullità in *foro externo probari potest*[48].

Can. 1159§3. Si defectus consensus probari potest, necesse est ut consensus forma canonica *praestetur*.

Can. 1160. Matrimonium nullum ob defectum formae, ut validum fiat, *contrahi denuo* debet forma canonica, salvo praescripto can. 1127§3.

[45] P. MONETA, *Il matrimonio*, 220.

[46] A. BERNÁRDEZ CANTÓN, «De matrimonii convalidatione», 1619: «En el supuesto contemplado en este precepto – matrimonio nulo por defecto de forma – se requiere lisa y llanamente la nueva celebración del matrimonio. Por eso no se dice, como en casos anteriores, que se renueve o preste consentimiento en "forma canónica", sino que "ha de contraerse de nuevo en forma canónica". No es, pues, un caso de convalidación sino de una nueva celebración. Y ello tanto en el caso de que la nulidad se hubiera producido únicamente por esta falta de forma cuanto en el caso de que hubiese actuado, además, otra causa de invalidez. En este sentido lleva razón Hervada cuando afirma que un matrimonio nulo por defecto de forma no puede ser objeto de revalidación simple y que cuando se exige la forma para la renovación del consentimiento no hay convalidación sino nueva celebración».

[47] Cf. coram Funghini, 30 giugno 1988, *RRD* 80 (1988) 439-444. La sentenza rotale sostiene che nel caso di un matrimonio celebrato civilmente, (a cui la sentenza si riferisce), si possa parlare di convalidazione e denominarla come tale e non di nuova celebrazione, come invece sostiene J. Hervada riguardo ai matrimoni celebrati con vizio di forma: «La revalidación simple consiste en la renovación del consentimiento matrimonial por una o por las dos partes, previa cesación de la causa de nulidad, sin necesidad de observar nuevamente la forma canónica ad validitatem. No se exige observar otra vez la forma canónica porque la revalidación simple consiste en dar nuevo contenido (consentimiento) a la forma ya observada, por lo cual el defecto no puede estar en la forma» (J. HERVADA, «La convalidación», 699).

[48] G. MANTUANO, «Sulle forme di convalida», 753. Cf. A. BERNÁRDEZ CANTÓN, «De matrimonii convalidatione», 1610: «No se trata, pues, de una convalidación en sentido estricto. Es comprensible que, si un matrimonio es nulo y la nulidad puede ser

A nostro avviso la differenza terminologica per le diverse fattispecie, è spiegata dal fatto che nel caso del «*renovari*», è richiesto il rinnovo di un consenso che già era stato prestato in modo naturalmente sufficiente, ma non aveva ottenuto la efficacia giuridica a causa di un impedimento. Il «*praestari*» il consenso invece si richiede nei casi in cui non era mai stato emesso un consenso naturalmente sufficiente, necessario al costituirsi del vincolo matrimoniale. Non vediamo invece differenza tra «*renovari*» e il «*contrahi denuo*» richiesto per convalidare un vincolo nullo per difetto di forma: anche in questo caso un consenso naturalmente sufficiente non aveva ottenuto l'efficacia giuridica a causa del vizio stesso, che invece ottiene al momento della sua nuova emissione nella forma canonica[49].

La motivazione di una terminologia differente nei canoni si spiega e spiega anche il fatto che la «rinnovazione» (anche nel *contrahi denuo* – can. 1160) è richiesta alle parti solo per diritto ecclesiastico, norma data per salvaguardare l'efficacia giuridica del vincolo matrimoniale da convalidare, mentre la «prestazione» in caso di vizio di consenso è richiesta per diritto naturale, perché solo tramite il consenso, causa efficiente del matrimonio, egli può esistere, consenso *qui nulla humana potestate suppleri valet*.

Per quanto riguarda la natura del nuovo atto in sostanza non ci pare si possa differenziare *ex natura rei* il consenso «*rinnovato*» dal consenso «*prestato*» richiesto nel caso che esso fosse stato viziato o mancato del tutto. Pur in presenza di un precedente consenso naturalmente sufficiente, ma giuridicamente inefficace, infatti il consenso «*rinnovato*» deve essere un atto positivo della volontà, identico a quello emesso al momento della contrazione del matrimonio, con tutte le caratteristiche necessarie, e non un semplice atto confermatorio, un suo prolungamento

---

probada jurídicamente, deba celebrarse en la forma que el ordenamiento tiene establecida precisamente para que sea posible su prueba».

[49] Parlare di «nuova celebrazione» canonica (che può anche essere segreta), può essere accettabile in quanto formalmente questo avviene: essa consiste in realtà nell'emissione di un nuovo atto di consenso, un rinnovo di esso nella forma canonica, partendo però da una situazione di esistenza del consenso naturalmente sufficiente, inefficace però giuridicamente: la forma canonica è richiesta esclusivamente per il fatto che è necessaria una convalidazione riscontrabile in foro esterno, essendo pubblica anche l'invalidità matrimoniale. È certamente più appropriato parlare di vera e propria nuova celebrazione nel caso in cui il «consenso» fosse stato viziato e ciò si possa provare in foro esterno. In questo caso il consenso prestato inizialmente era inesistente e ora lo si deve fare esistere: ciò deve avvenire tramite un atto pubblico, a causa della pubblicità del vizio di consenso.

o un suo rafforzamento, così come il consenso emesso nel «*contrahere denuo*» in caso di nullità per vizio di forma.

A maggior ragione anche il consenso «*prestato*» deve essere un atto positivo della volontà con le qualità richieste dal can. 1057§1, nell'oggetto, nella volontà, nella libertà e nell'abilità delle persone[50].

2. Modalità della «rinnovazione» del consenso

Analizzata la necessità di rinnovare il consenso in caso di nullità del matrimonio per impedimento dirimente, richiesta *iure ecclesiatico*, passiamo ora ad analizzare le varie modalità in cui questo requisito si può realizzare, in base alle diverse situazioni concrete, desunte dalla pubblicità o meno dell'impedimento e dalla conoscenza o meno di esso da parte dei coniugi interessati.

2.1 *Matrimonio invalido per impedimento dirimente*

Il can. 1158 presenta tre modalità di convalidazione semplice, desunte dalle altrettante fattispecie di nullità matrimoniale a causa di un impedimento dirimente: impedimento pubblico (§1), impedimento occulto (*qui probari nequeat*) sia noto ad entrambe le parti, che noto ad una sola parte (§2).

2.1.1 Impedimento pubblico (can. 1158§1)

La normativa del Codice, in caso di impedimento pubblico, stabilisce che:

> si impedimentum sit publicum, consensus ab utraque parte renovandus est forma canonica, salvo praescripto can. 1127§2[51].

Pubblico è un impedimento «provabile giuridicamente in foro esterno», sia notorio (conosciuto) che non, contro cui può essere esperita la

---

[50] Vedi punto 1.3. Cf. J. PEREZ LLANTADA – C. MAGAZ SANGRO, *Derecho canonico*, 302; U. NAVARRETE, *De convalidatione*, 71; T.P. DOYLE, «Convalidation», 824; P. BIANCHI, «Il pastore d'anime», 213-214; A.M. ABATE, *Il matrimonio*, 16; G. MONTINI, «La convalidazione del matrimonio», 197.

[51] Da notare che anche per questo canone il codice promulgato ufficialmente negli *AAS* riporta la dicitura «can. 1127§*3*» (cf. *AAS* 75 [1983-II] 202). In *AAS* 75 (1983) 324, appare la correzione a questo canone, con la formulazione esatta «can. 1127§*2*». Lo stesso vale per il can. 1060/*CIC* '83.

relativa azione di nullità e attraverso cui si può dimostrare in giudizio la nullità del matrimonio (cf. can. 1074[52]).

In questa circostanza è necessaria, *ad validitatem convalidationis*, la rinnovazione del consenso nella forma canonica (can. 1108), una «celebrazione pubblica» del matrimonio (cioè in foro esterno): a nullità pubblica, deve constare convalidazione pubblica, con rinnovazione del consenso di entrambe le parti alla presenza di chi ha la facoltà di assistere e di ricevere il consenso a nome della Chiesa, e di due testimoni, a meno che non si venga dispensati dalla forma prescritta (can. 1127§2).

U. Navarrete fa notare che «le parole *"ab utraque parte"* sono chiarificatrici, ma possono essere omesse. La forma canonica infatti esige essenzialmente la prestazione del consenso di entrambi i contraenti, di fronte alle persone determinate dal diritto»[53].

Se si convalidasse in solo foro interno si potrebbe stabilire un conflitto tra questo foro e quello esterno, dove potrebbe essere ancora provata la nullità, essendo l'impedimento pubblico[54].

Se l'impedimento oltre ad essere pubblico, fosse anche notorio, la rinnovazione del consenso nella forma canonica deve essere notoria, effettuata in maniera che la gente ne possa essere a conoscenza; se invece l'impedimento non fosse notorio, perché la sua conoscenza non è stata diffusa, la rinnovazione del consenso nella forma canonica potrà essere segreta (cann. 1130-1133)[55].

---

[52] Can. 1074: «Publicum censetur impedimentum, quod probari in foro externo potest; secus est occultum».

[53] U. NAVARRETE, *De convalidatione*, 71: «verba "ab utraque parte" ponuntur claritatis causa sed possent omitti. Forma enim canonica exigit essentialiter praestatio consensus ab utroque contrahente coram personis iure determinatis».

[54] Cf. A. BERNÁRDEZ CANTÓN, «De matrimonii convalidatione», 1609-1610: «De este modo se resuelve el conflicto que podría entablarse si el matrimonio quedase convalidado en el fuero interno y en el fuero externo llegase a probarse la nulidad del matrimonio».

[55] J. HENDRIKS, *Diritto matrimoniale*, 318. Della stessa opinione anche G. MANTUANO, «Sulle forme di convalida», 751: «In questo caso la nuova celebrazione può avvenire in segreto; la ripetizione del negozio matrimoniale viene considerato causa sufficiente per questo tipo di celebrazione e questo vale maggiormente per il nuovo *Codex*, che tempera il rigore del precedente, richiedendo una causa grave, e non gravissima, per l'autorizzazione ad una tale forma di celebrazione (can. 1130)»; A. BERNÁRDEZ CANTÓN, «De matrimonii convalidatione», 1610: «Ahora bien, puesto que no es el mismo impedimento público que impedimento divulgado y conocido por un sector más o menos amplio de personas, el matrimonio podría ser celebrado en la modalidad de matrimonio secreto o de conciencia (cann. 1131-1133), cuando existan las circunstancias que permitan su autorización. Análogamente, cuando se dieran las cir-

Si effettua quindi un nuovo atto giuridico vero e proprio, tramite il quale le parti rinnovano il loro consenso matrimoniale, esprimente una volontà attuale corrispondente a quella del negozio già concluso, una nuova manifestazione di consenso avente lo stesso oggetto del contratto già stipulato invalidamente.

Riguardo a questo argomento sembra importante insistere sul fatto che entrambi gli pseudoconiugi debbano essere ben preparati ed informati sulla natura di questa *renovatio* e quindi dell'atto giuridico che sono chiamati ad effettuare per convalidare il matrimonio, perché ci si potrebbe trovare nel caso menzionato di una invalida *convalidatio*. È necessario inoltre che nei contraenti non siano sopraggiunti nuovi impedimenti (come l'impotenza) o incapacità (can. 1095).

Finora abbiamo considerato il caso che l'impedimento pubblico sia noto ad entrambi i coniugi, che devono rinnovare il consenso; nel caso invece in cui l'impedimento pubblico dispensabile o cessato, fosse ignorato da entrambe le parti, L. Chiappetta suggerisce che

> si dovranno avvertire con prudenza i coniugi, perché possano rinnovare il consenso nella forma canonica, ma se ragioni di prudenza consigliassero di non rivelare a nessuna delle due parti l'esistenza dell'impedimento, bisognerà ricorrere alla *sanatio in radice*[56],

mentre nel caso in cui l'impedimento pubblico è noto a una parte, quando l'altra lo ignora, J. Hendriks suggerisce che la seconda deve essere informata, perché sia possibile effettuare la rinnovazione nella forma canonica[57]. Se informare la parte ignara fosse causa di grave danno, si potrebbe ricorrere all'istituto della *sanatio in radice*.

---

cunstancias precisas, el nuevo matrimonio podría celebrarse en forma extraordinaria»; P. LOMBARDIA, «Casi speciali», 151

[56] L. CHIAPPETTA, *Il Codice di diritto canonico*, 425.

[57] Cf. J. HENDRIKS, *Diritto matrimoniale*, 317: «Se l'impedimento è pubblico, la rinnovazione del consenso deve avvenire nella forma canonica e perciò da tutte e due le parti: ma se una delle parti non fosse a conoscenza dell'impedimento pubblico ne deve essere normalmente messa al corrente così da rendere possibile la rinnovazione nella forma canonica». Ma se questo fosse causa di grave danno, si potrebbe ricorrere all'istituto della *sanatio in radice*.

2.1.2 Impedimento «*qui probari nequeat*», ma noto ad entrambe le parti (can. 1158§2)

Si tratta del caso in cui un impedimento non è provabile giuridicamente in foro esterno e non può quindi essere esperita la relativa azione di nullità, nè si può dimostrare in giudizio la nullità del matrimonio: il cosiddetto impedimento «occulto» (can. 1074). Le parti però hanno conoscenza certa della nullità o almeno pensano che a causa di un impedimento il loro vincolo sia nullo, ma non hanno elementi di prova. Ovviamente la conoscenza o l'opinione riguarderà sempre impedimenti cessati da soli[58].

La codificazione attuale stabilisce che:

> si impedimentum probari nequeat, satis est ut consensus renovetur privatim et secreto ab utraque parte, si impedimentum sit utrique parti notum (can. 1158§2).

In questo caso quindi i coniugi sanno o pensano che il loro matrimonio sia invalido: non possono però provarlo, né per un'eventuale dichiarazione di nullità, né per una *convalidatio* tramite la *renovatio consensus* in forma canonica: si tratta solo di regolarizzare la situazione nel foro interno, nel *forum conscientiae*, per ottenere un matrimonio valido. Anche qui perché si abbia una valida convalidazione si devono tenere presenti tutte le condizioni per emettere un nuovo e vero atto originante un nuovo vincolo, come si devono considerare altri eventuali impedimenti o incapacità sopraggiunte.

Nel canone si dice che il consenso sia rinnovato «*satis*», (è sufficiente) nella forma privata e segreta; come già visto per U. Navarrete

---

[58] P.M. ANDREINI, *De matrimonio*, 303: «siccome non si può provare, in foro esterno non può essere revocata in dubbio la validità della prima celebrazione, né quindi ricorrere alla forma canonica. Perciò non rimane che quella privata o naturale, senza testimoni qualificati (il parroco) o meno (i due testi). In tal caso si tratterà sempre di impedimenti cessati da soli». Gli impedimenti possono essere l'età, impotenza, ratto della donna, ed anche il vincolo se andassero smarriti o fossero distrutti i documenti del primo matrimonio. A questo proposito T.P. Doyle dice che: «An impediment may be known to one party only and not provable in external forum. Some examples of occult impediments best illustrate the meaning of the law: a) lack of age; if no records or witnesses are available, the party may be aware of the lack of age at the time of marriage, but there is no way to prove it; b) crime in the first degree (can. 1075§1) i.e., adultery with a promise to marry. It is possible but highly improbable that the order two degrees (murder, murder by conspiracy) could be unprovalbe as well; c) abduction, provided the force used to retain the woman has ceased and she remains with the abductor of her own free will» (T.P. DOYLE, «Convalidation», 825).

la parola «*satis*» indica il minimo richiesto ma sufficiente per convalidare il matrimonio. Secondo le parole tuttavia non si prescrive che il consenso sia sempre rinnovato in forma privata o segreta, ma rimane sempre la possibilità di rinnovare il consenso nella forma prescritta dal diritto[59].

Specificatamente rinnovazione «privata e segreta» significa che non ci si deve attenere a nessuna formalità specifica o particolare; per essere «privata» non si esige la forma giuridica sostanziale (né il ministro qualificato, né i due testimoni) e per essere «segreta» bisogna che non ci sia divulgazione. Nel canone non è prescritto il modo in cui possa essere rinnovato il consenso «*privatim et secreto*». Alcuni autori pensano tramite un qualche segno esterno, anche se in modo non notorio, ritenendo insufficiente una rinnovazione meramente interna[60], mentre per altri la forma può essere scelta liberamente e consistere anche in un atto di amore coniugale[61], come per J. Hendriks, il quale afferma che

---

[59] U. NAVARRETE, *De convalidatione*, 73-74: «verbum "satis est" indicat id minimum quod requiritur quidem sed sufficit ad convalidandum matrimonium. Vi verborum, tamen, non praescribitur ut consensus in casu semper privatim et secreto renovetur. Manet per se possibilitas renovandi consensum forma iure praescripta». A. BERNÁRDEZ CANTÓN, «De matrimonii convalidatione», 1611, afferma: «Algún autor indica que es aconsejable verificar la manifestación del consentimiento, en el caso de la renovación bilateral, en presencia de un sacerdote, aunque no esté facultado para asistir a matrimonios, al objeto de asegurar la regular prestación del nuevo consentimiento»; tra questi cita L. BENDER, «Convalidation du mariage», in *DDC* 4, col. 544.

[60] U. NAVARRETE, *De convalidatione*, 73-74: «Si quidem nullus modus determinatus renovandi consensus praescribitur, hic renovari potest quolibet signo externo. Non sufficit renovatio mere interna. Aliquo modo externe manifestanda est. Etsi enim Legislator expresse non requirat renovationem externam consensus, tamen cum in hoc casu renovatio debeat esse reciproca, haec vix concipi potest nisi aliquo modo externe manifestetur».

[61] Cf. A.M. ABATE, *Il matrimonio*, 167; P. LOMBARDIA, «Casi speciali», 139. A. BERNÁRDEZ CANTÓN, «De matrimonii convalidatione», 1610-1611 dice che: «En el primer caso el consentimiento de ambos ha de ser mutuo y recíproco, expresado mediante palabras o signos netamente reveladores de la entrega en calidad de marido y esposa. Como dice Lombardía al respecto "hace falta voluntad interna y manifestación; esta manifestación, al no ir acompañada de la forma de recepción, ni estar condicionada su eficacia por la exigencia de modalidades concretas en la forma de emisión, puede producirse de cualquier modo apto para que la voluntad de cada cónyuge conste claramente al otro: una declaración privada o un comportamiento que dé razón de la existencia de la voluntad matrimonial". Algunos autores entienden que este consentimiento puede ser expresado incluso por medio de la cópula practicada con afecto marital y no como cópula fornicaria (cita Cappello, Gasparri, Miguélez, ecc.)».

la rinnovazione del consenso in forma esclusivamente privata può avvenire anche con le cosiddette «azioni concludenti», cioè: un gesto con cui si vuole esprimere il consenso matrimoniale, come l'unione sessuale compiuta con questa intenzione[62].

Si rende necessario precisare che gli atti coniugali, cioè la copula carnale, non sempre convalidano oggettivamente il matrimonio, in quanto per operare ciò deve sempre essere presente l'intenzione «soggettiva» di rinnovare il consenso: un atto sessuale posto senza questo aspetto, ma con animo «fornicario», non può essere considerato un atto esprimente la rinnovazione del consenso ed effettuante la convalidazione[63].

Come dicevamo prima alcuni autori, come G. Mantuano, affermano che la manifestazione di tale *consensus, privata et secreta,* sembra relegare la vera *convalidatio simplex* al solo foro interno, non avendo nessun valore nel foro esterno, ma espandendo la propria efficacia solo nel foro interno o della coscienza[64]: egli è tra coloro che parlano in molti casi più di nuova celebrazione, che di vera e propria convalidazione. A questo proposito J.M. Gonzáles Del Valle afferma che

la convalidazione semplice si è così trasformata in un istituto di foro interno, la cui unica funzione è tranquillizzare la coscienza di chi giudica

---

[62] J. HENDRIKS, *Diritto matrimoniale,* 317; cf. anche A.M. ABATE, *Il matrimonio,* 167.

[63] «No parece que éste sea el modo adecuado de expresar la voluntad matrimonial puesto que la cópula en sí no es un acto jurídico (aunque sea un acto voluntario, no es una declaración de voluntad) y puesto que la distinción entre afecto conyugal y ánimo fornicario es puramente interna. Objetivamente no hay diferencia entre la cópula practicada después de la desaparición del impedimento y la que haya podido tener lugar durante la vida marital, muchas veces prorrogada de buena fe, y sin que pueda presumirse en ella el ánimo fornicario. Sólo en el caso en que los pseudocónyuges, tras la desaparición del impedimento, acordaran realizar la cópula como signo de su consentimiento matrimonial podría tenerse éste por renovado; análogamente si los pseudo-cónyuges vivieran separados (por ejemplo, para evitar el riesgo de pecado en tanto obtienen la dispensa) y, una vez obtenida la dispensa restablecen la comunidad conyugal o efectúan la cópula, se habría de entender que en estos actos estaba contenida la renovación del consentimiento» (A. BERNÁRDEZ CANTÓN, «De matrimonii convalidatione», 1611).

[64] G. MANTUANO, «Sulle forme di convalida», 742: «La vera convalidatio matrimonii si caratterizza per il fatto che rimane relegata al foro interno e per quei capita nullitatis (defectus consensus, o impedimentum cessato o dispensato), che non possono essere provati in foro esterno; ed in questo caso, la renovatio consensus, essendo la convalida destinata ad consulendum conscientiae, può essere effettuata anche privatim et secreto».

> certamente o con un equivoco che il suo matrimonio sia nullo, però non può provarlo in tribunale [...] Di conseguenza mai è necessaria la pubblicità, né il dare prova che si è effettuata la convalidazione[65],

e F. Posa nota che

> pare cogliere nel vero quella dottrina che restringe l'operatività dell'autentica *convalidatio simplex* al solo foro interno, non senza constatare che, nella circostanza, gli effetti non si producono *ex nunc* (ma sempre *ex tunc*), almeno di fronte alla Chiesa comunità, non nel *forum conscientiae*[66].

Secondo questa teoria quindi la «vera» convalidazione del matrimonio si avrebbe solamente se avviene nel foro interno, solo nei casi in cui la rinnovazione del consenso è richiesta in modo privato e segreto, quando la nullità dipende cioè da un impedimento dirimente occulto (can. 1158§2) o da un vizio di consenso che non possa essere provato (can. 1159§2): negli altri casi si parlerebbe di nuova celebrazione[67].

A nostro avviso questa teoria ha un suo fondamento, dato che formalmente e sostanzialmente la rinnovazione del consenso nella forma canonica è una nuova celebrazione: tuttavia si deve considerare che la situazione di partenza è sempre l'esistenza di un consenso naturalmente sufficiente, che per un ostacolo non ha ottenuto efficacia giuridica: la forma canonica è richiesta esclusivamente per il fatto che si necessita di una convalidazione riscontrabile in foro esterno, essendo pubblica anche l'invalidità matrimoniale. Ora le parti emettono un «nuovo consenso», partendo però da una realtà già esistente di fatto: ecco perché si parla di convalidazione. U. Navarrete dice che questa nuova celebrazione prende il nome di convalidazione solo nel caso si presupponga un

---

[65] «La convalidación simple se ha transformado así en un instituto de fuero interno, cuya única función es tranquilizar la conciencia de quien juzga acertada o equivocadamente que su matrimonio es nulo, pero no puede probarlo ante los tribunales [...] en consecuencia nunca es necesaria la publicidad ni el dejar prueba de que la convalidación se ha efectuado» (J.M. GONZÁLES DEL VALLE, *Derecho canonico matrimonial*, 117-118).

[66] F. POSA, «Note in tema di convalidazione», 240-241.

[67] Vedi sopra cap. V, 1.4. Cf. J. HERVADA, «La convalidazione», 828-829: «Nel can. 1158§1 si considera il caso, non di convalidazione, ma di nuova celebrazione del matrimonio. [...] Il §2 regola alcuni casi di convalidazione semplice [...] Il can. 1159 applica al matrimonio nullo per vizio di consenso le stesse regole del matrimonio nullo per impedimento. Il §2 rappresenta un caso di convalidazione; il §3 suppone una nuova celebrazione».

matrimonio invalido, ma che in essa nulla differisce da una semplice celebrazione[68].

2.1.3 Impedimento «*qui probari nequeat*», ma noto ad una sola delle parti (can. 1158§2)

Si tratta del secondo caso contemplato nel can. 1158§2, dove si dice che:

> si impedimentum probari nequeat, satis est ut consensus renovetur privatim et secreto, et quidem a parte impedimenti conscia, dummodo altera in consensu praestito perseveret.

La fattispecie è come quella analizzata nel punto precedente, con la differenza che una sola delle parti è a conoscenza della nullità del proprio matrimonio (per un impedimento cessato naturalmente), ma non può provarla, mentre l'altra parte lo ignora. La soluzione prospettata è identica al caso in cui entrambi siano informati, con la differenza che si applica alla sola parte conscia dell'invalidità.

Il canone prescrive il minimo richiesto e sufficiente per la convalidazione del matrimonio. U. Navarrete non esclude la possibilità che si possa informare anche il coniuge ignaro dell'impedimento ed insieme possano rinnovare il consenso *privatim et in secreto*[69], ma questo non è prescritto e si può fare con prudenza in base alle varie situazioni.

Nel caso che sia più opportuno non rendere noto l'impedimento al coniuge ignaro, il canone stabilisce che l'altro *privatim et secreto* compia la *renovatio consensus*, purché la parte ignara perseveri nel consenso dato, abbia cioè l'intenzione di restare nell'attuale unione, senza che nel frattempo abbia revocato, con un atto positivo contrario della volontà, il consenso iniziale[70]. Fa notare A. Bernárdez Canton che

> la permanenza o perseveranza dell'atto equivale alla volontarietà virtuale di un atto che fu dato in un momento e che, mantenendo i suoi effetti, non

---

[68] U. NAVARRETE, *De convalidatione*, 37: «Haec nova celebratio matrimonii vix meretur nomen convalidationis, nisi quatenus praesupponit existentiam matrimonii invalidi. Ceterum nihil differt a simplice celebratione».

[69] Cf. U. NAVARRETE, *De convalidatione*, 75: «Non excluditur, ut patet, ut alia pars moneatur, et utraque consensum renovet privatim et secreto».

[70] Can. 1107: «Etsi matrimonium invalide ratione impedimenti vel defectus formae initum fuerit, consensus praestitus praesumitur perseverare, donec de eius revocatione constiterit.»

è stato revocato: la continuità della vita coniugale sarà in generale la più chiara espressione della perseveranza del consenso[71].

La revoca del consenso invece dovrebbe essere un atto positivo della volontà contrario al consenso prestato inizialmente e consisterà nella volontà ferma e decisa di smettere di essere coniugato[72].

Sul come emettere questa rinnovazione unilaterale, L. Bender sostiene, contro il dettato del codice, che essa debba essere manifestata ad un sacerdote[73], diversi autori non si pronunciano, mentre altri propugnano che la rinnovazione possa avvenire mediante la semplice pratica della

---

[71] «La permanencia o perseverancia del consentimiento equivale a la voluntariedad virtual de un acto que fue dado en su momento y que, manteniendo sus efectos, no ha sido revocado. La continuidad de la vida conyugal será por lo general la más clara expresión de la perseverancia del consentimiento matrimonial» (A. BERNÁRDEZ CANTÓN, «De matrimonii convalidatione», 1613).

[72] Cf. J. HERVADA, «La revocación», 279-281; F.X. WERNZ – P. VIDAL, *Ius matrimoniale*, 792, n. 656; 805-806, n. 666; G. MONTINI, «La convalidazione del matrimonio», 201: «La prova della perseveranza del consenso è facilitata da alcune presunzioni. Anzitutto "si aliquando consensus adfuit, ipse perseverare praesumitur, dudum eiusdem revocatio, sicut quodlibet factum, probari debet (coram Fiore, 15 giugno 1964, n.3, 479). La revocazione del consenso inoltre per essere efficace deve essere uguale e contraria all'atto stesso di volontà del consenso». L'autore fa un elenco di ciò che non si può considerare revoca del consenso. Interessante anche ciò che dice A. Bernárdez Cantón: «Este acto positivo de voluntad debe ser probado como modo de destruir la presunción iuris tantum del canon últimamente citado. No sólo tiene lugar cuando se expresa de un modo expreso y categórico el ánimo de tener por cancelado el vínculo matrimonial o los derechos y deberes inherentes al mismo, sino también mediante actos o conductas claramente contradictorias con la aceptación del estado conyugal y con las cuales el sujeto hace cuanto está de su parte por dejar de ser cónyuge. No es suficiente en cambio la revocación interpretativa o presunta que se daría cuando se tuviera la sospecha, incluso la certeza, de que la parte que consintió no estaría dispuesta a renovar el consentimiento o que estaría pronta a revocarlo positivamente si tuviera conocimiento de la nulidad del matrimonio y de la posibilidad de ser declarado libre de las obligaciones matrimoniales. La doctrina se ha preocupado de valorar la significación revocatoria de determinadas actitudes propias de situaciones matrimoniales conflictivas. Así por ejemplo, la separación legal, especialmente si existe justa causa, no implica de suyo revocación del consentimiento, puesto que no extingue el vínculo y los cónyuges pueden acudir a ella cuando lo posibilite una justa causa. En cambio la ruptura unilateral y arbitraria de la comunidad conyugal (abandono malicioso), sobre todo si va seguida la instauración de una convivencia pseudomarital, suele ser indicativa de revocación. Análogamente la petición del divorcio civil y, con mayor motivo, la subsiguiente celebración de un matrimonio civil, es signo inequívoco de revocación» (A. BERNÁRDEZ CANTÓN, «De matrimonii convalidatione», 1613-1614).

[73] L. BENDER, «Convalidation du mariage», col. 544.

copula coniugale, fatta con affetto maritale[74]. Anche U. Navarrete osserva che

> basta la rinnovazione implicita tramite la copula o gli altri obblighi coniugali, posti con affetto maritale. Anzi in questo caso è sufficiente una rinnovazione del consenso meramente interna [...] una tale rinnovazione può avvenire nella stessa confessione, in cui forse l'impedimento viene scoperto; per la sicurezza della convalidazione il confessore può richiedere la rinnovazione del consenso utilizzando un'interrogazione simile a quella che è usata nella celebrazione del matrimonio[75].

La rinnovazione del consenso in questa fattispecie è certamente quella che presenta maggiori difficoltà, sia per le modalità, sia perché possono crearsi dei conflitti tra foro interno e foro esterno.

La radice del problema risale al fatto che il *CIC* del '17 tolse l'obbligo di informare la parte ignara della nullità del matrimonio. Fa notare A. Bernárdez Cantón, rifacendosi a P. Lombardia[76], che pare vi sia un'incongruenza tra un consenso che deve essere rinnovato, che deve essere esternato (perché si possa avere un vero atto giuridico), ma che però non deve essere manifestato a nessuno[77]. Per la modalità in cui può avvenire questo rinnovo unilaterale egli prospetta due soluzioni: in

---

[74] Tra questi cf. F. Cappello, *De Matrimonio*, 783, n. 845; P. Gasparri, *De matrimonio*, 257, n. 1199; J. Hendriks, *Diritto matrimoniale*, 319; L. Miguélez, «El matrimonio», 726.

[75] Cf. U. Navarrete, *De convalidatione*, 75: «sufficit renovatio implicita in copula vel aliis officiis coniugalibus affectu maritali positis. Immo in hoc casu sufficit renovatio consensus mere interna [...] talis renovatio fieri poterit in ipsa confessione, in qua forte impedimentum detegitur; securitatis causa, confessarius potest exquirere consensus renovationem adhibendo similem interrogationem ac quae adhibetur in celebratione matrimonii».

[76] P. Lombardia, «Casi speciali», 153 sostiene che: «Bastando un atto unilaterale "privato e segreto", non solo è assente la forma di recezione, ma si può anche parlare di forma di emissione solamente in un modo troppo teorico. In realtà si tratta della necessità che la parte che deve rinnovare il consenso, s'impegni di fronte alla propria coscienza ed esteriorizzi in qualche modo la propria volontà matrimoniale, dato che si tratta di un atto giuridico. Tale esteriorizzazione, se si considera come non abbia alcun senso esigerla perché sia percepita dallo stesso soggetto che realizza l'atto di volontà, non può non consistere che in un comportamento coniugale congruente col superamento dell'iniziale difetto di consenso».

[77] Cf. A. Bernardez Canton, «De matrimonii convalidatione», 1612. A noi non pare che in generale (per avere un atto giuridico) e nel caso in esame sia necessario che questa rinnovazione debba essere recepita nel foro esterno e debba in qualche modo essere esternata. Il canone non richiede che l'altra parte o qualcuno recepisca la rinnovazione, ma che questa sia «privata e segreta».

una, la parte conscia potrà manifestare all'altra parte la sua rinnovazione, in qualche forma rivelatrice del suo animo matrimoniale, anche senza che essa sia in grado di interpretarla come una rinnovazione; nell'altra, auspica che vi sia una sorta di attenuazione dell'esigenza per diritto ecclesiastico della rinnovazione del consenso[78].

Ci sentiamo di sostenere l'opinione di P. Moneta:

> Il problema della nullità del matrimonio e della sua eventuale convalidazione in caso di vizio occulto si pone soltanto nell'ambito della coscienza di ciascuno dei due coniugi e ciò rende inutile ricercare o precisare come debba essere rilevata la loro eventuale volontà diretta a rinnovare il consenso[79].

Per i conflitti tra foro interno ed esterno in questo caso, la posizione di P. Steczkowski opera una soluzione, distinguendo tra la situazione «*attuale*» e la situazione «*assoluta*», in riferimento alla provabilità o meno dell'impedimento.

Egli afferma che in questi casi di convalidazione del matrimonio, non è facile interpretare e applicare la formula «*si impedimentum (defectus consensus) probari nequeat*» (cann. 1158§2; 1159§2); per questo egli prospetta una soluzione tramite il fattore del «tempo».

Non essendo foro interno e foro esterno due ambiti totalmente separati, se l'impedimento o il difetto di consenso si considerano «attualmente» (qui ed ora) è possibile un conflitto tra i due fori, perché non è provabile qui ed ora, ma potrebbe esserlo in futuro. Se invece si consi-

---

[78] Cf. A. BERNÁRDEZ CANTÓN, «De matrimonii convalidatione», 1612: «Para acometer un intento de solución podemos acudir a dos conductos: 1) Puesto que el destinatario del consentimiento matrimonial es el otro contrayente y éste no tiene que ser notificado de la convalidación, la parte que renueva el consentimiento, caso de que no sea conveniente notificarlo de palabra, podría exteriorizar su consentimiento interno de cualquier forma reveladora de su ánimo matrimonial, aunque la otra parte no esté en condiciones de interpretarlo como tal renovación. Un ejemplo podría ser el intercambio de los anillos nupciales, con cualquier pretexto, o la especial conmenioración del aniversario de bodas. Por supuesto que también podría ser válido a estos efectos, el caso ya señalado de la reconciliación tras un período de distanciamiento o separación. 2) Dadas las singularidades del caso, también podría pensarse que el legislador, en este punto, habría brindado una particular forma de convalidación para el fuero interno o de la conciencia y conectando con la natural suficiencia del consentimiento prestado en su día y su natural eficacia una vez desaparecido el impedimento, habría atenuado la exigencia por derecho eclesiástico de la renovación del consentimiento, contentándose con que ésta se produzca con un acto de voluntad interior sin otra manifestación».

[79] P. MONETA, *Il matrimonio*, 219.

derano questi due aspetti in modo «assoluto» (cioè mai è possibile la prova), il conflitto viene sostanzialmente quasi evitato, e la norma stessa perde il suo significato in quanto potrebbe essere applicata molto raramente, o quasi mai.

L'autore sostiene che togliendo la possibilità di rinnovare il consenso «*privatim et secreto*» si otterrebbe una normativa più chiara e più sicura[80].

Per concludere, anche in questa fattispecie per poter applicare la convalidazione, si devono tenere presenti tutte le condizioni suddette per una valida *convalidatio* (non esclusione dei fini, *bona* e proprietà del matrimonio), come si dovranno considerare anche eventuali impedimenti o incapacità sopraggiunte[81].

2.1.4 Nullità per impedimento «*qui probari nequeat*», ma ignoto alle parti

Come possiamo notare, dal testo il codice dell'83 non contempla esplicitamente l'ipotesi di un impedimento che non si può provare (occulto) che risulti ignoto ad entrambe le parti, che però sia noto ad altri: potrebbe infatti essere scoperto da un parroco, dall'Ordinario o da un'altra persona.

È necessario dire che la scoperta da parte di altri di un impedimento, comporterebbe per lo più l'esistenza di prove o di testimoni: ciò renderebbe pubblico l'impedimento fino ad allora occulto, perché potrebbe essere provato e si andrebbe a cadere così nel primo caso.

Può darsi però, per esempio, che un parroco venga a sapere da altri, in confessione di un impedimento riguardante un matrimonio: la persona ha confessato una cosa e solo egli si è reso conto che il matrimonio di due altre persone è nullo: questa cosa non può però essere provata a causa per es. di una falsificazione di documenti. Egli avendo conosciu-

---

[80] Cf. P. STECZKOWSKI, *Il conflitto tra foro interno ed esterno*, 79-80. Alcune pagine prima, l'autore afferma anche che: «Altro campo dove il Codice fa riferimento in modo diretto al foro interno è la normativa riguardante la convalidazione del matrimonio. In questa materia il foro interno può essere utilizzato sia nei casi della convalidazione semplice, sia nei casi della sanazione in radice. Ma in questi casi non si può parlare di conflitto fra foro interno e foro esterno causato dalle norme meramente ecclesiastiche, in quanto matrimoni che dovrebbero essere convalidati sono riconosciuti nel foro esterno come validi. Quindi la convalidazione, anche quella fatta per foro interno, non può provocare il conflitto. Anzi, in questo modo si elimina il conflitto, dato che il matrimonio convalidato era visto nel foro esterno come valido» (*Ibidem*, 48).
[81] Cf. G. MONTINI, «La convalidazione del matrimonio», 199.

to in foro interno non può esibire in foro esterno ciò che ha scoperto: l'impedimento pertanto rimarrebbe occulto, ma il matrimonio risulterebbe nullo. Come comportarsi quindi per risolvere questa situazione?

Gli autori, a parte U. Navarrete che ne fa un accenno[82], non affrontano il caso che in sè appare molto complicato. Come abbiamo già accennato è necessario usare molta prudenza, soprattutto per non ledere la buona fama e non creare falsi allarmismi; se infatti la rivelazione dell'impedimento dispensabile o cessato e, quindi dell'invalidità del vincolo, potrebbe arrecare danno all'unione coniugale, sarebbe bene ricorrere alla *sanatio in radice*, mentre nel caso in cui questo rischio non sussiste per la presenza di un solido legame consensuale, allora si potrebbe arrivare alla *renovatio consensus*, informando le parti; nel caso invece in cui l'impedimento non sia dispensabile o non sia cessato naturalmente, si può sempre ricorrere alla *dissimulatio matrimonii*.

In tutti e tre i casi l'operatore pastorale a conoscenza dell'impedimento occulto, è bene che verifichi la perseveranza del consenso matrimoniale; in seguito decida se avvertire le parti o una parte, e richiedere la rinnovazione oppure se applicare la *sanatio in radice*.

2.2 *Convalidazione del matrimonio nullo per mancanza della forma canonica (can. 1160)*

Nel caso di nullità del matrimonio per vizio della forma canonica, possiamo considerare questa fattispecie secondo due distinzioni, che il codice non opera, ma lo fanno gli autori: difetto sostanziale di forma nel matrimonio celebrato già nella forma canonica e totale mancanza della forma canonica stessa[83].

2.2.1 Convalidazione del matrimonio già celebrato con la forma canonica

Come accennavamo in precedenza, per i battezzati nella Chiesa cattolica a norma del can. 1108 sono validi soltanto quei matrimoni:

---

[82] Cf. U. NAVARRETE, *De convalidatione*, 76: «Canon non contemplatur hypotesim impedimenti occulti et utrique parti ignoti. Si occurrat, ut possibile est, sufficit ut alterutra pars moneatur et consensum renovet ad normam in can. 1135§3 statutam. Si tamen hoc fieri nequeat, recurratur ad sanationem in radice, potius quam ad dissimulationem, dummodo constet de perseverantia consensus naturaliter sufficientis».

[83] Cf. P. GASPARRI, *De matrimonio*, 101-102, nn. 926-930; U. NAVARRETE, *De convalidatione*, 3; T.P. DOYLE, «Convalidation», 826: «A marriage may be invalid due to defect of form in two ways: total lack of form and lack of substantial form»; L.A. BOGDAN, «Simple Convalidation», 521-526.

quae contrahuntur coram loci Ordinario aut parocho aut sacerdote vel diacono ab alterutro delegato qui assistant, necnon coram duobus testibus, salvis exceptionibus de quibus in cann. 144, 1112§1, 1116 et 1127§§2-3[84]

e che la forma canonica qui sopra stabilita deve essere osservata

si saltem alterutra pars matrimonium contrahentium in Ecclesia catholica baptizata vel in eandem recepta sit neque actu formali ab ea defecerit, salvis praescriptis can. 1127§2 (can. 1117)[85].

Nel caso quindi in cui si avesse un difetto di forma nell'avvenuta celebrazione o perché era carente di uno dei requisiti per la validità, come la mancanza ordinaria o delegata di facoltà nel ministro assistente (anche se non si deve dimenticare il principio dell'errore comune *de iure o de facto* e l'applicazione a norma del can.144, del *supplet Ecclesia* per favorire l'istituto matrimoniale), un errore nella procedura (nel chiedere e nel ricevere il consenso), l'assenza dei testimoni, l'invalida o inesistente delega ad un procuratore nel caso di matrimonio per procura, la codificazione attuale stabilisce che

matrimonium nullum ob defectum formae, ut validum fiat, *contrahi denuo* debet forma canonica, salvo praescripto can. 1127§2 (can. 1160).

Abbiamo già visto che alcuni autori non considerano questa fattispecie come una convalidazione, trattandosi per loro di una vera e propria nuova celebrazione del matrimonio[86].

---

[84] È necessario ricordare che per «assistens matrimonio intellegitur tantum qui praesens exquirit manifestationem contrahentium consensus eamque nomine Ecclesiae recipit» (can. 1108§2).

[85] Riguardo alla natura di questo abbandono con atto formale con cui si abbandona la Chiesa cattolica, che non obbliga più alla forma canonica, gli autori concordemente ritengono che per atto formale debba intendersi non solo un comportamento non conforme con la pratica religiosa, ma una dichiarazione aperta davanti alla comunità di non appartenere più alla Chiesa cattolica, con un atto implicito, come l'iscrizione ad un'altra comunità (o setta) religiosa più o meno incompatibile con la natura della Chiesa, o con un atto esplicito, come una dichiarazione scritta alla competente Autorità della Chiesa. Tra questi A. TANASINI, «Forma del matrimonio», 135 sostiene che: «occorre un qualche atto specifico esterno che manifesti positivamente la volontà di abbandonare la Chiesa cattolica come tale». Cf. anche R. NAVARRO-VALLS, «Comentario al can. 1117», 1468 e soprattutto R. RODRÍGUEZ CHACÓN, «El acto formal de apartamiento», 557-591.

[86] Vedi punto 1.4. cf. G. MANTUANO, «Sulle forme di convalida», 753; A. BERNÁRDEZ CANTÓN, «De matrimonii convalidatione», 1610; J. HERVADA, «La convalidazione», 826.

Il *defectus formae*, divulgato o no, risulta essere un difetto essenzialmente pubblico, dimostrabile cioè in foro esterno, anche se fosse ignoto alle parti; di conseguenza se si vuole applicare la convalidazione semplice, la *renovatio consensus* non può essere effettuata che nella forma canonica; in sostanza il matrimonio deve essere contratto nuovamente, eccettuato il caso relativo alla dispensa nei matrimoni misti[87].

Non è superfluo aggiungere che anche per questo caso si devono tenere presenti tutti gli elementi necessari per emettere un nuovo atto di consenso matrimoniale, il discorso riguardo gli impedimenti, le eventuali incapacità sopraggiunte per non correre il rischio di un'invalida *convalidatio*.

Non si deve dimenticare inoltre che al momento della celebrazione del primo matrimonio risultato poi nullo per vizio di forma (per es. per mancanza di delega o potestà), i due contraenti, essendosi scambiati un vero consenso matrimoniale, che come sappiamo è *causa efficiens* del vincolo matrimoniale, hanno posto un atto invalido, ma esistente. Di conseguenza per applicare la convalidazione è necessario considerare le varie situazioni, al fine di ottenere il maggior bene dei due pseudoconiugi; nel caso infatti in cui il difetto di forma fosse noto solo all'Ordinario del luogo, al parroco o al ministro assistente, e particolari circostanze impedissero di manifestare il fatto ai coniugi putativi (per non turbare la pace coniugale), se il consenso continua, è opportuno ricorrere o all'applicazione della supplenza di giurisdizione, per errore comune, o alla *sanatio in radice*[88].

Se invece il difetto di forma fosse noto anche agli sposi, si proponga a questi la *renovatio* nella forma canonica del can. 1108, sempre che perseverino nel consenso dato, che siano favorevoli a compiere questo atto e che non si corra il rischio di ledere la loro buona fama: altrimenti si ricorra anche in questo caso o alla celebrazione in forma segreta o alla *sanatio in radice*. U. Navarrete asserisce che «se il difetto è divulgato, anche la convalidazione sia divulgata», se per caso non ci fosse una

---

[87] Cf. A.M. ABATE, *Il matrimonio*, 178: «Comunque sia stato il difetto di forma, è sempre richiesto che il consenso venga rinnovato da ambedue gli sposi nella forma canonica prescritta o permessa nella presente fattispecie. La carenza della forma canonica è un fatto che può sempre essere provato giuridicamente, anche se ignota alle parti o ad altri»; G. MONTINI, «La convalidazione del matrimonio», 199; P. BIANCHI, *Quando il matrimonio*, 284; J. HENDRIKS, *Diritto matrimoniale*, 320.

[88] L. CHIAPPETTA, *Il Codice di diritto canonico*, 427; J. MANZANARES, «La revalidación», 541-542; J. PÉREZ DE HEREDIA Y VALLE, «De la convalidación simple», 528a.

rinnovazione in forma pubblica; ma continua dicendo che «se il difetto non fosse divulgato la convalidazione sia segreta, davanti al solo sacerdote e ai due testimoni»[89].

2.2.2 Convalidazione del matrimonio celebrato senza forma canonica

Diverso invece è il caso di mancanza di forma canonica perché la celebrazione è stata omessa del tutto, con la scelta arbitraria e libera di un'altra forma pubblica, valida nella legislazione civile o nella cultura locale (il caso quindi di un matrimonio attentato), mentre si era tenuti alla forma canonica come battezzati, oppure si è celebrato un matrimonio in una forma religiosa acattolica.

Parimenti alla precedente, anche in questa situazione, nonostante la differente fattispecie non specificata dal codice, per convalidare il matrimonio si deve ricorrere alla forma canonica mai utilizzata.

Anche in questi casi si potrebbe applicare la *sanatio in radice*, ma si deve verificare bene che ci sia la radice da sanare[90]; infatti la celebrazione nel passato di un matrimonio in tali forme (anche quello civile), potrebbe nascondere un difetto di consenso, in quanto questa scelta potrebbe essere stata fatta a causa p. es. di un'esclusione, con atto positivo della volontà, della sacramentalità del matrimonio, dell'indissolubilità di esso in un paese divorzista o dell'unità del vincolo, o di un altro elemento essenziale, cosa che comporta un altro *caput nullitatis*, con la conseguente necessità di prestare nuovamente il consenso nella forma canonica.

La già citata *coram Funghini*, afferma che dire che il matrimonio civile per la Chiesa è inesistente, è forte tanto quanto dire che può essere sanato in radice, quando si è stabilito un affetto maritale e persevera il consenso[91], e conclude dicendo che «non si comprende come possa es-

---

[89] U. NAVARRETE, *De convalidatione*, 85: «si defectus fuit divulgatus, etiam convalidatio divulgetur [...] si defectus non fuit divulgatus, convalidatio fiat secreto coram solis sacerdote et duobus testibus».

[90] F. BERSINI, *Il diritto*, 242: «Il matrimonio civile in linea di principio può essere sanato in radice se in esso è stato prestato un consenso che comprenda tutti i requisiti richiesti dalla struttura dell'atto consensuale matrimoniale».

[91] Coram Funghini, 30 giugno 1988, in *RRD* 80 (1988) 442: «Quibus attentis absolute loqui de matrimonio civili uti inexistenti pro Ecclesia arduum videtur eo vel magis quod idem, dummodo initum fuerit affectu maritali et consensus sub specie extrinseca iusti matrimonii datus perseveret, iuxta canonem 1139§1 (CIC '17), sanari potest in radice».

sere sanato in radice un matrimonio inesistente e come il medesimo matrimonio non si possa convalidare»[92].

A commento della sentenza fa notare A. Bernárdez Cantón che «in realtà in questi casi si arriva ad una conclusione pacificamente mantenuta dalla dottrina e dalla prassi canonica: coloro che hanno contratto matrimonio civile possono e debbono contrarre matrimonio canonico se sono obbligati a questo (che si chiami convalidazione o nuova celebrazione)»[93], una celebrazione un cui si deve prestare un vero consenso matrimoniale; altri autori, tra cui J. Hendriks non escludono invece la possibilità di una sanazione in radice[94] perché considerano il matrimonio civile «esistente», nella misura in cui è presente un consenso natu-

---

[92] «Nunc autem, nisi lis de verbis fiat, haud intelligitur quomodo inexistens matrimonium sanari possit in radice et quomodo idem matrimonium, ob defectum formae, sanari possit in radice, minime vero convalidari» (coram Funghini, 30 giugno 1988, in *RRD* 80 (1988) 443).

[93] A. BERNÁRDEZ CANTÓN, «De matrimonii convalidatione», 1620-1621: «En realidad no hacía falta recorrer la larga argumentación que emplea esta sentencia para llegar a una conclusión pacíficamente mantenida por la doctrina y la praxis canonica: quienes han contraído matrimonio civil pueden y deben contraer matrimonio canónico si están obligados a éste (se llame a esto convalidación o nueva celebración)». Considera il matrimonio civile inesistente anche A.C. JEMOLO, *Il matrimonio*, 404.

[94] J. HENDRIKS, *Diritto matrimoniale*, 321-322: «Vari autori sono convinti che un semplice matrimonio civile non debba essere considerato matrimonio invalido ma *matrimonium inexistens* (inesistente), per cui stabiliscono che una convalidazione semplice del matrimonio non è necessaria, perché si può parlare di convalidazione soltanto quando sia avvenuta una conclusione del matrimonio che sembrasse valida, ma che in effetti era invalida. Altri autori ritengono invece la convalidazione sufficiente qualora si sia in qualche modo verificato un matrimonio, come ad esempio il semplice matrimonio civile. Ciò è in armonia con quanto Giovanni Paolo II asserisce nell'Esortazione apostolica *Familiaris consortio*, n. 82, su cattolici che si sposano soltanto civilmente: "La loro situazione non può equipararsi senz'altro a quella dei semplici conviventi senza alcun vincolo, in quanto vi si riscontra almeno un certo impegno a un preciso e probabilmente stabile stato di vita, anche se spesso non è estranea a questo passo la prospettiva di un eventuale divorzio. Ricercando il pubblico riconoscimento del vincolo da parte dello stato, tali coppie mostrano di essere disposte ad assumersene, con i vantaggi anche gli obblighi. Ciò nonostante, neppure questa situazione è accettabile da parte della Chiesa (*AAS* 74 [1982] 183-184)". Inoltre un matrimonio civile può essere sanato quando si soddisfa alla condizione posta dal can. 1107, si ha cosi un altro motivo per non considerare il matrimonio civile semplicemente come matrimonium inexistens». Cf. Anche F. POSA, «Note in tema di convalidazione», 235-236; G. MONTINI, «La convalidazione del matrimonio», 192; F. Bersini afferma che: «Noi riteniamo che il matrimonio civile non sia considerato nel codice per tutti gli effetti tranne che per la sanazione in radice, quando esistano gli elementi per tale sanazione» (F. BERSINI, *Il diritto*, 243).

ralmente sufficiente, anche se questo è da considerare come un rimedio straordinario a favore della convalidazione semplice.

Anche nel caso in cui un matrimonio canonico venga a convalidare un vincolo matrimoniale religioso acattolico celebrato precedentemente, si deve essere certi che nella seconda celebrazione si presti un vero e proprio consenso matrimoniale, e che il coniuge acattolico non consideri il matrimonio canonico come un puro rito senza trascendenza e accetti e doni i diritti coniugali solo nella celebrazione religiosa della confessione che professa[95].

3. Modalità della «prestazione» del consenso

Abbiamo già evidenziato come in caso di nullità per vizio di consenso, il Codice richieda non la rinnovazione del consenso, ma la sua *«prestazione»*, necessaria *iure naturali* per la convalidazione del matrimonio, in quanto è mancato un consenso naturalmente sufficiente. Per diversi autori questo è il vero caso di convalidazione (soprattutto quando ci si riferisce al solo foro interno)[96], perché l'emissione del nuovo consenso opera sopra l'esistenza di un'apparenza di matrimonio correttamente celebrato, che risulta venire all'esistenza tramite questo atto[97].

Come per il vincolo matrimoniale nel suo sorgere, abbiamo visto che il *consensus mutuus partium legitime manifestatus* è da considerarsi la causa efficiente, così in questo caso il consenso «prestato» è da consi-

---

[95] Cf. A. BERNÁRDEZ CANTÓN, «De matrimonii convalidatione», 1622: «Análogas consideraciones merece la hipótesis de que el matrimonio canónico venga a revalidar un matrimonio religioso acatólico celebrado con anterioridad (que como es sabido sería nulo, salvo que se hubiese dispensado la forma canónica a tenor del can. 1127§2). El CIC prohíbe que antes o después de la celebración canónica tenga lugar otra ceremonia religiosa acatólica para prestar o renovar el consentimiento matrimonial (can. 1127§3) y, aunque este precepto no comporta directamente, según creemos, la nulidad del matrimonio canónico sino la ilicitud de la ceremonia acatólica prohibida, sin embargo previene el riesgo de que en la celebración canónica no se preste verdadero consentimiento, como entrega y aceptación de los derechos conyugales, o que cada uno de los esposos preste el consentimiento en la ceremonia de su respectiva confesión. En efecto, puede ocurrir que el acatólico considere el matrimonio canónico como un puro rito sin trascendencia y sólo acepte la entrega de los derechos conyugales en la celebración religiosa de la confesión que profesa».

[96] G. MANTUANO, «Sulle forme di convalida», 753; F. POSA, «Note in tema di convalidazione», 240; A. BERNÁRDEZ CANTÓN, «De matrimonii convalidatione», 1615.

[97] La convalidazione semplice per vizio di consenso è ben analizzata, anche storicamente da K.R. HENNES, *Die einfache Gültigmachung*, 105-139.

derarsi *causa efficiens matrimonium convalidatum*[98]; è necessario però che il consenso sia «prestato» eliminata o cessata la causa che ne aveva determinato la mancanza o il vizio.

Analizzando ora le specificazioni presenti nel codice dell'83, notiamo che il can. 1159 è diviso in tre paragrafi come il can. 1136 del codice del 1917, anche se come vedremo i due canoni presentano alcune differenze.

3.1 *Il can. 1159: matrimonio nullo per difetto di consenso*

3.1.1 Il soggetto della prestazione del consenso (§1)

Il codice dell'83 affermando nel can. 1159§1 che:

> matrimonium irritum ob defectum consensus convalidatur, si pars quae non consenserat, iam consentiat, dummodo consensus ab altera parte praestitus perseveret

non muta in pratica ciò che era stabilito nel codice precedente: è necessario che la parte che non prestò un vero consenso (per simulazione totale, parziale o per un'incapacità sancita dal can. 1095[99]), lo presti nuovamente. Il soggetto quindi della prestazione del consenso, che opera la convalidazione del matrimonio invalido è colui che al momento della prima celebrazione, non aveva emesso un consenso naturalmente sufficiente[100] e che ora ha la *scientia nullitatis*, ha cioè la consapevo-

---

[98] U. NAVARRETE, *De convalidatione*, 23: «Causa efficiens matrimonii convalidati non potest esse alia quam illa quae est causa efficiens unica et adaequata matrimonii, nempe consensus partium qui a nulla humana potestate suppleri potest» (vedi nel codice dell'83, can. 1057§1).

[99] Ci sarà mancanza di consenso in caso di incapacità naturale, problemi mentali, mancanza di libertà interna, simulazione totale, ignoranza nella sostanza del matrimonio, errore sopra l'identità della persona o condizione non adempiuta. Si avrà difetto di consenso in caso di simulazione parziale, timore, dolo e errore sopra una qualità intesa direttamente e principalmente (cann. 1095-1105). Cf. V. DE PAOLIS, «I matrimoni misti», 151: «Come ogni atto umano, esso si compone di un duplice elemento essenziale: quello conoscitivo e quello volitivo. Qualora manchi uno o l'altro non esiste il consenso matrimoniale. L'ordinamento canonico regola questo duplice aspetto, considerando ciò che influisce sull'elemento conoscitivo (ignoranza, errore, opinione, dolo) e su quello volitivo (timore, condizione, atto positivo di volontà contro i beni, i fini e le proprietà essenziali del matrimonio)».

[100] Cf. J.J. O' ROURKE, «Considerations», 389: «1917 *CIC* canon 1136§1 is repeated in 1983 *CIC* canon 1159§1. A party whose original consent was defective must renew the consent absolutely. [...] A party whose defect of consent is known only to the party effects marriage by consenting absolutely to the marriage»;

lezza o almeno la soggettiva convinzione[101] di aver prestato un consenso viziato, perché si possa prestare un vero consenso matrimoniale, tramite un nuovo atto della volontà[102].

Il nuovo consenso deve avere in sè tutti i requisiti di un consenso veramente matrimoniale, siano sparite cioè tutte le cause che motivarono la nullità matrimoniale e non ne siano sopraggiunte altre: deve essere scomparsa, p. es. l'incapacità psicologica a contrarre, deve essere superata l'ignoranza sopra la sostanza o l'errore sopra l'identità della persona, deve essere cessata la violenza, il dolo e qualsiasi altro vizio[103].

Se il difetto era stato in una sola parte, solo essa deve emettere nuovamente il consenso e il matrimonio si convalida a condizione (*dummodo*) che perseveri il consenso dell'altra parte, prestato validamente (non sia stato quindi revocato – cf. can. 1107)[104]. Appare ovvio che nel caso in cui questo difetto fosse stato presente in entrambe le parti, il consenso deve essere prestato nuovamente da tutte e due.

Sono soggetti a questa legge non solo i battezzati nella Chiesa cattolica, ma anche i non cattolici, in quanto il consenso è esigito dal diritto naturale[105].

Con la determinazione giuridica di questo canone, viene ulteriormente ribadita la necessità di un intervento positivo da parte di chi simulò il consenso, senza che il decorso del tempo o la prolungazione della vita coniugale, intesi come una tacita rinnovazione o eliminazione del vizio di consenso, possa operare una convalidazione *ipso iure* del vincolo invalido.

T.P. DOYLE, «Convalidation», 825; J. PEREZ LLANTADA – C. MAGAZ SANGRO, *Derecho canonico*, 302; A. BERNÁRDEZ CANTÓN, «De matrimonii convalidatione», 1616.

[101] Cf. P. MONETA, *Il matrimonio*, 217.

[102] Cf. T.P. DOYLE, «Convalidation», 826; U. NAVARRETE, *De convalidatione*, 78; A. SERIAUX, *Droit canonique*, 608-609.

[103] Cf. P. BIANCHI, *Quando il matrimonio*, 282; G. MONTINI, «La convalidazione del matrimonio», 199.

[104] Cf. J. VERNAY, «La convalidation du mariage», 358; P. MONETA, *Il matrimonio*, 218; A. BERNÁRDEZ CANTÓN, «De matrimonii convalidatione», 1616.

[105] Cf. J. HENDRIKS, *Diritto matrimoniale*, 319; L.A. BOGDAN, «Simple Convalidation», 527-528.

3.1.2 Le modalità di «prestazione» del consenso: «*si defectus consensus probari nequeat*» (§2) e «*si defectus consensus probari potest*» (§3)

Stabilito il soggetto tenuto alla prestazione del consenso, analizziamo ora le modalità della prestazione del consenso previste dal codice, in base alla diversità di situazione. Il can. 1159 dice che:

> §2. Si defectus consensus probari nequeat, satis est ut pars, quae non consenserat, privatim et secreto consensum praestet. §3. Si defectus consensus probari potest, necesse est ut consensus forma canonica praestetur.

Prima di commentare la legislazione attuale, bisogna far notare due cose del *CIC* del '17: nel can. 1137§§2-3 si parlava di «*interius consentiat*» e si operava la distinzione tra *defectus consensus mere internus* e *defectus consensus externus*[106], distinzione non presente nel *CIC*/ '83.

Per il primo aspetto la sostanza della legge non cambia, e l'*interius consentiat* del codice del '17 diviene ora *privatim et secreto consensum praestet*: un cambiamento solo terminologico[107].

Riguardo al difetto *mere internus*, U. Navarrete afferma che «si ha difetto di consenso meramente interno, se il difetto non sia stato manifestato esteriormente, sia alla comparte che a nessun altro, né durante la celebrazione, né fuori da essa» e che questo è potuto avvenire sia in una sola parte che in entrambe. Come soluzione, rifacendosi al can. 1136§2, egli prospetta che

> un difetto di consenso di questo tipo, in qualsiasi modo sia stato posto, in maniera meramente intera, considerato sia il diritto naturale che il diritto positivo della Chiesa, può essere dato tramite un vero atto della volontà meramente interno che sia un vero consenso matrimoniale e se entrambe le parti internamente simularono, è sufficiente che entrambe le parti internamente prestino il consenso[108].

---

106 Can. 1137/'17: «§2. Si defectus consensus fuerit mere internus, satis est ut pars quae non consenserat, interius consentiat. §3. Si fuerit etiam externus, necesse est consensum etiam exterius manifestare, vel forma iure praescripta, si defectus fuerit publicus, vel alio modo privato et secreto, si fuerit occultus».

107 Cf. J.J. O' ROURKE, «Considerations», 389: «1917 *CIC* canon 1136§1 is repeated in 1983 *CIC* canon 1159§1[...]. The substance of the law in the second section of the respective canons is the same; there is some change in the wording. The old law's "*interius consenstiat*" becomes in the new law "*privatim et secreto consensum praestet*"».

108 U. NAVARRETE, *De convalidatione*, 80: «Habetur defectus mere internus consensus, si neque celebratione matrimonii neque extra quocumque modo sive comparti

CAP. V: LA *RENOVATIO CONSENSUS* NEL *CIC* '83

Per quanto riguarda il *defectus consensus externus* il codice del '17 lo distingue in *publicus et occultus*. Ovviamente per *externus* si intende l'opposto di *internus*, quando cioè questa carenza di consenso fu manifestata esternamente e non fu fatta solamente nel proprio animo.

Se quindi il difetto di consenso fu esterno e pubblico, possa cioè essere provato giuridicamente anche tramite testimonianze di persone o di fatti, il codice del '17 afferma che «*necesse est consensum manifestare forma iure praescripta*» (can. 1136§3), e U. Navarrete completa dicendo «nella forma prescritta dal diritto, sia ordinaria che straordinaria, sotto pena della nullità della convalidazione»[109]. Nel caso invece di un difetto esterno ma occulto, che cioè non può essere provato giuridicamente, né con eventuali testimoni che potrebbero essere morti, né con i fatti, il can. 1136§3 stabilisce che «*necesse est et sufficit consensum manifestare quolibet modo externo, etiam privato et secreto*», in una forma quindi esterna, non però pubblica, sia per una sola, che per entrambe le parti[110].

Ho ritenuto necessario riconsiderare la codificazione precedente, perché come si diceva prima, quella attuale cambia solo nella terminologia e nella classificazione del *defectus consensus*.

---

sive aliis defectus externe manifestatus est. Huiusmodi defectus consensus, quemadmodum mere interne positus est, ita etiam, attento tum iure naturali tum iure positivo Ecclesiae, auferri potest per actum mere internum voluntatis verum consensum matrimonialem elicientis et si utraque pars mere interne consensum simulavit, sufficit ut utraque pars mere interne consensum praestet».

[109] «In forma iure praescripta sive ordinaria, sive extraordinaria et quidem sub poena nullitatis convalidationis» (U. NAVARRETE, *De convalidatione*, 82).

[110] Cf. U. NAVARRETE, *De convalidatione*, 83-84: «Ecclesia in hoc casu exigit quidem manifestationem externam consensus, non vero publicam, seu in forma praescripta. Sufficit manifestatio privata et secreto facta. Si defectus consensus in una tantum parte adest, sufficit ut haec consensum praestet. Si in utraque parte, utraque consentire debet». Cf. anche N. FARRUGIA, *De Matrimonio*, 491, n. 343; A. BLAT, *De matrimonio*, 697, n. 550; F.X. WERNZ – P. VIDAL, *Ius matrimoniale*, 790, n. 654; G. PAYEN, *De matrimonio*, 876-8771, n. 2561-2564; I. UBACH, *Theologia Moralis*, 630-631, n. 2855. Interessante risulta anche un altro caso evidenziato da Navarrete, quello del *casus occultus*, quando cioè il difetto di consenso è pubblico, può cioè essere provato giuridicamente in foro esterno, ma è *de facto occultus (non divulgatus nec divulgandus)*. L'autore afferma che «si defectus est notus tantum parti quae defectus causa fuit, haud raro, ne turbetur pax coniugalis et bona fides alterius partis, oportebit petere dispensationem a forma vel sanationem in radice cum obligatione ut pars, quae defectus causa fuit, renovet consensum privatim et secreto. Non videtur posse valide applicari norma quae statuitur pro defectu occulto, scilicet manifestatio privatim et secreto, sine ullo interventu auctoritatis ecclesiasticae» (U. NAVARRETE, *De convalidatione*, 83).

Il codice dell'83, infatti, non opera nessuna distinzione tra *defectum internum et externum*, ma considera solo il *defectus consensus qui probari nequeat*, e il *defectus consensus qui probari potest*, e quindi distingue solo tra difetto di consenso pubblico ed occulto, non tra difetto interno ed esterno[111].

In realtà, pur non trovandosi questa distinzione nel nuovo codice, anche oggi possiamo avere il caso di un difetto di consenso *mere internus* (occulto), poiché rientra nel caso del *defectus qui probari nequeat,* in quanto il difetto di consenso interno ad una persona, mai manifestato a nessuno, non può essere provato in foro esterno, e quindi può essere considerato come *defectus occultus*.

Alcuni autori fanno poi coincidere il difetto pubblico (*qui probari potest*) con il difetto di «fatto divulgato» e il difetto occulto (*qui probari non potest*) con quello «non notorio»[112]. Questa distinzione sembra automatica; infatti un difetto di consenso, se dimostrabile in foro ester-

---

[111] Riflettono su questa differenza operata tra i due codici: J.J. O' ROURKE, «Considerations», 389: «1983 *CIC* canon 1159§3 differs considerably from 1917 *CIC* canon 1135§3. The new law states simply that if the defect of consent can be proved, consent is to be given according to the canonical form. The old law distinguished between an external defect of consent which was public and one whic was hidden. In the case of a publicly known defect of consent a new consent would have to be given according to the form prescribed by law; if the defect was hidden the new act of consent could be given privately and in a hidden manner»; A. BERNÁRDEZ CANTÓN, «De matrimonii convalidatione», 1617: «En este punto el CIC ha modificado lo previsto por el CIC 17, que era del tenor siguiente: "si la falta de consentimiento fue meramente interna, basta que consienta interiormente la parte que no había consentido" (can. 1136 § 2). "Si fue también externa, es necesario que el consentimiento se manifieste también exteriormente, o en la forma prescrita por el derecho, si la falta de consentimiento es pública, o en otra forma privada y en secreto, si es oculta" (can. 1136 § 3). La simplificación operada por el vigente CIC es acertada porque viene a eliminar los problemas a que daba lugar la distinción entre falta de consentimiento "meramente interna" y falta de consentimiento "también externa"; entre falta de consentimiento "externa y pública" y falta de consentimiento "externa pero privada". Por otra parte, al haberse suprimido el parágrafo concerniente al vicio puramente interno y a la prestación del consentimiento "interiormente", se está confirmando nuestro parecer de que la prestación del consentimiento que se exige en la convalidación simple no puede ser puramente interior». Cf. anche J. PÉREZ DE HEREDIA Y VALLE, «De la convalidación simple», 528a: «Los §§2-3 que recogen técnicamente mejor el contenido del derecho anterior [...] Las formas son semejantes a las expuestas en el codigo anterior, teniendo como base de la diferencia, el que el fallo de consentimiento pueda o no pueda probarse»; A.C. JEMOLO, *Il matrimonio* 401-402.

[112] Cf. A.M. ABATE, *Il matrimonio*, 167; L. CHIAPPETTA, *Il Codice di diritto canonico*, 426.

no (pubblico), comporta l'eventuale testimonianza di persone a conoscenza di confidenze o fatti comprovanti questo difetto, che quindi, oltre ad essere «pubblico», è anche «divulgato» presso alcuni. Nel caso invece di *defectus consensus occultus*, che non si può provare, ma presente con certezza nella persona consapevole del difetto iniziale, in realtà non è nemmeno di fatto «divulgato o notorio» a qualche persona, altrimenti questa potrebbe testimoniare in foro esterno il vizio di consenso, e quindi trasformare il caso da occulto (che non si può provare) in pubblico (*qui probari potest*).

Riguardo al modo di prestare il nuovo consenso il nuovo codice (can. 1159§3) stabilisce che se il difetto di consenso è pubblico (che si possa provare[113]), «*necesse est ut consensus forma canonica praestetur*», (nel codice precedente si diceva *forma iure praescripta*); questa esigenza si mantiene dentro la logica legale che se la nullità può essere provata in foro esterno, debba esserlo anche la convalidazione perché si potrebbe avere la circostanza di poter dimostrare la nullità iniziale del matrimonio senza poterne dimostrare la susseguente convalidazione, con la nascita di un conflitto tra foro esterno e foro interno[114]. Se non si potrà provare l'avvenuta convalidazione, essa sarà da considerare nulla.

Dire «prestare nella forma canonica», vuol dire riferirsi al can. 1108: davanti al sacerdote e a due testimoni. Può però aversi il caso che una parte sia ignara del vizio di consenso dell'altra, anche se esso è «pubblico», ma non è divulgato. Deve questa essere informata del vizio di consenso che ha reso invalido il suo matrimonio? Stando al tenore del §1 di questo canone, basterebbe che il consenso dell'altra parte perse-

---

[113] F. BERSINI, *Il diritto*, 239, nota che: «Il difetto di consenso può essere provato se esistono almeno due testimoni degni di fede che possono comprovare la nullità del matrimonio in foro esterno. Per sé basterebbe anche la testimonianza di un solo testimone degno di fede se viene corroborata da circostanze atte a creare una fortissima presunzione».

[114] Cf. L. MUSSELLI, *Manuale di diritto matrimoniale*, 228: «In questo caso infatti c'è la possibilità che la nullità del matrimonio venga divulgata, qualora ad esempio le persone che ne sono a conoscenza, decidano di parlarne, creandosi perplessità tra i fedeli per il fatto che la coppia viva in situazione sostanzialmente irregolare, in un matrimonio cioè che si sa essere nullo, non potendo avere rilevanza esterna la convalidazione fatta in segreto. Ovviamente nel caso saranno da adibirsi le necessarie cautele per evitare che la rinnovazione del consenso in forma canonica si trasformi in un danno all'immagine e alla vita di relazione dei coniugi o di uno di essi (cosa che può evitarsi quando la rinnovazione del consenso avviene davanti al parroco competente in un luogo discreto, ad esempio in sacrestia nelle ore serali alla presenza dei testi, che possono essere anche altri sacerdoti o laici fidati, sulla cui discrezione si possa contare)»; A. BERNÁRDEZ CANTÓN, «De matrimonii convalidatione», 1617-1618.

veri e quindi non dovrebbe necessariamente essere informata: ma se è necessaria la forma canonica, sicuramente questo deve avvenire, perché entrambe le parti devono essere presenti e prestare il consenso. Né il canone, né gli autori[115] operano questa distinzione o parlano dell'eventuale informazione o meno del coniuge ignaro del vizio di consenso. Non si deve comunque confondere il §1[116], con il §3: in caso di difetto che si può provare (pubblico), la parte eventualmente ignara deve essere informata e il consenso dovrà essere prestato nella forma canonica, magari segretamente se il difetto di consenso di fatto non è divulgato[117] e questo perché la natura della forma canonica richiede la manifestazione del consenso di entrambe le parti, alla presenza dei determinati soggetti qualificati.

Il testo del §3 non contiene la possibilità di un'eventuale dispensa dalla forma canonica, come invece nel caso di convalidazione da nullità per impedimento pubblico (can. 1158§1) o per vizio della forma canonica (can. 1160), ma pensiamo si possa applicare anche a questa fattispecie[118].

---

[115] Solo L.A. Bogdan fa notare che: «If the defect can be proved in the external form, it is not clear from the text of the new code whether both parties must renew consent or only the party who initially vitiated consent. (nella nota dice: "The norm simply requires that renewed consent must be expressed whith the observance of the canonical form. It does not specify by whom. In addition, §1 of this canon explicity requires new consent on of the party who did not initially elicit valid consent"). This was also unclear in the 1917 code (can. 1136, §3). One could argue, however, that *both* parties must express *renewed* consent when canonical form is to be observed from a parallel requirement for a diriment impediment. However, in accord with canon 14, unless there be an official interpretation from the code commission, the expression of renewed consent on the part of the party who did not vitiate consent could not be urged. At the least, the formerly consenting party need express only the prior naturally sufficient consent at the time of the observance of the required form» (cf. L.A. BOGDAN, «Simple Convalidation», 519-520)

[116] Can. 1159§1: «Matrimonium irritum ob defectum consensus convalidatur, si pars quae non consenserat, iam consentiat, dummodo consensus ab altera parte praestitus perseveret».

[117] Della stessa opinione è L. BENDER, *Forma iuridica*, 220-221.

[118] Per A. Sériaux è una semplice lacuna del testo: cf. A. SÉRIAUX, *Droit canonique*, 609. Per F. Bersini nei casi di matrimoni misti, è concesso all'Ordinario di dispensare in casi singoli: cf. F. BERSINI, *Il diritto*, 240. Anche A. Bernárdez Cantón nota che il testo non riporta «salvo il can. 1127§3», affermando che: «Puede observarse que este §3 no deja a salvo lo prescrito por el can. 1127§2 para los matrimonios mixtos (como lo hacen los cann. 1158§1 y 1160). Esto no quiere decir que para la convalidación del matrimonio, en el caso de vicio de consentimiento público, el Ordinario carezca de la potestad de dispensar de la forma de celebración que le reconoce

Fa notare J. Hendriks che se «la dimostrabilità fosse dubbia, si deve scegliere la strada più sicura e cioè una rinnovazione nella forma canonica»[119].

Se invece il difetto di consenso fosse occulto, il can. 1159§2 prevede che ai fini della convalidazione semplice «*satis est ut pars, quae non consenserat, privatim et secreto consensum praestet*»[120]. Fa notare A. Bernardéz Cantón che

> fondamentalmente questa forma di emissione ha per oggetto il legittimare l'unione di coscienza, dato che la nullità non ha avuto alcun impatto con l'esterno e non si può provare. Si tratta logicamente di una convalidazione in senso proprio, che non deve altro che integrare o completare l'elemento che mancava perché il matrimonio fosse valido, senza la necessità di una nuova celebrazione[121].

Qui non si pone il problema di informare o meno la parte il cui consenso persevera, parte eventualmente ignara del difetto di consenso dell'altra, in quanto questo difetto è occulto e quindi non dimostrabile in foro esterno. Avvenendo la nuova prestazione in modo privato e segreto, la convalidazione avviene in foro interno, nel momento in cui la simultaneità morale del consenso perseverante si unisce alla prestazione del nuovo consenso della parte simulante.

---

aquel precepto para el supuesto de los matrimonios mixtos. Ya hemos dicho en algún momento que esta referencia al can. 1127§2 resulta innecesaria y que la remisión genérica a la forma canónica engloba todas las normas referentes a ésta, según procedan. No se alcanzaría fácilmente la razón para que un Ordinario pudiera dispensar de la forma en el caso de los matrimonios mixtos cuando se trata de cualquier matrimonio y se le sustrajera esta potestad cuando se trata de convalidar un matrimonio nulo mediante su nueva celebración, máxime cuando en esta segunda hipótesis se trata de legitimar una unión pseudoconyugal (salus animarum)» (A. BERNÁRDEZ CANTÓN, «De matrimonii convalidatione», 1617-1618).

[119] J. HENDRIKS, *Diritto matrimoniale*, 320.
[120] Cf. T.P. DOYLE, «Convalidation», 826; P. BIANCHI, *Quando il matrimonio*, 282; G. MONTINI, «La convalidazione del matrimonio», 199; J. VERNAY, «La convalidation du mariage», 358; P. MONETA, *Il matrimonio*, 218. Tutti gli autori espongono semplicemente la legislazione del codice, senza particolari approfondimenti.
[121] A. BERNÁRDEZ CANTÓN, «De matrimonii convalidatione», 1617: «Cuando no puede probarse el defecto de consentimiento basta que éste se preste privadamente y en secreto (§2). Fundamentalmente esta forma de emisión tiene por objeto legitimar la unión en conciencia puesto que se parte del supuesto de que la nulidad no ha producido ningún impacto en el fuero externo, ya que no puede probarse. Se trata, lógicamente, de una convalidación en sentido propio, que no tiene más alcance que el de integrar o completar el elemento que faltaba para que el matrimonio fuese válido, sin necesidad de una nueva celebración».

Non è nemmeno necessario che la convalidazione debba essere provata in foro esterno in quanto in quel foro la nullità non risultava; se invece il difetto da occulto diventasse pubblico, si dovrà operare una convalidazione che consti in foro esterno.

Per forma «privata e secreta» si intende tutto ciò che si è detto nel caso del can. 1158, con i relativi commenti.

4. Conclusione

Il requisito della rinnovazione del consenso è un punto fondamentale nella legislazione attuale, come abbiamo visto analizzandone la determinazione *iure ecclesiastico ad validitatem convalidationis*, la natura e le modalità di espressione.

Fondamentalmente la legislazione attuale prevede la necessità di un intervento o delle parti o dell'autorità in ogni fattispecie di convalidazione. La distinzione nelle modalità si esprime in base alla pubblicità o meno della nullità, con la conseguente richiesta della forma canonica se la nullità *probari possit*, con la rinnovazione o prestazione del consenso *privatim et secreto* se la nullità *probari nequeat*; la conseguenza è che quando si richiede la forma canonica, più che di convalidazione, si potrebbe parlare di «nuova celebrazione».

Il consenso si rinnova se è necessario per diritto ecclesiastico, si «presta» se è richiesto per diritto naturale, come per le nullità derivate da un vizio di esso.

Rendendosi sempre necessario un intervento esplicito, la legislazione attuale esclude, come abbiamo già visto, ogni tipo di convalidazione *ipso iure*. Non pochi autori[122] però auspicano per alcune fattispecie ben determinate, una revisione del dettato codiciale, considerandolo perfettibile.

Anche a noi sembra di poter avanzare qualche ipotesi in questa direzione: la presenza e l'efficacia giuridica del consenso potrebbe reggersi su una presunzione desunta dalla coabitazione *affectu maritali* protratta per un certo tempo, trascorso il quale si escluderebbe la possibilità di poter accusare il matrimonio per quel determinato capo di nullità. Le motivazioni a supporto di queste affermazioni, e che noi condividiamo, le troviamo chiaramente espresse da G. Montini, quando sostiene che nel caso di convalidazione *ipso facto*, il consenso continuerebbe ad essere causa del matrimonio convalidato, in quanto contenuto implicita-

---

[122] G. MANTUANO, «Sulle forme di convalida», 739; A. MARTÍNEZ BLANCO, «Una configuración», 270-271; G. MONTINI, «La convalidazione del matrimonio», 197.

mente nella libera coabitazione continuata per un certo tempo, espressione di tale consenso, che rimane sempre causa efficiente del matrimonio.

Il momento in cui si può vedere la prestazione del consenso sarebbe da individuare nel momento in cui «scade» il tempo previsto per la presunzione. La preoccupazione di Montini è quella che l'esclusione dell'automatismo vada a detrimento del valore del consenso come unica causa efficiente del matrimonio, che per ottenere efficacia giuridica è sottoposto a precise e vincolanti modalità[123].

Passando alle fattispecie, il matrimonio nullo per un difetto «formale» nella celebrazione canonica si potrebbe convalidare *ipso iure*, una volta passato un tempo legislativamente determinato dalla celebrazione; non si dovrebbe attuare questa convalidazione nel caso di mancanza totale della forma canonica, in quanto si aprirebbe nuovamente la strada ai matrimoni clandestini; per le celebrazioni in altri contesti comunitari (altre religioni o sette) o le celebrazioni civili, non si vede come potrebbe essere ammessa tale possibilità di convalidazione, senza correre il rischio di maggiori inconvenienti di quelli del sistema attuale[124].

Alcuni casi di matrimonio nullo per difetto di consenso potrebbero essere ritenuti convalidati *ipso facto*, applicando la presunzione desunta dalla coabitazione *affectu maritali* per un periodo determinato e preciso di tempo, una volta scomparsa la causa del difetto di consenso.

Per i matrimoni nulli da impedimento dirimente sono necessarie maggiori distinzioni: pensiamo si possa ipotizzare la convalidazione *ipso facto*, in caso di impedimenti cessati naturalmente, certamente nell'impedimento di età e con molte cautele nell'*impedimentum ligaminis*[125]. Anche per gli altri si potrebbe pensare ad una convalidazione *ipso facto* nel momento dell'ottenimento della dispensa dall'impedimento susseguente alla scoperta della nullità (se la dispensa è possibile), cosa che renderebbe efficace il consenso naturalmente sufficiente fino allora reso inefficace dalla legge inabilitante, sempre che, a nostro avviso, si sia già avuta la celebrazione nella forma canonica.

---

[123] Cf. G. MONTINI, «La convalidazione del matrimonio», 197 (testo completo in questo cap., nota 26).

[124] Per il problema delle celebrazioni civili, cf. G. MONTINI, «La convalidazione del matrimonio», 191-194.

[125] In questo caso si potrebbe applicare solo se vi fu una celebrazione canonica precedente, anche se fu possibile tramite un inganno o per la sparizione di ogni documento inerente al primo vincolo, sparizione sia dolosa che derivante da cause di forza maggiore (guerra, incendi, ecc.).

Certamente con l'introduzione per alcuni casi specifici della convalidazione *ipso facto*, si eviterebbero i problemi derivanti da dichiarazioni di nullità concesse dopo molto tempo di vita coniugale, normalmente vissuta a partire dalla celebrazione del matrimonio, dichiarazioni che provocano scandalo nel Popolo di Dio.

Questo potrebbe essere anche in linea con la preoccupazione fondamentale del diritto matrimoniale a riguardo dei matrimoni nulli. Riteniamo che la convalidazione sia la soluzione più idonea e consigliabile per risolvere le situazioni di nullità matrimoniale, in un periodo in cui sembra prevalere il desiderio e la corsa a tentare di ottenere la dichiarazione di nullità del vincolo matrimoniale, che deve essere affrontata solamente quando per particolari circostanze non sia possibile o consigliabile la *convalidatio*: non possiamo infatti dimenticare che lo stesso codice a più riprese esorta i pastori e gli operatori pastorali a non iniziare una causa per la dichiarazione di nullità matrimoniale senza aver tentato tutti i mezzi pastorali idonei ad aiutare i coniugi alla risoluzione della crisi e all'uso dell'istituto della convalida del matrimonio, se si vede che questa sia di possibile applicazione (cf. cann. 1674; 1676).

CONCLUSIONE GENERALE

Avendo già fatto delle conclusioni al termine di ogni capitolo, vorremmo ora riprendere e puntualizzare solo alcune idee costanti di fondo, attorno alle quali il presente lavoro ha preso corpo, tracciando gli elementi più importanti.

Il noto assunto *consensus facit nuptias*, mutuato nella legislazione ecclesiastica partendo dai primi tempi fino ad oggi, è chiaramente espresso dai due codici latini (can. 1081/'17 e can. 1057/'83), i quali evidenziano come esso sia momento generativo dell'unione tra le parti, sia la «causa efficiente» insostituibile del vincolo matrimoniale, atto di volontà bilaterale che non può essere supplito da altri soggetti in loro sostituzione (can. 1057§1).

Il matrimonio tra l'uomo e la donna si costituisce quindi tramite il libero atto di volontà chiamato consenso matrimoniale. Con esso, le parti mutuamente si danno e si accettano, con lo scopo principale di costituire il matrimonio stesso, parti che ovviamente devono essere di sesso diverso, altrimenti l'oggetto non è considerato «matrimoniabile».

Se l'uomo e la donna sono in possesso della capacità giuridica ad emettere il consenso, non sono impediti da qualche impedimento che li rende inabili e attualmente o almeno virtualmente intenzionate a contrarre matrimonio, il consenso da loro espresso legittimamente costituirà il vincolo matrimoniale, perché naturalmente sufficiente ed esistente.

Il consenso così conformato, viene emesso in un preciso momento del tempo, in cui si considera che il matrimonio «nasce» e produce degli effetti che, indipendentemente dal mutamento della volontà delle parti, continuano a sussistere.

Il consenso delle parti è naturalmente insufficiente quando è connotato da un vizio o da un difetto, causato da un'incapacità naturale o psicologica, per simulazione totale o parziale o per altro: il matrimonio è conseguentemente nullo perché il consenso è inesistente.

É parimenti nullo o invalido quando il consenso naturalmente sufficiente ed esistente, è emesso in una celebrazione con difetto o senza la forma canonica, o in presenza di un impedimento dirimente, perché la legislazione ecclesiale rende il consenso stesso «giuridicamente inefficace» a causa della relativa legge irritante o inabilitante.

L'istituto matrimoniale si basa quindi tutto sul consenso matrimoniale, all'interno di una visione pattizia dello stesso.

Superata la questione sul ruolo della *copula carnalis*, la teoria consensualista si affermò verso il XIII secolo, tramite le sintesi di Alessandro III e Innocenzo III, desunte dalla scuola di Bologna e da quella di Parigi. Di conseguenza aumentò la preoccupazione di regolamentare l'emissione del consenso, in modo da garantire la validità del matrimonio e la certezza sullo stato delle persone nella chiesa; di quest'ultimo aspetto è espressione la forma canonica *ad validitatem* stabilita nel Concilio di Trento.

Anche per la convalidazione del matrimonio si ebbero le stesse preoccupazioni: per garantire la validità della convalidazione di un matrimonio nullo, si richiesero sempre più, per ottenerla, particolari modalità, tra cui la «rinnovazione» del consenso matrimoniale.

L'istituto della convalidazione del matrimonio cammina nel tempo in concomitanza con la riflessione su impedimenti matrimoniali, dispense e forma canonica. La prassi e la legislazione ecclesiale su questi concetti sono cresciute insieme dall'inizio della storia della Chiesa, chiarificate e legate sempre più, fino al codice attuale.

Le prime dispense concesse erano quasi prevalentemente dopo che il matrimonio era stato celebrato (*ex post facto*), per sanare una situazione che veniva «scoperta» come invalida. Sostanzialmente esse «convalidavano» il matrimonio, senza che fosse richiesta agli sposi alcuna formalità.

Fin dal XIII secolo però si incominciò a chiedere con maggior frequenza che, ottenuta la dispensa dall'impedimento (se concedibile), le parti rinnovassero il consenso matrimoniale, con il semplice scopo di convalidare il loro matrimonio o lo prestassero nuovamente, se era stato simulato dalle parti.

La prassi delle Congregazioni romane, vista analizzando le fonti dei canoni del *CIC* '17 sulla *convalidatio*, richiese sempre più e con maggior chiarezza, che per convalidare i matrimoni nulli per varie situazioni, era necessario che una o entrambe le parti «rinnovassero» il consenso.

In un matrimonio nullo a *causa di un impedimento*, prima di Benedetto XIV, il consenso era considerato inesistente: di conseguenza per poterlo convalidare, si doveva ottenere la dispensa o l'impedimento doveva essere cessato naturalmente e poi necessariamente il consenso doveva essere nuovamente prestato da entrambi i coniugi. Dopo Benedetto XIV, il consenso in questa fattispecie di nullità fu considerato esistente se l'impedimento era di diritto ecclesiastico, ma solo inefficace a causa dell'impedimento: di conseguenza si doveva sì rinnovare il consenso, ma non necessariamente da parte di entrambi.

Dopo il *Tametsi* il matrimonio di due persone ad esso soggette, era nullo a causa della mancanza della forma canonica; esso si poteva convalidare solo «rinnovando» il consenso nella forma *iure praescripta*.

Sarà il codice del 1917 a raccogliere i molti secoli di storia legislativa e di pensiero degli autori; esso sancì la legge della *renovatio consensus* richiesta *iure ecclesiastico* per le nullità da impedimento dirimente e vizio o mancanza della forma canonica, e la legge *iure naturali* della nuova prestazione del consenso in caso di nullità per vizio o difetto nella sua prima prestazione. Il Codice stabilì anche diversità di attuazione della rinnovazione, in base alle diverse fattispecie di nullità, preoccupato di garantire che essa in caso di «pubblicità» dell'invalidità, avvenisse tramite la forma canonica, mentre nel caso di invalidità *«occulta»*, si attuasse in forma privata e segreta. Anche per la nullità dovuta a vizio di consenso, le modalità della nuova prestazione di esso, furono determinate dai criteri di pubblicità o meno del vizio.

La *renovatio consensus* come chiaramente esprime il codice del 1917 (e anche quello attuale), deve essere nuovo atto di volontà a contrarre matrimonio, da parte di colui che sa o suppone che il suo matrimonio sia nullo. Sarà insufficiente la convinzione che la rinnovazione sia una mera regolarizzazione formale del consenso già prestato, cioè di una sua conferma o rafforzamento. La parte tenuta a rinnovare il consenso, deve essere consapevole che si trova di fronte alla necessità di un vero ed autentico rinnovamento del proprio consenso matrimoniale

La chiara ed articolata determinazione dell'istituto della convalidazione del matrimonio operata dal codice piobenedettino, soprattutto per il requisito, *iure ecclesiastico*, della rinnovazione del consenso, fu oggetto di molti commentari, come per il resto della legislazione. A diversi autori (Cappello, Bartoccetti, Bender) sembrò che la richiesta della rinnovazione del consenso per ogni fattispecie di invalidità o situazione fosse troppo esigente, proprio perché, essendo una legge di diritto ecclesiastico, sembrò togliere «forza» al consenso matrimoniale come causa efficiente del matrimonio. Essi allora ipotizzarono l'introduzione per alcune situazioni particolari di una convalidazione *ipso facto* del matrimonio, da applicare con la determinazione di alcuni criteri di attuazione, desunti per lo più dalla coabitazione pacifica delle parti (per i casi di vizio di consenso) e dal passare di un tempo determinato dalla legge (per l'invalidità da alcuni impedimenti o per vizio di forma).

Anche la Commissione di revisione del codice piobenedettino ipotizzò in alcune fattispecie di invalidità l'introduzione della convalida *ipso facto* del matrimonio, ma la formulazione dei canoni del nuovo codice non operò sostanziali novità: fu ribadito infatti e rafforzato il requisito della rinnovazione (o prestazione) del consenso, che rimase *ad validitatem convalidationis*.

Come abbiamo già detto, nella legislazione attuale in entrambi i casi di convalidazione necessitano di un intervento esplicito: delle parti, nella *convalidatio simplex*, dell'autorità competente nella *sanatio in radice*.

Come nel Codice del 1917, anche oggi le modalità della rinnovazione o della prestazione del consenso sono determinate in base alla pubblicità o meno della nullità: se essa *probari possit* si richiede che la rinnovazione avvenga nella forma canonica ad *validitatem convalidationis*. Se la nullità *probari nequeat*, la rinnovazione o prestazione del consenso può avvenire *privatim et secreto*. La necessità della rinnovazione o prestazione del consenso nella forma canonica, in molti casi fa ricadere la convalidazione più in una nuova celebrazione che in una convalidazione vera e propria, che a volte potrebbe sembrare relegata al solo foro interno, quando avviene cioè *privatim et secreta*.

Secondo i canoni chiaramente il consenso si «rinnova» se è necessario per diritto ecclesiastico, si «presta» se è richiesto per diritto naturale, come per le nullità derivate da un vizio di esso.

Il requisito della rinnovazione del consenso può essere visto come un elemento «estrinseco» perché esso, anche se naturalmente sufficiente ma giuridicamente inefficace per impedimento o vizio di forma, riacquisti pienamente la sua efficacia giuridica. Come la legislazione stabilisce elementi estrinseci (impedimenti o la forma canonica) che tolgono l'efficacia giuridica ad un valido consenso matrimoniale, così la *renovatio* può essere considerata l'elemento estrinseco necessario, che, una volta cessati o dispensati gli ostacoli, convalida il vincolo e dà efficacia giuridica al consenso. Non bisogna mai dimenticare di fare la distinzione tra il consenso in quanto tale e i suoi effetti sul piano giuridico, cioè la sua efficacia giuridica, che limitata da leggi irritanti o inabilitanti, nella legislazione attuale si riacquista tramite la rinnovazione.

Essendo quindi sempre necessario un intervento esplicito, la legislazione attuale esclude, come abbiamo già visto, ogni tipo di convalidazione *ipso facto*, mentre non pochi autori considerano perfettibile questa legislazione ed auspicano la sua introduzione per alcune fattispecie ben determinate.

La novità potrebbe andare in una doppia direzione: limitazione del diritto di accusare il matrimonio e nel dare valore alla coabitazione *affectu maritali* delle parti per un periodo determinato di tempo. Sia la prima che la seconda sono molto legate tra loro: se infatti si desse efficacia giuridica al consenso tramite una presunzione di rinnovazione o prestazione di esso desunta dalla coabitazione *affectu maritali* protratta per un certo tempo, si escluderebbe la possibilità di poter accusare il matrimonio per quel determinato capo di nullità, essendo il vincolo convalidato *ipso facto*.

Nel caso di convalidazione *ipso facto*, il consenso continuerebbe ad essere «causa» del matrimonio convalidato, in quanto espresso implicitamente nella libera coabitazione continuata per un tempo preciso, espressione di tale consenso, che rimane sempre causa efficiente del matrimonio; l'efficacia del consenso sarebbe da individuare nel momento in cui ha termine il tempo previsto dalla legge.

Come abbiamo già visto, dalla coabitazione *affectu maritali* protratta per un determinato e preciso periodo di tempo, si potrebbe ricavare una presunzione di sparizione della eventuale causa del difetto di consenso, cosi che il matrimonio potrebbe essere ritenuto convalidato *ipso facto*. Lo stesso vale per un matrimonio nullo per un difetto «formale» nella celebrazione canonica: esso si potrebbe convalidare *ipso facto*, passato un tempo ben preciso dalla celebrazione invalida.

Di difficile attuazione sarebbe la convalidazione *ipso facto* se l'invalidità del matrimonio derivasse dalla totale mancanza della forma canonica: questo potrebbe riproporre il problema dei matrimoni clandestini. Per le celebrazioni in sette o altre religioni non si vede possibilità di applicazione della convalidazione *ipso facto*, per i problemi e gli inconvenienti che già il sistema attuale presenta e che potrebbero ulteriormente aumentare, così come per le celebrazioni civili, anche se quest'ultima fattispecie deve e può essere affrontata con maggior precisione ed approfondimento.

L'invalidità per impedimento dirimente presenta maggiori difficoltà per attuare un'eventuale convalida *ipso facto*. Facciamo alcune distinzioni: per tutti gli impedimenti dispensabili si potrebbe pensare ad una convalida *ipso facto* del matrimonio, se scoperta la nullità si ottiene la dispensa dall'impedimento. Questo renderebbe efficace il consenso naturalmente sufficiente reso fino allora inefficace dalla legge inabilitante ora dispensata, sempre che si sia già avuta la celebrazione in forma canonica: il consenso sarebbe efficace dal momento dell'ottenimento della dispensa. Come già visto nell'ultimo capitolo la convalidazione *ipso facto* si può ipotizzare anche per gli impedimenti cessati naturalmente, con molte cautele nell'*impedimentum ligaminis*, ma sicuramente nell'impedimento di età.

L'obiezione che potrebbe sorgere riguarda il fatto che sia opportuno o meno limitare ad un soggetto lo *ius accusandi*, togliere cioè la possibilità ad una persona di poter scegliere se annullare il proprio matrimonio nullo, cosa impossibile se la convalidazione avvenisse *ipso facto*. A questo facilmente possiamo rispondere che essendo il requisito della rinnovazione del consenso una legge di diritto ecclesiastico essa può mutare ed essere configurata diversamente, in base alle diverse situazioni che si creano nell'ampio ambito della legislazione matrimoniale. Essendo un elemento estrinseco che toglie efficacia giuridica, questo elemento estrinseco può anche subire una trasformazione, in modo che il passare del tempo o la coabitazione *affectu maritali* ne determinino i limiti e il contenuto.

Il codice del 1983 in più punti ribadisce che la convalidazione semplice del matrimonio sia il mezzo più idoneo per risolvere le situazioni di nullità matrimoniale: forse l'introduzione della convalidazione *ipso facto* potrebbe operare in questa direzione, soprattutto quando la nullità è dovuta ad elementi formali o ad impedimenti che sono facilmente dispensabili o cessano col tempo, come è l'impedimento dell'età.

La convalidazione *ipso facto* trarrebbe vita solo da una configurazione giuridica diversa del requisito della rinnovazione del consenso, che, come abbiamo già visto, nella legislazione attuale prevede sempre un intervento esplicito di una o entrambe le parti, intervento che potrebbe essere configurato diversamente, in quanto, come già più volte puntualizzato, l'efficacia giuridica di un consenso già prestato in modo naturalmente sufficiente potrebbe scaturire dalla coabitazione *affectu maritali,* una volta cessato l'impedimento o concessa la dispensa, entro un tempo fissato dalla legge.

L'introduzione per alcuni casi specifici della convalidazione *ipso facto* del matrimonio potrebbe evitare alcuni problemi derivanti da dichiarazioni di nullità concesse dopo molto tempo di vita coniugale, dichiarazioni che provocano scandalo nel Popolo di Dio.

Ci auguriamo infine che la nostra ricerca possa essere, per chi la considera, un valido contributo alla riflessione e all'approfondimento dell'istituto matrimoniale, per affrontare le varie situazioni pastorali e concrete che si presentano nella vita della Chiesa e per una migliore comprensione della realtà del «patto» tra l'uomo e la donna, costituito dal consenso delle parti, che il Signore Gesù ha elevato alla dignità di sacramento.

SIGLE ED ABBREVIAZIONI

AAS	*Acta Apostolicae Sedes*
alloc.	Allocuzione
AEcR	*American Ecclesiastical Review*
AnBib	Analecta Biblica
AnGr	Analecta Gregoriana
Anton.	*Antonianum*
Apoll.	*Apollinaris*
A.PUG	Archivio Pontificia Università Gregoriana
APD	*Archives de philosophie du droit*
ADE	*Archivio di diritto ecclesiastico*
ArGiur	*Archivio Giuridico*
ASS	*Acta Sanctae Sedis*
BIDR	*Bullettino dell'Istituto di Diritto romano*
BLE	*Bullettin de littérature ecclésiastique*
CTom	*Ciencia Tomista*
CCL	*Corpus Christianorum. Series latina*, Turnhout-Paris 1954-
CEI	Conferenza Episcopale Italiana
CIF	Centro Italiano Femminile
CIC/'17	*Codex Iuris Canonici* Pii X *Pontificis Maximi iussu digestus Benedicti papae XV auctoritae promulgatus*, Typis Poliglottis Vaticanis 1917
CIC/'83	*Codex Iuris Canonici auctoritate Joannis Pauli PP. II promulgatus*, Città del Vaticano 1983
COD	*Conciliorum oecumenicorum decreta*, edizione bilingue, ed. G. Alberigo – *al.*, Bologna 1991
Comm.	*Communicationes*. PONTIFICIA COMMISSIO CODICIS IURIS CANONICI RECOGNOSCENDO, *Acta Commissionis, Coetus de matrimonio*, in *Communicationes* 1 (1969) –
Conc.	Concilio
const.	constitutio/costituzione
DDC	*Dictionnaire de Droit Canonique*, I-VII, ed. R. Naz, Paris 1924-1965

DEc	*Il Diritto Ecclesiastico*
decr.	decreto
DS	DENZINGER, H. – A. SCHÖNMETZER, *Enchiridion Symbolorum, definitionum et declarationum de rebus fidei et morum*, (ed. bilingue) Bologna 1995
DThC	*Dictionnaire de Théologie Catholique*, I-XV, Paris 1909-1972
EE	*Estudios Eclesiasticos*
enc.	enciclica
EncD	*Enciclopedia del diritto*, I-XLVI, ed. F. Calasso, Milano 1958-1993
EVCEI	*Enchiridion della Conferenza Episcopale Italiana. Decreti, dichiarazioni, documenti pastorali per la Chiesa italiana*, I-V, Bologna 1985-1996
ep.	epistola
EJCan	*Ephemerides iuris canonici*
esor. apost.	esortazione apostolica
Fondo OJETTI	Documenti del P. B. Ojetti, s.j., presenti nell'Archivio della Pontificia Università Gregoriana
Fontes	*Codicis Iuris Canonici Fontes*, ed. P. Gasparri (t. 1-6) e J. Séredi (t. 7-9), Romae 1923-1939
GS	*Gaudium et spes*, Costituzione pastorale del Concilio Vaticano II sulla chiesa nel mondo contemporaneo, 7 dicembre 1965
HV	*Humanae vitae*, Lettera Enciclica di Paolo VI, 25 luglio 1970.
JC	*Jus canonicum*
Jurist	*The Jurist*
In IV Sent.	*In quattuor libros Sententiarum*
instr.	instructio/istruzione
lett.	lettera apostolica
Mansi	MANSI, J.D., *Sacrorum conciliorum nova et amplissima collectio*, Florentiae – Venetiis – Pariiis – Lipsiae, 1759-1927
MC	*Miscelánea Comillias*
ME	*Monitor Ecclesiasticus*
Periodica	*Periodica de re morali, canonica, liturgica* (1920-1990), dal 1991 *Periodica de re canonica*
PG	MIGNE, J.P., *Patrologia cursus completus*, series graeca, Paris 1857-1866
PL	MIGNE, J.P., *Patrologia cursus completus*, series latina, Paris 1844-1864
QDE	*Quaderni di diritto ecclesiale*
RasMD	*Rassegna di morale e di diritto*
RDC	*Revue de droit canonique*
RHDF	*Revue historique de droit français et étranger*
REDC	*Revista española de derecho canónico*

Regesta	A. POTTHAST, *Regesta Romanorum Pontificum*, Berlino 1874-1875
risp.	risposta
RRD	APOSTOLICUM ROTAE ROMANAE TRIBUNAL, *Decisiones seu sententiae*, Romae 1909-
Salm.	*Salmanticensis*
S.C.	Sacra Congregatio
StCan	*Studia Canonica*
SDHI	*Studia et documenta historiae et iuris*
Suppl.	*Supplementum*
t.	tomo/i
TG.DC	Tesi Gregoriana – serie Diritto Canonico
X.	Liber extra
Zingarelli (lo)	*Lo Zingarelli 1994*, Vocabolario della lingua Italiana, Bologna 1994^{12}.

BIBLIOGRAFIA

1. Fonti e Documenti

1.1 *Documenti conciliari*

CONCILIO AGATENSE, in *Mansi*, VIII, 319-371.
CONCILIO EPAONENSE, in *CCL* 148A, 31-32.
CONCILIO AURELIANENESE, in *CCL* 148A, 118-119.
CONCILIO DUZIACENSE II, in *Mansi*, XVII, 282-298.
CONCILIO TRIDENTINO, decr. *Tametsi (de ref. matrim.)*, in *COD* 755-759.
CONCILIO VATICANO II, cost. *Gaudium et spes*, 7 dicembre 1965, in *AAS* 58 (1966) 1025-1115.

1.2 *Fonti e documenti dei Romani Pontefici*

NICCOLÒ I, *Responsa ad consulta vestra ad Bulgaros*, 13 novembre 866, in *DS* 643-648.
INNOCENZO III, *Ad Episcopo Brixiensi*, in X.4,1,25.
INNOCENZO IV, *De eo qui duxit, c. propositum*, in *Les registres d'Innocent IV*, IV, ed. E. Berger, Paris 1921
———, lettera del 2 maggio 1253, in *Regesta*, n. 14 953.
NICCOLÒ IV, lettera del 19 dicembre 1289, in *Regesta*, n. 16 250.
BENEDETTO XII, a. 1341, *prop. Armenorum damn.*, prop. 100, in *Fontes* 2, n. 40.
EUGENIO IV (in conc. Fiorentino), const. «*Exultate Deo*», 22 novembre 1439, §16, in *COD* 534-559 (= *Fontes* 2, n. 52).
URBANO VIII, const. *Magnum in Christo*, 20 giugno 1637, in *Fontes* 2, n. 217.

BENEDETTO XIV, *Institutiones Ecclesiasticas*, in *Beneticti XIV Pont. Opt. Max. Opera omnia*, X, Pratii 1844.

———, ep. *Singulari*, 9 febbraio 1749, in *Fontes* 3, n. 394.

LEONE XIII, decr. *Consensus mutuus*, 15 febbraio 1892, in *ASS* 27 (1892) 441-442.

PAOLO VI, enc. *Humanae Vitae*, 25 luglio 1970, in *AAS* 60 (1970) 481-503.

———, alloc. *Ai prelati della Rota Romana*, 9 febbraio 1976, in *AAS* 68 (1976) 204-208.

———, *Discorso al CIF*, 12 febbraio 1966, in *Insegnamenti di Paolo VI*, IV, Città del Vaticano 1967, 78-86.

———, *Discorso all'Équipes Notre-Dame*, 4 maggio 1970, in *Insegnamenti di Paolo VI*, VIII, Città del Vaticano 1971, 424-435.

1.3 Documenti della Santa sede

S.C. CONCILII, *Hispalen*, 20 giugno 1609, in *Fontes* 5, n. 2378.

———, *Costantinopolitana*, 2 dicembre 1634, in *Fontes* 5, n. 2566.

———, *Costantinopolitana*, 16 dicembre 1634, in *Fontes* 5, n. 2567.

———, *Poloniae*, 13 novembre 1638, in *Fontes* 5, n. 2594.

———, *Reatina*, 13 luglio 1725, in *Fontes* 5, n. 3302.

———, *Vigilien*, 23 giugno-13 luglio 1725, in *Fontes* 5, n. 3300.

———, *Mutinen.*, 19 agosto 1724, 9 giugno 1725, *Fontes* 5, n. 3282.

———, *Rosnaviensis*, 20 agosto 1780, in *Fontes* 6, n. 3811.

———, Decisio 10 giugno 1876, 15 giugno e 24 agosto 1878, in *ASS* 11 (1878) 338-347.

———, *Parisien.*, 7 luglio, 1 sett. 1883, 7 marzo 1885, in *Fontes* 6, nn. 4266; 4295.

———, *Argentinen.*, 23 novembre 1907, in *Fontes* 6, n. 4343.

S.C. S. OFFICII, *ad Vic. Ap. Sutchuensem*, 12 gennaio 1769, in *Fontes* 4, n. 820.

———, *Instr. Ad Archiepiscopos Quebecensis*, 16 settembre 1824, in *Fontes* 4, n. 866.

———, 8 giugno 1836, in *Fontes* 4, n. 874.

———, *ad Vic. Ap. Oceaniae*, 6 aprile 1843, in *Fontes*.4, n. 894.

———, *ad Conchinchin. Occident.*, 12 giugno 1850, in *Fontes* 4, n. 910.

———, *Yunnan*, 20 settembre 1854, in *Fontes* 4, n. 928.

———, *Iaponae*, 11 marzo 1868, in *Fontes* 4, n. 1004.

S.C. S. OFFICII, *ad Vic. Ap. Oceaniae Centralis*, 18 dicembre 1872, in *Fontes* 4, n. 1024.

———, *ad Ep. S. Alberti*, 9 dicembre 1874, in *Fontes* 4, n. 1036.

———, *Instr. ad Arch. Scopiensis*, 15 novembre 1882, in *Fontes* 4, n. 1074.

———, *Instr.* 20 giugno 1883, in S.C. DE PROPAGANDA FIDE, *Collectanea*, II, Romae 1907, n. 1587.

———, (*Promont. Bonae Spei*), 22 luglio 1840, in *Fontes* 4, n. 883.

———, 22 agosto 1860, in *Fontes* 4, n. 964.

———, (*Victoriae Nyanzae*), 3 aprile 1889, in *Fontes* 4, n. 1115.

———, (*Pondicher.*), 3 febbraio 1892, in *Fontes* 4, n. 1149.

———, 2 marzo 1904, in *Fontes* 4, n. 1270

S.C. S. INQUISITIONIS, *risp.* 8 marzo 1899, in S.C. DE PROPAGANDA FIDE, *Collectanea*, II, Romae 1907, n. 2041.

SEGRETERIA DI STATO, Instr. 27 marzo 1830, in *Fontes* 7, n. 6451.

S.C. PROPAGANDA FIDE, *Instr. ad Vicar. Ap. Costantinop.*, 1 ottobre 1785, in *Fontes* 7, n. 4607.

———, *Littera ad coadiut. Superior. Mission. in ora Coromandel*, 5 luglio 1788, in *Fontes* 7, n. 4622.

1.4 Fonti e documenti codiciali e legislativi

Codex Iuris Canonici Pii X Pont. Max. iussu digestus Benedicti papae XV auctoritae promulgatus, Typis Poliglottis Vaticanis 1917.

PONTIFICIA COMMISSIO CODICIS IURIS CANONICI RECOGNOSCENDO, «Acta Commissionis - Coetus de matrimonio», *Communicationes* 3 (1971) 69-81; 5 (1973) 70-93; 9 (1977) 79-80. 117-146. 345-378; 10 (1978) 86-127; 15 (1983) 219-242.

Codex Iuris Canonici auctoritate Joannis Pauli PP. II promulgatus, Città del Vaticano 1983.

1.5 Documenti di varia provenienza

Editto dei Rotari, in *Monumenta Germaniae Historica*, IV, ed. G.H. PERTZ, Hannover 1868, 1-90.

CARD. LEGATO CAPRARA, *Instructio*, 25 aprile 1803, in MIGNE, J.P, *Theologiae cursus completus*, 25, Paris 1840, col. 704-707

CONVENTUS VIENNENSIS EPISCOPORUM AUSTRIAE, *Instructio Austriaca*, 6 aprile 1856, in *Mansi* XLVI, 394-432.

Appendix I, «Circa matrimonii convalidationem», in *ASS* 2 (1866) 52-54.

CONFERENZA EPISCOPALE ITALIANA, *Matrimonio e famiglia cristiana oggi in Italia,* Documento pastorale, 15 novembre 1969, in *EVCEI* 1, 683-706, nn. 2109-2217.

1.6 Fonti giurisprudenziali

coram Quattrocolo, 30 dicembre 1927, in *RRD* 19 (1927) 540-548.

coram Wynen, 1 giugno 1940, in *RRD* 32 (1940) 425-446.

coram Fiore, 15 giugno 1964, in *RRD* 56 (1964) 477-483.

coram Funghini, 30 giugno 1988, in *RRD* 80 (1988) 439-448.

2. Studi

ABATE, A.M., *Il matrimonio nella nuova legislazione canonica,* Roma – Brescia 1985.

ABBO J.A. – HANNAN, J.D., *The sacred Canons,* St. Louis 1960^2.

AGOSTINO D'IPPONA, *De nuptis et de concupiscentia,* in *PL* 44, 415-474.

ALBERTO MAGNO, *Commentarii in Matthaum,* in *Opera Omnia,* IX, Lugduni 1651.

———, *Commentarii in Marcum,* in *Opera Omnia,* IX, Lugduni 1691.

———, *Commentarium In IV lib. Sent.,* XVI, Lugduni 1651.

ALESANDRO, J.A., *Gratian's notion of marital consummation,* Roma 1971.

ANDREINI, P.M., *De matrimonio,* Bologna 1999.

ANDRIANO, V., «Problematica generale su impedimenti e proibizioni al matrimonio canonico», in *Matrimonio e disciplina ecclesiastica,* Milano 1996, 51-62.

AVILA CASTAÑEDA, P.M., *La consumación conyugal indisoluble segun s. Buenaventura,* Bogotá 1979.

AZNAR GIL, F.R., *El Nuevo Derecho Matrimonial Canónico,* Salamanca 1985^2.

BALDANZA, G., «Il problema del consenso dei genitori al matrimonio dei figliuoli e la sua pratica soluzione nelle Decretali di Gregorio IX», *EJcan* 18 (1962) 351-375.

BALTZER, O., *Die Sentenzen des Petrus Lombardus,* Leipzig 1902.

BAÑARES, J.I., «Comentario al can. 1057», in *Comentario exegético al Código de Derecho Canónico,* III/2, Pamplona 1997^2, 1055-1062.

BARBERENA, T.G., «Sobre el matrimonio in fieri», *Salm.* 1 (1954) 422-440.

———, «Sobre la idea contractual del matrimonio canónico», *MCom* 16 (1951) 157-179.

BARBOSA, A., *Collectanea doctorum tam veterum tam recentior in Ius Ponticium universum*, IV, Lugduni 1645².

BARTOCCETTI, V., «Circa ius matrimoniale», *RDC* 3 (1953) 259-277.

———, «Codicis J.C. emendatio a S.P. Pio XI circa leges et causas matrimoniales disposita – anno 1938», *RDC* 11 (1961) 9-23.

BASILIO, *Epistola* 199, in *PG* 32, 715-732.

BENDER, L., «Convalidatio matrimonii et defectus consensus», *ME* 81 (1956) 482-493.

———, «Convalidation du mariage», in *DDC* 4, col. 541-551.

———, «Matrimonii convalidatio», *ME* 81 (1956) 102-116.

———, *Forma iuridica celebrationis matrimonii*, Roma – Parigi – New York – Tournai 1960.

BERLINGÒ, S. – VITALI, E., *Il matrimonio canonico*, Milano 1994.

BERNÁRDEZ CANTÓN, A., «De matrimonii convalidatione», in *Comentario exegético al Código de Derecho Canónico*, III/2, Pamplona 1997², 1603-1622.

BERNARDUS PAPIENSIS, *Summa Decretalium*, Ratisbonne 1860.

BERNHARD, J., «Evolution du sense de la forme de célébration du mariage dans l'Eglise d'occident», *RDC* 30 (1980) 187-234.

BERSINI, F., *Il diritto canonico matrimoniale*, Leumann (TO) 1994⁴.

BETTI, U., *Diritto Romano*, Padova 1935.

BIANCHI, P., «Il pastore d'anime e la nullità del matrimonio XIII. La convalidazione di un matrimonio invalido», *QDE* 10 (1997) 206-229.

———, *Quando il matrimonio è nullo?*, Milano 1998.

BLANCO NÁJERA, D.F., *El Código de derecho canónico*, II, Cádiz 1945.

BLAT, A., *Commentarium textus Codicis Iuris Canonici*, III, pars I, *De sacramentis*, Romae 1924².

BOEHMER, J.H., *Ius Ecclesiasticum universum*, Hallae 1756⁴.

BOGDAN, L.A., *Renewal of consent in the simple validation of marriage*, Romae 1979.

———, «Simple Convalidation of Marriage in the 1983 Code of Canon Law», *Jurist* 46 (1986) 511-531.

BOGGIANO PICO, A., *Il matrimonio nel diritto canonico*, Torino 1936.

BONAVENTURA DA BAGNOREGIO, *Breviloquium*, Friburgii 1881.

———, *In IV Sententiarum*, Venetii 1562.

BONFANTE, P., *Corso di diritto romano*, Roma 1925.

BONNET, P.A., «A proposito di talune questioni attuali in materia matrimoniale: amore coniugale, causalità matrimoniale della sanazione in radice», *DEc* 83 (1972) 342-380.

———, *L'essenza del matrimonio canonico*, Padova 1976.

———, *Introduzione al consenso matrimoniale canonico*, Milano 1985.

———, «Il consenso», in *Matrimonio canonico tra tradizione e rinnovamento*, Bologna 1991², 159-221.

BRENNAN, J.H., *The simple convalidation of marriage*, Washington 1937.

BROOKE, C.N.L., *Il matrimonio nel Medioevo*, Bologna 1991.

BRYS, J., *De dispensatione in iure canonico*, Brugis – Wetteren 1925.

BUCCERONI, G., *Institutiones Theologiae Moralis, secundum doctrina S. Thomae et S. Alphonsi*, II, Romae 1892.

BUCKLAND, W.W., *A text-book of Roman Law*, Cambridge 1950².

CABERLETTI, G., *L'oggetto essenziale del consenso coniugale nel matrimonio*, Brescia 1985.

CAPPELLO, F., «La legislazione ecclesiastica e i suoi eventuali perfezionamenti», *DEc* 53 (1942) 385-389.

———, «Per la difesa della verità e della dottrina cattolica», *DEc* 54 (1943) 286-290.

———, «Breve risposta al prof. Fedele», *DEc* 55 (1944-45) 32-33.

———, *Tractatus canonicus moralis de sacramentis*, V, *De Matrimonio*, Torino 1961⁷.

CASTAÑO, J.F., «El canon 1057, centro de la legislación matrimonial de la Iglesia», *REDC* 47 (1990) 563-575.

CERCIÀ, A., *Lezioni di Diritto Canonico pubblico e privato*, Napoli 1867³.

CHELODI, G., *Ius matrimoniale*, Tridenti 1919.

CHIAPPETTA, L., *Prontuario di diritto canonico e concordatario*, Roma 1994.

———, *Il Codice di diritto canonico*, Roma 1996².

CICU, A., *Diritto di famiglia*, Roma 1915.

———, «Matrimonium Seminarium Reipublicae», *ArGiur* 85 (1921) 111-143.

CINO DA PISTOIA, *Super Codice et Digesto veteri lectura*, Lugduni 1547.

CIPROTTI, P., «Il matrimonio presunto», *ADE* 2 (1940) 299-318; 457-464.

COLORNI, V., *Legge ebraica e leggi locali*, Milano 1945.

COLANTONIO, R., «La condicio de futuro», in *Il consenso matrimoniale condizionato*, Città del Vaticano 1993, 27-57.

CONINCK, A., *De matrimonio*, Antwerpiae 1616.

CONTE A CORONATA, M., *De sacramentis tractatus*, III, *De matrimonio et sacramentalibus*, Città del Vaticano 1948.

CORBETT, P.E., *The Roman Law of Marriage*, Oxford 1930.

CORRADUS, P., *Praxis dispensationum Apostolicarum*, Venetii 1656².

COVARRIUVIAS, D., *In quartum librum Decretalium epitome*, Frankfurt 1599.

DA BUTRIO, A., *In libros decretalium commentarium*, Venetii 1578.

D'ANDREA, G., *In quinque decretalium librum novella*, Venetii 1581.

———, *In sestum decretalium librum novella*, Venetii 1581.

D'ANNIBALE, G., *Summula Theologiae Moralis*, I, Romae 1887³.

D'AURIA, A., *Il difetto di libertà interna nel consenso matrimoniale come motivo di incapacità per mancanza di discrezione di giudizio*, Roma 1997.

D'AVACK, A., «Il problema della rilevanza giuridica dell'amore coniugale», *DEc* 81 (1970) 388-401.

D'AVACK, P., *Cause di nullità e di divorzio nel diritto matrimoniale canonico*, Firenze 1952.

D'ERCOLE, G., «Il consenso degli sposi e la perpetuità del matrimonio nel diritto romano e nei Padri della Chiesa», *SDHI* 5 (1939) 18-75.

DAMIZIA, G., «Convalidazione dei matrimoni nulli contratti da acattolici», *Apoll.* 39 (1966) 93-98.

DAUVILLIER, J., *Le mariage dans le droit classique de l'Eglise, depuis le décret de Gratien (1140) jusq'a la mort de Clément V (1314)*, Paris 1933.

DAVINO, E., «Il consenso matrimoniale canonico condizionato, con particolare riferimento alle condizioni "de praeterito et de praesenti"», in *Il consenso matrimoniale condizionato*, Città del Vaticano 1993, 13-26.

DE AZPILCUETA, M., *Commentaria et tractatus*, II, Lugduni 1597.

———, *Consiliarum seu resposorum*, Venetii 1621.

———, *Manuale Confessionis*, Venetii 1584.

DE CLERCQ, C., *Des sacraments*, Paris, 1954².

DE GUIBERT, J., «Le décret du Concile de Florence pour les Arméniens, sa valoure dogmatique», in *BLE* 20 (1919) 203-224.

DEL GIUDICE, V., *Nozioni di diritto canonico*, Milano 1941⁵.

DE LA HERA, A., «Sobre la significación del amor en la regulación juridica del matrimonio», *JC* 6 (1966) 569-582.

DE LIGUORI, A.M., *De matrimonio*, in *Opera Moralia*, IV, ed. P.L. Gaudé, Romae 1912, 3-268.

DELOS, J.T., «La théorie del l'Institution. La solution réaliste du problème de la personalité morale et le Droit a fondament objectif», *APD* 1-2 (1931) 136-143.

DE PAOLIS, V., «I matrimoni misti», in *Matrimonio e disciplina ecclesiastica*, Milano 1996, 141-168.

DE REINA, V., «La influencia romana en el derecho canónico como cuestión metodologica», *JC* 9 (1969) 179-220.

———, *El consentimiento matrimonial*, Barcelona 1974.

DE SMET, A., *De sponsalibus et matrimonio*, Brugis 1927^4.

DOYLE, T.P., «Convalidation of marriage», in *The Code of Canon law*, New York 1985, 822-826.

ESMEIN, A. – GENESTAL, R., *Le mariage en droit canonique*, I, Paris 1929^2.

FAGIOLO, V., «Formazione ed essenza del matrimonio nella dottrina di S. Bonaventura», *EJC* 12 (1956) 110-148.

FALCO, M., *Corso di diritto ecclesiastico*, Padova 1935.

FARRUGIA, N., *De matrimonio et causis matrimonialibus*, Taurin – Romae 1924.

FEDELE, P., «A proposito di eventuali perfezionamenti della legislazione ecclesiastica in materia matrimoniale», *DEc* 53 (1942) 76-80.

———, «Per la difesa dell'attuale legislazione ecclesiastica in materia matrimoniale», *DEc* 55 (1944-45) 27-32.

———, «In tema di convalida del matrimonio canonico nullo per difetto o vizio di consenso», in *Studi di diritto canonico in onore di M. Magliochetti*, II, Roma 1975, 487-513.

———, «Insostituibilità e irrevocabilità del consenso matrimoniale», in *Il matrimonio oggi tra crisi e rinnovamento*. Atti del convegno internazionale promosso dalla Facoltà di Giurisprudenza dell'Università Cattolica del Sacro Cuore, Milano 9-10 aprile 1979, Milano 1980, 84-103.

———, «L'essenza del matrimonio canonico e la sua esclusione», in *Studi sul matrimonio canonico*, Roma 1982, 7-174.

FEIJE, H.J., *De impedimentis et dispensationibus matrimonialibus*, Lovanii 1893.

FERRARIS, F.L., *Prompta Bibliotheca canonica iuridica moralis theologica*, V, (ed. novissima), Romae 1885.

FRASSINETTI, G., *Compendio della Teologia Morale di S. Alfonso M. De' Liguori*, Genova 1867^3.

FREISEN, J., *Geschichte das Kanonischen Eherechts bis rum Verfall der Glossenletterature*, Paderborn 1893.

GARCÍA FAÍLDE, J.J., «Nulidad matrimonial-inexistencia o ineficacia juridica del consentimiento matrimonial», in *Curso de derecho matrimonial y procesal canónico para profesionales del foro - vol. V*, Salamanca 1982, 91-124.

———, «Observationes novae circa matrimonium canonicum simulatum et coactum», *Periodica* 75 (1986) 171-220.

GARCÍA MARTÍN, J., *Le norme generali del Codex Iuris Canonici*, Roma 1996.

GASPARRI, P., *Tractatus canonicus de matrimonio*, Romae 1932^2.

GAUDÈ, L., *Teologia Moralis*, II, (Opera moralia Alfonso M. De Liguori) Romae 1912^2.

GAUDEMET, J., *Il matrimonio in Occidente*, Torino 1989.

GIACCHI, O., *Il consenso nel matrimonio canonico*, Milano 1968^3.

GIBERT, J.P., *Corpus iuris canonici per regulas naturali ordine digestas*, I, Lugduni 1737.

GIMÉNEZ FERNÁNDEZ, M., *La institución matrimonial según el derecho de la Iglesia Católica*, Madrid 1947^2.

GIROLAMO (san), *Epistola* 148, in *PL* 22, 1204-1220.

GLORIEUX, P., *Repetoire des maîtres en thèologie de Paris aux XXXe siècle*, Paris 1933.

GLÜCK, C.F., *Commento alle Pandette*, Milano 1893-1908.

GONZÁLES DEL VALLE, J.M., *Derecho canónico matrimonial segundo el código del 1983*, Pamplona 1983.

GRABMANN, M., *Die Geschichte der scholastischen Methode*, II, Freiburg 1909.

GRAZIANI, E., «Codicis emendatio o codificatio mendorum», *DEc* 62 (1961) 57-61.

GROCHOLEWSKI, Z., *De exclusione indissolubilitatis ex consensu matrimoniali eiusque probatione*, Neapoli 1973.

GURY, P. - BALLERINI, A., *Compendium theologiae moralis*, II, Prati 1898^{13}.

GUTIERREZ, A., *Il matrimonio*, Napoli 1974.

HARRIGAN, R.J., *The radical sanation of the invalid marriages*, Washington 1937.

HENDRIKS, J., *Diritto matrimoniale*, Milano 1999.

HENNES, K.R., *Die einfache Gültigmachung ungültiger Ehen nach Willesmangel*, Aachen 1988.

HERVADA, J., «La revocación del consentimento matrimonial», *JC* 16 (1976) 271-285.

HERVADA, J., «La convalidazione del matrimonio», in *Codice di Diritto canonico*, Navarra – Roma 1987, 827-829.

———, «La convalidación del matrimonio», in *Código de Derecho canónico*, Navarra, 1984, 699-701.

HOSTIENSIS, *Summa Aurea*, Venetii 1581.

HUBER, J., «De structura consensus apud romanos», *Periodica* 69 (1980) 461-479.

———, *Der Ehekonsens im Römischen recht*, Roma 1977.

ICMARO DI REIMS, *Epistola 22*, in *PL* 126, 132-153.

IORIO, T.A., *Theologia moralis*, III , Neapoli 1932.

JEMOLO, A.C., *Il matrimonio nel diritto canonico*, Bologna 1993.

JOYCE, G.H., *Christian marriage, an historical and doctrinal study*, London 1933.

KADZIOCH, P., *Il ministro del sacramento del matrimonio nella tradizione e nel diritto canonico latino e orientale*, TG.DC 22, Roma 1997.

KOZUL, S.D., *Evoluzione della dottrina circa l'essenza del matrimonio dal CIC al Vaticano II*, Vicenza 1980.

LÄMMER, H., *Institutionen des katholischen Kirchenrechts*, Freiburg 1866.

LE BRAS, G., «La doctrine du mariage chez le theologiens et le canonistes dupuis l'an mille», in *DThC*, 9^2, Paris 1927, col. 2123-2317.

LEFEVBRE, C., «Le mariage civil n'est il qu'un contract?» *RHDF* 26 (1902) 300-334.

LEHMKUHL, A., *Theologia morali*, II, pars II, Friburgi Brisgoviae 1910^{11}.

LENER, S., «L'oggetto del consenso e l'amore del matrimonio», », in *L'amore coniugale. Annali di dottrina e giurisprudenza canonica*, Città del Vaticano 1971, 125-177.

LLOBELL, J. – DE LEÓN, E. – NAVARRETE, J., *Il libro "De Processibus" nella codificazione del 1917*, I, Roma 1999.

LOMBARDIA, P., «Casi speciali di rapporto tra consenso e forma», in *Corso di diritto canonico*, II, Brescia 1976, 141-159.

LOMBARDUS, P., *Libri IV Sententiarum*, ad Claras Acqua 1916.

MANENTI, C., *Della inopponibilità delle condizioni ai negozi giuridici ed in specie delle condizioni apposte al matrimonio*, Siena 1889.

MANTUANO, G., «Sulle forme di convalida del negozio matrimoniale canonico», *DEc* 98 (1987) 737-765.

MANZANARES, J., «La revalidación del matrimonio», in MANZANARES, J. – MOSTAZA, A. – SANTOS, J.L., *Nuevo derecho parroquial*, Madrid 1988, 538-542.

MARTÍNEZ BLANCO, A., «Una configuración nueva de la sanación simple del matrimonio canónico», *REDC* 32 (1976) 241-282.

MICHIELS, G., *Normae generales iuris canonici*, Paris – Tornaci – Romae 1949.

——, *Principia generalia de personis in Ecclesia*, Parigi 1955.

MIGUÉLEZ, L., «El matrimonio», in *Comentario al Código de Derecho canónico*, II, Madrid 1963, 425-736.

MINGARDI, M., *L'esclusione della dignità sacramentale dal consenso matrimoniale nella dottrina e nella giurisprudenza recenti*, TG.DC 13, Roma 1997.

MONETA, P., *Il matrimonio nel nuovo diritto canonico*, Genova 1991.

MONTSERRAT, V., «El contrato y la institución en el matrimonio», *CTom* 86 (1959) 117-127.

MONTINI, G., «La convalidazione del matrimonio: semplice, sanazione in radice», in *Matrimonio e disciplina ecclesiastica,* Milano 1996, 187-214.

MULLENDERS, J., *Le mariage présumé*, Roma 1971.

MURTAGH, C., «The judicial importance of amor coniugalis», *Jurist* 33 (1973) 377-383

MUSSELLI, L., *Manuale di diritto canonico e matrimoniale*, Bologna 1995.

NAVARRETE, U., «Ecclesia sanat in radice matrimonia inita cum impedimento iuris divini», *Periodica* 52 (1963) 348-390.

——, *De convalidatione matrimonii (cc. 1133-1141). Ad modum manuscripti*, Romae 1964.

——, «Foedus coniugalis, amor, sacramentum attenta doctrina Concili Vaticani II», in *Acta conventus internationales canonistarum,* Romae 20-25 mai 1968, 645-673.

——, «Consenso matrimoniale e amore coniugale con particolare riferimento alla Cost. Gaudium et spes», in *L'amore coniugale. Annali di dottrina e giurisprudenza canonica*, Città del Vaticano 1971, 203-214.

——, «De vinculo matrimonii in theologia et iure canonico», in *Vinculum matrimoniale*, Roma 1973, 99-140.

——, «Schema iuris recogniti "De matrimonio". Textus et observationes», *Periodica* 63 (1974) 611-658.

——, «Amor coniugalis et consensus matrimonialis», *Periodica* 65 (1976) 619-632.

NAVARRETE, U., «Influsso del diritto romano sul diritto matrimoniale canonico», in *Atti del colloquio romanistico-canonistico 1978*, Roma 1979, 299-318.

―――, «Il matrimonio nel diritto canonico. Natura del consenso matrimoniale», in *La definizione essenziale giuridica del matrimonio*, Atti del colloquio romanistico-canonistico 13-16 marzo 1979, Roma 1980, 125-139.

―――, «Il matrimonio: patto naturale e realtà sacramentale», in *Matrimonio e disciplina ecclesiastica,* Milano 1996, 9-30.

―――, *Structura iuridica matrimonii secundum Concilium Vaticanum II*, Roma 1994.

―――, «Consensus naturaliter sufficiens, sed iuridice inefficax. Limiti alla sovranità del con senso matrimoniale», *Periodica* 88 (1999) 2-29.

NAVARRO-VALLS, R.,«Comentario al can.1117» in *Comentario exegético al Código de Derecho Canónico*, III/2, Pamplona 1997[2], 1467-1469.

NAZ, R., «Dispense», in *DDC*, 4, col. 1284-1296.

NEUDECKER, R., «Il matrimonio in fieri nel diritto giudaico», in *Atti del colloquio romanistico-canonistico 1978*, Roma 1979, 7-18.

O' ROURKE, J.J., «Considerations on the convalidation of Marriage», *Jurist* 43 (1983) 387-391.

OCHOA, X., *Leges Ecclesiae*, II, Roma 1969.

OJETTI, G., «Il pensiero tradizionale della Chiesa circa l'elemento costitutivo del matrimonio fino al concilio di Trento», in *RasMD* 1 (1935) 69-94.

ORESTANO, R., «La struttura giuridica del matrimonio romano dal diritto classico al diritto giustinianeo», *BIDR* 47 (1940) 154-402.

OWEN, M., «Automatic sanation of marriage of Baptized non-catholic», *Jurist* 8 (1948) 18-40.

PANORMITANUS, *Commentaria in Decretalium libros*, Venetii 1588.

PAVANELLO, P., *Il requisito della perpetuità nell'incapacità ad assumere le obbligazioni essenziali del matrimonio (can. 1095,3°)*, AnGr 266, Roma 1994.

PAYEN, G., *De matrimonio*, II, Zika-wei 1936[2].

PECKIUS, P., *Ad Regulas Iuris Canonici commentaria*, Monasterii Wesphaliae 1645.

PEDERZINI, N., *L'apporto di Papa Benedetto XIV alla dottrina e alla disciplina del matrimonio*, Roma 1961.

PELLEGRINO, P., *Il consenso matrimoniale nel codice di diritto canonico latino*, Torino 1998.

PÉREZ DE HEREDIA Y VALLE, J., «De la convalidación simple», in *Código de derecho canónico*, ed. A. Benloch Poveda, Valencia 1993², 525-528.

PEREZ LLANTADA, J. – MAGAZ SANGRO, C., *Derecho canónico matrimonial para juristas*, Madrid 1993².

PERINOTTO, E., *La causa efficiente del matrimonio secondo la Costituzione Gaudium et spes del Concilio Vaticano II*, Roma 1968.

PERRONE, G., *De matrimonio Christiano*, II, Romae 1858.

PIER DAMIANI (san), *De parentelae gradisbus*, in *PL* 145, 200-203.

PLÖCHL, W.M., *Storia del diritto canonico*, I, Milano 1963.

POMPEDDA, M.F., «Annotazioni sul diritto matrimoniale nel nuovo Codice canonico», in GROCHOLEWSKI, Z. – POMPEDDA, M.F. – ZAGGIA, C., *Il matrimonio nel nuovo Codice di diritto canonico: annotazioni di diritto sostanziale e processuale*, Padova 1984, 15-165.

POSA, F., «Note in tema di convalidazione semplice e di simulazione totale del matrimonio canonico», *DEc* 100 (1989) 234-249.

PSEUDO-GIOVANNI CRISOSTOMO, *Opus imperfectum in Matthaeum homilia*, in *PG* 56, 611-946.

PUIGARNAU, J.M., *El consentimiento matrimonial*, Barcelona 1956.

QUEZADA TORUÑO, R., *La perseverancia del consentimiento matrimonial en la sanatio in radice*, Roma 1962.

RASI, P., «Il diritto matrimoniale nei Glossatori», in *Studi in onore di Carlo Calisse*, I, Milano 1940, 128-158.

———, *Consensus facit nuptias*, Milano 1946.

REGATILLO, F., *Cuestiones canónicas*, Santander 1928.

REIFFENSTAUEL, A., *Theologia moralis*, Venetii 1736.

RENARD, G., *La théorie de l'Institucion*, Paris 1930.

———, *La philosophie de l'Institution*, Paris 1939.

RIGANTIUS, I.B., *Commentaria in regulas, Constituitiones, et Ordinationes Cancelariae Apostolicae*, Romae 1744-1747.

RINCÓN, T., *El matrimonio misterio y signo. Siglos IX-XIII*, Pamplona 1971.

ROBLEDA, O., «Sobre el matrimonio in fieri», *EE* 28 (1954) 5-56.

———, «Matrimonium est contractus», *Periodica* 53 (1964) 374-408.

———, *La nulidad del acto juridico*, Roma 1964.

———, «Causa efficiens matrimonii iuxta const. Gaudium et spes Concilii Vaticani II», *Periodica* 55 (1966) 354-380.

———, «Divortium. Ius romanum et teoria generalis», *Periodica* 58 (1969) 351-414.

ROBLEDA, O., *El matrimonio en el Derecho Romano*, Roma 1970.

———, «La definizione del matrimonio nel diritto romano», in *Atti del colloquio romanistico-canonistico 1978*, Roma 1979.

RODRIGO, L., «De relatione inter matrimonii nullitatem et nullitatem consensus matrimonialis», *MCom* 4 (1945) 55-126.

RODRIGUEZ CHACON, R., «El acto formal de apartamiento del canon 1117», *REDC* 46 (1989) 557-591.

ROSSET, M., *De sacramento matrimonii*, V, Sancti Joannis Maurianae (Sabaudia) 1895.

RUSSEL, J., *The «sanatio in radice» before the Council of Trent*, Roma 1964.

SALMANTICENSIS, *De sacramentis*, Venetii 1728.

SALERNO, F., «La dignità sacramentale del matrimonio nella storia della Chiesa», in *Il matrimonio sacramento nell'ordinamento canonico vigente*, Città del Vaticano 1993, 11-68.

SANCHEZ, T., *De disputationibus de sancto matrimonii sacramento*, II, Venetii 1606.

SAVIGNY, F.K., *Storia del diritto Romano nel medioevo*, I, Torino 1854.

———, *Storia del diritto Romano attuale*, I, Torino 1886; II, Torino 1888; III, Torino 1897.

———, *Le obbligazioni*, Torino 1912.

SCHAAF, V.T., «Is convalidation of convert's marriage necessary?», *AEcR* 96 (1936) 91-96.

SCHERER, R., *Handbuch des Kirchenrechts*, Graz 1886.

SCHMALZGRUEBER, F., *Ius Ecclesiaticum universum*, IV, pars II, Romae 1845.

SCHÖCH, N., «La solennizzazione della forma canonica nel decreto *Tametsi* del Concilio di Trento», *Anton.* 72 (1997) 637-672.

SCHUPFER, F., *Il diritto privato dei popoli germanici con speciale riguardo all'Italia*, Città di Castello 1907.

SCOVAZZI, M., *Le origini del diritto germanico*, Milano 1957.

SEGRE, A., «Il matrimonio nel diritto ebraico», in *Atti del colloquio romanistico-canonistico 1978*, Roma 1979, 19-28.

SERIAUX, A., *Droit canonique*, Paris 1996.

SERRANO RUIZ, M., «L'ispirazione conciliare dei principi generali del matrimonio canonico», in *Matrimonio canonico fra tradizione e rinnovamento*, Bologna 1991², 15-97.

SERRIER, J., *Le mariage contract-sacrement et la doctrine augustinienne des biens du mariage*, Paris 1928.

SHERIDAN, P., *A historical review of the Convalidation of marriage*, Romae 1957.

SOTO, J., *El matrimonio in fieri en la doctrina de S. Ambrosio y S. Juan Crisóstomo. Estudio comparativo*, Roma 1976.

STAFFA, D., «De actu positivo voluntatis quo bonum essentiale matrimonii excluditur», *ME* 74 (1949) 164-173

———, «De Conditione e qua pendet matrimonialis consensus», in *Questioni attuali di diritto canonico*, AnGr 69 (1955) 219-242.

STANGHELLINI, A., «Il diritto matrimoniale nei padri della Chiesa», *ArGiur* 84 (1910) 77-140.

STECZKOWSKI, P., *Il conflitto tra foro interno ed esterno nel diritto matrimoniale del CIC 1983*, Roma 1998.

STIEGLER, M.A., *Dispensation, Dispensationswesen und Dispensationrecht in Kirchenrecht geschichtlich dargestellt*, Mainz 1901.

TALLARICO, C., *De matrimonii convalidatione*, Roma 1938.

TANASINI, A., «Forma del matrimonio», in *Matrimonio e disciplina ecclesiastica*, Milano 1996, 115-140.

TERTULLIANO, *Adversus Marcionem*, in *PL* 2, 263-556.

TESTACCI, B., *La difesa della libertà matrimoniale della donna nell'impedimento di ratto*, Roma 1962.

TOMMASO D'AQUINO, *Summa Theologica*, IV, *Suppl.*, Parma 1857.

TOSATO, A., *Il matrimonio israelitico: una teoria generale*, AnBib 100, Roma 1982.

UBACH, G., *Theologia Moralis*, II, Bonis Auris 1935[2].

UGO DI S. VITTORE, *De Beata M. virginitate*, in *PL* 176, 858-876.

———, *De Sacramentis Christianae fidei*, in *PL* 176, 176-618.

URRUTIA, F.J., *De normis generalibus*, Romae 1983.

VACCARI, P., *La formazione del diritto romano e la sua espansione*, Pavia – Milano 1960.

VAN ASPEN, Z.B., *Ius ecclesiaticum universum*, II, Coloniae 1777.

VECCHIOTTI, S.M., *Tractatus canonicus de matrimonio*, Taurini 1868.

VELA, L., «Consenso matrimoniale», in *Nuovo Dizionario di Diritto Canonico*, ed. C. Corral Salvador – V. De Paolis – G. Ghirlanda, Cinisello Balsamo 1993, 288-295.

VERNAY, J., «La convalidation du mariage», in *Droit canonique*, Paris 1999[2], 357-359.

VILADRICH, P.J., «Comentario al can. 1102», in *Comentario exegético al Código de Derecho Canónico*, III/2, Pamplona 1997[2], 1382-1403.

VILLEGGIANTE, S., «L'amore coniugale e il consenso matrimoniale canonico», *EJcan* 46 (1990) 87-108.

VLAMING, T.M., *Prealectionis iuris matrimonii*, II, Bussum 1921³.

VOLTERRA, E., *La conception du mariage d'après les juristes romaines*, Padova 1940.

———, «Il matrimonio (dir. rom.)», in *EncD*, 25, 726-807.

———, *Lezioni di Diritto romano. Il matrimonio romano*, Roma 1961.

———, «Consensus facit nuptias», in *Atti del colloquio romanistico-canonistico 1978*, Roma 1979, 44-56.

VROMAT, G., *Ius missionarium – De matrimonio*, Paris 1952.

WALKER, E., «The invalid convalidation: A neglected "caput nullitatis"», *StCan* 9 (1975) 325-336.

WERNZ, F.X., *Ius decretalium*, IV, pars I, Prati 1911².

WERNZ, F.X. – VIDAL, P., *Ius canonicum ad Codicis norman exactum. V. Ius matrimoniale*, Romae 1925.

WRENN, L.G., «Invalid convalidation», *Jurist* 32 (1972) 253-265.

ZITELLI, Z., *De dispensationibus matrimonialibus*, Romae 1887.

INDICE DEGLI AUTORI

Abate: 88, 96, 100, 104, 108, 116, 258, 265, 270, 274, 275, 284, 292
Abbo: 202, 206, 212
Abelardo: 36, 47
Agostino d'Ippona: 31, 83
Alberto Magno: 43, 45, 46
Alesandro: 36
Alessandro III: 39, 40, 41, 42, 43, 54, 79, 130, 149, 173, 241, 300
Ambrogio: 29, 31, 32
Andreini: 132, 137, 138, 256, 265, 273
Andriano: 131
Avila Castañeda: 48
Aznar Gil: 99
Baldanza: 38, 41
Ballerini: 175, 185, 186, 188, 189, 190
Baltzer: 37
Bañares: 96, 99, 101
Barberena: 67, 68, 69, 70
Barbosa: 151
Bartoccetti: 225, 227, 228, 229, 230, 231, 232, 233, 238, 239, 240, 241, 242, 243, 247, 248, 254, 302
Bartolo da Sassoferrato: 51
Basilio: 31, 32
Bender: 110, 225, 227, 232, 233, 234, 235, 236, 237, 238, 248, 254, 266, 267, 274, 278, 294, 302
Benedetto XIV: 136, 137, 141, 142, 143, 144, 145, 146, 147, 151, 152, 179, 180, 183, 199, 212, 301,
Benedetto XII: 84
Benedetto XV: 146
Berlingò: 96
Bernárdez Cantón: 118, 264, 265, 268, 271, 274, 275, 277, 278, 279, 280, 283, 286, 287, 289, 292, 293, 294, 295,
Bernardo da Parma: 133
Bernardus Papiensis: 51, 131
Bernhard: 53, 54
Bersini: 285, 286, 293, 294
Betti: 62
Bianchi: 88, 257, 259, 265, 270, 284, 289, 295
Blanco Nájera: 202, 205, 210
Blat: 202, 216, 291
Boehmer: 1257
Bogdan: 7, 202, 203, 204, 208, 209, 211, 258, 259, 262, 263, 265, 266, 282, 289, 294,
Boggiano Pico: 202, 204, 205
Bonaventura da Bagnoregio: 43, 46, 47, 48, 54, 190
Bonfante: 15
Bonifacio VIII: 150

Bonnet: 72, 88, 95, 96, 100, 104, 105
Brennan: 7, 125, 126, 127, 128, 129, 135, 137, 139, 140, 175
Brooke: 35
Brys: 126, 127
Bucceroni: 175, 186, 188, 190
Buckland: 18, 125
Caberletti: 70
Cappello: 39, 42, 53, 87, 88, 120, 136, 141, 169, 172, 202, 203, 204, 205, 207, 208, 209, 212, 214, 215, 218, 219, 220, 221, 222, 223, 224, 225, 226, 227, 228, 229, 243, 246, 247, 254, 262, 263, 274, 279, 302
Caprara: 166, 167, 189, 217
Carnelutti: 67
Castaño: 98, 102
Cerciá: 175, 180, 190
Chelodi: 202, 204, 210, 211, 212, 216, 217
Chiappetta: 114, 272, 284, 292
Cicu: 64, 65, 67
Cino da Pistoia: 51
Ciprotti: 41, 53, 54, 55, 56, 224
Clemente V: 136
Colantonio: 112
Colorni: 11, 13, 14
Conferenza Episcopale Italiana: 72
Coninck: 120, 176, 179, 190
Conte a Coronata: 130, 202, 203, 206, 207, 208, 209, 213, 214, 216
Conventus viennensis Episcoporum Austriae: 168, 169
Corbett: 18, 125
Corradus: 136
Covarriuvias: 54, 180, 183, 190
D'Andrea: 55, 56, 133, 148, 150, 177
D'Annibale: 175, 181, 182, 190

D'Auria: 87, 98, 101, 102
D'Avack, A.: 71
D'Avack, P.: 32, 39, 59
D'Ercole: 15, 17, 29, 30, 31, 62,
Da Butrio: 56, 57
Damizia: 266, 267
Dargun: 24
Dauvillier: 53, 130, 133, 134
Davino: 112
De Azpilcueta (Navarrus): 140, 141, 149, 150, 170, 175, 176, 177, 179, 180, 181, 183, 190
De Clercq: 202, 204, 207
De Guibert: 58
De la Hera: 72
De León: 191, 192
De Liguori (S. Alfonso): 182, 190,
De Luca: 14
De Paolis: 93, 105, 288
De Reina: 21, 23, 33, 37, 41, 59, 124
De Smet: 42, 44, 202, 205, 210
Del Giudice: 34, 36, 37, 38, 40, 223
Delos: 66
Di Modena: 13
Doyle: 262, 270, 273, 282, 289, 295
Duns Scoto: 54, 180
Esmein: 29, 57
Eugenio IV: 58, 84
Fagiolo: 40, 42, 47, 49,
Fagnanus: 179
Falco: 202, 210
Farrugia: 202, 208, 211, 216, 217, 291
Fedele: 53, 96, 101, 169, 172, 218, 219, 220, 221, 222, 223, 224, 225, 226, 227, 243, 244, 246,
Feije: 175, 182, 190, 202, 205
Ferraris: 145, 175, 178, 179, 180
Fiore: 278

INDICE DEGLI AUTORI

Frassinetti: 175, 182, 183
Freisen: 40
Funghini: 268, 285, 286
García Faílde: 100, 108, 112, 114
García Martín: 98, 263
Gasparri: 57, 88, 139, 187, 192, 193, 202, 204, 206, 211, 212, 214, 263, 274, 279, 282
Gaudè: 145, 175, 180, 190
Gaudemet: 18, 22, 24, 25, 27, 28, 51, 52, 53, 54
Genestal: 29, 57
Giacchi: 33, 63, 82, 83, 88, 104, 116
Gibert: 150
Giménez Fernández: 64, 65, 67
Giovanni Crisostomo: 29, 30, 32, 36, 83,
Giovanni Paolo II: 286
Giovanni Teutonico: 133
Girolamo: 31
Glorieux: 43
Glück: 52
Goffredo da Trani: 43, 133
Gonzáles Del Valle: 275, 276
Grabmann: 43
Graziani: 239, 243, 244, 247
Graziano: 34, 35, 36, 37, 38, 40, 49, 69, 82, 83
Gregorio IX: 41, 42, 55, 134, 173, 241
Grocholewski: 120
Guglielmo a Cappellis: 36
Guglielmo a Champeaux: 47
Gury: 175, 185, 186, 188, 189, 190
Gutierrez: 71
Hannan: 202, 206, 212
Harrigan: 125, 175
Hendriks: 258, 271, 272, 274, 275, 279, 284, 286, 289, 295
Hennes: 7, 259, 287
Hervada: 118, 267, 268, 276, 278, 283
Heusler: 24
Hostiensis: 148, 177
Huber: 19, 20
Icmaro di Reims: 33
Innocenzo III: 39, 41, 42, 53, 79, 130, 134, 135, 147, 149, 173, 176, 241, 243, 302
Innocenzo IV: 133, 134, 136
Iorio: 202, 204
Jemolo: 286, 292
Joyce: 57
Kadzioch: 94
Kolher: 24
Kozul: 74
Lamas Lourido: 66
Lämmer: 64
Le Bras: 36, 37, 40, 45, 50, 58, 59
Lefevbre: 64, 65, 67
Lehmkuhl: 175, 186, 187, 188, 190
Lener: 72
Leone XIII: 57, 85, 173
Llobell: 191, 192
Lombardia: 272, 274, 279
Lombardus (Pietro Lombardo): 35, 37, 38, 45, 46, 47, 49, 69
Magaz Sangro: 262, 270, 289
Manenti: 17, 52, 60, 61, 62, 63, 71, 74, 116
Mantuano: 115, 116, 259, 268, 271, 275, 283, 287, 296
Manzanares: 284
Martínez Blanco: 258, 260, 261, 296
Michiels: 94, 263
Miguélez: 274, 279
Mingardi: 100
Modestino: 20
Moneta: 96, 104, 268, 280, 289, 295

Montini: 108, 256, 258, 260, 261, 264, 265, 270, 278, 281, 284, 286, 289, 295, 296, 297
Montserrat: 66
Mullenders: 53
Murtagh: 71
Musselli: 293
Navarrete, J.: 191, 192
Navarrete, U.: 7, 10, 14, 20, 21, 22, 23, 28, 29, 30, 35, 36, 37, 38, 39, 42, 43, 45, 49, 50, 51, 60, 65, 67, 72, 73, 74, 75, 77, 78, 90, 91, 94, 99, 101, 103, 104, 106, 109, 110, 111, 112, 114, 115, 116, 119, 120, 124, 141, 142, 187, 202, 212, 213, 216, 218, 249, 251, 252, 255, 262, 266, 267, 270, 271, 274, 277, 279, 282, 284, 285, 288, 289, 290, 291
Navarro-Valls: 283
Naz: 126
Neudecker: 11, 12, 13
Niccolò I: 34, 83
Niccolò IV: 135
O' Rourke: 262, 263, 264, 288, 290, 292
Ochoa: 248, 249
Ojetti, B.: 192, 193, 194, 195, 196, 197, 198, 199, 222
Ojetti, G.: 31, 34, 35, 36, 37, 38, 39
Onorio III: 134
Orestano: 15, 17, 62
Owen: 207
Panormitanus: 148
Paolo VI: 71, 75, 76, 77, 78, 93, 117
Pavanello: 102
Payen: 202, 210, 214, 215, 216, 291
Peckius: 150, 151

Pederzini: 137, 143, 144
Pellegrino: 35, 37, 63
Pérez de Heredia Y Valle: 284, 292
Perez Llantada: 262, 270, 289
Perinotto: 16, 19, 24, 26, 74
Perrone: 128, 142
Pier Damiani: 36, 37
Pio XI: 218, 225, 232, 239, 240, 243
Pio XII: 222, 225, 240, 243, 244
Plöchl: 24
Pompedda: 102, 103, 262
Posa: 258, 259, 276, 286, 287,
Pseudo-Giovanni Crisostomo: 30
Puigarnau: 59, 112, 116
Quattrocolo: 74
Quezada Toruño: 110, 142, 143, 215
Rasi: 16, 19, 21, 22, 50, 60, 61, 62, 63
Regatillo: 202, 203, 206, 208, 210, 213, 214
Reiffenstauel: 120, 183
Renard: 64, 66, 67
Rigantius: 127
Rincón: 34, 44, 46, 47, 48
Robleda: 17, 18, 19, 20, 22, 58, 62, 63, 65, 69, 70, 74, 111, 112, 124
Rodrigo: 68, 110
Rodríguez Chacón: 283
Rosset: 175, 183, 184, 185, 188, 189, 190
Russel: 124, 126, 127, 128, 129, 133, 134, 135, 136, 140, 141, 175
S.C. Concilii: 85, 147, 152, 153, 154, 155, 170, 172
S.C. de Propaganda Fide: 86, 142, 147, 156, 171, 174, 224
S.C. S. Inquisitionis: 174

INDICE DEGLI AUTORI

S.C. S. Officii: 85, 147, 155, 156, 157, 158, 159, 160, 161, 162, 163, 164, 165, 171, 187, 218, 248
Salerno: 43, 45
Salmanticensis: 120, 180, 190
Sánchez: 56, 69, 70, 87, 110, 141, 150, 175, 176, 177, 179, 180, 181, 183, 186, 190, 205
Savigny: 23, 50, 51, 52, 53
Schaaf: 202, 207
Scherer: 64, 127
Schmalzgrueber: 88, 175, 176, 177, 178, 190, 191, 196, 264
Schöch: 59
Schupfer: 24, 25, 26, 27, 28
Scovazzi: 27
Segre: 11, 13
Segreteria di Stato: 147, 157
Sériaux: 289, 294
Serrano Ruiz: 100
Serrier: 29
Sheridan: 7, 127, 128, 148, 149, 151, 175
Sohm: 27
Soto: 29, 30, 31,
Staffa: 112, 119
Stanghellini: 29
Steczkowski: 280, 281
Stiegler: 130
Tallarico: 7, 124, 126, 128, 129, 131, 132, 133, 134, 136, 137, 138, 139, 142, 143, 175
Tamburrini: 177
Tanasini: 283
Tertulliano: 31

Testacci: 229
Tommaso d'Aquino: 43, 44, 45, 46, 54, 69, 94, 175, 180, 190
Tosato: 10
Ubach: 141, 202, 205, 211, 213, 216, 291
Ugo di S. Vittore: 36, 37, 46, 47
Uguccione: 41, 53, 54
Ulpiano: 20
Urbano III: 42
Urbano VIII: 84, 85
Urrutia: 263
Vaccari: 51
Van Aspen: 127
Vecchiotti: 175, 180
Vela: 97, 116
Vernay: 259, 289, 295
Vidal: 40, 87, 101, 128, 129, 132, 174, 202, 204, 206, 208, 211, 216, 226, 227, 278, 291
Viladrich: 112
Villeggiante: 75
Vitali: 96
Vlaming: 141, 202, 204, 205, 209, 211, 212, 215, 263
Volterra: 15, 16, 17, 18, 19, 21, 50, 62
Vromat: 202, 206, 207
Walker: 265
Wernz: 40, 87, 88, 101, 127, 128, 129, 131, 132, 136, 174, 175, 187, 188, 189, 190, 202, 204, 206, 208, 211, 216, 222, 226, 227, 263, 278, 291
Wrenn: 265
Wynen: 267
Zitelli: 205, 206

INDICE GENERALE

INTRODUZIONE 5

CAPITOLO I: *Sguardo storico sul momento costitutivo del matrimonio e l'importanza del consenso* 9

1. Il matrimonio *in fieri* nelle varie culture 10
   1.1 La concezione ebraica 10
   1.2 La concezione nel diritto romano 14
   1.3 La concezione dei popoli germanici 23
   1.4 La concezione nei Padri della Chiesa 28
2. Il matrimonio *in fieri* nel periodo medievale 32
   2.1 La scuola realista di Bologna 33
   2.2 La scuola consensualista di Parigi 36
   2.3 Le sintesi di Alessandro III e di Innocenzo III 39
   2.4 Il pensiero di alcuni teologi medievali: S. Tommaso,
       S. Alberto Magno, S. Bonaventura 43
   2.5 Il pensiero degli studiosi di diritto romano 49
   2.6 Il fenomeno del matrimonio presunto 53
3. Il matrimonio *in fieri* nel concilio di Trento 58
4. Il valore del consenso alla fine del 1800 e nel XX° sec. 60
   4.1 La teoria di Manenti 60
   4.2 La teoria istituzionalista 64
   4.3 La teoria di T. García Barberena 67
5. Il matrimonio *in fieri* e l'amore coniugale 70
   5.1 La «*Gaudium et spes*» e l'amore coniugale 71
   5.2 Il pensiero di Paolo VI 75
6. Conclusione 78

CAPITOLO II: *Il consensus facit nuptias nei due codici e*
la nozione di consenso matrimoniale 81

1. Il can. 1081 del *Codex Iuris Canonici* '17 82
    1.1 Le fonti del canone 82
    1.2 Il testo del canone 86
2. Il can. 1057 del *Codex Iuris Canonici* '83 88
    2.1 Il lavoro di revisione del can. 1081 (*CIC* '17) 88
    2.2 Il testo del can. 1057 92
        2.2.1 «Matrimonium facit partium consensus» 93
        2.2.2 «Est actus voluntatis» 97
        2.2.3 «Quo vir et mulier sese mutuo tradunt et accipiunt
              ad constituendum matrimonium» 99
3. Le varie distinzioni del consenso matrimoniale 105
    3.1 Consenso esistente e consenso inesistente 107
    3.2 Consenso naturalmente sufficiente 112
    3.3 Consenso efficace o inefficace «giuridicamente» 113
    3.4 Consenso transeunte e consenso continuativo 116
    3.5 Consenso perseverante e consenso revocato 117
    3.6 Consenso attuale e virtuale, abituale e interpretativo 119
4. Conclusione 120

CAPITOLO III: *Convalidazione semplice del matrimonio: il requisito della*
«rinnovazione» del consenso dagli inizi al CIC del 1917 123

1. Dagli inizi al XVIII secolo 124
    1.1 I primi 12 secoli 124
    1.2 Dal XIII sec. al Concilio di Trento 131
    1.3 Dal Concilio di Trento a Benedetto XIV (1740-1758) 136
2. Dal XVIII secolo al *CIC* del 1917 146
    2.1 Le fonti dei canoni della *convalidatio simplex matrimonii*
        del *CIC* del '17 (cann. 1133-1137) 147
        2.1.1 C. Veniens, De eo qui duxit in matrimonium quam
              polluit per adulterium (X.4,7,7) 147
        2.1.2 CC. Proposuit nobis e Ad nostram, De coniugo servorum
              (X.4,9,2 e 4) 149
        2.1.3 Regula Iuris n.18 150
        2.1.4 Benedetto XIV, ep. «Singulari», 9 febbraio 1749 151
        2.1.5 S.C. Concilii, Hispalen, 20 giugno 1609 152
        2.1.6 S.C. Concilii, Costantinopolitana, 2-16 dicembre 1634 152

INDICE GENERALE

    2.1.7 S.C. Concilii, Poloniae, 13 novembre 1638 153
    2.1.8 S.C. Concilii, Reatina, 17 luglio 1725 153
    2.1.9 S. C. Concilii, Vigilien, 23 giugno - 13 luglio 1725 154
    2.1.10 S.C. S. Officii, ad Vic. Ap. Sutchuensem,
           12 gennaio 1769 155
    2.1.11 S.C. Concilii, Rosnaviensis, 20 agosto 1780 155
    2.1.12 S.C. de Propaganda Fide, Littera ad coadiut.
           Superior. Mission. in ora Coromandel, 5 luglio 1788 156
    2.1.13 S.C. S. Officii, Instr. Ad Archiepiscopos Quebecensis,
           16 settembre 1824 156
    2.1.14 Istruzione della Segreteria di Stato, 27 marzo 1830 157
    2.1.15 S.C. S. Officii, 8 giugno 1836 157
    2.1.16 S. C. S. Officii, ad Vic. Ap. Oceaniae, 6 aprile 1843 158
    2.1.17 S.C. S. Officii, ad Conchinchin. Occident.,
           12 giugno 1850 159
    2.1.18 S.C. S. Officii, Yunnan, 20 settembre 1854 160
    2.1.19 S.C. S. Officii, Iaponae, 11 marzo 1868 160
    2.1.20 S.C. S. Officii, ad Vic. Ap. Oceaniae Centralis,
           18 dicembre 1872 161
    2.1.21 S.C. S. Officii, ad Ep. S. Alberti, 9 dicembre 1874 163
    2.1.22 S.C. S. Offici, instr. ad Archiep. Scopiensis,
           15 novembre 1882 164
    2.1.23 Osservazioni finali 165
2.2 Alcuni documenti del 1800 166
    2.2.1 La Instructio card. Caprara, 25 aprile 1803 166
    2.2.2 La Instructio Austriaca, 6 aprile 1856 168
    2.2.3 Appendix I, «Circa matrimonii convalidationem»,
          in ASS 2 (1866) 169
    2.2.4 La Instructio S.C. S. Officii, 20 giugno 1883 171
    2.2.5 Decisio S.C. Concilii, 10 giugno 1876, 15 giugno
          e 24 agosto 1878 172
    2.2.6 Decreto «Consensus mutuus» di Leone XIII,
          15 febbraio 1892 173
    2.2.7 Risposta S.C. S. Inquisitionis, 8 marzo 1899 174
2.3 Alcuni autori dal 1700 al *CIC* del 1917 175
2.4 I canoni della *convalidatio simplex* (cann. 1133-1137)
    del *CIC* del 1917: schemi e redazione finale 191
    2.4.1 Il can. 1133: la legge della renovatio consensus 192
    2.4.2 Il can. 1134: la natura della rinnovazione del consenso 195
    2.4.3 Il can. 1135: le modalità per la rinnovazione del consenso ... 195
    2.4.4 Il can. 1136: il matrimonio nullo per difetto nel consenso 197

2.4.5 Il can. 1137: il matrimonio nullo per difetto di forma 199
3. Considerazioni conclusive 199

CAPITOLO IV: *Convalidazione semplice del matrimonio: il requisito della «rinnovazione» del consenso tra i due codici* 201

1. Gli autori 201
   1.1 I requisiti per la convalidazione 202
   1.2 Modalità della rinnovazione del consenso 210
2. Convalidazione *«ipso facto»* del matrimonio: ipotesi di introduzione 218
   2.1 P. Felice Cappello – Pio Fedele 218
      2.1.1 Articolo di P. Cappello del 1942 219
      2.1.2 Articolo del prof. Fedele del 1943 220
      2.1.3 Articolo di P. Cappello del 1943 221
      2.1.4 Articolo del prof. Fedele del 1944
             e breve risposta di P. Cappello 222
      2.1.5 Articolo del prof. Fedele del 1975 225
   2.2 Vittorio Bartoccetti – Ludwig Bender (1953-1956) 227
   2.3 La Commissione pontificia del 1938: Vittorio Bartoccetti – Ermanno Graziani 239
   2.4 La Commissione per la revisione del *CIC* '17 244
   2.5 Osservazioni finali 246
3. I canoni della *convalidatio simplex matrimonii* nel *CIC* del 1983 248
   3.1 Le fonti 248
   3.2 Gli schemi e la redazione finale 249
4. Conclusione 254

CAPITOLO V: *La rinnovazione del consenso nella legislazione attuale* 255

1. Il requisito della rinnovazione del consenso 255
   1.1 Il can. 1156§1 255
   1.2 Il can. 1156§2 257
   1.3 Natura della rinnovazione del consenso (can. 1157) 263
   1.4 Renovet, praestet o contrahi denuo 266
2. Modalità della «rinnovazione» del consenso 270
   2.1 Matrimonio invalido per impedimento dirimente 271
      2.1.1 Impedimento pubblico (can. 1158§1) 271
      2.1.2 Impedimento «qui probari nequeat», ma noto
             ad entrambe le parti (can. 1158§2) 273

2.1.3 Impedimento «qui probari nequeat», ma noto ad una sola delle parti (can. 1158§2) 277
2.1.4 Nullità per impedimento «qui probari nequeat», ma ignoto alle parti 281
2.2 Convalidazione del matrimonio nullo per mancanza della forma canonica (can. 1160) 282
2.2.1 Convalidazione del matrimonio già celebrato con la forma canonica 282
2.2.2 Convalidazione del matrimonio celebrato senza la forma canonica 285
3. Modalità della «prestazione» del consenso 287
3.1 Il can. 1159: matrimonio nullo per difetto di consenso 288
3.1.1 Il soggetto della prestazione del consenso (§1) 288
3.1.2 Le modalità di «prestazione» del consenso: «si defectus consensus probari nequeat» (§2) e «si defectus consensus probari potest» (§3) 290
4. Conclusione 296

CONCLUSIONE GENERALE 299

SIGLE ED ABBREVIAZIONI 307

BIBLIOGRAFIA 311

1. Fonti e Documenti 311
  1.1 Documenti conciliari 311
  1.2 Fonti e documenti dei Romani Pontefici 311
  1.3 Documenti della Santa sede 312
  1.4 Fonti e documenti codiciali e legislativi 313
  1.5 Documenti di varia provenienza 313
  1.6 Fonti giurisprudenziali 314
2. Studi 314

INDICE DEGLI AUTORI 327

INDICE GENERALE 333

TESI GREGORIANA

Dal 1995, la collana «Tesi Gregoriana» mette a disposizione del pubblico alcune delle migliori tesi elaborate alla Pontificia Università Gregoriana. La composizione per la stampa è realizzata dagli stessi autori, secondo le norme tipografiche definite e controllate dall'Università.

Volumi pubblicati [Serie: Diritto Canonico]

1. RUESSMANN, Madeleine, *Exclaustration. Its Nature and Use according to Current Law*, 1995, pp. 552.
2. BRAVI, Maurizio Claudio, *Il Sinodo dei Vescovi. Istituzione, fini e natura. Indagine teologico-giuridica*, 1995, pp. 400.
3. SUGAWARA, Yuji, *Religious Poverty. From Vatican Council II to the 1994 Synod of Bishops*, 1997, pp. 412.
4. FORCONI, Maria Cristina, *Antropologia cristiana come fondamento dell'unità e dell'indissolubilità del patto matrimoniale*, 1996, pp. 200.
5. KOVAČ, Mirjam, *L'orizzonte dell'obbedienza religiosa. Ricerca teologico-canonica*, 1996, pp. 368.
6. KAKAREKO, Andrzej, *La riforma della vita del clero nella diocesi di Vilna dopo il Concilio di Trento (1564-1796)*, 1996, pp. 248.
7. KUBIAK, Piotr, *L'assoluzione generale nel Codice di Diritto Canonico (Cann. 961-963) alla luce della dottrina del Concilio di Trento sull'integrità della confessione sacramentale*, 1996, pp. 212.
8. AMENTA, Pietro, *Partecipazione alla potestà legislativa del Vescovo. Indagine teologico-giuridica su chiesa particolare e sinodo diocesano*, 1996, pp. 272.
9. LORUSSO, Luca, *Gli strumenti di comunicazione sociale nel diritto ecclesiale. Aspettative, problematiche e realizzazioni alla luce dell'insegnamento magisteriale*, 1996, pp. 272.
10. PÉREZ DIAZ, Andrés, *Los vicarios generales y episcopales en el Derecho Canónico actual*, 1996, pp. 336.
11. ZEC, Slavko, *La tossicodipendenza come radice d'incapacità al matrimonio (Can. 1095). Scienze umane, dottrina canonica e giurisprudenza*, 1996, pp. 288.
12. SERRES LÓPEZ DE GUEREÑU, Roberto, *«Error recidens in condicionem sine qua non» (Can. 126). Estudio histórico-jurídico*, 1997, pp. 232.
13. MINGARDI, Massimo, *L'esclusione della dignità sacramentale dal consenso matrimoniale nella dottrina e nella giurisprudenza recenti*, 1997, pp. 320.

14. MARGELIST, Stefan, *Die Beweiskraft der Parteiaussagen in Ehenichtigkeitsverfahren*, 1997, pp. 226.
15. D'AURIA, Andrea, *L'imputabilità nel diritto penale canonico*, 1997, pp. 240.
16. ZADRA, Barbara, *I movimenti ecclesiali e i loro statuti*, 1997, pp. 200.
17. MIGLIAVACCA, Andrea, *La «confessione frequente di devozione». Studio teologico-giuridico sul periodo fra i Codici del 1917 e del 1983*, 1997, pp. 336.
18. SERENO, David, *Whether the Norm Expressed in Canon 1103 is of Natural Law or of Positive Church Law*, 1997, pp. 292.
19. SEMBENI, Giulio, *Direttorio Ecumenico 1993: sviluppo dottrinale e disciplinare*, 1997, pp. 260.
20. KAMAS, Juraj, *The Separation of the Spouses with the Bond Remaining. Historical and Canonical Study with Pastoral Applications*, 1997, pp. 360.
21. VISCOME, Francesco, *Origine ed esercizio della potestà dei vescovi dal Vaticano I al Vaticano II. Contesto teologico-canonico del magistero dei «recenti Pontefici» (*Nota Explicativa Praevia *2)*, 1997, pp. 276.
22. KADZIOCH, Grzegorz, *Il ministro del sacramento del matrimonio nella tradizione e nel diritto canonico latino e orientale*, 1997, pp. 276.
23. MCCORMACK, Alan, *The Term «Privilege». A Textual Study of its Meaning and Use in the 1983 Code of Canon Law*, 1997, pp. 444.
24. PERLASCA, Alberto, *Il concetto di bene ecclesiastico*, 1997, pp. 428.
25. ZVOLENSKÝ, Stanislav, *«Error qualitatis dans causam» e «error qualitatis directe et principaliter intentae». Studio storico della distinzione*, 1998, pp. 264.
26. GARZA MEDINA, Luis, *Significado de la expresión* nomine Ecclesiae *en el Código de Derecho Canónico*, 1998, pp. 192.
27. BREITBACH, Udo, *Die Vollmacht der Kirche Jesu Christi über die Ehen der Getauften. Zur Gesetzesunterworfenheit der Ehen nichtkatholischer Christen*, 1998, pp. 292.
28. ZANETTI, Eugenio, *La nozione di «laico» nel dibattito preconciliare. Alle radici di una svolta significativa e problematica*, 1998, pp. 404.
29. ECHEBERRIA, Juan José, *Asunción de los consejos evangélicos en las asociaciones de fieles y movimientos eclesiales. Investigación teologico-canonica*, 1998, pp. 274.
30. SYGUT, Marek, *Natura e origine della potestà dei vescovi nel Concilio di Trento e nella dottrina successiva (1545-1869)*, 1998, pp. 356.
31. RUBIYATMOKO, Robertus, *Competenza della Chiesa nello scioglimento del vincolo del matrimonio non sacramentale. Una ricerca sostanziale sullo scioglimento del vincolo matrimoniale*, 1998, pp. 300.
32. BROWN J. Phillip, *Canon 17 CIC 1983 and the Hermeneutical Principles of Bernard Lonergan*, 1999, pp. 436.
33. BAFUIDINSONI, Maloko-Mana, *Le* munus regendi *de l'évêque diocésain comme* munus patris et pastoris *selon le Concile Vatican II*, 1999, pp. 280.

34. POLVANI, Carlo Maria, *Authentic Interpretation in Canon Law. Reflections on a Distinctively Canonical Institution*, 1999, pp. 388.

35. GEISINGER, Robert, *On the Requirement of Sufficient Maturity for Candidate to the Presbyterate (c. 1031 § 1), with a Consideration of Canonical Maturity and Matrimonial Jurisprudence (1989-1990)*, 1999, pp. 276.

36. VISIOLI, Matteo, *Il diritto della Chiesa e le sue tensioni alla luce di un'antropologia teologica*, 1999, pp. 480.

37. CORONELLI, Renato, *Incorporazione alla Chiesa e comunione. Aspetti teologici e canonici dell'appartenenza alla Chiesa*, 1999, pp. 456.

38. ASTIGUETA, Damián G., *La noción de laico desde el Concilio Vaticano II al CIC 83. El laico: «sacramento de la Iglesia y del mundo»*, 1999, pp. 300.

39. OLIVER, James M., *Ecumenical Associations: Their Canonical Status, with Particular Reference to the United States of America*, 1999, pp. 336.

40. BRUGNOTTO, Giuliano, *L'«aequitas canonica». Studio e analisi del concetto negli scritti di Enrico da Susa (Cardinal Ostiense)*, 1999, pp. 284.

41. TINTI, Myriam, *Condizione esplicita e consenso implicitamente condizionato nel matrimonio canonico*, 2000, pp. 220.

42. KALLENBACH, Gerald A., *Ein Kirchenamt im Dienst der Verkündigung. Die Rechtsstellung des Religionslehrers*, 2000, pp. 388.

43. MIRAGOLI, Egidio, *Il Consiglio Pastorale Diocesano secondo il Concilio e la sua attuazione nelle diocesi lombarde*, 2000, pp. 260.

44. ROMANO, Maria Teresa, *La rilevanza invalidante del dolo sul consenso matrimoniale canonico (can. 1098 C.I.C.): dottrina e giurisprudenza*, 2000, pp. 252.

45. MARCHETTI, Gianluca, *La curia come organo di partecipazione alla cura pastorale del Vescovo diocesano*, 2000, pp. 556.

46. MALECHA, Paweł, *Edifici di culto nella legislazione canonica e concordataria in Polonia*, 2000, pp. 328.

47. GHISONI, Linda, *La rilevanza giuridica del metus nella consumazione del matrimonio*, 2000, pp. 212.

48. MOSCARIELLO, Giovanni, *«Error qui versetur circa id quod substantiam actus constituit» (can. 126). Studio storico-giuridico*, 2001, pp. 284.

49. RAVA. Alfredo, *Il requisito della rinnovazione del consenso nella convalidazione semplice del matrimonio (can. 1157§2). Studio storico-giuridio*, 2001, pp. 344.

KALLENBACH GERALD A.

**EIN KIRCHENAMT IM DIENST
DER VERKÜNDINGUNG.
DIE RECHTSSTELLUNG
DES RELIGIONSLEHRERS.**

TESI GREGORIANA - Serie Diritto Canonico 42
2000, pp. 260　　　　　　　　　　£.26.000 € 13,42

EDITRICE PONTIFICIA UNIVERSITÀ GREGORIANA - ROMA

MIRAGOLI EGIDIO

**IL CONSENSO PASTORALE
DIOCESANO SECONDO IL
CONCILIO E LA SUA ATTUAZIONE
NELLE DIOCESI LOMBARDE**

TESI GREGORIANA - Serie Diritto Canonico 43
2000, pp. 260　　　　　　　　　　£.26.000 € 13,42

EDITRICE PONTIFICIA UNIVERSITÀ GREGORIANA - ROMA

ROMANO MARIA TERESA

**LA RILEVANZA INVALIDANTE DEL
DOLO SUL CONSENSO
MATRIMONIALE (can.1098 C.I.C.):
DOTTRINA E GIURISPRUDENZA**

TESI GREGORIANA - Serie Diritto Canonico 44
2000, pp. 252　　　　　　　　　　£.26.000 € 13,42

EDITRICE PONTIFICIA UNIVERSITÀ GREGORIANA - ROMA

MARCHETTI GIANLUCA

LA CURIA COME ORGANO DI PARTECIPAZIONE ALLA CURA PASTORALE DEL VESCOVO DIOCESANO

TESI GREGORIANA - Serie Diritto Canonico 45
2000, pp. 556   £.55.000 € 28,40

EDITRICE PONTIFICIA UNIVERSITÀ GREGORIANA - ROMA

MALECHA PAWEŁ

EDIFICI DI CULTO NELLA LEGISLAZIONE CANONICA E CONCORDATARIA IN POLONIA

TESI GREGORIANA - Serie Diritto Canonico 46
2000, pp. 328   £.32.000 € 16,52

EDITRICE PONTIFICIA UNIVERSITÀ GREGORIANA - ROMA

GHISONI LINDA

LA RILEVANZA GIURDIDICA DEL *METUS* NELLA CONSUMAZIONE DEL MATRIMONIO

TESI GREGORIANA - Serie Diritto Canonico 47
2000, pp. 212   £.21.000 € 10,84

EDITRICE PONTIFICIA UNIVERSITÀ GREGORIANA - ROMA

Finito di stampare
nel mese di marzo 2001

presso la tipografia
"Giovanni Olivieri" di E. Montefoschi
00187 Roma - Via dell'Archetto, 10,11,12